Germanische Stammeskunde

ERNST SCHWARZ

GERMANISCHE
STAMMESKUNDE

VMA-VERLAG WIESBADEN

VMA-Verlag Wiesbaden 2010

Nachdruck der 1. Auflage
© Universitätsverlag Carl Winter, Heidelberg
Druck und Bindung: GGP Media GmbH, Pößneck

ISBN 978-3-938586-10-5

Vorwort

Dieses Buch beabsichtigt, eine Einführung in die germanische Stammeskunde zu geben. Nicht die politische Geschichte steht im Vordergrund, sondern die Herausarbeitung der wichtigsten Tatsachen und die Fragen, die sich nach der Heimat der einzelnen Stämme, ihren Wanderungen, dem Entstehen von Stammesbünden und Reichen ergeben. Es handelt sich um die Stammeszeit, die dem Deutschen Reiche, England und den skandinavischen Staaten vorausliegt. Das politische Schicksal wird soweit gestreift, als es zum Gesamtverständnis notwendig ist. Das Buch soll nicht nur den jetzigen Stand unseres Wissens angeben, sondern auch zu den vielen noch bestehenden Problemen kritisch Stellung nehmen oder sie wenigstens kennzeichnen. Es wird getrachtet, den Blick über die einzelnen Stämme hinweg auf die großen Zusammenhänge des Raumes zu richten. Über die Stammeszeit des Festlandes hinaus werden noch die Wikingerfahrten und das Eindringen der Slawen nach Mitteleuropa kurz behandelt. Sprachliche und namenkundliche Fragen werden berücksichtigt. Die Fachliteratur wird in den Anmerkungen sparsam genannt, bringt aber das neueste Schrifttum, und es soll dadurch ermöglicht werden, sich in bestimmte Fragen weiter einzuarbeiten. Die Zeittafel soll dazu helfen, die zeitlichen Zusammenhänge schnell zu überblicken. Die Abbildungen dienen dazu, die räumlichen Beziehungen zu veranschaulichen.

Für Literaturhinweise bin ich den Herren Prof. Dr. F. Genzmer (Tübingen) und Dr. W. Laur (Schleswig) zu Dank verpflichtet.

Ernst Schwarz

Inhaltsverzeichnis

ABBILDUNGEN

Kapitel 1

Die Quellen

Da die Germanen selbst erst in relativ später Zeit die lateinische Schrift angenommen und die Runen nicht zur Aufzeichnung über ihre Geschichte benützt haben, die hier behandelten Zeiträume aber zum größten Teil in vorliterarische Zeit fallen, sind wir auf die Angaben fremder Schriftsteller, vor allem römischer und griechischer, angewiesen, denen erst seit dem 8. Jahrhundert einheimische zur Seite treten. Das bedingt eine gewisse Einseitigkeit der Quellen, denn fremde Schriftsteller hatten nur selten Gelegenheit, die Germanen im eigenen Lande zu beobachten. Kamen sie nach Germanien, so werden sie als Fremde und der germanischen Sprache Unkundige oft nur flüchtig und oberflächlich beobachtet, manches unrichtig aufgefaßt, im übrigen von ihrem eigenen Standpunkt aus dargestellt haben. Es kommt hinzu, daß wichtige Schriften verloren gegangen sind, so daß unsere Quellen oft lückenhaft bleiben. Während die Zeit, in der die Römer die Einbeziehung Germaniens in ihr Verwaltungssystem betrieben haben, verhältnismäßig gut bei den Römern gewürdigt wird, schweigen sich die Quellen über die späteren Jahrhunderte nur zu sehr aus. Germanien tritt nur noch selten in das Blickfeld der Antike. Das wurde erst wieder anders, als die Völkerwanderung die Grundlagen des römischen Reiches bedrohte. Die erhaltenen Quellen müssen natürlich kritisch betrachtet werden. Sie verarbeiten oft Nachrichten älterer Schriftsteller. Im folgenden beschränken wir uns auf die wichtigsten Quellen.

Posidonius (um 135—51 v. Chr.) verdanken wir die Darstellung des Kimbernkrieges. Sein Werk ist uns nicht erhalten geblieben, doch fußt Plutarch (46—120 n. Chr.) auf ihm. Caesar hat seine *Commentarii de bello Gallico* im Jahre 52/51 v. Chr. an Hand seiner jährlichen Dienstberichte (ab 58 v. Chr.) diktiert. Sie sind wichtig, denn dadurch hörte man in Rom erstmals Genaueres über die Germanen, in deren Land Caesar zweimal einbrach, nachdem er die Versuche Ariovists, Gallien zu erobern, zerschlagen hatte. Es ist bekannt, daß er die einzelnen Ereignisse in einem für ihn günstigen Lichte darstellte und auch manches verschwiegen hat. Er wollte dem römischen Volke die Bedeutung seiner Eroberungen vor Augen führen und sich angesichts des drohenden Bürgerkrieges mit Pompeius seine Sympathien sichern.

Als unter Augustus versucht wurde, Germanien zur römischen Provinz zu machen, römische Heere bis zur Elbe vorrückten und ihre Flotten bis in den Kattegat vordrangen, erweiterte sich das Bild der germanischen Welt auf der großen Karte des römischen Reiches, die Agrippa begonnen hat. Titus Livius, der bedeutendste Geschichtsschreiber dieser Zeit (59 v. — bis 17 n. Chr.), hat auch über die germanischen Ereignisse berichtet, so außer über die Lage des Landes und seine Sitten noch über die Kimbern- und Teutonenkriege, die Feldzüge des Caesar und Drusus, über diesen als Zeitgenosse. Seine Bücher darüber gingen zwar verloren, sind aber z. T. von späteren Schriftstellern wie Orosius, Cassius Dio benützt worden. Livius galt als Klassiker und wurde viel gelesen. Neuere Erkenntnisse konnte er bei Timagenes finden, besonders über gallische

Verhältnisse. Von Gallien aber war Germanien untrennbar. Unter der Regierung des Kaisers Tiberius fanden die Feldzüge des Germanicus statt. STRABO hat 18 n. Chr. in seinen *Geographica* außer den älteren Quellen auch Berichte von Kaufleuten und Kriegsteilnehmern verarbeitet. Er schrieb in Rom, von selbständiger Forschung ist bei ihm wenig die Rede. Als Offizier ist VELLEIUS PATERCULUS in Germanien gewesen und hat darüber 30 n. Chr. einen Geschichtsabriß zusammengestellt. Er hat Arminius persönlich gekannt.

Der beste Kenner Germaniens war der ältere PLINIUS, der als Offizier verschiedene Teile des Landes in den Jahren 47, 50/51 und 57 selbst kennen gelernt hat. Er hat in der heutigen Schweiz und am Niederrhein gedient und war nicht nur an den Ereignissen seiner Zeit, sondern auch an den früheren und ihrem Nachleben interessiert. Er hat in den *Bella Germanica* die Zeit von den Kimbernkriegen bis 47 n. Chr. behandelt und ist auch in einer Fortsetzung öfters auf die germanischen Verhältnisse zu sprechen gekommen. Beide Werke waren zuverlässig, da sie außer den Quellen eigene und zeitgenössische Erlebnisse zu Grunde legten. Erhalten ist nur seine Naturgeschichte, die auch Stellen über Germanien enthält. Sein großes Werk über die Germanenkriege wäre für unsere Kenntnis Germaniens im ersten Jahrhundert n. Chr. ein Schatz ohnegleichen. Alle Probleme wie die über die Lage von Aliso, des Teutoburger Waldes u. a. gäbe es nicht, denn er hat genaue Ortsangaben geliefert und sich auf alles Militärische verstanden. Er hat mit der Niederschrift noch auf germanischem Boden begonnen. In ihm war ein Forschergeist vorhanden, der ihn auch beim Ausbruch des Vesuv 79 n. Chr. auf den Berg trieb, wobei er den Tod gefunden hat.

TACITUS (etwa 50—120 n. Chr.), der seine *Germania* 98 n. Chr. schrieb, war ihm in scharfer Beobachtungsgabe, an praktischem Verstand für das Militärische und an unmittelbarer Einsicht in die Wesensart von Land und Leuten nicht gewachsen, wohl aber ist er ein Meister des Stiles von kritischer Denkschärfe und von tiefer Einsicht in die Kräfte des geschichtlichen Lebens erfüllt. Unsere Kenntnis seines Werkes beruht auf dem Codex Hersfeldensis, einer Handschrift aus dem 10. Jahrhundert, die 1455 nach Italien gebracht wurde, wo der die Germania enthaltende Teil seit dem 15. Jahrhundert verschollen ist. Doch sind noch im selben Jahrhundert Abschriften hergestellt worden. Tacitus ist niemals in Germanien gewesen und hat doch die einzige Monographie darüber geliefert, wohl in der Ahnung, daß dieses Land, das außerhalb des römischen Machtbereiches blieb, Rom einmal gefährlich werden würde. Auch in der lateinischen Literatur, soweit wir sie besitzen, steht diese Landeskunde isoliert da. Die Kunst der Darstellung steht im Vordergrunde und veranlaßt ihn, möglichst viel in die Sätze zu pressen, so daß ihre Erklärung oft schwierig wird. Er betrachtet die Verhältnisse eines Naturvolkes als glücklich und stellt ihnen gern die des römischen Staates mit seinen Verfallserscheinungen gegenüber, wie er überhaupt gern das hervorhebt, was anders als in Rom war und womit er Rom den Spiegel vorhalten kann. Er ist Gegner der absoluten Monarchie.

Der zweite Teil der Germania setzt die Benutzung einer Karte voraus, darum die Ausdrücke „jenseits von diesen, die Nächsten, vom Rücken, von der Stirn" usw. Aber die Ausnutzung dieses Materiales ist bei Tacitus unzulänglich, das Volkskundliche war ihm und seinen Lesern interessanter. Wir hören bei ihm nichts von der Entdeckungsgeschichte des Landes, seinen Flußläufen und Gebirgen, Bodenschätzen und Kulturprodukten. Der wissenschaftliche Gehalt der Germania ist also relativ gering. Doch wird der Unterschied zwischen dem „römischen" und dem „freien" Germanien betont. Alles Verwaltungstechnische und Militärische fehlt. Wir erfahren nichts vom Grenzschutz, von der Anlage von Straßen und Kastellen. Und doch, wie glücklich und stolz wäre z. B. die slawische Welt, wenn sie eine so alte *Slavia* besäße!

Zunächst mußte die scharfe Kritik des Werkes durch den hervorragenden klassischen Philologen Norden[1] das Vertrauen in den Verfasser erschüttern. Es fand sich eine Menge so genauer Übereinstimmungen mit Ansichten, die von Herodot und anderen Schriftstellern über barbarische Völker geäußert worden waren, daß man zweifeln mußte, ob sie deshalb für die Germanen anerkannt werden könnten. Das von einem Beobachter über ein bestimmtes Volk Ausgesagte wurde von einem anderen auf ein anderes Volk übertragen. Dabei besteht naturgemäß leicht die Gefahr der Trübung des Bildes. Es ist schwierig, bei derartigen Fehlerquellen das spezifisch Germanische zu fassen. Dabei ist es aber nicht so, daß Tacitus nun alle seine Vorgänger von Posidonius an ausgezogen hätte. Er schätzt das Griechische nicht sehr und wird sich deshalb mit Caesar, Livius und besonders seinem Vorgänger Plinius begnügt haben. Nur insofern diese auf einem älteren griechischen Schriftsteller aufbauen, wirkt ihr Werk noch bei ihm fort. Aber es lag ihm auch unliterarisches Material vor, z. B. Aufzeichnungen von Verwaltungsbeamten, Offizieren und Kaufleuten. Für geschichtliche Fragen war ohne Zweifel Plinius seine Hauptquelle, aber für Stammeskunde, Kultur- und Sittengeschichte die erstgenannten Quellen, die uns sein Werk doch sehr wertvoll machen, abgesehen davon, daß durch seine Vermittlung manches aus dem verlorenen Werk des Plinius erhalten ist. Hinzu kommen Befragungen von Germanen in Rom, so der semnonischen Seherin Ganna, von der er seine Nachrichten über den Semnonenhain und den Nerthusbund haben wird. Gewiß genügt seine Quellenkritik heutigen Anforderungen nicht, denn er hat Angaben älterer Quellen als gleichzeitig gewertet. Aber seine Schilderung der germanischen Zustände kann durch die Vorgeschichte und Volkskunde und spätere, von ihm unabhängige Berichte überprüft werden und hat sich als zutreffend erwiesen. So sehr einzelne Aussagen der Germania mit Kritik zu werten sind, sein Werk bleibt als älteste Landeskunde unschätzbar. Von seinen *Annalen* und *Historien*, die die Zeit von 14—96 behandeln, sind leider nur Teile auf uns gekommen.

Der alexandrinische Geograph Claudius Ptolemaeus hat um 150 n. Chr. auch das alte Germanien behandelt. Seine Karten sind mit einem begleitenden Text versehen[2]. Hauptquelle war Marinus von Tyrus aus der Zeit Hadrians. Wie wichtig eine Gewähr für seine Zuverlässigkeit wäre, sieht man daraus, daß er 69 Stämme, Tacitus in seiner Germania nur 40 nennt. Bloß 22 finden sich bei beiden gemeinsam. Es wird sich oft um Unterstämme (Gauvölker) handeln. Sein Material zeigt den Stand Germaniens in der Zeit kurz vor Christi Geburt. Er war in erster Linie Geograph und schon damals ist es offenbar so gewesen, daß die verschiedenen Wissenschaften nicht immer Kenntnis voneinander genommen haben. Nicht nur unbekannte Stämme tauchen bei ihm auf, auch Städte, d. h., da es solche im römischen Sinne noch nicht in Germanien (abgesehen von Rhein und Donau) gegeben hat, Handelsplätze. Das führt darauf, daß ihm offenbar römische Itinerarien vorgelegen haben, die den Kaufleuten für ihre Handelsfahrten in Germanien gedient haben. Sie waren an den Stationen und auch an den Kleinstämmen, mit denen sie um die Handelserlaubnis und den Durchzug verhandeln mußten, interessiert. Diese Namen verlieren dadurch an Wert, daß nicht selten gewisse Buchstaben verwechselt, andere ausgelassen oder irrig hin-

zugefügt worden sind. Es liegt nicht das Originalwerk vor und die Wertschät-
zung, die man den einzelnen Handschriften entgegengebracht hat, hat sich geändert. Weiter ist mit Eigenheiten der griechischen Aussprache des zweiten
Jahrhunderts n. Chr. zu rechnen. Bei Namen, die sonst nicht belegt, aber in den
Handschriften des Ptolemaeus verschieden geschrieben sind, besteht keine Gewähr, so daß Folgerungen nur mit Vorsicht gezogen werden dürfen. Ptolemaeus
und Marinus haben sich in der Beobachtung der Entfernungen nicht selten geirrt und die verschiedenen Itinerarien nicht genügend miteinander verbunden.
Ptolemaeus hat die Unstimmigkeiten seiner Quellen über die Lage von Völkern
und Handelsplätzen auszugleichen und Lücken auszufüllen gesucht. Sein Werk
ist wichtig für die Kenntnis der alten Handelswege. Aber die Verschiebung von
Gebirgen, das Auftauchen von Fügungen wie *ad sua tutanda* bei Tacitus als
ein Ort *Siatutanda* verhindern, daß das Werk die große Beachtung erfährt, die
es an und für sich verdiente. Während MÜLLENHOFF[3] über Ptolemaeus scharf
urteilte „nicht ein einziger Ansatz ist völlig richtig" und „alles, was durch andere
Zeugnisse nicht bestätigt und aufgeklärt wird oder nicht in sich selbst klar und
verständlich ist, ist zu verwerfen", glauben andere Benützer sich den genauesten
Anschluß leisten zu dürfen[4]. Vorsichtiger ist es, ihm dort zu folgen, wo seine
Fehlerquellen gut erkennbar und seine Angaben sonst kontrollierbar sind.

Sind wir so über das zweite Jahrhundert schlecht unterrichtet, so gilt Ähnliches auch vom 3.—6. Jahrhundert. Von CASSIUS DIO (etwa 235) sind nur die
Bücher aus der älteren Zeit erhalten, von der vom Verfasser selbst erlebten aber
nur Auszüge und Bruchstücke. Deshalb bleiben unsere Kenntnisse vom Marko-
mannen- und Quadenkrieg (166—180 n. Chr.) lückenhaft.

Für das dritte Jahrhundert ist der bedeutendste Geschichtsschreiber der Athe-
ner DEXIPPUS, der nach eigenen Erlebnissen berichtet. Seine *Skythika* behandeln
die Germaneneinfälle von etwa 238—271. Seine Werke liegen uns in größeren
Fragmenten vor.

Die PEUTINGERTAFEL (*Tabula Peutingeriana*) aus der Mitte des vierten Jahrhunderts geht auf eine unter Caracalla hergestellte Weltkarte zurück. Über die
zweite Hälfte dieses Jahrhunderts, besonders über die schicksalsschweren Jahre
353—378 berichten erhaltene Teile des Geschichtswerkes des AMMIANUS MAR-
CELLINUS, der an den Ereignissen beteiligt war und glaubwürdig ist. Was er von
den Alemannen erzählt, dürfte auf die Schrift des Kaisers Julian (331—363) zurückgehen. Die Weltgeschichte des Spaniers OROSIUS (bis 417) ist ab 378 brauch-
bar. Der Dichter und Politiker APOLLINARIS SIDONIUS berichtet vor allem über
westgotische Geschichte in Gallien im 5. Jahrhundert.

Aus dem 6. Jahrhundert stehen wichtige Quellen zur Verfügung, so die Fränkische Geschichte des GREGOR VON TOURS (gest. 594), die bis 591 reicht. Der
Hauptwert der Darstellung liegt in der selbsterlebten Zeit, während die Zuverlässigkeit bei der vorangehenden nicht groß ist. Chlodwig wird als Glaubens-
streiter hingestellt, seine Haltung also nach seiner Einstellung zum Katholizismus eingeschätzt.

Die 511 verfaßte Lebensbeschreibung des hl. SEVERIN (gest. 482) von EUGIP-
PIUS ist für die Donauländer in der Zeit des untergehenden römischen Reiches
wichtig. Geschrieben von einem Schüler, der noch mit Severin in Noricum geweilt hat, ist sie eine Fundgrube für die Zeit zwischen Römer- und Germanen-
herrschaft, wenn es gelingt, über den Wunderglauben des Verfassers zu den
geschichtlichen Ereignissen vorzudringen. Der heilige Severin, ein Mann von
großer Willenskraft und politischem Talent, hat es verstanden, sich auch bei den

Germanenfürsten Anerkennung zu verschaffen und das Los der römischen Provinzialen zu erleichtern, ja diese aus passiver Erschlaffung zu teilweise erfolgreichem Widerstand und schließlich zur Abwanderung nach Italien zu bewegen.
Ostgoten, Heruler, Sweben, Thüringer, Alemannen plünderten das Land, in
dem eine Stadt nach der andern aufgegeben werden mußte, während Rugier
ihre Garnisonen in die Römerstädte in Niederösterreich legten[5].

Verloren ist die 526—533 vollendete Geschichte der Goten des Cassiodorus,
des Ministers Theoderichs, der außer älteren Quellen auch gotische Volksüberlieferungen benützt hat. Er verherrlicht das Geschlecht der Amaler. Er war
einer der eingeborenen Vertreter der Politik Theoderichs, Römer und Goten zu
einem Volk zu verschmelzen. So panegyrisch sein Werk gewesen sein wird, infolge seiner Stellung hat er Heldenlieder der Goten gehört und den Inhalt aufgezeichnet, indem er die Sage als Geschichte auffaßte, was auch zum Charakter
dieser Dichtung stimmt. Auch wird er nicht nur mit dem König, sondern auch mit
anderen ostgotischen Großen Umgang gepflogen haben. Manche Widersprüche
und Entstellungen sind ihm freilich nachgewiesen worden. Seine *Variae* enthalten Briefe und Erlässe. Sein Werk ist verloren; wir kennen es nur im Auszuge der *Getica* des Jordanes (551). Dieser war ein romanisierter Gote aus
Moesia II, aus der heutigen nördlichen Dobrudscha, der das Geschichtswerk des
Cassiodor bis zur Mitte des 6. Jahrhunderts fortführte. Wichtig sind außer den
auf seine Vorlagen zurückgehenden Nachrichten die über die Heruler, die ihm
offenbar von diesen selbst und ihrer Umgebung zugekommen sind. Er war der
falschen Meinung, daß Goten und Geten dasselbe Volk seien, daher der unrichtige Titel. Diese Ansicht hat sich seitdem lange behauptet und noch im
19. Jahrhundert gelegentlich Vertreter gefunden.

Der bedeutendste Geschichtsschreiber des 6. Jahrhunderts war Prokop von
Cäsarea, der den Wandalen- und Gotenkrieg beschrieben hat (erschienen 550
und 554) und auch der früheren Geschichte dieser und anderer Völker gedenkt.
Für seine Zeit ist er zuverlässig, wenngleich er Belisars Tätigkeit — er war sein
Geheimsekretär — allzusehr in den Vordergrund rückt[6].

Im 7. Jahrhundert ist ein Sammelwerk zur fränkischen Geschichte, der sogenannte Fredegar, in Burgund geschrieben worden, z. T. mit Nachrichten aus
wichtiger Quelle. Wir hätten sonst keine Mitteilungen über die Zusammenstöße
der Franken mit Slawen unter Samo und Avaren.

Der Langobarde Paulus Diaconus (Warnefried) hat um 790 die Geschichte
seines Volkes verfaßt, aus der Liebe zu ihm spricht. Es waren ihm noch Heldenlieder aus der Wanderzeit und der Landnahme in Italien bekannt. Ferner hat
er die verlorene Langobardengeschichte des Abtes Secundus von Trient (gest.
612) benützt. Von den Sachsen erzählt Widukind von Corvey (969), von den
Angelsachsen Beda (731) in seiner Kirchengeschichte Englands[7].

Außer den rein historischen und den geographischen Schriften kommen auch
Reden und Briefe wie einzelne Dichtungen von Zeitgenossen der Germanen in
Betracht, sofern in ihnen gelegentlich auf germanische Verhältnisse eingegangen
wird, natürlich nicht in wissenschaftlicher Absicht. Ein nur die Germanen betreffendes Werk hat es nicht gegeben, abgesehen von den „Germanenkriegen"
des Plinius, die verloren gegangen sind, und von der Germania des Tacitus, die
eine Länderkunde ist. Alle genannten Autoren sprechen nur gelegentlich und
unter bestimmten Gesichtspunkten von den Germanen, abgesehen von Gregor
von Tours, der ausdrücklich eine Geschichte der Franken, von Paulus Diaconus,
der eine der Langobarden, und von dem zeitlich schon zu fern stehenden Widu

kind, der eine der Sachsen schreiben will. Doch muß anerkannt werden, daß sich die Werke Prokops nicht nur auf die von ihm geschilderten Kriegsabschnitte beschränken, sondern daß er sich bemüht, sie durch Nachrichten über die Volks-geschichte zu ergänzen.

Diese Überlieferung, die mit Ausnahme der seit dem 8. Jahrhundert auf-tretenden lateinisch gebildeten Germanen in den Händen von Nichtgermanen, Römern und Griechen, lag, ist natürlich nicht nur lückenhaft und zeitgebunden, sondern auch einseitig und ungleich. Wirkliche wissenschaftliche Interessen haben gefehlt, abgesehen von Plinius und Tacitus, wobei dieser für geschichtliche Fra-gen wenig Teilnahme zeigt. Wer in Germanien gewesen ist, hat es meist nicht mit den objektiven Augen des Forschers betrachtet, sondern als Soldat wie Cae-sar oder Plinius, oder als Kaufmann, wie der Ritter, der zur Zeit Neros die Bern-steinküste im Samland besucht hat, oder die Kaufleute, die Itinerarien mit den für sie wichtigen Straßen und Handelsstationen angelegt haben. So sind viele Sei-ten des germanischen Wesens, die uns heute interessieren, unberücksichtigt ge-blieben. Dürftig sind die Nachrichten über die Religion der Germanen, der man wenig Verständnis entgegenbrachte, während bei ihren Sitten vielfach das Ab-sonderliche interessierte. Kein einziger dieser Römer hat die Sprache der Ger-manen selbst verstanden und es fertig gebracht, sich mit ihnen ohne Dolmetscher zu unterhalten, falls nicht die Germanen Latein verstanden. Es hängt von der Gründlichkeit oder Oberflächlichkeit des Berichterstatters ab, wie weit diese Nachrichten Glauben verdienen. Zwischen Römern und Germanen hat eine tiefe Kluft bestanden. Gewiß haben auch die Griechen die Nichtgriechen als Barbaren bezeichnet und sich ihnen überlegen gefühlt; bei den Römern aber kam dazu der Stolz auf ihr großes Reich, der sich in Hochmut gegenüber den „Barbaren" äu-ßerte. Bei den Griechen war Forschungseifer vorhanden, für den Römer sind Barbaren eine tief stehende Klasse mit minderwertigen Naturanlagen, gegen-über denen man sich nicht verpflichtet fühlte, Grundsätze des Völkerrechts wie Unverletzlichkeit der Gesandten oder das Gastrecht einzuhalten. So war eine enge Verbindung ausgeschlossen, eine einseitige und parteiische Stellungnahme geradezu herausgefordert. Bis zum 8. Jahrhundert sind uns nur Äußerungen der Feinde der Germanen zugänglich, also einseitige Darstellungen, die erst durch Gegenäußerungen mehr Farbe und wirkliches Leben erhalten könnten. Wie interessant wäre es, die Begegnung Caesars mit Ariovist durch eine germanische Darstellung zu beleuchten! Die Schlacht im Teutoburger Walde sollte uns nicht nur aus römischem Munde angedeutet, sondern auch aus germanischem erklärt werden! Trotzdem muß man sich dieser einseitigen Literatur bedienen, weil wir ohne sie noch weniger zu sagen wüßten. Die Lückenhaftigkeit dieser Quellen erklärt es aber, daß wir nicht nur über Einzelfragen, sondern auch über große Probleme, wie über das Entstehen der Großstämme und sogar über die Land-nahme der Baiern, wenig oder fast nicht unterrichtet sind, daß die Frühgeschichte ganzer Völker dunkel bleibt und wir oft nicht wissen, welcher Stamm zu einer bestimmten Zeit in einer bestimmten Landschaft gewohnt hat.

Aus diesen Gründen ist es selbstverständlich, daß man sich bemühen muß, die schriftlichen Quellen auf alle mögliche Weise zu ergänzen. Als solche Zeug-nisse treten M ü n z e n , Inschriften und Denkmäler hinzu. Es ist nicht gleich-gültig, welche Münzen zu Tage kommen, sondern wichtig zu wissen, wie es mit ihrer Häufigkeit in verschiedener Zeit bestellt ist, warum sie in manchen Land-schaften fehlen und weshalb sie etwa abbrechen. Die I n s c h r i f t e n der Weihe-steine im Rheinland[8] überliefern Völker-, Personen- und Götternamen und gestatten bisweilen Schlüsse. Die M a r k u s s ä u l e auf der Piazza Colonna und die Trajanssäule auf dem Forum in Rom mit Darstellungen aus dem Markomannen- und Dakerkriege, das Tropaeum von Adamklissi in der Dobrudscha, das Monumentum Ancyranum sind willkommene Ergänzungen. Selbstverständlich sind V o l k s k u n d e und R e c h t s g e s c h i c h t e dort zu befragen, wo sie Ergänzungen liefern können. Die eigenen S a g e n der germanischen Völker sind eine wichtige Quelle, die nicht übersehen werden darf, wenn sie der Kritik stand halten, d. h. nicht etwa auf literarischer Übernahme beruhen.

Andere Wissenschaften können mit Nutzen herangezogen werden und dazu dienen, das Bild genauer zu fassen und zu ergänzen. Die S p r a c h e hat die Geschichte der Völker begleitet, und wenn es gelingt, sie mit ihrer Zeit in eine enge Verbindung zu bringen, kann sie einige Aussagen gewähren. Die Beziehungen der Stämme können sich in der Sprache widerspiegeln. V ö l k e r - und S t a m m e s -, L ä n d e r - und L a n d s c h a f t s -, P e r s o n e n - und O r t s - n a m e n können Auskunft geben, wenn ihre Deutung möglichst sicher gelingt. Ungermanische Ortsnamen auf germanischem Boden lassen auf frühere Bewohner schließen, ihre Übernahme in germanischen Mund zeigt, wie wir uns die Beziehungen von Volk zu Volk vorzustellen haben. Die Deutung der Stammesnamen ist wichtig, darf aber nicht gepreßt werden. Es ist immer besser, nur bis zu dem sicheren Ergebnis vorzudringen, als sich auf Unsicheres zu viel zu verlassen und ein Gebäude aufzurichten, das unter Umständen schnell zusammenbrechen kann. Die Mundarten haben ihre Hauptgestaltung erst im späten Mittelalter erfahren, wobei die Territorial- und im Osten die Siedlungsgeschichte von größtem Einfluß gewesen ist. Über sie kann nur mühsam in ältere Zeiten vorgedrungen werden. Trotzdem ist es klar, daß schon sehr frühzeitig Unterschiede zwischen den verschiedenen Mundarten bestanden haben, und der Versuch muß gewagt werden, wenn sich Ansatzpunkte zeigen, weil bei der geschilderten Quellenlage jeder Fortschritt wichtig ist.

Es wäre höchst erwünscht, von der V o r g e s c h i c h t e weitere Aufklärung zu erhalten. KOSSINNA, der Begründer der germanischen Siedlungsarchäologie, hat den Satz ausgesprochen: „(Archäologisch) fest umrissene Kulturprovinzen decken sich zu allen Zeiten mit ganz bestimmten Völkern oder Völkerstämmen"[9]. Seine Schüler glauben, nach Fibeln, Waffen, Grabsitten den Ausdehnungsbereich der Stämme und ihre Wanderungen bestimmen zu können. Schwedische Archäologen betonen demgegenüber, daß vorsichtigeres Vorgehen erwünscht ist[10]. Auch auf deutscher Seite mehren sich die skeptischen Stimmen. WAHLE hat gezeigt, daß die Swebenstämme der Wangionen, Triboker und Nemeter im Elsaß nicht nachgewiesen werden können. Hätten wir nicht ganz bestimmte Nachrichten darüber, daß sich bereits im ersten Jahrhundert v. Chr. Germanen im Elsaß niedergelassen haben, die Archäologen wüßten nichts davon zu melden. Anderseits ist das Markomannenreich Marbods über den Träger dieses Bundes weit hinaus zu erkennen, d. h. der große Kulturaufschwung und Handel, der mit ihm hervortritt. Nicht der Stamm, sondern die Kulturprovinz gibt ein Zeugnis von Lebenskraft. Grabsitten können sich ändern, ohne daß immer ein neues Volk oder eine Wanderung die Ursache sein muß. Kleine Stämme können archäologisch nicht erkannt werden, bei großen darf Stammes- und Kulturbereich nicht zusammengeworfen werden. Anderseits ist es aber natürlich möglich, daß im besonderen Fall die Ausbreitung eines Stammes gut beobachtet werden kann, z. B. die Verbreitung der Gesichtsurnenleute oder die Wanderung der Langobarden, sobald sie in die Nähe der Donau gelangen und ihre Tradition zu Hilfe

kommt[11]. Es ist klar, daß die Siedlungsarchäologen die Aussagemöglichkeiten
ihrer Wissenschaft überschätzt haben. Sie glaubten bisweilen, auf die geschichtlichen Quellen etwas herabschätzig blicken zu dürfen, weil ihre Funde mehr aus-
zusagen schienen. Aber jene sind doch das Fundament. Es kann nicht das Ideal
der Vorgeschichtsforschung sein, nur von Kulturen und Funden zu sprechen, ihnen
aber keine Völkernamen beizulegen, obwohl sie nur dadurch die Verbindung
mit der Geschichte finden kann. Sie wird immer trachten müssen, über die Gräber, Fibeln, Schwerter usw. an die Menschen, ihre Geschichte, ihre Sprache zu
denken. Die Geschichtsquellen sind im Großen und Ganzen bekannt und können nicht mehr viel Neues ergeben, wenn nicht neue Quellen zu Tage kommen.
Der Boden aber liefert täglich neue Funde und kann neue Aussagen ermöglichen. Hoffentlich gelingt es der Vorgeschichtswissenschaft, ihre Schwierigkeiten
und die Kämpfe der verschiedenen „Schulen" zu überwinden und die Verbindung
mit der Frühgeschichte herzustellen. Für eine germanische Stammeskunde ergibt
sich, da die Prähistoriker noch so verschiedener Ansicht sind, die Notwendigkeit,
sich ihrer Ergebnisse mit Zurückhaltung und Kritik zu bedienen[12].

[1] E. NORDEN, Die germanische Urgeschichte in Tacitus Germania (Leipzig-Berlin
1920. 3. Abdruck mit Nachträgen 1923).

[2] O. CUNTZ, Die Geographie des Ptolemaeus, Handschriften, Text und Untersuchungen, mit drei Karten (Berlin 1923) zeigt, wie Ptolemaeus gearbeitet hat, auf welche Weise
seine Längen- und Breitengrade zustandegekommen sind und wie man seine Fehlerquellen
erkennen und ausscheiden kann.

[3] K. MÜLLENHOFF, Deutsche Altertumskunde IV, S. 50. Auch L. SCHMIDT, Geschichte
der deutschen Stämme I², S. 6: „Der Wert der Ptolemaeischen Angaben ist aber nur sehr
gering einzuschätzen; zahlreiche Flüchtigkeiten und wissentlich falsche Änderungen lassen
bei ihrer Benutzung die größte Vorsicht geboten erscheinen."

[4] Th. STECHE, Altgermanien im Erdkundebuch des Claudius Ptolemaeus (Leipzig
1937), ist geneigt, die germanische Stammeskunde in erster Linie auf Ptolemaeus auf-
zubauen, wobei er sicher dessen Quellenwert überschätzt.

[5] Gut lesbar ist die Darstellung Severins und seiner Zeit durch F. KAPHAHN, Zwischen Antike und Mittelalter (München 1947), wenngleich manches auch anders angesehen
werden kann.

[6] Vgl. dazu jetzt B. RUBIN, Prokopios von Kaisareia (1954).

[7] Eine gedrängte Zusammenstellung der Quellen zur Geschichte der germanischen
Stämme gibt der vorzügliche Kenner dieser Zeit L. SCHMIDT, a. a. O. I² (1934), S. 1ff. mit
weiterer Literatur.

[8] S. GUTENBRUNNER, Die germanischen Götternamen der antiken Inschriften (Halle
1936).

[9] G. KOSSINNA, Anmerkungen zum heutigen Stand der Vorgeschichtsforschung (Mannus 3, 1911, S. 128).

[10] C. A. MOBERG, Zonengliederung der frühchristlichen Eisenzeit in Nordeuropa
(Lund 1941), der die Kulturgruppen um die Ostsee vor und um Chr. Geburt behandelt,
versucht mit keinem Worte, die Kulturgruppen Völkern oder Stämmen zuzuordnen.

[11] Die Bedenken gegen Kossinnas Arbeitsmethode hat E. WAHLE, Zur ethnischen
Deutung frühgeschichtlicher Kulturprovinzen (Sitzungsberichte der Heidelberger Akad.
d. Wiss., phil.-hist. Kl. 1940/41, 2. Abh.) begründet. Kritisch nimmt dazu P. GÖSSLER,
Geschichte in der Vorgeschichte (Prähist. Zs. 34/35, 1949/50, S. 5ff.) Stellung.

[12] R. MUCH, Die Germania des Tacitus (Heidelberg 1937) zieht die Bodenfunde nur
in dem Maße heran, als es die Sache unbedingt erfordert. L. SCHMIDT beschränkt sich in
der zweiten Auflage seiner Geschichte der deutschen Stämme auf die wichtigsten prähistorischen Ergebnisse, wobei er sich z. T. der Hilfe von H. ZEISS bedienen konnte.

ERSTER TEIL

ÄLTESTE ZEIT

Kapitel 2

Die germanische Urheimat

Die Frage nach der germanischen Urheimat hängt zwar in gewissem Maße mit der nach der indogermanischen zusammen, aber nicht direkt, denn mehrere Anzeichen gestatten eine ziemlich genaue Ansetzung, die unabhängig davon ist, wo man die Urheimat der Indogermanen sucht. Die Forschung ist sich noch nicht darin einig, wenn sich auch eine Anzahl von Forschern die Ansicht zu eigen gemacht hat, daß die Schnurkeramiker Mitteldeutschlands, besonders von Thüringen und Sachsen, die ältesten Indogermanen darstellen, von denen die einzelnen Schwärme ausgegangen sind. Wenn andere Forscher auf Südrußland oder Vorderasien, besonders auf den Kaukasus oder die Steppen Russisch-Turkestans hinweisen und auch Gründe dafür vorbringen, so handelt es sich letzten Endes um die Frage, ob man die Schnurkeramiker Mitteldeutschlands als autochthon oder eingewandert betrachtet. Früher hat man auch die Bandkeramiker der Donauländer als erste Indogermanen in Anspruch genommen. Die Versuche der indogermanischen Sprachwissenschaft, aus den Aussagen der verschiedenen Einzelsprachen auf die Urheimat zurückzuschließen, haben nicht zu einer Lösung geführt, die allgemein anerkannt wird[1]. Die Vorgeschichte ist, da die Funde des 3. und 4. Jahrtausends v. Chr. zu vereinzelt und lückenhaft sind und ganze Länder noch weiße Flecke darstellen, nicht in der Lage, hier weiter zu helfen, so daß die Indogermanisten nur mit sprachlichen Argumenten arbeiten. Für die uns hier angehende Frage nach der germanischen Urheimat genügt es, das Aufkommen des Germanentums und seine nächsten Nachbarn festzustellen und die weitere Ausbreitung in die historischen Sitze zu beobachten.

Von mehreren asiatischen indogermanischen Völkern wissen wir, daß sie aus westlicheren oder nördlicheren Ländern eingewandert sind. Seit in Boghazköj im Innern Kleinasiens auch Urkunden des unter indischer Führung stehenden Mitannireiches in Nordmesopotamien aus der Zeit von etwa 1400 zu Tage gekommen sind, ist der Wanderweg der Arier von den Steppen nördlich vom Schwarzen und Kaspischen Meere über den Kaukasus nach Kleinasien und dem Hochland von Iran deutlich geworden[2]. Zwischen etwa 1600—1200 v. Chr. wird ihr Erscheinen am Indus angesetzt. Die Sprache der Hethiter, die in Kleinasien im zweiten Jahrtausend v. Chr. ein großes Reich aufgerichtet haben, ist bereits mit nichtindogermanischen Bestandteilen gemischt[3]. Die Tocharer in Chinesisch- und Russisch-Turkestan werden nach ihrer Kentum-Sprache und anderen Anzeichen aus einer mitteleuropäischen Urheimat hergeleitet[4]. Die Phryger sind ein thrakischer Stamm, der von der Balkanhalbinsel nach Kleinasien gewandert ist. Aus dem Raume nördlich vom Schwarzen Meere sind auch in späteren Jahrhunderten immer wieder indogermanische Viehzüchter süd-

wärts gezogen. Im 10. Jahrhundert v. Chr. erschienen die Vorläufer der M e -
d e r und P e r s e r , die auch Acker- und Gartenbau kannten; 836 werden zuerst
die Meder, 844 die Perser genannt. Es folgen im 8. Jahrhundert Einfälle der
K i m m e r i e r , später s k y t h i s c h e Scharen[5]. Für das zweite Jahrtausend
v. Chr. ist offensichtlich der Raum von Gallien bis nördlich vom Schwarzen Meer
das Auszugsgebiet der indogermanischen Stämme.

Der Süden und Westen Europas scheidet ebenso wie der äußerste Norden als
indogermanische Urheimat aus. Sind es hier auf der Stufe der Lappen, Samojeden und Eskimos stehende Fischer- und Jägervölker, so dort nichtindogerma-
nische Völker, von denen uns eine Reihe von Namen aus dem Altertum bekannt
ist. Wohin die I b e r e r auf der Pyrenäenhalbinsel gehören, ist deshalb unge-
klärt, weil ihre Inschriften noch nicht entziffert sind. Rasse und Namen scheinen
auf Herkunft oder Zusammenhänge mit Nordafrika zu weisen. Unklar ist es, wie
weit sie nach Norden gereicht haben und wie weit die L i g u r e r , die auch nach
Südfrankreich hereingeragt haben und für die die Berge Liguriens schon im
Altertum ein Rückzugsgebiet waren, ihnen oder einer anderen Urbevölkerung
nahe stehen. Bei den Ureinwohnern Sardiniens und Siziliens, den S i k a n e r n ,
werden Beziehungen entweder zu denen der Pyrenäenhalbinsel oder Griechenlands erwogen[6], bei der vorgriechischen Bevölkerung Griechenlands, den P e -
l a s g e r n , Zusammenhänge mit Kleinasien, aber auch Herkunft von den Bandkeramikern[7], also aus dem Lande an der mittleren Donau. Über die E t r u s -
k e r f r a g e gehen wohl die Ansichten noch auseinander, aber die Herkunft
aus der Ägäis und von der Westküste Kleinasiens kann sehr gute Argumente
für sich buchen[8]. Bei den B a s k e n schwankt die Forschung, ob man sie mit den
Iberern verbinden oder zu den Kaukasiern stellen oder mit beiden Elementen
rechnen soll. Es scheint, daß sich ihre Sprache mit dem Kaukasischen verbinden
läßt, indem sie auf einen gemeinsamen Ahnen zurückgehen[9]. Beeinflussung durch
das Iberische scheint daneben weiter erwogen zu werden. Da die Basken seit
mindestens dem 3. Jahrtausend v. Chr., wenn nicht länger, im Lande sein dürften, wäre die Zuordnung ihrer Sprache zu einer größeren Gruppe über die Jahrtausende hinweg eine große Leistung, die weitere Perspektiven eröffnen würde.
In der vorindogermanischen Bevölkerung Britanniens und Irlands will man
neben iberischen auch dinarische, d. h. wohl kaukasische Elemente erkennen[10].
Es scheint, daß die größten Möglichkeiten, hier weiterzukommen, die Sprachwissenschaft besitzt, die der Erschließung des Hethitischen, Tocharischen, den
Versuchen, die kretische Bilderschrift zu entziffern und den indogermanischen
Charakter der Träger der mykenischen Kultur festzustellen, nun die Zuordnung
des Baskischen hinzuzufügen beginnt.

Darüber, wann mit indogermanischen Sprachen zu rechnen ist, gehen die Ansichten noch weit auseinander. Während PARET die Entstehung des Indogerma-
nentums weit vor das 3. Jahrtausend rückt, denkt KRAHE an die Ausbildung der
einzelnen indogermanischen Sprachen erst in der Wanderzeit bei der Mischung
mit anderen Völkern[11].

[1] In jüngster Zeit wird diese Frage wieder aufgegriffen, vgl. P. THIEME, Die Heimat
der indogermanischen Gemeinsprache (Akad. d. Wiss. u. der Lit. Mainz, Abh. der Geis-
tes- u. Sozialwiss. Klasse, Jg. 1953, Nr. 11); H. KRAHE, Sprache und Vorzeit. Europäische
Vorgeschichte nach dem Zeugnis der Sprache (Heidelberg 1954); W. PORZIG, Die Gliederung des indogermanischen Sprachgebiets (Heidelberg 1954). Mit dem Buchenargument
(die Buche wächst nur westlich einer ungefähren Linie Riga-Odessa) beschäftigen sich
neuerdings W. WISSMANN, Der Name der Buche (Deutsche Akad. d. Wiss. zu Berlin,

Vorträge u. Schriften, Heft 50, Berlin 1952); W. KROGMANN, Das Buchenargument (Zs. f. vgl. Sprachf. 72, 1954, S. 1—29; 73, 1955, S. 1—25). An Herkunft aus Asien denkt u. a. W. SCHMIDT, Rassen und Völker in Vorgeschichte und Geschichte des Abendlandes, bes. Bd. II: Die Völker des Abendlandes (Luzern 1946). Das Eindringen indogermanischer Reitervölker wird II, S. 219ff. erst in das letzte Viertel des zweiten Jahrtausends gesetzt, was um 1000 Jahre zu spät ist. Vgl. die Übersicht von E. MEYER, Die Indogermanenfrage (Marburg 1948). Er sucht die Sitze der Indogermanen als geschlossene Völkergruppe noch des dritten Jahrtausends in Mitteleuropa. A. SCHERER, Das Problem der indogermanischen Urheimat vom Standpunkt der Sprachwissenschaft (Arch. f. Kulturgeschichte 33, 1950, S. 1—16) denkt an das mittlere oder südliche Rußland, A. NEHRING, Die Problematik der Indogermanenforschung (Würzburger Universitätsreden, Heft 17, 1954) an den Fuß des Kaukasus.

[2] Der Versuch P. KRETSCHMERS, Anzeiger der phil.-hist. Klasse der Wiener Akad. d. Wiss. 1943, Nr. VII—X (Sonderdruck), S. 37ff., ihre älteren Sitze an dem westlich vom Dnjepr ins Schwarze Meer fließenden Bug anzusetzen, kann vorläufig nur an einige gleiche Flußnamen anknüpfen.

[3] F. SCHACHERMEYER, Wanderungen und Ausbreitung der Indogermanen im Mittelmeergebiet (Hirt-Festschrift I, S. 229ff.) gibt einen Überblick über die in Kleinasien vom 3. Jahrtausend v. Chr. ab wirkenden Völker.

[4] Darüber zuletzt R. HEINE-GELDERN, Das Tocharerproblem und die Pontische Wanderung (Saeculum 2, 1951, S. 225ff.).

[5] Vgl. dazu F. SCHACHERMEYER, Indogermanen und Orient (1944).

[6] Zur Frage der vorindogermanischen Bevölkerung Italiens vgl. F. ALTHEIM, Italien und Rom I³ (1944); ders., Geschichte der lateinischen Sprache von den Anfängen bis zum Beginn der Literatur (1951), S. 163ff.

[7] Über die Herkunft der Pelasger von den Bandkeramikern und ihre entfernte Verwandtschaft mit den Schnurkeramikern hat P. KRETSCHMER eine Hypothese aufgestellt (Glotta 14, 1925, S. 300ff.); ders., Die vorgriechischen Sprach- und Volksschichten (ebda. 28, 1940, S. 231ff.; 30, 1943, S. 84ff.). V. GEORGIEV, Vorgriech. Sprachwissenschaft I (Sofia 1941) versucht eine vorgriechische, aber idg. Sprache der Ägäis zu erschließen, die man jetzt vielfach „pelasgisch" nennt.

[8] Zur Frage F. SCHACHERMEYER, Etruskische Frühzeit (1929); W. BRANDENSTEIN, Die Herkunft der Etrusker (1937); F. ALTHEIM, Der Ursprung der Etrusker (1950).

[9] K. BOUDA, Baskisch-kaukasische Etymologien (1949).

[10] J. POKORNY, Artikel Britische Urbevölkerung bei M. EBERT, Reallexikon der Vorgeschichte II, S. 141; ders., Zum nichtindogermanischen Substrat im Inselkeltischen (Die Sprache 1, 1949, S. 235—245).

[11] O. PARET, Das neue Bild der Vorgeschichte (1948), S. 96ff.; H. KRAHE, Sprachverwandtschaft im alten Europa (1951).

Kapitel 3

Die Entstehung des Germanentums

(Abbildung 1)

In der jüngeren Steinzeit (bis 1200 v. Chr.) gibt es bereits eine ausgesprochen n o r d i s c h e K u l t u r , deren Träger die Erbauer der R i e s e n s t e i n g r ä b e r waren. Das soll nicht heißen, daß solche Gräber damals die alleinige Bestattungsform waren. Die Sorgfalt, die auf diese Gräber verwendet worden ist, die großen Steine, die dazu bewegt worden sind, zeigen, daß es sich um Gräber reicher Sippen handelt, führender Adelsgeschlechter. Woher die Träger dieser Kultur

stammen, ist noch unklar. Während man früher daran dachte, daß die ähnlichen
Gräber Britanniens von einer Bevölkerung aus Dänemark und den Rheinmündungen angelegt worden seien[1], wird jetzt erwogen, ob nicht der umgekehrte
Weg eingeschlagen worden ist[2]. Der Bau festgefügter Totenhäuser aus riesigen
Blöcken ist offenbar eine Angelegenheit mächtiger Sippen und wird von Kult-
bräuchen begleitet gewesen sein. Es ist kein Zweifel, daß es sich um ein fried-
liches Bauernvolk handelt, das eine ältere primitivere Fischer- und Hirtenbevölkerung verdrängt zu haben scheint.

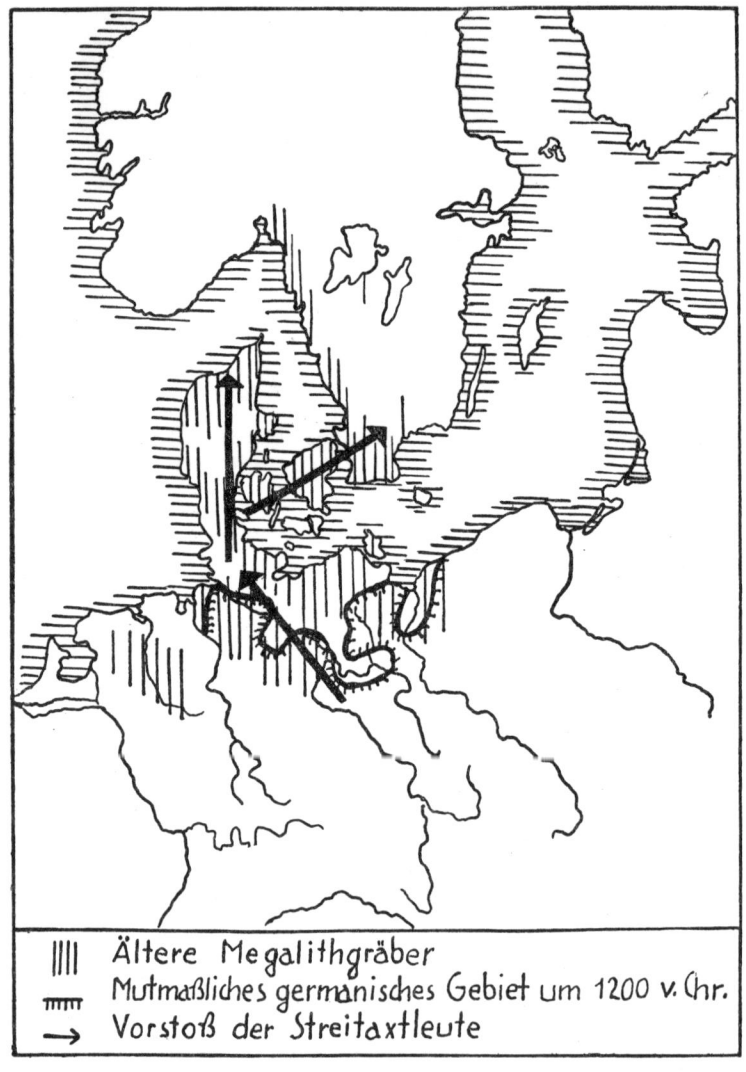

|||| Ältere Megalithgräber
᷍᷍᷍   Mutmaßliches germanisches Gebiet um 1200 v. Chr.
→   Vorstoß der Streitaxtleute

Abb. 1. Entstehung des Germanentums
(Nach E. Sprockhoff, Hirt-Festschrift I, Abb. 1, 2)

Diese Kultur der Riesengräber erleidet eine folgenschwere Störung durch die E i n z e l g r a b k u l t u r, die zuerst im Süden der Halbinsel Jütland auftritt, dann auf die Inseln übergreift, wohin sich die ältere Kultur zurückgezogen hatte, die auch nach dem Emsland und nach Mecklenburg-Pommern ausweicht. Die ersten Auseinandersetzungen sind offenbar feindlich gewesen, denn in Holstein wurde die Riesensteingräberkultur fast vernichtet, weiter nördlich nur zum Teil verdrängt. Auf den Inseln aber hat sich die neue Kultur als neue Schicht auf die alte gelegt. Beide Kulturen begannen am Ende der jüngeren Steinzeit (um 1200 v. Chr.) miteinander zu verschmelzen.

Die Grabsitte der Einzelbestattung unter kleinen Hügeln in Hockerlage war bis dahin im Norden unbekannt; auch die Tonware ist neu. In den Männergräbern findet man in der Regel schöne Streitäxte aus Felsgestein, die zeigen, daß man sie auch im Grabe nicht missen wollte. Die Tongefäße weisen auf Schnurkeramiker. Es sind zwei Völker ursprünglich verschiedener Art, die nun nach Jahrhunderten zu einem neuen zusammenwachsen. Ein bodenständiges Bauernvolk und ein vom Süden kommendes kriegerisches sind die zwei Bestandteile, aus dem das neue Volk erwächst, dem man nun den Namen G e r m a n e n beilegen darf.

Ist diese Darstellung richtig — und sie wird von keiner Seite geleugnet, nur verschieden ausgedeutet —, so scheint hier die Entstehung eines neuen indogermanischen Volkes sichtbar zu werden, ein Vorgang, den man bisher so deutlich bei keinem anderen indogermanischen Volke fassen konnte. Das würde allerdings nicht zutreffen, wenn auch die Leute der Riesensteingräber schon als Germanen oder Indogermanen zu betrachten wären, wie es manche tun. Aber der Prozeß der Indogermanisierung muß sich in ähnlicher Weise auch bei den Kelten, Italikern und bei der Ausbreitung der indogermanischen Stämme nach Griechenland, Italien, Britannien usw. abgespielt haben, so daß die geschilderte und ausgedeutete Entwicklung die größere Wahrscheinlichkeit besitzt[3].

Abb. 1 nimmt als Grundlage des mutmaßlichen germanischen Gebietes um 1200 v. Chr. die Verbreitung des gemeingermanischen Griffzungenschwertes und vergleicht damit die der älteren Megalithgräber (beides nach SPROCKHOFF, Hirt-Festschrift I, Abb. S. 256, 257).

Es fragt sich, ob es noch andere Anzeichen gibt, daß auch die Germanen durch Mischung zweier Völker und Kulturen entstanden sind. Sind diese P r ä g e r m a n e n irgendwie zu erkennen? Es dürfte nicht Wunder nehmen, wenn das bei einem Ereignis des zweiten Jahrtausends v. Chr. nicht der Fall wäre. Gibt es in der germanischen Sprache Spuren? Das Einwirken zweier Sprachen aufeinander kann sehr verschieden sein. Es können nur wenige Lehnwörter sein, die an die andere Sprache erinnern, es kann aber auch die ganze Struktur beeinflußt werden, wie es z. B. beim Irischen vermutet wird und beim Bulgarischen deutlich ist. Es gibt im germanischen Wortschatz einen verschieden hoch eingeschätzten Bestand an Wörtern, für den Entsprechungen in den übrigen indogermanischen Sprachen fehlen und bei dem man an Niederschlag der Sprache der Steingräberleute denkt[4]. Der Umfang des nichtetymologisierbaren deutschen Wortschatzes wird auf ⅓ oder 30 % geschätzt, doch kann die Schätzung keineswegs als sicher betrachtet werden. Es gelingen ständig neue Verbindungen[5], auch ist ein Aussterben von Wörtern in allen anderen indogermanischen Sprachen nicht unmöglich. Daß ein Volk, das am Meere wohnt, für damit zusammenhängende Begriffe neue Wörter bildet, die Binnenländer nicht kennen, ist natürlich, und es

ist keineswegs sicher, daß Wörter wie *Strand, Klippe, Düne, Rahe* u. a. An-
knüpfungen an andere Sprachen finden müssen.

Man sollte unter dem ältesten Namenschatze der germanischen Urheimat von
Jütland bis Skandinavien, vor allem unter den Flußnamen, Formen erwarten,
die nicht aus germanischen oder indogermanischen Sprachmitteln erklärt werden können. Skandinavische Forscher betonen aber das Gegenteil[6]. Nicht alle
Namen freilich sind eindeutig erklärt, prägermanische Namen können indogermanischen sehr ähnlich gewesen sein. Wer sieht es heute z. B. dem Worte
Ziegel an, daß es ein Lehnwort ist? Man denke an die Flußnamen *Iser* in Böhmen, *Isar* in Bayern, *Oise* in Nordfrankreich, *Isère* in Südostfrankreich, den *Ister*
(die untere Donau), wo man Kelten und Thraker als Namengeber annimmt und
wo indogermanische Ableitungen zur Verfügung stehen. Aber die *Isère* fließt
auf ursprünglich ligurischem, also nichtindogermanischem Gebiet. So lange wir
nicht wissen, wie die prägermanische Sprache ausgesehen und zu welcher Sprachgruppe sie gehört hat, ferner ob Verwandtschafts- oder Lehnbeziehungen bestanden haben, wird das Flußnamenargument nicht entscheidend sein.

Man hat gemeint, alte Abweichungen des Germanischen vom übrigen Indogermanischen auf den Einfluß einer nichtindogermanischen Sprache (eines Sub-
strats) zurückführen zu können[7]. Beim Irischen ist es durchaus wahrscheinlich,
und da die Prägermanen mit den Streitaxtleuten nach Ausweis der Funde viele
Jahrhunderte nebeneinander gelebt haben und zu einem Volke geworden sind,
wären die Voraussetzungen gegeben. Aber mit dem Beweis sieht es schlimm aus.
Was man dafür in Anspruch nehmen wollte, ist später eingetreten, 500—800 Jahre
nach der Verschmelzung, so die germanische Anfangsbetonung, die erste Lautverschiebung, Aufgabe von Kasus und Zeiten usw.

Mit größerer Wahrscheinlichkeit läßt sich das Zusammenwachsen von zwei
ursprünglich wesensverschiedenen Religionen aufzeigen. Die W a n e n r e l i -
g i o n, die sich hauptsächlich von Jütland über Dänemark bis Schweden und
Norwegen nachweisen läßt, aber auch außerhalb dieser Länder in Resten zu
beobachten ist, die in der Schilderung der Nerthusfeier bei Tacitus ihren ersten
literarischen Niederschlag gefunden hat und in Uppsala noch im 11. Jahrhundert
einen Mittelpunkt hatte, ist aller Wahrscheinlichkeit nach die ältere Religion der
Prägermanen gewesen, auch wenn es nicht an Stimmen fehlt, die diese Religion
anders erklären wollen. Ihr Dasein in der Bronzezeit und jüngeren Steinzeit läßt
sich aus den Felsbildern sichern[8]. Hier werden Schiffsetzungen, Umzüge und kultische Hochzeiten dargestellt, die noch mehrere Jahrtausende im Norden fort-
gelebt haben. In der Wanenreligion gab es Geschwisterehe, Fruchtbarkeitskulte,
Phalluskult. Kultgemeinsamkeiten mit dem nichtindogermanischen Europa, Nordafrika und Vorderasien scheinen sichtbar zu werden. Die Gottheiten wie Ner-
thus und Njǫrðr, Freya und Freyr haben sich in theophoren Ortsnamen niedergeschlagen[9]. Demgegenüber steht die A s e n r e l i g i o n, der Kult eines kriegerischen Volkes, mit dem die Verehrung des Tiuz, des ursprünglichen Himmels-
und Kriegsgottes, einzieht. Läßt sich der Wanenkult sehr gut als Religion der
friedliebenden prägermanischen Bauern und Fischer, so der Asenkult als der der
kriegerischen Streitaxtleute verstehen. Wie die tatsächlichen Religionsverhält-
nisse des heidnischen Nordens lehren, haben beide Kulte ein Nebeneinander
gefunden, was sich auch im Kultdrama des Wanenkrieges widerspiegelt[10]. In der
Religion und damit einer altertümlichen und beharrsamen Kulturäußerung hat
die Volkswerdung der Germanen einen noch in historischer Zeit deutlichen Niederschlag gefunden.

Würde sich diese Begegnung zweier Kulturen mit verschiedener Sprache und anderem Kulte in der germanischen Sprachentwicklung widerspiegeln und würde es der Forschung gelingen, hier einmal tiefer zu blicken, so würde in das Dunkel einer alten Zeit neues Licht fallen. Wie sich die Entwicklung der einzelnen indogermanischen Sprachen vollzogen hat, ist noch wenig durchsichtig. Auch an dem Dasein eines indogermanischen Urvolkes und einer indogermanischen Sprache zweifelt man und meint, daß alle indogermanischen Völker erst sekundär zu einer geschlossenen Einheit emporgewachsen sind[11]. Darin steckt etwas Wahres. Aber eine indogermanische Komponente, die sehr stark gewesen ist, kann nicht geleugnet werden, ebenso nicht das Dasein von Sprachunterschieden, weil gewisse Züge ja mehreren indogermanischen Völkern gemeinsam sind. Bei den Germanen kommen Riesensteingräberleute und Streitaxtleute in Betracht. Bei anderen Völkern wie den Kelten, Illyriern, den Griechen u. a. wird es sich um Mischungen von Schnurkeramikern und Bandkeramikern handeln, und noch andere Möglichkeiten müssen in Betracht gezogen werden. Mit Mischungen mit der Urbevölkerung in den neuen Heimaten Frankreich und England, Balkan, Italien, Griechenland usw. wird gerechnet, so daß die Sprachentwicklung sehr kompliziert wird. Dahinter steht außerdem das noch ungelöste Problem der mitteldeutschen Schnurkeramiker[12].

Rassen- und Volksmischung spielt in der Rassengeschichte eine große Rolle; Mischvölker sind die Regel, reine eine Ausnahme. Es ist möglich und wahrscheinlich, daß auch die Prägermanen durch Mischung entstanden sind. Vor und neben den Bauern scheint es, wie schon angedeutet, eine primitive Fischer- und Hirtenbevölkerung gegeben zu haben. Wenn man die Verehrung von Stiergottheiten, wie sie bei den Kimbern und Franken gelegentlich bemerkbar wird, mit den Resten eines Hirschkultes vergleicht, der in Namengebung und religiösen Relikten durchschimmert, wird man hierin ein primitives nördliches Volk in Berührung mit einem Bauernvolk vermuten, auf das ein Reitervolk mit Pferdeverehrung stößt. Es ist schwierig, aus solchen spurenhaft auftretenden Relikten die ursprünglichen Komponenten verflossener Jahrtausende zu erschließen und die Forschung wird nur vorsichtig diese Probleme angehen können, durch deren Deutung aber neues Licht auf die alten Kulturen fällt[13].

[1] J. Pokorny bei M. Ebert, Reallexikon der Vorgeschichte II, S. 141.

[2] E. Sprockhoff, Die nordische Megalithkultur (Handbuch der Urgeschichte Deutschlands, hrsg. von E. Sprockhoff, III (Berlin und Leipzig 1938), S. 150.

[3] Die beste Zusammenfassung hat E. Sprockhoff, Zur Entstehung der Germanen (Hirt-Festschrift I, 1936, S. 225ff.) geliefert. Zur Forschungsgeschichte vgl. H. Seger, Vorgeschichtsforschung und Indogermanenproblem (ebda. I, S. 1ff.).

[4] S. Feist, Indogermanen und Germanen[3], S. 88ff.

[5] So weist W. Krause, Deutsch als indogermanische Sprache (Jahrbuch der deutschen Sprache 2, 1944, S. 17) darauf hin, daß die Wörter *Fels* und *See* nicht als steinzeitlich-vorindogermanisch angesehen werden können, weil es dazu Ablautformen gibt. Der Ablaut ist im Indogermanischen zweifellos sehr lange vor der Mischung der Großsteingräber- und Streitaxtleute, vor dem Beginn des zweiten Jahrtausends v. Chr., ausgebildet worden.

[6] Vgl. u. a. E. Hellquist, Svenska sjönamn (Svenska landsmål XX). An den Flußnamen auf *-antia*, die auch das Germanische kennt, läßt sich die Ausbreitung der Indogermanen bis Spanien und Italien erkennen, vgl. darüber zuletzt zusammenfassend H. Krahe, Sprachverwandtschaft im alten Europa (1951), S. 17ff. Über die alteuropäische Hydronomie ders., Sprache und Vorzeit (1954), S. 48ff.

[7] H. Güntert, Der Ursprung der Germanen (Heidelberg 1939).

[8] Die Deutung der nordischen Felsbilder hat durch Almgrens Vergleichskunst einen großen Fortschritt erfahren: O. ALMGREN, Hällristningar och Kultbruk (Stockholm 1926); deutsche Übersetzung: Nordische Felszeichnungen als religiöse Urkunden (Frankfurt 1934).

[9] Dazu J. DE VRIES, Altgermanische Religionsgeschichte II (1937), Karten IV—VIII.

[10] Um die Einschätzung des Wanenkultes in der germanischen Religion als Rest einer älteren Naturreligion bemühen sich besonders F. R. SCHRÖDER, Germanische Urmythen (Arch. f. Religionswiss. 35, 1938, S. 216ff.); ders., Germanische Schöpfungsmythen (Germ.-roman. Monatsschrift 19, 1931, S. 5ff.); ders., Germanentum und Alteuropa (ebda. 22, 1934, S. 157ff.); ders., Skadi und die Götter Skandinaviens (Tübingen 1941); ders., Ingunar-Freyr (Tübingen 1941) und K. A. ECKHARDT, Ingwi und die Ingweonen (Germanenstudien 1, 1940); ders., Der Wanenkrieg (ebda., Heft 3, 1940).

[11] R. PITTIONI, Die urgeschichtlichen Grundlagen der europäischen Kultur (Wien 1949), S. 117.

[12] Gegenüber G. HEBERER, Die mitteldeutschen Schnurkeramiker (Veröffentl. der Anstalt für Volkheitskunde zu Halle 10, 1938) muß betont werden, daß die Leistung und Bedeutung der gesamten Schnurkeramik, auch außerhalb Deutschlands, übersehen werden muß, ehe Folgerungen für andere indogermanische Völker möglich sind.

[13] Dazu J. WEISWEILER, Vorindogermanische Schichten der irischen Heldensage (1953).

Kapitel 4

Die Nachbarn der Urgermanen

Italiker und Kelten

(Abbildung 2)

Als Nachbarn der Urgermanen kommen vor dem Beginn ihrer Ausbreitung nach dem Süden in Nord- und Mitteldeutschland Italiker und Kelten, Veneter und Illyrier in Betracht; diese nur, falls sie eine gemeinsame Grenze mit den Germanen hatten.

Wie weit die Einwanderung der Italiker, indogermanischer Stämme, in Italien in das zweite Jahrtausend v. Chr. zurückzuverfolgen ist, darüber gehen die Ansichten auseinander. War man früher geneigt, sie in das frühe zweite Jahrtausend zu setzen, so denkt man heute mit größerem Recht etwa an das 12. und 11. Jahrhundert v. Chr., jedenfalls vor den Venetern, deren Erscheinen in der Po-Tiefebene ab etwa 1000 v. Chr. vermutet wird. Sie scheinen noch Latinerreste in die Alpentäler abgedrängt zu haben, was dafür sprechen könnte, daß die Latiner nach den Osko-Umbrern erschienen sind. Doch sind darüber die Ansichten noch geteilt. Die Einwanderung der Italiker erfolgte von Norden her, und früher begnügte man sich zu sagen, daß ihre Heimat nördlich der Alpen, etwa in Süddeutschland, gesucht werden müsse.

Zwischen dem Italischen und dem Germanischen bestehen Wortgleichungen wie got. *thahan* : lat. *tacēre* „schweigen", got. *athns* : lat. *annus* „Jahr", lat. *hebēs* „stumpf" : gepidisch **Gebidōs* „Gepiden", got. *wulthus* „Schönheit" : lat. *vultus* „Aussehen", got. *gaits* „Ziege" : lat. *haedus*, altnord. *barr* „Korn, Gerste" : lat. *far* „Dinkel", got. *fisks* : lat. *piscis* „Fisch" u. a. Übereinstimmungen in der Wortbildung treten hinzu, z. B. Distributivzahlwörter mit der Bildungssilbe *-no-*, vgl. lat. *bīnī* $<$ **duis-noi* : altnord. *tven-ner* „zweifach". Auf die Frage woher? wird in beiden Sprachen ein Ortsadverbium mit dem Suffix idg. *nē* verwendet, vgl. lat. *super-nē* „von oben" : got. *ūta-na* „von außen". Hier handelt es sich, da andere indogermanische Sprachen nichts davon kennen, wohl um gemeinsame Neuerungen. Das Lateinische hat mit dem Germanischen Perfektformen mit langem Wurzelvokal gemeinsam, vgl. lat. *vēnimus* : got. *qēmum* „wir kamen", *sēdimus* : got. *sētum* „wir saßen", nur daß das Lateinische den langen Vokal auch auf die Einzahl ausgedehnt hat. Auch der Typ lat. *capio, capis* stimmt mit ahd. *heffu, hevis* zusammen[1].

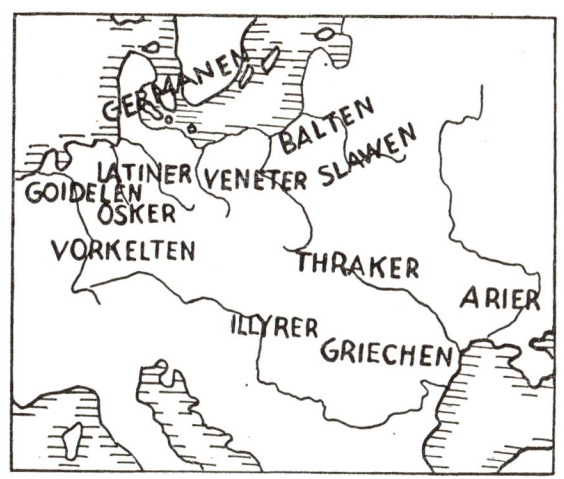

Abb. 2. Mutmaßliche Urheimat der westindogermanischen Stämme

Nimmt man an, daß die Italiker aus einem Bereiche nördlich der Alpen, aber nahe Italien, etwa aus der Schweiz gekommen sind, wird es schwierig, diese Übereinstimmungen zu erklären, denn die Germanen haben in der Zeit der Abwanderung um 1200—1000 niemals so weit nach Süden gereicht. Die Annahme, daß ein anderes Volk, etwa die Illyrier, die Vermittlung besorgt habe[2], befriedigt nicht, da diese die genannten Übereinstimmungen und Neuerungen nicht zeigen. So scheint es geraten, an alte Grenzberührung zu denken, falls man sich nicht entschließen will, germanische Beteiligung an der Bildung der Italiker anzunehmen. Diese Frage wird gewiß aufgerollt werden, doch scheinen bisher die Gründe dafür noch nicht auszureichen.

Auf die Zeit der Gemeinsamkeit fällt dadurch Licht, daß die Italiker mit den Germanen die Benennung für „Erz" bzw. „Bronze" gemeinsam haben, die zwar auch dem Indischen und Iranischen zukommt, aber z. B. dem Keltischen fehlt: lat. *aes*, got. *aiz*. Die Berührung hat also bis in die Bronzezeit angedauert.

Auf die Frage der Gemeinsamkeiten und Unterschiede zwischen Lateinisch einer- und Umbrisch-Sabellisch anderseits kann hier nicht eingegangen werden. Die Forschung ist zum Ergebnis gekommen, daß es sich um ursprünglich verschiedene Sprachen handelt, die aber in der Heimat benachbart gewesen sind. Da gleichzeitig beide nachher italische Sprachen Beziehungen zum Keltischen besitzen, haben das Germanische, Italische und Keltische offenbar den Westflügel des Indogermanischen in Europa gebildet, wobei „Germanisch" usw. immer in der ältesten Zeit als Abkürzung für „Indogermanenschwärme, die später als Germanisch usw. bezeichnet werden", aufzufassen ist.

Zu diesen Beobachtungen gesellen sich andere, die an und für sich nur zurückhaltend herangezogen werden dürfen, aber in größerem Zusammenhang Gewicht
bekommen. Als sich in der Schlacht von Aquae Sextiae 102 v. Chr. Ambronen,
die Verbündeten der Teutonen, und Ligurer im Verbande der Römer gegenüberstanden, verwendeten beide als Schlachtruf den Völkernamen *Ambrones*.
Das läßt daran denken, daß sich unter den Ligurern eine Schicht von Ambronen
befunden hat. Eine indogermanische Überschichtung der Ligurer wird schon
lange erwogen[3]. Die weite Verbreitung von *Ambr-* unter den Ortsnamen des
früher größeren ligurischen Gebietes läßt vermuten, daß sie in alte Zeit zurück-
führt, vielleicht in dieselbe, in der die übrigen Italiker erschienen sind[4]. Der
Völkername Umbrer beruht auf derselben Grundform **Ombr-*. Sonstige für
frühes Auftreten von Germanen in Italien vorgebrachte Einzelheiten[5] können
vorderhand nicht überzeugen.

Früher hat man nicht nur mit „Uritalisch", sondern auch mit „Urkeltisch"
gerechnet und an eine engere gemeinsame Urheimat gedacht. Das ist durch
Walde erschüttert worden, der noch andere Gemeinsamkeiten zwischen Irisch
einer- und Latino-Faliskisch anderseits ausfindig machte, aber auch die Problematik dieser Berührungen aufdeckte[6]. Die engen Beziehungen beider Gruppen des Italischen zum Keltischen, auf die hier nicht näher eingegangen werden
kann, sind um so merkwürdiger, als dasselbe Merkmal, das eine Unterscheidung
zwischen den beiden italischen Sprachen bedingt, auch das Keltische in zwei
Gruppen teilt. Das indogermanische q^u ist im Goidelischen (Irischen, Gälischen)
und Lateinischen erhalten, im Oskisch-Umbrischen und Britannischen (Gallischen)
zu *p* geworden, vgl. das Zahlwort für „vier" lat. *quattuor*, irisch *cethir* ($c < q^u$),
aber oskisch *pettiur*, kymrisch *pedwar*. Dabei ist *p* für q^u eine Neuerung. Da
kaum anzunehmen ist, daß sie in beiden Sprachen getrennt aufgekommen ist,
scheinen das Gallisch-Britannische und Oskisch-Umbrische damals, d. h. noch in
der nördlichen Heimat, Nachbarn gewesen zu sein. Das Germanische hat daran
nicht teilgenommen, so daß überlegt werden kann, ob nicht das Lateinische und
Irische einmal zusammen mit dem Germanischen eine beharrsame Gruppe gebildet haben, d. h. Nachbarn gewesen sind.

An anderen Gemeinsamkeiten des Italischen und Keltischen nimmt das Germanische teil. Alle drei Sprachen kennen die gleiche Verwendung des Präfixes
co-, com-, germ. *ga-*, vgl. lat. *con-spicio* „erblicke" mit perfektiver Bedeutung,
ebenso ahd. *ga-sihu* „erblicke", lat. *commūnis* *<*com-moinis*, got. *ga-mains* „gemeinsam", gallisch *com-rūnos* „vertraut", germ. **ga-rūnan-* „vertrauter Freund".
Nur im Italischen, Keltischen und Germanischen ist Indogermanisches *-tt-* zu
-ss- geworden, nach Länge zu *-s-*, vgl. lat. *invīsus* *<*in-vittos*, **in-vīd-tos* „un-
sichtbar", irisch *fiss* „Wissen" *<*vid-tu*, deutsch *gewiß, weise*. Obwohl noch
manche Einzelheiten dabei zu klären sind, scheint es sich um eine gemeinsame
Veränderung, eine Neuerung aller drei Sprachen in der gemeinsamen Heimat
in den letzten Jahrhunderten des zweiten Jahrtausends v. Chr. zu handeln.

Will man die Urheimat der K e l t e n feststellen, muß man wissen, welche
Länder sie erst nach und nach besetzt haben. In Spanien wird ein keltischer
Stamm schon von Herodot genannt; hierher müssen sie bereits im 7. oder 6. Jahrhundert vorgerückt sein. 387/383 haben sie Rom erobert, an den Beginn des
4. Jahrhunderts fällt ihr Einfall in Italien, wo sie sich in der Po-Tiefebene und
in der Emilia festsetzten. Zur gleichen Zeit gelangten sie auf die Balkanhalbinsel, einige Stämme, darunter die Galater, bis nach Kleinasien. Auch die Besetzung Böhmens, Mährens und Oberschlesiens fällt in das 5. Jahrhundert v. Chr.

Schwieriger ist ihre Ausbreitung in Gallien zu verfolgen, wo aber ursprünglich der Süden von Ligurern, Iberern und Basken besetzt ist. Massilia ist um 600 auf ligurischem, nicht keltischem Boden gegründet worden. Ob die Besetzung Irlands von Spanien oder vom Niederrhein her erfolgt ist, ist noch ein Streitpunkt der Forschung.

Das 4. Jahrhundert ist der Höhepunkt der keltischen Macht. Ihre Wanderungen haben zu einer Bedrohung der römischen Macht geführt. Zeitlich entspricht die Ausbildung des Latène-Stiles. Es handelt sich offenbar um eine Renaissance des Keltentums, hervorgerufen und getragen durch eine Führerschicht, die auch in reichen Funden faßbar ist[7].

Wo die Urheimat der Kelten zu suchen ist, ist ebenfalls noch eine Streitfrage der Forschung. Es kommt Nordfrankreich—Süddeutschland in Betracht. Am meisten wird an die Träger der südwestdeutschen Hügelgräberkulturen gedacht, die, wie neue Bodenfunde nahelegen, ebenso Kelten gewesen sind wie die der Latène-Zeit[8]. Da sie sich in Süddeutschland in Stammes-, Fluß- und Ortsnamen fassen lassen, anderseits aber daneben unkeltische, vermutlich illyrische und teilweise venetische Namen begegnen, wird mit einer Überschichtung durch Illyrier und Veneter zu rechnen sein. Während im Keltischen altes *p* über *f* und *h* geschwunden ist, hat sich *p* in *Partenkirchen* < *Partanum* (zum illyrischen Personennamen *Parthos*) und *Schefflenz*, Nebenfluß der Jagst (zur illyrischen Entsprechung von griechisch σκόπελος „Fels, Klippe") sowie *Kupfer*, Nebenfluß des Kochers, aus *Kupara[9] gehalten. Da aber auch Berührungen mit den beiden Gruppen der Italiker vorliegen und sowohl die illyrisch-venetische Wanderung über Süddeutschland als auch die italische über die Alpen in die Jahrhunderte zwischen 1200—1000 v. Chr. gehören dürften, scheint es so zu sein, daß die daheimgebliebene Bevölkerung, die sich gegenüber einer Überschichtung wieder durchsetzen konnte, zu Kelten erwachsen ist. Man darf hier keinen Stammbaum herstellen, sondern muß sich einen gemeinsamen Herd des Italischen und Keltischen mit den Germanen als Nordnachbarn denken, durchaus mit fließenden Grenzen. Im Sonderleben hat es dann Neuerungen gegeben, die die Sprachen weiter auseinanderführen.

Für die Frage der N o r d g r e n z e d e s K e l t e n t u m s in Deutschland glaubte man früher die Flußnamen auf *-apa* in Hessen und Nachbarschaft heranziehen zu können[10]. Die Diskussion ist seitdem nicht zur Ruhe gekommen. In Süddeutschland, der keltischen Urheimat, und Mittelfrankreich sind Flußnamen auf *-apa* sehr selten, außerdem wird hier *aba* verwendet, das dem germ. *apa* entsprechen könnte. Das Illyrische kannte ein *apa* „Wasser", es tritt aber relativ selten auf. Versuche, *apa* als germanisch zu erklären[11], häufen sich jetzt. Es handelt sich um ein landschaftlich beschränktes Flußnamengrundwort, das hier lange üblich geblieben und auch mit germanischen ersten Bestandteilen verbunden worden ist. Es geht nur darum, das Fehlen in bestimmten und die Häufung in anderen Gebieten aufzuklären[12]. Eine Einhelligkeit ist noch nicht erzielt worden.

Es hat eine keltische Tradition gegeben, die die Druiden bewahrt haben, ein Teil des gallischen Volkes sei, durch Kriege und Überschwemmungen von entlegenen Inseln und Ländern jenseits des Rheines vertrieben, nach Gallien gekommen[13]. Wenn auch Verschiedenes unklar bleibt, vor allem der Zeitpunkt des Ereignisses, scheint doch die keltische Ansicht durchzuschimmern, daß das Heimatland auf dem rechten Rheinufer gelegen war. Dafür sprechen tatsächlich Zeugnisse noch in literarischer Zeit. Auf die Helvetier, Bojer und Kotiner wird noch einzugehen sein. Der germanische Name für die Kelten ist *Walchen* gewesen, das dem keltischen Volksnamen der *Volcae* entspricht. Caesar spricht davon, daß die in Mitteldeutschland ansässigen *Volcae* aus Gallien ausgewandert seien[14]. Er wußte nur von ihnen Sicheres. Es wird in Wirklichkeit so sein, daß die *Volcae Tectosages* im hercynischen Urwald zum Stammvolk gehören werden. Ein anderer Teil siedelte in Südfrankreich an der Garonne, ein dritter war 278 v. Chr. mit anderen Stämmen nach Kleinasien abgewandert. Von den hercynischen *Volcae* müssen die Germanen sehr früh Kunde erhalten haben, denn dieser Volksname hat die erste Lautverschiebung mitgemacht: germ. **Walhōz* ist die Grundlage von ahd. *Walhā*, altenglisch *Wealas*, altnordisch *Valir*. Wo die Sitze dieser Walchen zu suchen sind, beschäftigt sehr die Forschung. Man darf annehmen, daß die noch zur Zeit Caesars in Deutschland wohnenden Walchen den zurückgebliebenen Rest des einst großen Stammes darstellten. Man sucht seine Sitze bisweilen in Mittelschlesien, doch stehen hier Kelten schon seit der Ankunft der Wandalen um 120 v. Chr. in Kämpfen mit diesen und scheinen im ersten Jahrhundert v. Chr. bereits bedrängt worden zu sein. Sie wären wohl eher als Bojer bezeichnet worden, und es ist zweifelhaft, ob von so entfernt vom Rhein wohnenden Kelten eine Kunde zu Caesar hätte dringen können. So empfiehlt es sich, nach einer näher gelegenen Landschaft im deutschen Mittelgebirge Ausschau zu halten, wo sich Kelten bis ins 1. Jahrhundert v. Chr. behauptet haben. Die Prähistoriker verweisen darauf, daß die Steinsburg auf dem kleinen Gleichenberg bei Römhild in Thüringen bis in die Mitte des letzten Jahrhunderts v. Chr. eine große keltische Ringwallfestung war und die fruchtbare Landschaft am mittleren und oberen Main vor den Germanen schützen sollte[15]. Im südlichen und westlichen Thüringen läßt sich in Bronzehandwerk und Töpferei bis zu Beginn unserer Zeitrechnung keltische Einwirkung aus den Funden erkennen. In dieser Gegend lassen sich die gesuchten Volcaereste gut begreifen. Die Germanen haben ihren Namen allmählich auf alle Kelten übertragen, so auch die Angelsachsen auf die Kelten in Cornwallis und Wales, später auf die romanisierten Kelten, die Gallier (man denke an die Wallonen), die Italiener (Walnuß = wälsche Nuß), ja auch auf die romanisierten Daker (Walachen, hier durch slawische Vermittlung, die wieder auf germanischer beruht).

Aus der langen Nachbarschaft von Kelten und Germanen erklären sich manche Gemeinsamkeiten des Wortschatzes, die anderen idg. Sprachen fehlen, wie got. *liuga* „Ehe" : altirisch *luige* „Eid" (keltische Grundform **lugio-*), althochdeutsch *erbi* „das Erbe" : altirisch *orbe* „Erbschaft", althochdeutsch *gīsal* „Geisel" : altirisch *gīall,* got. *rūna* „Geheimnis" : altirisch *rūn.* Auch Personennamen sind gleichmäßig gebildet, vgl. keltisch *Caturīx* : althochdeutsch *Haduriih,* gallisch *Conco-litanus* : burgundisch *Hanha-valdus,* cymrisch *Gueit-gual*< **Victo-valos* : altenglisch *Wiht-gils* u. v. a. Früher, als man sich eine zeitweilige keltische Herrschaft über Germanen vorstellte, neigte man zur Auffassung, daß es sich hierbei um Entlehnungen aus dem Keltischen handle. Besser ist mit sprachlichen Gemeinsamkeiten zu rechnen, die sich aus der langen Nachbarschaft zur Genüge verstehen lassen[16].

Auch in den Volkssitten und im Auftreten lassen sich Gleichheiten feststellen, aus denen die lange Gleichsetzung beider Völker bei den antiken Schriftstellern begreiflich wird, solange man nicht die Verschiedenheit der Sprachen bei eingehenderer Bekanntschaft erkannte. Beide Völker kämpften ursprünglich mit entblößtem Leibe, wenn sich auch, dem Kulturgefälle entsprechend, bei den Kelten früher die Aufgabe dieser primitiven Sitte beobachten läßt; beide besaßen bei ihrem Auftreten eine gemischte Truppe, in der den Berittenen ein oder zwei Leichtbewaffnete beigesellt waren. Auch in ihrer äußeren Erscheinung werden die Gallier den Germanen ähnlich geschildert, als hochgewachsen, blond, blauäugig, weißhäutig. Allerdings treten auch Unterschiede hervor. Trotz Tapferkeit fehlte den Galliern die Zähigkeit, bei ihren Zielen zu bleiben. Der Geist ist beweglich und empfänglich für fremde Kultureinflüsse, die Redelust ausgeprägt. Relativ schnell geht die Freiheit verloren. Der Einfluß des Präindogermanischen scheint sich hierin geltend zu machen, vielleicht auch in der starken Ausbildung der Druidenkaste[17].

Die Beziehungen der Germanen zu den Italikern sind viel älter und inniger als zu den Kelten. Germanen und Kelten besitzen ein gemeinsames Wort für „Eisen", kelt. (gall.) *īsarno-*, ahd. *īsarn*, wobei es nichts ausmacht, ob etwa der Ausgangspunkt im Illyrischen liegt. Wesentlich ist, daß das Italische das Wort nicht kennt (vgl. lat. *ferrum*). Die keltisch-germanischen Beziehungen scheinen danach in die Eisenzeit zu fallen, also in eine jüngere Periode als die italischgermanischen. Da sich *Volcae* zu **Walhōz* entwickelt hat, hat der Kontakt zwischen Germanen und Kelten bereits vor der ersten Lautverschiebung bestanden. Das got. *reiks* „Herrscher" kann nicht direkt zum lat. *rēx, rēgis* „König" gehören, denn indogermanisches *ē* hätte im Gotischen zu *ē*, im Ahd. zu *ā* führen müssen. Nur im Keltischen ist altes *ē* zu *i* geworden, vgl. *-rix* in zahlreichen gallischen Personennamen wie *Vercin-geto-rīx*. Das germanische Wort kann also kein indogermanisches Erbwort sein, sondern muß aus dem Keltischen herrühren. In dieselbe Bedeutungssphäre gehört got. *andbahts* „Diener" aus keltisch *ambactos* „der um den Herrn Herumbewegte, Diener, Klient, Dienstmann", das schon bei Ennius und Caesar überliefert ist. Man kann aus diesen Lehnwörtern schließen, daß in der älteren Zeit die Kelten ein höheres soziales Leben aufwiesen, muß aber bedenken, daß die Grundlage schmal ist. Schon ab 500 v. Chr. und früher weichen die Kelten ununterbrochen vor den Germanen zurück, wie noch darzulegen sein wird.

Von vorgeschichtlicher Seite ist darauf hingewiesen worden, wie schwierig es ist, urgeschichtliche Zustände mit bestimmten Völkern zu verbinden[18]. Das ist richtig. Aber die Indogermanistik kann sich nicht auf die Vorgeschichte stützen, weil beide Wissenschaftszweige noch keinen Gleichschritt erlangt haben. Die Sprachforschung muß trachten, die sprachgeschichtlichen Beobachtungen irgendwie zu verknüpfen. Vieles muß natürlich problematisch bleiben. Aber das Auftreten gemeinsamer Neuerungen bei später getrennten indogermanischen Völkern wird doch in einer Urheimat zustande gekommen sein und die Sprachwissenschaft kann verlangen, daß auch ihre sprachgeographischen Feststellungen von der Vorgeschichte beachtet werden.

[1] Vgl. G. Devoto, Germanisch-lateinisch und Germanisch-oskisch-umbrisch (Hirt-Festschrift II, 1936, S. 533ff.); R. Much, Die Herkunft der Italiker (ebda. II, S. 549ff.); H. Krahe, Sprache und Vorzeit, S. 71ff.; W. Porzig, Die Gliederung des indogermanischen Sprachgebietes, S. 106ff.

[2] Porzig, a. a. O., S. 106.

[3] Über den Namen der Ambronen in Ortsnamen aus dem weiten Umkreis Liguriens Menendez Pidal, Zs. f. roman. Phil. 59 (1939), S. 197ff.

[4] Über die Stellung des Ligurischen und die Frage indogermanischer Einflüsse H. Krahe, Ligurisch und Indogermanisch (Hirt-Festschrift II, S. 241ff.).

[5] P. Kretschmer, Die frühesten sprachlichen Spuren von Germanen (Zs. f. vgl. Sprachwiss. 69, 1948, S. 9ff.).

[6] A. Walde, Über älteste sprachliche Beziehungen zwischen Kelten und Italikern (Rektoratsschrift Innsbruck 1917).

[7] Darüber E. WAHLE, Zur ethnischen Deutung frühgeschichtlicher Kulturprovinzen, S. 23ff.

[8] G. KRAFT, Die Herkunft der Kelten im Licht der Bodenfunde (Forschungen und Fortschritte 20, 1944, S. 217—219).

[9] Dazu H. KRAHE, Keltisch oder Illyrisch? (Festschrift Wahle, S. 306).

[10] K. MÜLLENHOFF, Deutsche Altertumskunde II, S. 257ff. Zusammenstellung der Literatur zur *apa*-Frage bei E. SCHWARZ, Deutsche Namenforschung II (1950), S. 58ff.

[11] Zuletzt wieder H. DITTMAIER, Das Problem der Flußnamen auf -*apa* (Rhein. Vierteljahrsblätter 15, 1949, S. 226—239); anschließend A. BACH, Deutsche Namenkunde II, 2 (1954), S. 36. Mit z. T. anderer und nun mehr befriedigender Argumentation setzt sich erneut H. DITTMAIER, Das *apa*-Problem (1955) für germanischen Ursprung ein.

[12] Über die *apa*-Frage und die mutmaßliche Lage der Urheimat der italischen und keltischen Stämme E. SCHWARZ, Germanen, Italiker, Kelten (Zs. f. Mundartforschung 20, 1952, S. 193—206).

[13] Berichtet von AMMIANUS MARCELLINUS XV 9, 4, auf TIMAGENES beruhend.

[14] CAESAR, Bellum Gallicum VI 24.

[15] Ein kurzer Hinweis auf die Kelten in Thüringen bei W. SCHULZ (REINERTH, Vorgeschichte der deutschen Stämme I, S. 404).

[16] Über die germanisch-keltischen Beziehungen vgl. E. POLOMÉ, Notes critiques sur les concordances Germano-Celtiques (Ogam VI, fasc. 4, Nr. 34, S. 145—164); A. SCHERER, Die keltisch-germanischen Namengleichungen (Corolla Linguistica, Festschrift F. Sommer, 1955, S. 199—210).

[17] Über die Wirkung des nichtindogermanischen Substrates auf die keltische Inselbevölkerung J. POKORNY (s. Kap. 2, Anm. 10).

[18] R. PITTIONI, Urgeschichtlicher Stamm und Sprachgeschichte (Zs. f. Mundartforsch. 21, 1953, S. 193—197).

Kapitel 5

Die Nachbarn der Urgermanen

Illyrier und Veneter

(Abbildung 2)

Die historischen Sitze der I l l y r i e r , soweit sie aus antiken Nachrichten bekannt sind, liegen im westlichen Ungarn, wo ihnen die Pannonier zugehörten, in Kroatien und Dalmatien und reichen in die Ostalpen herein. Daß sie auch nördlich der Donau gewohnt haben, wird durch das kleine Restvolk der *Osi* bezeugt, deren pannonische Sprache von Tacitus in seiner Germania erwähnt wird. Wie weit nach Norden aber ihr Siedlungsbereich gereicht hat, ist noch unklar. Die Entscheidung darüber ist mit der Veneterfrage verknüpft, von der noch die Rede sein wird. Es hat am Nordrand Böhmens einige Restvölker gegeben, deren Namen illyrisch klingen, so die Κορκοντοί vermutlich in Nordostböhmen, die Βατινοί und Σουδινοί in Nordböhmen.

Als die Römer mit ihnen bekannt wurden, handelte es sich um unbedeutende Stämme östlich der Adria. In den letzten 20 Jahren spielen sie in der Vorgeschichts- und Sprachforschung eine bedeutende Rolle, indem man versucht hat, ihnen die Urnenfelderkulturen in Süd- und Westdeutschland, Frankreich und anderen Ländern zuzuschreiben. Damit hat sich der Nachweis verbunden, daß es in Deutschland und Westeuropa Flußnamen gibt, die nicht keltisch sein können (s. o. S. 27). Soweit man feststellen kann, sind Illyrier bei der letzten griechischen Einwanderung, bei den Doriern, beteiligt; sie erscheinen in Kleinasien und kommen über die Adria nach Mittel- und Unteritalien[1].

Die Verbindung der Illyrier mit der Urnenfelderkultur Mittel- und Westeuropas scheint aber nicht aufrecht erhalten werden zu können. Die eigentlichen historischen Illyrier haben niemals ihre Toten verbrannt oder in Urnenfeldern beigesetzt. Skelettbestattung in Steinkisten, Steinsetzungen und Grabhügel waren die Bestattungsformen der eigentlichen Illyrier. Soweit sind die Feststellungen der Prähistoriker gewiß richtig[2]. Aber wie erklären sich die unkeltischen Namen in Süddeutschland?

Illyrische Stammesnamen werden von den Kelten übernommen und begleiten die Keltisierung illyrischer Stämme. Der Name der B o j e r läßt sich nicht aus dem Keltischen deuten, ist aber auf illyrischem Boden verbreitet[3]. In Böhmen, Mähren, der Slowakei und in den Ostalpenländern stellen die Illyrier eine ältere Schicht als die Kelten dar, und deshalb ist es wahrscheinlich, daß Fluß- und Gebirgsnamen, bei denen keltischer oder illyrischer Ursprung erwogen wird, eher illyrisch als keltisch sein werden, besonders wenn dafür besondere Gründe geltend gemacht werden können. Bei den Kelten ist z. B. der mit *-d-* erweiterte Stamm *sū-d-* „Sau" nicht nachweisbar, darum ist Σούδητα ὄρη für das Erzgebirge ebenso wie der Volksname Σουδινοί in Nordböhmen eher illyrisch als keltisch. Eine Reihe von Fluß- und Ortsnamen läßt sich gut auf das Illyrische zurückführen und tritt damit als Zeuge für einstiges illyrisches Volkstum auf, so *March* in Mähren (illyr. **marus* „Sumpf"), *Cusus* in der Slowakei (illyr. **qūtsos* „Woge"), übersetzt als *Waag, Drau,* antik *Dravus,* zu altindisch *drávati* „läuft", *Savus* „Save" u. a.

Das Illyrische kann nur aus Orts- und Personennamen und wenigen Glossen erschlossen werden[4]. Es ergibt sich, daß Beziehungen zum Germanischen festzustellen sind, vgl. messapisch (das Messapische wurde in Unteritalien gesprochen) *veina* „sein" (besitzanzeigendes Fürwort), das in der Bildungsweise völlig dem gotischen *meina-* „mein" entspricht. Nicht wenige Wörter lassen sich aus dem Germanischen erklären, z. B. messapisch *brendon* „Hirsch", dazu der Ortsname *Brundisium,* das heutige *Brindisi,* und schwedisch *brind(e)* „Elentier", *bŭrion* „Haus": germ. *bŭr-* „Wohnung". Der Name der illyrischen Fürstin *Teutana* entspricht offenbar mit seiner Bedeutung „Königin" dem gotischen *thiudans* „König" u. a. Illyrier sind die Träger der Hallstattkultur und ihnen ist wohl die Verbreitung des wichtigen Kulturwortes Eisen, illyr. **īsarno,* zu danken, das man früher den Kelten zugeschrieben hat, die es aber ebenso wie die Germanen von den Illyriern übernommen haben werden.

Das Illyrische ist eine Kentum-Sprache und gehört damit zu den westindogermanischen Sprachen, obwohl es in Ungarn den eine Satem-Sprache redenden Thrakern benachbart war. Es zeigt in vorgeschichtlicher Zeit engere Beziehungen zum Italischen und Keltischen, auch solche zum Germanischen und Baltoslawischen. Seine Urheimat liegt östlich von der der Kelten, westlich von der der Thraker, südwestlich von der baltischen und südlich von der germanischen. Die Tatsache, daß Form- und Wortgleichungen zwischen dem Illyrischen und Germanischen feststellbar sind, genügt aber nicht zur Behauptung, daß Germanen und Illyrier von Anfang an Nachbarn gewesen sind. Die Berührungen sind auch über Zwischenglieder denkbar.

Das Volk der V e n e t e r wohnt in historischer Zeit im Osten der Po-Tiefebene. Der Name hat sich in *Venedig* und *Venetien* erhalten. Die Sprache ist aus Inschriften seit dem 6. Jahrhundert v. Chr. bezeugt, hauptsächlich aus dem alten Kulturzentrum Ateste, dem jetzigen Este. Andere stammen aus anderen Orten und sind auch in Kärnten und Südtirol aufgetaucht.

Man hat die Sprache meist dem Illyrischen zugezählt, mit dem es durch viele Gemeinsamkeiten verbunden ist. Andere Merkmale berühren sich mit dem Lateinischen, wobei im Einzelfalle nicht immer leicht zu unterscheiden ist, ob es sich um in der Po-Tiefebene entstandene Beziehungen zu dem hier angetroffenen Lateinischen handelt oder ob sie in die Urheimat nördlich der Alpen zurückreichen. Die ältesten Fundstellen venetischer Kulturen gehören in das 9. Jahrhundert v. Chr., so daß etwa um 1000 mit dem Erscheinen im Lande zu rechnen ist, also nach den Latino-Faliskern und den Osko-Umbrern. Reste der Latiner, die Euganeer, wurden in die Alpentäler abgedrängt[5]. Beachtlich ist, daß die Mehrzahl der Ortsnamen in Venetien illyrisch ist, die Personennamen der Inschriften aber venetisches Gepräge zeigen. Dadurch wird es sicher, daß die Veneter nicht nur nach den Italikern, sondern auch nach den Illyriern eingerückt sind. Daß Veneter sowohl in Kelten als auch Illyriern aufgegangen sind, wird durch das Auftreten des Volksnamens bei diesen Völkern wahrscheinlich. Die Sicherheit des Urteils hängt davon ab, wie weit man den indogermanischen Schwärmen der Urheimat schon eine dialektische und stammliche Gliederung und Zusammenfassung von Unterstämmen zutrauen kann.

Mit dem Germanischen bestehen einige Gemeinsamkeiten, so auf dem Gebiete des Pronomens, vgl. venetisch Akkusativ *mecho*: Nominativ *echo*, also analogisch umgeformt wie im Germanischen, vgl. got. *mik* „mich": *ik* „ich", aber lateinisch *me: ego*. Das Pronomen *selbo* (idg. **selbho*) „selbst" war nur im Germanischen und Venetischen vorhanden.

Eine genaue Durchmusterung der Spracheigentümlichkeiten zeigt trotz mancher Übereinstimmungen mit dem Italischen und Illyrischen doch auch alte Unterschiede, so daß sich jetzt immer mehr die Ansicht durchsetzt, daß man es hier mit einem zwar kleinen, aber selbständigen Zweig des Indogermanischen zu tun hat. Darauf hat zuerst KRETSCHMER aufmerksam gemacht. Er sieht in den Venetern die Träger der lausitzischen Urnenfelderkultur und möchte sie in den westdeutschen Urnenfelderleuten wiederfinden[6]. POKORNY, der Hauptvertreter der illyrischen Wandertheorie, stimmt jetzt KRETSCHMER zu, daß die bisher den Illyriern zugeschriebenen Namen vor allem in Ostdeutschland den Venetern zugehören und möchte jetzt von Veneto-Illyriern sprechen, d. h. er nimmt an, daß beide Völker sich auf ihren Wanderungen berührt haben[7].

KRAHES Untersuchung der venetischen Sprachreste[8] zeigt, daß man im Venetischen nicht einen italischen Dialekt sehen darf[9]. Die Urheimat ist nach den sprachlichen Kriterien zwischen die keltisch-italische, germanische einer- sowie illyrische und baltoslawische anderseits anzusetzen. Die Sprache steht dem Italischen etwas näher als dem Illyrischen. Das Urvenetische kann wie alle übrigen indogermanischen Sprachen der Urheimat nicht scharf abgegrenzt werden. Man hat sich offenbar das Indogermanische vor den großen Wanderungen so vorzustellen wie sonst eine Sprache, durchschnitten von Sprachgrenzen, aber auch mannigfach verbunden, deren einzelne Teile selbständig geworden sind, viel von altem Erbe mitführen und in der neuen Heimat neue Verbindungen eingehen.

KRAHE urteilt, daß das Venetische aus dem gleichen prähistorischen Bereich stammt, aus dem neben ihm und den italischen Sprachen auch das Keltische und das Illyrische hervorgegangen sind[10]. Den Volksnamen *Veneti* sieht er als illyrisch an und möchte dem Auftauchen an verschiedenen Stellen (in Gallien, im

Namen des Bodensees *Lacus Venetus*, in Ostdeutschland, Italien, auf der Balkanhalbinsel) keine Bedeutung zumessen. Aber schon Kretschmer hat auf Völker- und Ortsnamen in Ostdeutschland hingewiesen, die mit *f-* für indogerm. *bh-* anlauten[11]. Man hat ihm nicht Glauben geschenkt und gemeint, hier andere Erklärungen vorziehen zu sollen. Aber auch Flußnamen haben sich in Ost- und Süddeutschland gefunden, die mit *f-* anlauten, das anscheinend aus idg. *bh-* entstanden ist, was eine venetische Eigentümlichkeit ist, in der sich das Venetische mit dem Italischen berührt. Wenn es schon in der Urheimat auftaucht, kann es nicht erst in Italien übernommen sein. Es handelt sich um Flußnamen wie *Vils* und *Fleyh*, die nicht aus dem Germanischen erklärt werden können[12]. Dann wird es tatsächlich wahrscheinlich, daß dem Auftauchen des Volksnamens in Ostdeutschland eine große Bedeutung zukommt. Plinius setzt an der mittleren Weichsel das Volk an und ähnlich tun es Tacitus und Ptolemaeus, die von *Venedi, Venethi* und Οὐένεδαι sprechen. Diese Form zeigt die durch die erste Lautverschiebung veränderte Lautung im germanischen Munde, vgl. ahd. *Winida*, das auf **Winitha* beruht, während das angelsächsische *Winedas* eine alte Nebenform mit grammatischem Wechsel darstellt. Die Germanen haben also schon vor der ersten Lautverschiebung und damit bereits in der ersten Hälfte des ersten Jahrtausends v. Chr. den Volksnamen kennen gelernt, der damit an Alter und Bedeutung dem der Walchen an die Seite tritt. Die Vermutung liegt nahe, daß die Germanen den Namen ihrer Ostnachbarn auf die später in deren Sitzen auftretenden Slawen übertragen haben[13]. Wenn slawische Forscher die Ansicht vertreten, daß damit immer die Slawen gemeint gewesen seien, so muß dazu nur kurz bemerkt werden, daß die Veneter in der Po-Tiefebene bestimmt keine Slawen gewesen sind, das Venetische eine Kentum-Sprache ist und damit dem Westindogermanischen angehört, der Name *Veneter* bei keinem slawischen Volke auftaucht und nur bei den Germanen eingebürgert ist und daß zwischen der lausitzischen Urnenfelderkultur und der frühesten slawischen gewaltige Unterschiede bestehen.

Man darf deshalb den Gedanken aussprechen, daß die Veneter als selbständiges indogermanisches Volk in Ostdeutschland gewohnt haben. Dann ist es möglich, ihnen die Urnenfelderkultur Ostdeutschlands zuzusprechen und die Illyrier auf das Gebiet zu beschränken, in dem sie zu Beginn der antiken Nachrichten auftreten. Da nur ein Teil der Veneter nach Süden abgezogen sein wird, haben sich andere als mehr oder minder selbständige Stämme unter germanischer Herrschaft behauptet, wie die Naristen in der Oberpfalz, die allmählich germanisiert worden sein werden, während andere Volksteile in Ostdeutschland in den Ostgermanen und Slawen aufgegangen sein werden. Es scheinen auch Flußnamenbeziehungen zwischen Ostdeutschland und Venetien nachweisbar zu sein, wenn man sonst als illyrisch betrachtete Namen den Venetern zuschreibt, so etwa Οὐιαδούας, das bei einer Abtrennung *Vi-adua-s* mit der *Adda*, alt *Ad(d)ua* verglichen werden kann (avestisch *adu-* „Fluß"). *Schrimm* südlich Posen kann nicht nur mit *Sirmium*, sondern auch mit *Sermione* (Insel im Gardasee), die *Netze*, der Nebenfluß der Warthe, mit *Natiso* in Venetien zusammengestellt werden[14].

[1] Über die große illyrische Ausbreitung vgl. J. Pokorny, Zur Urgeschichte der Kelten und Illyrier (1938); H. Krahe, Die Indogermanisierung Griechenlands und Italiens (1949).

[2] V. Milojčić, Zur Frage der „Lausitzer Wanderung" (Germania 30, 1952, S. 318 bis 325).

[3] Pokorny, Zs. f. celt. Phil. 20 (1935), S. 323.

[4] Wichtige Beiträge verdankt die Erforschung des Illyrischen H. Krahe, Die balkan-

illyrischen geographischen Namen (1925); Lexikon altillyrischer Personennamen (1929);
N. JOKL, Artikel „Illyrier", bei EBERT, Reallexikon der Vorgeschichte VI, S. 33ff. KRAHE
hat die Methode der Erschließung des Illyrischen weiter verfeinert, vgl. seine Aufsätze:
Die illyrische Namengebung (Würzburger Jahrbücher für Altertumswissenschaft 1,
S. 167ff.); Germanen und Illyrier (Hirt-Festschrift II, 1936, S. 565ff.). Über illyrische
Ortsnamen in den Sudetenländern E. SCHWARZ, Die Ortsnamen der Sudetenländer als
Geschichtsquelle (1931), S. 7ff.; M. VASMER, Zs. f. slav. Phil. 5 (1928), S. 360ff.; 6 (1929),
S. 145ff.; 7 (1930), S. 282ff. Über die Stellung des Illyrischen und sein Verhältnis zu den
Nachbarsprachen W. PORZIG, Die Gliederung des indogermanischen Sprachgebietes,
S. 106ff., 128ff., 148ff., H. KRAHE, Sprache und Vorzeit (1954), S. 98f.; ders., Die Sprache
der Illyrier I (1955).

    [5] Darüber F. ALTHEIM, Italien und Rom I[3] (1944), S. 17ff.; ders., Geschichte der latei-
nischen Sprache (1951), S. 107ff.

    [6] P. KRETSCHMER, Glotta 30 (1943), S. 101ff.

    [7] J. POKORNY, Keltologie (Wiss. Forschungsberichte, Geisteswiss. Reihe, Bd. 2, 1953),
S. 104.

    [8] H. KRAHE, Das Venetische. Seine Stellung im Kreise der verwandten Sprachen (SB
der Heidelberger Akad. d. Wiss., phil.-hist. Kl. 1950, 3. Abh.).

    [9] Für einen italischen Dialekt erklärt das Venetische M. S. BEELER, The Venetic Lan-
guage (Univ. of California Publ. in Linguistics 4, 1, 1949, S. 1—60).

    [10] H. KRAHE, Sprache und Vorzeit, S. 120.

    [11] P. KRETSCHMER, Glotta 30 (1943), S. 137.

    [12] E. SCHWARZ, Die -ing-Namen des Chamer Beckens. Naristen und Veneter (Beitr.
z. Namenforschung 4, 1953, S. 291ff.).

    [13] Diese Vermutung ist zuerst von H. HIRT, Die Indogermanen, S. 127ff. ausgespro-
chen worden.

    [14] Vgl. zusammenfassend E. SCHWARZ, Die Urheimat der Veneter (Forschungen u.
Fortschritte 27, 1953, S. 179—180).

Kapitel 6

Die Balten

(Abbildung 2)

    Als Urheimat der B a l t e n , der alten Preußen, Litauer und Letten, läßt sich
Ostpreußen, Litauen und Lettland feststellen, wobei einige sprachliche Spuren
bis an die obere Moskwa führen. Nach den Ergebnissen der Lehnwortforschung
wurden die Finnen durch baltische Stämme von den Slawen getrennt[1]. Ihre
Südnachbarn am mittleren Dnjepr waren die S l a w e n , die jahrhundertelang so
eng mit ihnen verbunden waren, daß sie eine Zeit gemeinsamer Sprachentwicklung verbracht haben. Beziehungen zu den Germanen können durch den Handel
über die Ostsee und seit dem Vorschieben der frühen Ostgermanen an die Weichselmündung eingetreten sein. Es handelt sich bei Balten und Slawen um Satem-
sprachen (wo gewisse k-Laute vor hellen Vokalen in Zischlaute, s, sch, tsch um-
gewandelt worden sind) mit engen Beziehungen zu Ariern (Iraniern) und Thrakern. Berührungen bestanden mit dem Venetischen und Illyrischen, so daß ihre
räumliche Stellung dadurch gegeben ist. In der Entwicklung sr zu str (soweit
nicht sr dialektisch bewahrt ist) stellte sich das Baltische an die Seite des Germanischen, Slawischen und Gallobritischen, aber in Gegensatz zum irischen Zweig
des Keltischen, dem Italischen und Altindischen, vgl. litauisch strovė und altslawisch struja „Strömung, Strom" gegenüber altind. srávati „fließt". Mit tt zu

st geht es mit dem Griechischen und Illyrischen. Auffallend ist die enge Verbundenheit des Germanischen und Baltoslawischen in der Bildung des Dativs Plur., wo sich gegenüber ital., venet., illyr. und kelt. *-bhos* eine mit *-m-* gekennzeichnete Kasusendung findet, vgl. den Gegensatz von lat. *hostibus* und gotisch *dagam*, altlitauisch *vilkamus* „den Wölfen". Es ist aber die Frage, ob daraus engere Verbindungen zwischen Germanen und Baltoslawen gefolgert werden dürfen, denn es wird angenommen, daß in der indogermanischen Frühzeit *mn* zu *bhn* werden konnte und umgekehrt[2]. In der Bildung von 11 und 12 zeigen Germanisch und Baltisch eine alte Gemeinsamkeit und dazu alte Bildung, vgl. gotisch *twa-lif*, litauisch *dvý-lika* „zwölf" gegenüber lat. *duo-decim*. Germanisch und Baltoslaw. haben ein neues Wort für „tausend" gebildet, ahd. *thūsunt*, litauisch *túkstantis* aus **tūs-kmtịom* „Krafthundert". Zahlwörter sind beim Handelsverkehr wichtig und werden in unserem Falle germanisch-baltische Handelsbeziehungen begleiten[3].

[1] Vgl. dazu J. KALIMA, Über die indo-iranischen und baltischen Lehnwörter der ostseefinnischen Sprachen (Hirt-Festschrift II, S. 199ff.).
[2] F. SPECHT, Der Ursprung der indogermanischen Deklination (1944), S. 270.
[3] Vgl. W. PORZIG, Die Gliederung des indogermanischen Sprachgebiets, S. 141ff., 145ff.

Kapitel 7

Die Ausbreitung der Germanen in Norddeutschland

(Abbildung 3)

Über die älteste Ausbreitung der Germanen in Norddeutschland stehen keine Quellen zur Verfügung. Sie kann nur aus den noch recht unklar bleibenden Bewegungen der indogermanischen Nachbarn (Kap. 4 und 5), aus inneren Zusammenhängen der germanischen Sprachen, aus dem Alter der Lehnbeziehungen und den Aussagen der Vorgeschichte erschlossen werden.

Die Sachlage wird dadurch vereinfacht, daß sich die Germanen als nördlichstes indogermanisches Volk dauernd im ersten Jahrtausend v. Chr. in Ausbreitung nach dem Süden befinden, so daß die Folgerungen der Vorgeschichte dadurch gestützt werden. Daß die Latino-Falisker und Osko-Umbrer (bzw. die ihnen voranliegenden indogermanischen Gruppen), zumindest die ersteren, und die Veneter durch germanischen Druck nach Süden gedrängt worden sind, ist zwar unbezeugt und kann durch innere Verhältnisse verursacht sein, ist aber auch nicht ausgeschlossen, da wir dieselben Erscheinungen überall bei Völkerbewegungen finden und die zeitlichen Ansätze dies ermöglichen. Auf die Ausdehnung der frühen Ostgermanen (Bastarnen) in Ostdeutschland wird noch eingegangen werden (Kap. 11). Die Namen der *Volcae* und *Veneti* sind noch vor der ersten Lautverschiebung übernommen worden. Hätten wir für sie eine genaue zeitliche Festlegung, so wäre ein Fortschritt erzielt. Das deutsche Mittelgebirge hieß bei den Römern *Hercynia silva*, so, wie das *y* verrät, aus griechischer Quelle. Der älteste Beleg ist Ἀρκύνια ὄρη bei Aristoteles. **Erkunia* weist auf urkeltisches **Perkúnia* zu idg. **perqʷ-* „Eiche". Der Gedanke, daß der keltische Name noch vor dem Schwund des *p-* ins Germanische gedrungen sei (im Keltischen ist lange vor Chr. *p-* zu *f-* geworden und über *h* geschwunden), ist erwägenswert. Wohl wäre bei der allgemeinen Bedeutung von germ. *férgunia* (got. *fairguni*, ags. *firgen* „Berg, Gebirge") auch selbständige germanische Namengebung möglich. Weil aber die Germanen nach Süden in das von Kelten bewohnte Mittelgebirge vorgerückt sind, wird doch Entlehnung aus dem Keltischen ins Germanische vor der ersten Lautverschiebung vorzuziehen sein[1]. Auf den Namen der Karpathen wird S. 50 eingegangen werden.

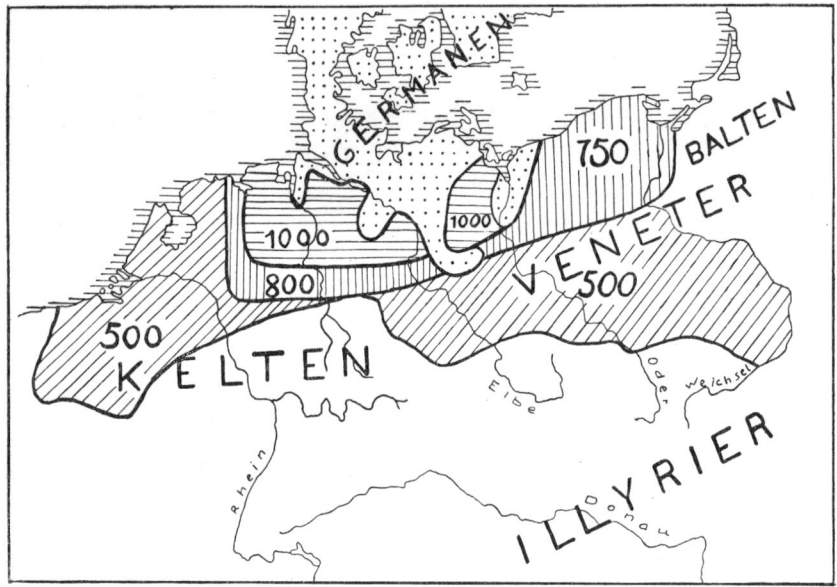

Abb. 3. Mutmaßliche Ausbreitung der Germanen 1000—500 v. Chr.

Der südliche Rheinmündungsarm, jetzt *Waal* genannt, bei Tacitus *Vahalis*, wird von Caesar *Vacalus* genannt. Die Germanen sind später als die Kelten hierher gelangt, deshalb kann eine Entlehnung vor der ersten Lautverschiebung vorliegen. Wie die o. S. 29 erwähnten Lehnwörter verraten, haben in dieser alten Zeit bereits sprachliche Beziehungen zwischen Germanen und Kelten eingesetzt. Der keltische Flußname wird zu altind. *vakráḥ* „gebogen" gestellt[2].

Wenig Beweiskraft hat dagegen der Name der *Finne*, eines thüringischen Gebirgszuges, den man mit keltischem *penn-* „Kopf" zusammenbringen wollte, denn es kann auch Ableitung von germ. *finnō* erwogen werden, vgl. altschwedisch *fina* „Flosse", lat. *pinna* „Mauerzinne", zumal es auf Bornholm eine Höhe namens *Finne* gibt[3].

Der Name des *Rheines* dagegen muß sehr früh den Germanen zugekommen sein. Die für sie maßgebende Grundlage ist nicht das dem lat. *Rhēnus* zu Grunde liegende kelt. (vgl. irisch *rian* „Gewässer, Meer") *Rēnos*, sondern ein älteres *Reinos*. Im Germanischen ist *ei* in *ī* übergegangen. Die Bekanntschaft der Germanen mit dem Flusse liegt also Jahrhunderte vor der der Römer, wenngleich der urkeltische Wandel *ei* zu *ē* noch nicht zeitlich genauer festgelegt werden kann.

Nach den Angaben der Vorgeschichte[4] gehört das Stader Gebiet seit etwa 1400 v. Chr. zum germanischen Lebenskreis, das Flußgebiet der Ilmenau und

Teile der Altmark seit 1200. Seit der jüngeren Bronzezeit (1050) dringen die Germanen stärker im westlichen Norddeutschland vor und seit etwa 1000 ist der Nordteil Niedersachsens westlich der Weser und der Osten jenseits der Aller und Leine germanisch. Ab 800 v. Chr. dringen Germanen auch ins westliche Niedersachsen. Am Schluß der jüngeren Bronzezeit (um 650 v. Chr.) ist auch das westliche Niedersachsen von ihnen überflutet. In der Latènezeit wird das niederrheinische Gebiet germanisch. Die Verdrängung der Kelten vom Ostufer des Rheines erfolgt in der ausgehenden Bronzezeit und der frühen Eisenzeit. Es ist allerdings zu betonen, daß diese zeitlichen Angaben der Vorgeschichtsforschung auf nur wenige Funde gestützt sind, so daß ihnen nur geringe Beweiskraft zukommt. Aber die Bewegungsrichtung und die zeitlichen Datierungsversuche passen in die allgemeine Entwicklungslinie. Über die linksrheinischen Germanen s. u. S. 135, über die Sweben u. S. 156, über die Ausbreitung der Gesichtsurnenleute in Ostdeutschland nach Süden u. S. 49. Danach wagt die Abb. 3, die als Arbeitshypothese zu betrachten ist, die mutmaßliche älteste Ausdehnung der Germanen zu verdeutlichen[5].

[1] Zum Namen H. HIRT, Idg. Forschungen 1, S. 480; R. MUCH, Zs. f. dt. Alt. 32, S. 462.

[2] H. KRAHE, Sprache und Vorzeit (1954), S. 128.

[3] R. MUCH, Zs. f. dt. Alt. 65, S. 27.

[4] E. SPROCKHOFF, Niedersachsens Bedeutung für die Bronzezeit Westeuropas (31. Bericht der Römisch-Germ. Komm. II. Teil, 1942, S. 1—138, bes. S. 123ff.).

[5] Vgl. dazu G. KOSSINNA, Ursprung und Verbreitung der Germanen in vor- und frühgeschichtlicher Zeit (Mannus-Bibl. 6, 1928); E. WAHLE, Deutsche Vorzeit[2] (1952), S. 11ff.; E. SPROCKHOFF, Jungbronzezeitliche Hortfunde Norddeutschlands (Periode IV, Katalog des römischen Zentralmuseums 12, 1937); G. TACKENBERG, Die Kultur der frühen Eisenzeit (750 v. Chr. bis Christi Geburt) in Mittel- und Westhannover (Die Urnenfriedhöfe in Niedersachsen 1, 1934); ders., Zum Ems-Weserkreis der Bronzezeit und seinem „Urkeltentum" (Schwantes-Festschrift 1951, S. 142—150); R. v. USLAR, Bemerkungen zu einer Karte germanischer Funde der älteren Eisenzeit (Germania 29, 1951, S. 44—47).

Kapitel 8

Gliederung der Germanen. Die Westgermanenfrage

Die Kultverbände

Die Ausbreitung der Germanen nach Süden und Osten muß sich auf die Gliederung der Germanen, das Entstehen von größeren Verbänden ausgewirkt und wohl auch auf die sprachliche Entwicklung Einfluß genommen haben. MÜLLENHOFF meinte, daß die Darstellung des Plinius und Tacitus von den drei Kultbünden der Ingwäonen, Istwäonen und Erminonen nicht richtig sein könne. Er glaubte noch an die Abwanderung aus dem Raume Oder-Weichsel nach Skandinavien[1] und kam zu einer anderen Dreiteilung der Germanen, in N o r d -, O s t - und W e s t g e r m a n e n. Diese Einteilung erfreute sich, obwohl sich die Vorstellungen geändert haben, lange allgemeinen Ansehens und ist eigentlich noch heute die herrschende Auffassung. Doch ist ihre Fragwürdigkeit schon lange erkannt worden, wie man daraus ersieht, daß immer wieder und vor allem in letzter Zeit neue Vorschläge gemacht worden sind. Zuerst ist die Gegenüberstellung von Ost- und Westgermanen zu beanstanden. Müllenhoff versteht unter Ostgermanen die Goten, Wandalen, Burgunder, Rugier, also die Völker der von Plinius als wandilisch bezeichneten Gruppe. Diese sind aber erst seit 120 v. Chr., die Goten erst seit dem Beginn unserer Zeitrechnung am Südufer der Ostsee erschienen, also eine relativ junge Gruppe, während die als „Westgermanen" bezeichneten Stämme schon viele Jahrhunderte vorher ansässig waren. Außerdem beginnen die Ostgermanen von der zweiten Hälfte des zweiten Jahrhunderts n. Chr. ab wieder Ostdeutschland zu verlassen. Die Gegenüberstellung gilt also nur für wenige Jahrhunderte, beide Teile sind von verschiedenem Alter, ihre Sprachentwicklung wird vermutlich verschieden gewesen sein. Es hat im Osten schon „frühe Ostgermanen" gegeben, über deren sprachliche Entwicklung wir nichts wissen. Sie sind um 200 v. Chr. bis auf Reste anscheinend schon abgezogen. Außerdem dürften die Ostgermanen sämtlich Nordgermanen sein. Darauf wird noch einzugehen sein.

Aber auch die angenommene Einheit der Westgermanen ist brüchig geworden[2]. In verschiedener Zeit haben sich, wie die Vorgeschichte lehrt — andere Hilfsmittel stehen dafür nicht zur Verfügung —, neue Abteilungen aus dem Norden und den älteren Neustämmen gebildet, die nach Süden vorgestoßen sind. Plinius und Tacitus kennen eine Gliederung in I n g w ä o n e n an der Nordsee, I s t w ä o n e n am Rhein und an der Weser, E r m i n o n e n an der Elbe. Es handelt sich um Kultbünde, wie besonders deutlich bei den Ingwäonen zu erkennen ist. Der religiöse Zusammenhang wird den Verkehr untereinander beeinflußt haben, so daß es möglich und wahrscheinlich ist, daß die religiösen Bindungen von sprachlichen begleitet waren. Das führt aber in so frühe Zeit, von deren sprachlicher Entwicklung wir nichts wissen, daß damit kein sicherer Grund zu gewinnen ist. Bei den Ingwäonen muß der Blick über den von den Römern auf Jütland begrenzten Raum weiter nach Skandinavien reichen, wo dieselben religionsgeschichtlichen Verhältnisse begegnen, nämlich das Nebeneinander und die Verquickung der Wanen- und Asenreligion. Nur im Süden, an der unteren Elbe, hat die Asenreligion gesiegt. Die sich nach Süden ausdehnenden Stämme nahmen teils die ältere Religion mit (die Nordseestämme), teils sammelten sie sich in Kultbünden, so die Sweben und ihre Abzweigungen im Semnonenhain, der noch im ersten Jahrhundert n. Chr. die bereits weit auseinandergezogenen Stämme in Kultfeier und Allding zusammenhielt. Der Hauptgott, vermutlich *Tiuz*, wurde wohl als *Ermin* „Erhabener" verehrt. Der istwäonische Kultverband ist nicht mehr deutlich zu erkennen, ein Gott *Istwaz* unbekannt, nur einige kleine Stamme sind noch in einem Kult zusammengeschlossen. Da die Namen der Kultbünde staben, gehen sie mindestens in die Zeit der ersten Lautverschiebung zurück, sind aber im ersten Jahrhundert n. Chr. schon z. T. veraltet und im Westen aufgelöst. Da der erminonische Kultbund in den Sweben und ihren Nachkommen gut zu fassen ist, bei einem Teil der früheren Ingwäonen an der Nordseeküste sprachliche Neuerungen auftreten, die zur Ausbildung des Nordseegermanischen führen, bleibt noch die Gruppe der Weser-Rhein-Germanen übrig, aus der später die Franken hervorgehen. Diese Dreiteilung glaubt auch die Vorgeschichte sichern zu können. Nimmt man die nordgermanische Gruppe samt ihren Abwanderungen hinzu und stellt man die frühen Ostgermanen daneben, entstehen fünf Gruppen.

Der MÜLLENHOFFsche Stammbaum hat so ausgesehen (1898):

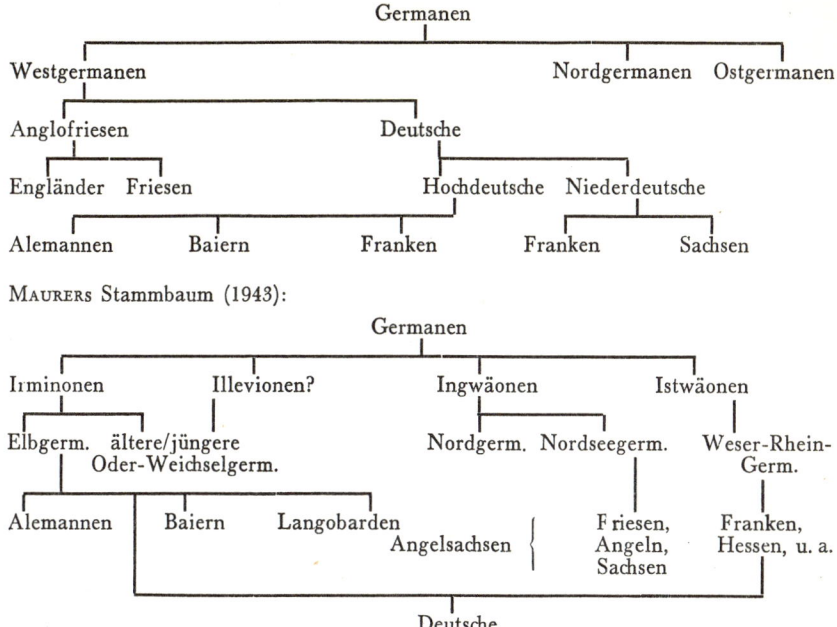

MAURERS Stammbaum (1943):

Diese Gliederung ist unübersichtlich und kann vereinfacht werden. Dabei wird es sich empfehlen, Kult- und Sprachverbände, die weder zeitlich noch räumlich zusammenhängen, zu trennen und überhaupt das Schema beweglicher zu gestalten. Sieht man von den frühen Ostgermanen ab, die ab 200 v. Chr. verschwinden, so kann man für diese Zeit, in der die dialektische Spaltung in Anfängen bemerkbar und erschließbar wird, von Süd- und Nordgermanen sprechen[3]

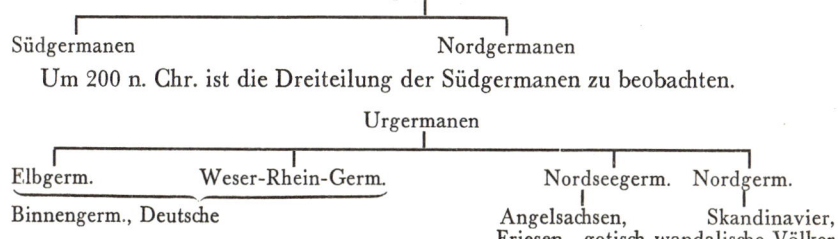

Um 200 n. Chr. ist die Dreiteilung der Südgermanen zu beobachten.

Elb- und Weser-Rhein-Germanen wachsen zu den Deutschen zusammen, die Nordseegermanen verlagern sich zum größten Teil nach England, nur die Friesen und nordalbingischen Sachsen bleiben zurück, die gotisch-wandalischen Völker gehen zu Grunde.

Es ist selbstverständlich, daß die Aufstellung eines Schemas nichts mit den früheren Vorstellungen eines Stammbaumes zu tun hat[4]. Es handelt sich nur um eine Einteilung, die in die Vielfalt eine gewisse Ordnung zu bringen sucht, die den Wanderungen, Zusammenschlüssen und sprachlichen Entwicklungen zu entsprechen sucht. Selbstverständlich ist die Wirklichkeit viel mannigfaltiger gewesen. Eine Ordnung empfiehlt sich auch deswegen, weil sie zu schärferer Heraushebung der einzelnen Tatsachen nötigt. Diese muß das Ziel der Forschung sein, nicht eine Zerflatterung der Möglichkeiten[5].

[1] K. MÜLLENHOFF, Deutsche Altertumskunde IV (1898), S. 121; III, S. 195ff.

[2] Eine Überprüfung der älteren Vorschläge nimmt F. MAURER, Nordgermanen und Alemannen[2] (1943), [3] (1952) vor. Er kommt zu einer Fünfteilung, s. Text. Gleichzeitig ist ein damit ziemlich übereinstimmender Aufsatz von F. NEUMANN, Die Gliederung der Germanen (Zs. f. dt. Bildung 19, 1943, S. 3ff.) erschienen.

[3] Diese Darlegungen sucht zu begründen E. SCHWARZ, Goten, Nordgermanen, Angelsachsen (München-Bern 1951).

[4] Wie es W. BETZ (Zs. f. dt. Phil. 74, 1955, S. 309ff.) dem in Anm. 3 genannten Buche unterstellt.

[5] Darauf laufen die Bemerkungen H. KUHNS, Zs. f. dt. Alt. 86 (1955), S. 1ff. hinaus, auf die noch einzugehen sein wird.

Kapitel 9

Die Entdeckung des germanischen Nordens

(Abbildung 4)

Den Völkern am Mittelmeer ist durch den Handel und durch Mitteilungen, wie sie in allen Zeiten von Volk zu Volk gehen, Nachricht vom Norden zugekommen, die zunächst unklar, gerüchtweise, übertrieben war. Bei den *Laistrygonen* soll, wie die Odyssee meldet, der heimtreibende Hirt den austreibenden begrüßen. Man hatte offenbar etwas von den hellen Nächten des Nordens gehört. Um 520—510 v. Chr. schrieb HEKATAEUS von Milet, der bereits Nachrichten über das Bernsteinland im Norden hatte. Bis zur römischen Kaiserzeit kam der Bernstein von der Nordseeküste. Im Norden lag nach ihm das Gebirge ʿΡιπαῖα, in dem mit Recht das altnordische *rip* „Berg" gesucht wird. Es ist dasselbe Wort wie mhd. *rîf* „Ufer". Es war das Bergland der skandinavischen Halbinsel gemeint, nicht das deutsche Mittelgebirge, von dem andere Namen überliefert werden.

Den Handel mit Zinn, den die Handelsstadt Tartessos in der Nähe des heutigen Cadiz in Spanien vermittelte, hatten die Phöniker seit etwa 1000 v. Chr. in ihre Hand gebracht. Sie waren bemüht, die griechische Konkurrenz fernzuhalten, und verwehrten lange mit Erfolg anderen die Fahrt durch die Meerenge von Gibraltar. Aber im 7. Jahrhundert v. Chr. drängten die Griechen die Phöniker auch im westlichen Mittelmeer zurück und begannen Kolonien an der Südküste Galliens und Ostküste Spaniens anzulegen. Um 600 gründeten die Bewohner der Stadt Phokaea von der jonischen Küste Kleinasiens im Gebiet der ligurischen Salluvier an der Stelle des heutigen Marseille *Massilia*, das eine Einbruchspforte griechischer Kultur wurde und auf die gallischen und iberischen Völker einen großen Einfluß ausübte. Die südlichen Gallier haben sogar den Gebrauch der griechischen Schrift übernommen. Hier hatte man großes Interesse daran, den Handel mit den Nordvölkern, besonders mit dem Zinn- und Bernsteinlande, selbst in die Hand zu bekommen. Das Zinn bezog man vom südwestlichen England aus Cornwall, doch belegten es die vermittelnden Stämme mit Abgaben, so daß es sich sehr verteuerte. Vermutlich war am Beginn des 4. Jahrhunderts wegen der keltischen Wanderungen der Landweg öfters gestört. Nun

ist im Jahre 343 oder 348 in einem Handelsvertrag zwischen Römern und Kar-
thagern bestimmt worden, daß nur karthagische Schiffe die Meerenge von Gibraltar durchfahren durften. Die ältere Forschung wollte den Vertrag in das
Jahr 306 setzen, aber die antike Überlieferung verdient Zutrauen. Dann ist die
Fahrt des PYTHEAS in das Zinn- und Bernsteinland nicht erst vor 306, sondern
schon um 350 anzusetzen, und es ist möglich, daß die Schließung der Meerenge
durch die geglückte Fahrt veranlaßt ist.

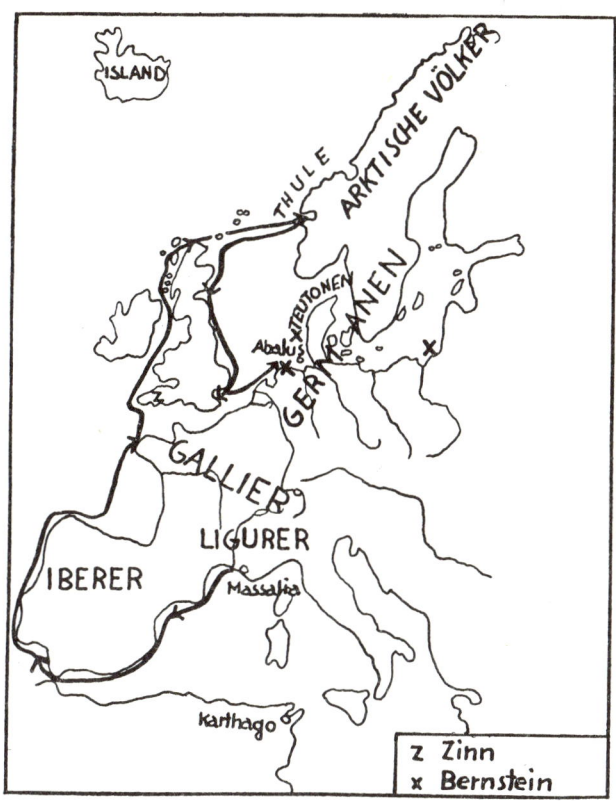

Abb. 4. Die Entdeckungsfahrt des Pytheas

Jedenfalls hatte Massilia das dringende Bedürfnis, den Zwischenhandel auszuschalten und eigene Handelsverbindungen mit dem Norden anzuknüpfen.
Pytheas, der damit beauftragt wurde, war nicht nur ein Handelsmann, sondern
ein für eine Entdeckungsfahrt mit der Bildung seiner Zeit ausgestatteter Seefahrer, und seinem Forschungseifer verdanken wir es, daß er die Ergebnisse
seiner Reise in einem Buch darstellte.

Zunächst folgten ihm die späteren Geographen bei der Darstellung Nord-
europas, so Eratosthenes und Hipparch (2. Jahrhundert v. Chr.). Doch übersah
Eratosthenes, daß die Entfernungsangaben des Pytheas auf seiner Fahrzeit längs
der Küste beruhten, also nicht die Luftlinie bezeichnet wurde. So erstreckte sich
die Insel Britannien auf seiner Karte weit nach Osten. Das wurde der Anlaß,

daß man Pytheas seit Polybius (2. Jahrhundert v. Chr.) und Strabo (um Chr. Geb.) zu mißtrauen begann und ihn als Lügner hinstellte. Da die Straße von Gibraltar bald nach Pytheas gesperrt worden war, wußte man damals nichts von der Nordsee aus eigener Anschauung. Um so höher schätzten die einen den Pytheas, den die anderen als Lügner verschrien. Bruchstücke hat Diodor aus den Schriften des Timaeus bewahrt, während Strabo aus Polybius übernahm, der den über das Mittelmeer hinausgehenden Nachrichten nicht traute. Plinius hat die älteren Berichte gekannt und in seine Naturgeschichte übernommen, wobei auch mit Nordlandfahrten anderer griechischer Kaufleute und ihren Meldungen gerechnet werden darf. So wird es doch möglich, die Fahrt des Pytheas zu rekonstruieren (Abb. 4).

Man fuhr damals soweit wie möglich in Sicht der Küste. Von der Bretagne ging die Fahrt nach Cornwall, wo ihn die Gewinnung des Zinns interessierte. Daran schloß sich die Umsegelung Britanniens. An der Nordspitze von Schottland wird er von T h u l e gehört und sich zum Besuch des Landes entschlossen haben. Nach der Rückkehr wird er der Ostküste Britanniens bis zum Vorgebirge Kantion (bei Dover und Kent) gefolgt sein, von wo er die Fahrt in das Bernsteinland unternahm. Genaue Zeugnisse fehlen freilich, denn die Berichte beruhen auf Auszügen des Pytheas durch verschiedene Schriftsteller, stammen also aus zweiter Hand. Nach Thule dürfte von einer der Inseln nördlich Schottland ein regelmäßiger Verkehr bestanden haben. Auch die Römer haben versucht, Thule zu erreichen, doch ist es ihnen nicht gelungen. Pytheas hatte offenbar meereskundige Führer, die den Römern nicht zur Verfügung standen. Die Thulefahrt dauerte von den Orkaden fünf Tage und Nächte. Wenn man eine Tagesfahrt von 75—100 km ansetzt, wäre Thule etwa 375—500 km von den Orkneys zu suchen. Dadurch wird die Nordküste der Shetlandsinseln ausgeschaltet (so Müllenhoff), aber auch die immer wieder auftauchende Meinung, daß Island gemeint sei, was schon deswegen unmöglich ist, weil es damals unbewohnt war. Außerdem liegt es über 800 km entfernt. So kann nur die Westküste Norwegens gemeint sein, da die Faröer noch unbesiedelt waren. Es kann sich ferner um keine kleine Insel handeln, denn Thule wird als ein großes Land mit Landwirtschaft und Bienenzucht geschildert, das auch ertragreich an Obst war. Wenn es heißt, daß die Bewohner zu Beginn des Frühlings von Pflanzen leben, dann von Milch und für den Winter Baumfrüchte sammeln, die Frauen gemeinsam haben und in keiner dauernden Ehe leben, so sind wohl die Nomaden gemeint, die die Skandinavier als Finnen bezeichnet haben. Von ihnen sind die germanischen Bauern zu unterscheiden, die Hirse und Getreide angebaut haben. Früher hat tatsächlich der Anbau von Weizen und Hirse weit nach Norden gereicht. Vielleicht hat Pytheas die „Finnen" nicht gesehen, sondern nur durch die Norweger von ihnen gehört.

Die Nächte in Thule dauerten nach einem anderen Bericht nur zwei bis drei Stunden. Das trifft auf eine Landschaft nördlich von Drontheim zu. Wenn es heißt, daß es zur Zeit der Sonnenwende nicht Nacht werde, sind auch Nachrichten über den Polarkreis zu Pytheas gedrungen. Die Bewohner zählten die alten Schriftsteller zu den Skythen, die nach ihrer Auffassung bis zum äußersten Ende der Welt wohnten. Der Name Thule wird germanisch sein und kann mit kymrisch *twl* (gesprochen *tūl*) „runde Erhebung", griechisch τύλη „Schwiele" zusammengebracht werden.

Jenseits von Thule lag ein träges, geronnenes Meer, nach R. Much[1] nicht das Eismeer selbst. Er denkt an die Süßwasserschicht über dem salzigen Wasser, die

durch das Schmelzen der Eisdecke entsteht, wodurch die Schiffe am Vorwärts-
kommen gehindert werden. Der keltische Name lautete dafür *Morimarusa* „totes
Meer" (gallisch *mori* „Meer", irisch *marw* aus **marvos* „tot"). Es ist der Anfang
des Eismeeres nördlich von Britannien, das ahd. *lebirmeri* (zu *liberōn* „fest werden, gerinnen") hieß.

Die Bruchstücke des Berichtes von der Fahrt des Pytheas in das Bernsteinland
handeln von der Nordgrenze der Kelten, vom Wattenmeer und der Bernsteininsel, wobei Pytheas nicht von Germanen, sondern von Skythen spricht. Wenn
im Altertum die Nordgrenze der Kelten an die Hauptmündung des Rheines gelegt wird, wird es auf Pytheas zurückgehen. Dann wird er von Kent aus auf die
Rheinmündung zugesteuert haben. Damit wäre die germanisch-keltische Grenz-
zone um 350 v. Chr. gewonnen.

Auch die Berichte über das Wattenmeer werden auf ihn zurückgehen, da er
es als erster kennen gelernt haben wird. Die Erscheinung, daß Inseln bei der
Elbe mit dem Festlande zusammenhängen, trifft auf die west- und ostfriesischen
Inseln zu.

Zuydersee, Lauwers, Dollart und Jadebusen sind erst im Laufe des Mittelalters entstanden. Auf der Fahrt in die Elbebucht ist von der Insel *Baunonia*,
der „Bohneninsel", die Rede. Da nach Plinius die friesischen Inseln von den
römischen Soldaten *Fabaria* „Bohneninseln" genannt wurden, wird es sich um
eine Benennung nach einer wildwachsenden Pflanze handeln.

Plinius berichtet weiter, daß die gegenüberliegende Insel *Abalus* eine Tagfahrt vom *Aestuarium Metuonis* entfernt sei, und daß sie auch *Basileia* heiße.
Im Frühling werde reichlicher Bernstein angespült, der ein Auswurf des Leber-
meeres sei. Die Anwohner sammeln ihn und verwenden ihn zum Heizen, verkaufen ihn aber auch den T e u t o n e n, die ihnen auf dem Festlande zunächst
wohnen. Es bleibt unklar, was der Ausdruck *aestuarium* bedeutet, ob „Strandsee,
Wattenmeer oder Flußmündung". Es ist möglich, daß Sturmfluten nach Pytheas
Veränderungen von Inseln und Wattenmeer hervorgerufen haben, denn die
Auswanderung der Kimbern wird ja mit dem Einbruch des Meeres begründet.
Die Teutonen, die hier als erster germanischer Stamm genannt werden, wohnten
nach Ausweis des Landschaftsnamens *Ty* an der Westküste von Nordjütland;
doch ist es möglich, daß ihnen die südlich angrenzenden Stämme (die Ambronen)
als Untergau damals zugezählt wurden. Die Handschriften bieten zunächst
Guionibus oder *Gutonibus*, was früher zur Meinung führte, hier hätten Goten
gewohnt. DETLEFSEN[2] hat *in Guionibus* als falsche Trennung von *(In)guionibus*
erklärt. Müllenhoff hat aber gezeigt, daß Plinius an die Goten gedacht hat, die
zu seiner Zeit als Vermittler des Ostseebernsteins bekannt waren, und seine
griechische Vorlage offenbar *TEYTONES* geboten hat, die leicht mit *ΓOY-
TONES* verwechselt werden konnte. Nun schreibt Plinius: „Pytheas berichtet,
daß die *Guionen, ein Volk Germaniens*, an einem Wattengebiet des Ozeans
wohnten . . . Die Einwohner (der Insel) verkauften den Bernstein den benachbarten *Teutonen*". Hier ist klar, daß der Zusatz „ein Volk Germaniens" nicht
auf Pytheas beruhen kann, der noch nicht von Germanien gesprochen hat. Er
bezieht sich darauf, daß Plinius die Zugehörigkeit der Goten zu Germanien bekannt war. Aber da es heißt, daß die Bewohner von Abalus den Bernstein den
zunächst wohnenden Teutonen verkaufen, läßt sich ein Zusammenhang nur herstellen, wenn man statt *Gutonibus* nicht *Inguionibus*, sondern *Teutonibus* ansetzt. Nur eine Insel in der Nähe Jütlands ist in der Nordsee eine Tagfahrt vom
Festlande entfernt, Helgoland. Dieses ist offenbar die Bernsteininsel des Pytheas.

Sie wird nicht der reiche Fundplatz des Bernsteins gewesen sein, der an den ost- und nordfriesischen Inseln und Halbinseln angeschwemmt wird. Auf Helgoland, dem Stapelplatz des begehrten Handelsartikels, dachten sich die germanischen Anwohner der Nordsee den Sitz eines göttlichen Totenrichters mit einem Bernsteinwalde. Selbst für die Seeräuber war der Platz heilig. Nun wird in der Vita sancti Willebrordi von Alcuin erzählt, daß der Missionär auf eine Insel zwischen den Gebieten der Friesen und Dänen gekommen sei, die nach dem dort verehrten Gotte *Fositesland* hieß. Der Ort wurde so heilig gehalten, daß man nichts berühren und aus der dort sprudelnden Quelle nur schweigend schöpfen durfte. Adam von Bremen hat hinzugefügt, daß diese Insel *Heiligland* gewesen sei. *Abalus* ist, wie R. Much wahrscheinlich gemacht hat, ein keltischer Name für eine paradiesische Totenwelt, wie mittelalterliche Nachrichten über *Aballonia*, mhd. *Avalūn* zeigen. Es bedeutet eigentlich „Apfelland" und fußt auf der Vorstellung, daß in einem Land der Seligen der Genuß von Äpfeln ein ewiges Leben in Jugendkraft gewähre. Der Ausdruck *Basileia* wird auf eine nordische Überlieferung zurückgehen von einem König im „Bernsteingefilde" (*Glœsisvellir*), der der gerechteste Richter ist. *Forseti* „Vorsitzender des Gerichtes" wird in nordischer Tradition als Sohn Balders bezeichnet. Man hat den Eindruck, daß Dolmetscher Pytheas eine Vorstellung von der heiligen Insel zu geben versuchten (germanisch **Apliō*, keltisch *Abalus*), die von den Friesen *Forsetisland*, bei den übrigen Germanen **Hailagaland* genannt wurde. Heilig bedeutet früher „unverletzlich, von den Göttern beschützt". Die ostfriesischen Inseln heißen bei Plinius in der Zeit des Augustus *Glesiae*, worin das ins Lateinische gedrungene germanische *glēsum* „Bernstein" steckt. Das germanische **glēza* ist eine Ablautform zu *glas-*, so daß das altnordische *Glasir* für einen Wald vor Walhalla, der goldenes Laub hat, verständlich wird. Die „Ostinsel" (*Austeravia*) haben römische Soldaten *Glesaria* genannt[3].

Diese Beziehungen, die sich aus Quellen über anderthalb Jahrtausende zusammentragen lassen, können kein Zufall sein. Soviel auch noch unklar bleibt und Gegenstand der Diskussion ist, es ist wichtig, schon aus dem 4. Jahrhundert v. Chr. einen Einblick in die Zustände der deutschen Nordseeküste zu erhalten. Mit der Lokalisierung des ersten germanischen Stammesnamens Teutonen wird ein fester Punkt in der alten germanischen Welt gewonnen. Man sieht, daß die Germanen für den Bernsteinhandel aufgeschlossen waren und ihn als Quelle für ihren Reichtum mit göttlichem Schutz belegten. Sie waren das Auftreten von Händlern gewöhnt und hatten wohl Verständnis für das Unternehmen des Pytheas. Die germanischen Vorstellungen von einer Toteninsel im Ozean stimmten offenbar mit ähnlichen keltischen zusammen, was sich bei der Nachbarschaft beider Völker leicht verstehen läßt.

Berichte von einem Eismeer, das *Kronisches Meer* genannt wurde, waren bis ins Mittelmeer gedrungen. Woher diese Bezeichnung kommt, ist noch unklar[4].

Der Bernsteinhandel hat sich allmählich von der Nordsee in die Ostsee verlagert. In der frühen Kaiserzeit wurde der Bernstein vom Samlande durch die Gebiete der Goten und Lugier zur Donau gebracht und von da nach Italien geführt. Zur Zeit Neros (54—68 n. Chr.) besuchte ein römischer Ritter, also ein Großkaufmann, die dortigen Handelsplätze, organisierte den Handel noch besser und brachte auch selbst große Mengen von Bernstein nach Rom[5]. Schon aus dem ersten Jahrhundert v. Chr. stammen große Bernsteinschätze, die in Hartlieb bei Breslau in unterirdischen Vorratskammern gefunden worden sind[6]. Vermutlich war die Bernsteinstraße Aquileia-Carnuntum-Breslau-Weichselmündung geschützt, d. h. dem besonderen Schutz der am Handel interessierten Anrainer-stämme unterstellt. Mit dem Rückzug der Römer von der unteren Elbe und aus der Nordsee schwand das Interesse am Norden. Die Fahrt des Pytheas und die römische Flottenfahrt im Jahre 5 n. Chr. sind einzelne Ereignisse, deren Wirkung sich in den Schriften der späteren Zeit noch lange äußert. Deutlich tritt hervor, daß durch die Unternehmungen von Händlern und Seefahrern der Gesichtskreis des Mittelmeeres ausgedehnt worden ist. Das Fehlen von Quellen erschwert uns die zur Ergänzung eigentlich notwendige Darstellung, wie die Entwicklung der Vorstellungen vom Süden im germanischen Altertum vor sich gegangen ist[7].

[1] R. Much, Anz. f. dt. Alt. 24, 321ff.

[2] D. Detlefsen, Die Entdeckung des germanischen Nordens im Altertum (Quellen und Forschungen zur alten Geographie und Geschichte 8, 1894) hat gute Beobachtungen, so über die Nachfolger des Pytheas, beigesteuert.

[3] Über die germanischen Vorstellungen vom Totenreich und die Stellung Helgolands R. Much, Balder (Zs. f. dt. Alt. 61, S. 100ff.). Die Skepsis gegen die Gleichsetzung von Fositesland und Helgoland bei Th. Siebs, Beitr. 35, 535ff. und J. de Vries, Germanische Religionsgeschichte I, S. 542 geht zu weit. Vgl. zuletzt W. Krogmann, Die heilige Insel (1942); W. Laur, Fositesland und die Bernsteininsel (Zs. d. Vereines f. Schleswig-Holstein. Gesch. 74/75, 1951, S. 416—444).

[4] S. Gutenbrunner, Germanische Frühzeit in den Berichten der Antike (1939), S. 77 meint, die Griechen hätten das Meer im Norden nach ihrem Gotte Kronos genannt, weil man sich im hohen Norden ein Reich der Seligen unter seiner Herrschaft dachte.

[5] Dazu E. Hjärne, Bernstenriddaren och Tacitus (Uppsale 1938).

[6] H. Seger, Der Bernsteinfund von Hartlieb bei Breslau (Altschlesien 3, 1931, S. 171ff.); R. Hennig, Terrae incognitae I (1936), S. 295—301.

[7] Über die Nordlandfahrt des Pytheas K. Müllenhoff, Deutsche Altertumskunde I, S. 211ff. Unsere Darstellung folgt im Großen und Ganzen S. Gutenbrunner, a. a. O., S. 34ff., 47ff. und R. Hennig, a. a. O. I, 120—136.

Kapitel 10

Das Problem der Alpengermanen (Gaesaten)

Im 6. Jahrhundert v. Chr. ist in Massilia eine Beschreibung der Küsten Westeuropas entstanden, die zwar verloren gegangen, aber im 2. Jahrhundert v. Chr. umgearbeitet und die Vorlage für die *Ora Maritima* des Avien (4. Jahrhundert n. Chr.) geworden ist. Hier wird der Lauf der Rhone beschrieben, die von der Quelle an durch die Gebiete der T y l a n g i e r und D a l i t e r n e r fließt. Die erstgenannte Form überliefert Jahrhunderte später Caesar als *Tulingi,* wie ein Nachbarstamm der Helvetier heißt. Da das Suffix das germanische -*ing* zu sein scheint und sich der erste Teil mit dem germanischen **thul-* „Hochland, Höhe" (*t* kann keltischer Vertreter für germ. *th* sein) zusammenbringen läßt, sieht R. Much in den Tulingen einen germanischen Stamm, zumal sich auch Daliterner aus dem Germanischen als „Talbewohner" erklären läßt. Vermutlich werden diese Bergstämme ein karges Leben geführt haben. Die rauhe Lage ihrer Sitze und ihre Armut haben sie widerstandsfähig gemacht. Sie werden auch gern Kriegsdienste genommen und Massilia Söldner gestellt haben.

Die Kelten in Oberitalien haben bei ihren Kämpfen gegen das erstarkende Römerreich in den Jahren 225—218 Söldner bei den Alpenstämmen geworben.

Sie führen zuerst 236 den Namen G a e s a t e n. Im Jahre 225 kämpften sie wieder gegen die Römer und zwar im Gegensatz zu den italischen Kelten nackt, ge-
schmückt mit Gold. Ihre Schwerter waren gallischer Herkunft und verbogen sich
leicht. Einer der Führer heißt *Ariovistus*. 222 warben die keltischen Insubrer
wieder Gaesaten an, wurden aber in der Schlacht von Clastidium südlich vom
Po geschlagen. In den Triumphalfasten, einer Aufzeichnung der Triumphe auf
dem Kapitol, wurde des Sieges über die gallischen Insubrer und G e r m a n e n
(DE GALLEIS INSVBRIBVS ET GERM[AN]) gedacht. Hier wäre das erste
Zeugnis vom Namen der Germanen erhalten, wenn die Inschrift mit Sicherheit
als gleichzeitig erwiesen werden könnte. Sie ist aber nur in einer Nachbildung
aus der späteren Kaiserzeit erhalten, in der der Name der Germanen bereits bekannt war. MOMMSEN und MÜLLENHOFF haben gemeint, man hätte in der Zeit
des Augustus den Namen GERM[AN]EIS an die Stelle von GAESATEIS gesetzt, um einen Sieg über die Germanen mehr zu haben, andere glaubten, man
habe Marcellus, den Ahnherrn des claudischen Kaiserhauses, damit ehren wollen, während sich MUCH für die Zuverlässigkeit der Fasten einsetzt. Vermutlich
haben die Angaben des Propertius (17 v. Chr.), der den Gaesatenführer *Virdo-
mar* vom Rhein kommen ließ, den Irrtum der Triumphalfasten (12 v. Chr.) und
bald darauf eine Bemerkung des Livius veranlaßt. Gaesaten selbst ist kein Stammesname, sondern eine keltische Bezeichnung von Söldnern, wie auch die Römer
gewußt haben (kelt. **gaison* „Speer", verwandt mit germ. **gaiza*, nhd. *Ger*).
Livius erzählt, Hannibal sei 218 v. Chr. nicht über den Großen St. Bernhard gezogen, weil ihm der Weg durch die „halbgermanischen" Stämme der *Seduni* und
Velagri versperrt worden sei. Man hat gemeint, Livius habe davon wissen können, weil er aus Oberitalien stammte, auch wenn er nur die Auffassung seiner
Zeit wiedergab. Da der Name der Seduni im Ortsnamen *Sitten* im oberen Rhone-
tal fortlebt, handelt es sich um dieselbe Gegend, die auch in der Ora maritima
erwähnt wird.

Die Sicherheit der für das Germanentum dieser Stämme an der oberen Rhone
zeugenden Nachrichten ist nicht groß. Bei Berücksichtigung der ethnischen Verhältnisse des 6. Jh. v. Chr. würde man hier ligurische Stämme erwarten, die
später keltisiert worden sein werden. Es wäre auffallend, daß sich Germanen
gerade im obersten Tal in ungünstigster Lage niedergelassen haben sollten. Nicht
nur Germanen werden den Kelten Söldner gestellt haben, sondern auch andere
Stämme in den Alpen, die kriegerischer geblieben und darauf angewiesen waren,
ihren Lebensunterhalt im Dienste anderer reicherer Stämme zu verdienen. Es ist
schwierig anzunehmen, vom Rhein kommende germanische Scharen hätten sich
schon im 6. Jh. v. Chr. an so unwirtlicher Stelle angesiedelt. Das Kämpfen mit
entblößtem Körper ist auch bei anderen Kelten bezeugt[1].

Beim Dorf Obratten in der Südsteiermark sind 1811 26 Helme gefunden worden, von denen der Helm B als „Negauer Helm" dadurch berühmt geworden
ist, daß er in etruskischen Buchstaben die germanische Inschrift *Harigasti teiwa*
trägt. Man glaubte hier eine vor die Runenzeit reichende Inschrift des 3. oder
2. vorchristlichen Jh. vor sich zu haben. Aber die Helme stammen erst aus den
ersten Jahrzehnten des 1. Jh. n. Chr. Es wird sich der Besitzer nennen, vielleicht
ein germanischer Sklave oder Freigelassener, so daß daraus keine Folgerungen
auf frühe Alpengermanen gezogen werden dürfen[2].

---

[1] Für die germanische Herkunft der Gaesaten hat sich besonders R. MUCH, Der Eintritt der Germanen in die Weltgeschichte (Germanist. Forschungen, Wien 1925) eingesetzt

und diese Ansicht Zs. f. dt. Alt. 69 (1932), S. 17ff. gegen JACOBSOHN (ebda. 66, 1929, S. 222ff.) verteidigt. Zurückhaltender tritt S. GUTENBRUNNER, Germ. Frühzeit in den Berichten der Antike (1939), S. 41ff. für ihr Germanentum ein. Ablehnend äußern sich F. STÄHELIN, Die Schweiz in vorrömischer Zeit (1927); L. SCHMIDT, Gesch. d. dt. Stämme I², S. 41; R. HEUBERGER, Die Gaesaten (Klio 31, 1938, S. 60—80); F. MILTNER, ebda. 36 (1943), S. 102 und TH. STECHE, Dt. Stammeskunde (1942), S. 28ff.

² Die späte Datierung des „Negauer Helmes" hat P. REINECKE, Der Negauer Helmfund (32. Bericht der Röm.-Germ. Kommis. 1942, ausgegeben 1950, S. 117—198) festgestellt. A. MENTZ, Schrift u. Sprache der Alpengermanen (Zs. f. dt. Alt. 85, 1955, S. 247 bis 262) sucht auch in den anderen Negauer Inschriften Wiedergabe germanischer Sprache mit etruskischen Zeichen nachzuweisen, gibt aber die Deutung nur mit Vorbehalt. Für seine Hypothese, deshalb bei den Tauriskern und Araviskern an germ. Ursprung zu denken, fehlt jede Grundlage, da literarische Hinweise und Sprachspuren auf Nichtgermanen deuten. Mentz schlägt auch eine andere, nicht überzeugende Deutung der Inschrift von Helm B vor.

Kapitel 11

Bastarnen und Skiren

(Abbildung 5)

Als erstes germanisches Volk nach den Teutonen des Pytheas sind die Bastarnen und Skiren in den Gesichtskreis der antiken Welt, und zwar der griechischen getreten. Um 230 v. Chr. wird von bastarnischen Zügen bis zur Küste des Schwarzen Meeres berichtet. Etwa 200 v. Chr. werden sie als „Ankömmlinge" am Pontus bezeichnet. In dieselbe Zeit etwa, vielleicht um 220 v. Chr., gehört die sogenannte Protogenesinschrift[1] in der griechischen Handelsstadt Olbia am Schwarzen Meere (heute Nikolajew). Die zeitlichen Angaben für die Inschrift schwanken zwischen 290 und 200. Der reiche Bürger Protogenes hatte die Stadtmauer instandsetzen lassen, weil die zwischen Bug und Dnjestr wohnenden Skythen und Sarmaten die Absicht hatten, sich der Stadt zu bemächtigen, um sich den Angriffen der neu aufgetauchten Skiren und Galater zu entziehen. Es ist die Frage, ob unter den Galatern wirklich Kelten zu verstehen sind, die in dieser Gegend bezeugt sind, oder Bastarnen, über deren Volkstum man noch nicht unterrichtet war. Die Geten (Daker) an der unteren Donau waren von ihnen geschlagen worden. Die Bastarnen begannen in ihrer neuen Heimat Bessarabien bald eine politische Rolle zu spielen. Kriegsgewohnte Völker waren als Bundesgenossen und Söldner gesucht. Schon 194 v. Chr. bietet ihnen der syrische Großkönig ein Bündnis an, 184 folgte Philipp V. von Makedonien. Sie sollten die illyrischen Dardaner an der Morava in Serbien vernichten und mit den Skordiskern nach Italien ziehen. Eine Abteilung der Bastarnen unter *Clondicus* hielt sich im Lande der Dardaner von 179 bis 175. Sieben Jahre später sollte Clondicus dem Nachfolger Philipps, König Perseus, aus Reitern und Fußgängern gebildete Scharen zuführen, eine wichtige Angabe, weil sie eine germanische Kampfesweise meldet. Diesen Kämpfen verdanken die Griechen ihre Kenntnis der Germanen, ohne sich über ihr besonderes Volkstum schon klar zu sein[2]. Im 2. Jahrhundert v. Chr. ist im Kreise der Künstler von Pergamon (Kleinasien) ein Marmorkopf entstanden, der an seiner swebischen Haartracht als germanisch zu erkennen ist und der als „verwundeter Bastarne" bezeichnet wird, weil die Griechen nur mit diesem Volke damals Bekanntschaft gemacht hatten.

Wir sehen bei diesem ersten germanischen Volk, das am Schwarzen Meere erscheint, die Neigung, Söldnerdienste zu nehmen und sich die größere Kampffreudigkeit bezahlen zu lassen. Sie kämpften auch im Dienste der griechischen Kolonien gegen die Römer. Die Versuche der Bastarnen, sich um die Mitte des 1. Jahrhunderts v. Chr. südlich von der Donau auszubreiten, stießen auf die Abwehr der Römer, so daß sie wieder über den Fluß zurückgehen mußten.

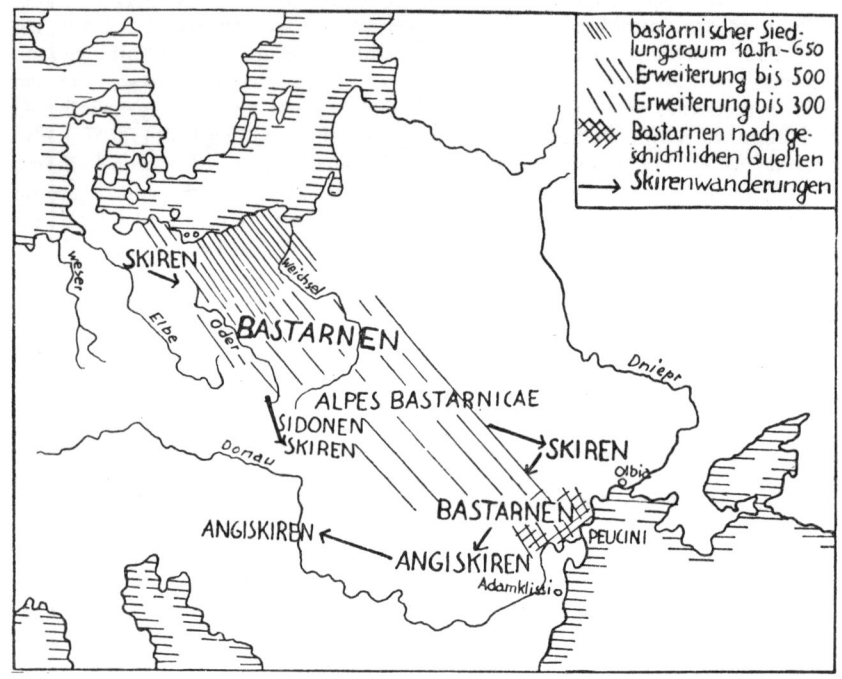

Abb. 5. Bastarnen und Skiren

Inzwischen hatten die Römer in Gallien gelernt, Germanen von den Kelten zu unterscheiden, und es wurde ihnen klar, daß die Bastarnen zu den Germanen gehörten. Strabo schwankt noch, und auch Tacitus zeigt keine große Sicherheit. Er stellt die P e u k i n e r, so nach ihrem Sitze auf der Donauinsel Πεύκη, der jetzigen Georgsinsel, wie Winden und Finnen zu den unsicheren Stämmen, betont aber, daß die Peukiner, „die einige Bastarnen nennen", nach Sprache, Lebensweise, Seßhaftigkeit und Hausbau den Germanen gleichen. Während die Sarmaten Nomaden waren, werden die Bastarnen als seßhaft hingestellt. Er fügt hinzu, daß ihr Äußeres durch Mischheiraten stark nach dem sarmatischen Typus hin entstellt sei. Er hat sich offenbar gewundert, wie ein germanischer Stamm an die untere Donau komme, da man sonst Germanien als ihre Heimat kannte, denn er war ja mit ihrer Wandergeschichte nicht vertraut. Plinius zählt sie als fünfte Abteilung der Germanen. Eine Inschrift aus Rom aus der Zeit nach Nero (54—68 n. Chr.) fügt zum Namen eines Peukiners *Nereus* hinzu *nat(ione) Germanus Peucennus*. Ptolemaeus setzt für die Bastarnen zweimal Peukiner und ein Gebirge Πεύκη nordwärts der Donau an, wobei die nördliche Nennung gewiß für die eigentlichen Bastarnen in Rechnung zu stellen ist.

In der Mitte des ersten nachchristlichen Jahrhunderts drückten die sarmatischen J a z y g e n , ein ursprünglich im Nordosten des Schwarzen Meeres ansässiges Reitervolk, auf die westwärts wohnenden Völker, darunter auch auf die Bastarnen. Die Römer warfen die Jazygen wohl zurück, doch gelang es diesen bald darauf, sich in den ungarischen Steppen festzusetzen. Auf der Trajanssäule finden sich zweimal Gestalten von Barbaren mit germanischem Gepräge, welche allgemein für Bastarnen gehalten werden, die in dieser Zeit und Landschaft einzig in Betracht kommen. Im Jahre 109 n. Chr. hat Trajan das Monument von Adamklissi in der Dobrudscha errichtet. Hier erscheinen Barbaren, die von einem Teil der Forscher als Germanen angesprochen werden.

In den letzten Jahrzehnten des 2. Jahrh. n. Chr. mußten die Goten mit den Bastarnen zusammentreffen. Tatsächlich werden Bastarnen i. J. 248 unter den Teilnehmern an dem gotischen Raubzug gegen Mösien genannt. Aber der Hauptteil des Volkes wurde von den Goten vertrieben und fand 280 in Thrakien, ein letzter Rest 295 Aufnahme, der sich noch hundert Jahre später bemerkbar macht. Bei Warna im heutigen Bulgarien lag das von Justinian angelegte Kastell Βαστέρναι. Nach dem 4. Jahrhundert werden sie nicht mehr erwähnt. Immerhin war das Volk ein halbes Jahrtausend im griechischen und dann römischen Gesichtsfelde, hat sich also bis in die südrussische Gotenzeit gehalten, so daß hier frühe und späte Ostgermanen zusammentrafen. Sie verwendeten die Wagenburg, trugen lange Hosen, die unten in die Schuhe gesteckt wurden, und waren ein zahlreiches Volk; doch sind die überlieferten Zahlen gewiß übertrieben.

Die Siedlungsarchäologie glaubt heute, und wohl mit Recht, die Bastarnen in den G e s i c h t s u r n e n l e u t e n fassen zu können, deren Ausbreitung sich zeitlich und in der Bewegungsrichtung gut mit der zu vermutenden Bewegung der Bastarnen vereinbaren läßt. In Bessarabien kann sie allerdings das Volk noch nicht archäologisch nachweisen. Brandgräber in den Gouvernements Poltawa und Tschernigow werden als bastarnisch betrachtet, also in einer Gegend nördlich Olbia. Die ältesten Funde von weitmündigen Töpfen gehören in das 3. Jahrhundert v. Chr. Doch sind hier noch keine Gesichtsurnen zum Vorschein gekommen. Aber das würde in der Entwicklungslinie der großen und lange dauernden Gesichtsurnenkultur liegen.

Seit dem Beginn der jüngeren Bronzezeit (etwa 1000 v. Chr.) ist eine Ansiedlung germanischer Volksteile von der Odermündung bis zum Weichseldelta zu bemerken, was zur Auseinandersetzung mit den Trägern der lausitzischen Kultur führen mußte, den Nordillyriern, wie man meist sagt, den Venetern, wenn die o. S. 32 geäußerte Ansicht zutrifft. Die ältere Bevölkerung sucht sich durch Anlage von Burgen gegen die aus dem Norden kommende Gefahr zu schützen. Daneben scheint es auch friedliche Beziehungen gegeben zu haben, wie aus der Mischung in den Gräbern gefolgert werden darf. In dieser Zeit scheint ein großer Teil der venetischen Bevölkerung fortgezogen zu sein (s. o. S. 33). Ein anderer blieb zurück. Diese früh in Ostdeutschland auftretenden Germanen werden als die Bastarnen betrachtet.

Ihren Namen hat R. MUCH als germanisch erklärt und zu *bast-* „nicht rechtmäßige Ehe" gestellt und im zweiten Teile dieselbe Ableitungssilbe gesehen wie in got. *widuwaírna* „Waise, Witwensohn" und dem ahd. *diorna* „Magd, Knechtstochter". Das würde auf „Sprößlinge aus nicht ebenbürtiger Ehe" deuten, d. h. Bastarde. Er glaubte, einen Hinweis auf Ehen von germanischen Männern mit fremden Frauen darin sehen zu können. Die Mischung wäre aber nicht erst in Südrußland, sondern schon in Ostdeutschland zu denken. Für die Ableitung kann der Name der Skiren (s. u.), der die „Reinen" bedeutet, als Gegensatz geltend gemacht werden[3].

Bis 800 festigte sich diese Bevölkerung, die man als frühostgermanisch bezeichnen kann. Es bildete sich durch Mischung mit der älteren Bevölkerung eine neue Kultur, die zur Absonderung von den übrigen Germanen führt. Um 800 reichen die Wohnsitze von der unteren Oder bis über die Weichselmündung nach Osten, die Südgrenze bildet etwa der Lauf der Netze. Die Gräber sind Steinkisten- und Steinpackungsgräber. Als Leitformen entwickeln sich Haus- und Gesichtsurnen, deren Vorformen im westlichen Ostseebecken heimisch sind. Immer wieder kamen Zuschübe teils aus dem Norden, teils aus dem Westen. Abb. 5 veranschaulicht das Vordringen und die Verschiebung gegen Südosten, die offenbar durch alte Handelsbeziehungen ausgelöst ist. Beim Vordringen oder- und weichselaufwärts mußte man auf die Karpathen stoßen. Deren Name scheint noch die erste Lautverschiebung mitgemacht zu haben, wenn er richtig zum albanischen *karpɛ* „Fels" gestellt wird. Die Beziehung auf den Namen der Kroaten, die noch erwogen wird, ist lautlich schwierig, denn das *v* in *Chrvati* kann nicht durch altnordisches *f* = *ð* wiedergegeben werden (im Norden spricht die Hervararsaga vom *Harfaðagebirge*). Auf der Peutingertafel werden die Karpathen „bastarnische Alpen" genannt. Durch bastarnische Vermittlung können solche Kulturwörter des Südostens Eingang gefunden haben, die die erste Lautverschiebung mitgemacht haben, so skythisch βαίτη „Hirtenrock" (mit anzusetzender Betonung der zweiten Silbe), gotisch *paida* „Hemd", entlehnt als *pfeit* ins Altbairische, und κάνναβις „Hanf". Auffallend ist, daß demgegenüber vorgermanische Ortsnamen in Ostdeutschland die erste Lautverschiebung vermissen lassen. Sie muß entweder schon vorher erfolgt sein, oder diese Namen sind den späteren Ostgermanen nicht durch die Gesichtsurnenleute, sondern durch die Reste der Veneter vermittelt worden. Es handelt sich um Namen wie Drage, Drewenz, Netze, vorgermanisch *Dravus*, *Druventia*, *Natusis* u. a. Um 600 v. Chr. scheint von den Bastarnen die Höhe der mittleren Warthe in der Gegend der heutigen Stadt Posen erreicht worden zu sein. Schon vor 500 v. Chr. wird Schlesien besetzt. Die Kultur ist einheitlich. Ein Streifen gegen die Sudeten bleibt frei, durch den in dieser Zeit skythische Scharen nach Westen vordringen. Der Blick dieser Germanen richtet sich nach Südosten. Die Gesichtsurnen werden seltener, ihre Blütezeit ist vorbei[4]. Die Fortsetzung scheinen die o. S. 49 angeführten südrussischen Gräber zu sein. Im Laufe des 3. Jahrhunderts v. Chr. verschwindet tatsächlich die bastarnische Kultur von Ostpommern bis Südpolen, d. h. sie verlagert sich an das Schwarze Meer. Es ist kaum anzunehmen, daß ansehnliche Volksreste zurückgeblieben sind, die für die ab 100 v. Chr. erscheinenden späten Ostgermanen die Grundlage hätten bilden können, denn die Fundstatistik in Ostdeutschland, besonders in Schlesien, ist gegenüber Westdeutschland unerhört dicht gewesen, so daß solche Übergänge aufgefallen wären. Dank der Gesichtsurnen ist es möglich geworden, die Bastarnen rückwärts zu verfolgen, einer der besonders deutlichen Fälle, in denen sich die siedlungsarchäologische Methode bewährt hat. Da die geschichtlichen Quellen versagen, müssen die prähistorischen allein befragt werden.

Es hat noch andere bastarnische Stämme gegeben. Strabo berichtet, daß die S i d o n e n ein Teil der Bastarnen waren. Wenn sie als die südöstlichste Gruppe der Germanen bezeichnet werden, so wird an das geschlossene germanische Volksgebiet gedacht. Sie würden dann in die westlichen Karpathen gehören. Der römische Konsul Vinucius, der 10 v. Chr. in die Karpathen eingedrungen ist, hat sie besiegt. Sie sind dann in der Nachbarschaft des Vannianischen Reiches zu denken, führt doch ein Neffe des Vannius den Namen *Sido*. Die von Strabo daneben erwähnten A t m o n e r werden sonst nirgends angeführt. Es steht dahin, ob ein Zusammenhang mit dem wandalischen Stammesnamen der Manimi, den Ὀμανοί des Ptolemaeus, besteht. Plinius kennt Bastarnen im Rücken des Vannianischen Reiches, getrennt durch die Duria, und Ptolemaeus führt die Sidonen unterhalb der Lugier-Buren als Nachbarn der Kogner (= Kotiner) an. Da sich die Sidonen in den ersten zwei Jahrhunderten n. Chr. im oberen Waagtale relativ gut sichern lassen, erhebt sich die Frage, ob sie auch archäologisch nachgewiesen werden können. Nun unterscheidet sich die nach dem Orte Púchov nordöstlich Trentschin genannte Púchovkultur von den Nachbarkulturen durch besondere Tonwaren. Sie hört um 180 n. Chr. plötzlich auf, also am Schluß der Markomannen- und Quadenkriege. BENINGER, der die Wichtigkeit der archäologisch gut faßbaren Púchovkultur in der Westslowakei betont, ist geneigt, sie den Sidonen zuzusprechen, glaubt aber das westgermanische Gepräge betonen zu sollen[5]. Er beobachtet auch, daß sie eine bodenständige Komponente enthält, die man als illyrisch ansprechen kann. Hier wird man an die von Tacitus in der Germania in der Slowakei erwähnten O s e n anknüpfen dürfen[6]. Die Σειδινοί des Ptolemaeus (zu altnord. *sīða* „Küste") könnten ein an der Ostee gebliebener Volksteil sein.

Die Protogenesinschrift von Olbia nennt nicht die Bastarnen, sondern die S k i r e n als Bedränger der Stadt. Dann hören wir nichts mehr von ihnen. Plinius scheint sie an die Weichsel zu versetzen. In der Völkerwanderungszeit tritt das Volk wieder hervor. Die Veroneser Völkertafel vom Anfang des 4. Jahrhunderts stellt die Skiren zwischen Sarmaten und Karpen. Ihr Name ist klar, germ. **skīra-* bedeutet „glänzend, hell", vgl. altnordisch *skíborinn* „von echter Geburt". Dann könnte ihr Name zu dem der Bastarnen, die Richtigkeit der Muchschen Deutung vorausgesetzt, in Gegensatz stehen. Das Volk scheint also im Norden der Karpathen gewohnt zu haben. Ihre älteste Heimat könnte östlich der unteren Oder liegen, wo Ptolemaeus den Ort Σκίριον einträgt. Die Skiren, die Olbia bedrohten, können auf Streifzügen nach Südrußland gekommen sein, wenn sie gut beritten waren. Sie müssen unter die Botmäßigkeit der Hunnen geraten sein, denn mit diesen und ihren Nachbarn, den Karpen, suchten sie um 381 die untere Donau vergebens zu überschreiten. 375 war der Zusammenbruch des Ostgotenreiches erfolgt, so daß ein Zusammenhang zwischen beiden Ereignissen bestehen wird. Die Skiren wollten sich wohl der Hunnenherrschaft ebenso entziehen wie die Westgoten. Sie sind seitdem den Hunnen lehenspflichtig und stellten ihnen Kontingente bei Einfällen in Dakien und Thrakien. Gefangene Skiren wurden in Kleinasien bei der Feldarbeit getroffen. Das bisher zahlenmäßig bedeutsame Volk dürfte bei diesen Kämpfen gelitten haben. Der kriegsberühmte Skire *Edica* aus der Umgebung Attilas weilte 448 als Bevollmächtigter des Hunnenkönigs in Konstantinopel. Er wird aus fürstlichem Geschlecht gewesen sein. Sein Name ist germanisch, wahrscheinlich skirisch, er ist sonst selten. Skiren waren an Attilas Zuge nach Gallien 451 beteiligt, ebenso am Befreiungskampfe nach Attilas Tode 454. Während sich ein Teil in Niedermösien von den Römern ansiedeln ließ, haben die Ostgoten die Ansiedlung der A n g i s k i r e n, die noch nach 454 auf hunnischer Seite ausgeharrt hatten, in Ostpannonien geduldet. Sie werden aus dem Lande nördlich der unteren Donau gekommen sein. In *Angi-* kann man eine Bezeichnung der Skiren in der Walachei, der Steppe (altnord. *eng* < **angi* „Wiese, Grasland") sehen[7]. In den Kämpfen gegen die

Ostgoten ließen sich die Skiren von den Sweben aufhetzen. Ihre Führer waren Herzog *Edica* und sein Sohn *Onulf*, vielleicht derselbe *Edica*, der früher in der Umgebung Attilas eine Rolle spielte. Bei der Niederlage der germanischen Völker gegen die Goten an der Bolia 469 scheint das Volk aufgerieben worden zu sein. Onulf begab sich nach Konstantinopel, sein Bruder *Odovakar* trat in die kaiserliche Leibwache in Rom ein und ließ sich 476 zum König der Germanen in Italien ausrufen. Er hat auf dem Wege nach Italien den heiligen Severin wohl in seiner Klause in Mautern besucht, so daß Niederösterreich auf seinem Reisewege lag. Er nennt sich auch König der Tu rk i l i n g e n, die sonst nicht mehr genannt werden. Es kann der Name des skirischen Fürstengeschlechtes sein, vgl. die Bezeichnung Amelungen für die ostgotische Dynastie.

Wo die letzten Reste des Volkes geblieben sind, läßt sich noch feststellen. In Bayern treten mehrere Ortsnamen Scheiern, Scheuern auf, so S c h e u e r südlich Regensburg, 975—980 *Sciri*, S c h e y e r n (Kreis Pfaffenhofen), 11. Jahrhundert *Skira*, die unzweifelhaft den Volksnamen enthalten. Ihre Reste haben offenbar bei den befreundeten und benachbarten Sweben Zuflucht gefunden und haben sich dann an der bairischen Landnahme in Norikum und Rätien beteiligt. Die nach ihnen benannten Orte befinden sich mitten unter den Namen auf *-ing*, also der ältesten Schicht, sind deshalb mit den bairischen gleich im Anfang begründet worden. Aber die Skiren haben keinen eigenen Gau gebildet, es waren offenbar nur noch wenige Familien übrig[8]. Der Name Edika lebt in verschobener Gestalt im mittelalterlichen Bayern als *Etecho* fort. Ob auch der in bestimmten Adelsfamilien Bayerns vorkommende Name *Otachar* mit der Aufnahme der skirischen Reste zusammenhängt, harrt der gewiß nicht leichten Untersuchung.

Prokop hat die Skiren ein gotisches, also ostgermanisches Volk genannt und dazu stimmt das *-a* in *Edica* und das frühe Auftreten von $\bar{o}$ in *Odoacar* $<$ **Audwakar*. Diese ostgermanische Eigentümlichkeit kann aber durch den langen Aufenthalt des Volkes unter ostgermanischen Völkern hervorgerufen worden sein, falls es sich wahrscheinlich machen ließe, daß die Skiren einen westlicheren Ursprung als die Bastarnen hätten. Sie als westgermanisch zu bezeichnen, wie es manche Prähistoriker tun, ist deshalb problematisch, weil man in der in Betracht kommenden alten Zeit höchstens von elbgermanisch sprechen könnte und das Erscheinen in Südrußland so früh liegt, daß manche Mundarteigentümlichkeiten sich erst spät ausgebildet haben können. Man vermutet, daß es sich um eine Gruppe handelt, die nicht zur Gesichtsurnenbevölkerung östlich der Oder gehörte. Dann würde es sich um ein westliches Volk handeln, das in die frühe Wanderrichtung der Gesichtsurnenleute hineingeraten ist. Hier bleibt noch vieles undeutlich und unsicher[9].

Die Bastarnen treten uns als ein Bauernvolk entgegen, das gern ritt, sich des Streitwagens bediente, die auch bei den Sweben gebrauchte Kampfordnung einer aus Reitern und Fußkämpfern gemischten Truppe bevorzugte und auf der Wanderschaft Wagenburgen verwendete, die von den Frauen und älteren Männern verteidigt wurden. Die Hausurnen zeigen denselben Gedanken wie die Riesensteingräber; es sind irdene Nachbildungen richtiger Häuser, die die verbrannten Knochen des Toten aufnahmen. In räumlicher Gemeinschaft mit ihnen erscheinen die Gesichtsurnen. Das Wesentliche scheint zu sein, daß die Graburnen mit einem Deckel versehen waren. Daraus haben sich schließlich Gesichtsdarstellungen entwickelt[10]. Man kann das Ganze als Abwehrzauber, also als Totenschutz, auffassen.

Darin, daß die Bastarnen den Weg zum Schwarzen Meer gefunden haben, sind sie Vorgänger der Goten geworden, mit denen sich Reste des Volkes vermischt haben. So waren die Bastarnen als frühe Ostgermanen nicht nur die ersten, die sich mit den vorgermanischen Völkern in Ostdeutschland auseinanderzusetzen hatten, sondern auch diejenigen, die sich am frühesten noch weiter im fremden Volkstum vorgeschoben haben.

[1] Veröffentlicht bei Fiebiger-Schmidt, Inschriftensammlung zur Geschichte der Ostgermanen (1917), 1.

[2] Gegen das Germanentum der Bastarnen spricht sich A. Bauer, Die Herkunft der Bastarnen (SB der Wiener Akad. d. Wiss. phil.-hist. Kl. 185, 2) aus (1918). Gegen ihn wendet sich L. Schmidt, Gesch. d. dt. Stämme I², S. 88; R. Much, Germanist. Forschungen, S. 18ff.

[3] Abzulehnen ist die Erklärung H. Jacobsohns, Zs. f. dt. Alt. 66 (1929), S. 236ff., der den Volksnamen aus dem Iranischen herleiten möchte (altiranisch *basta-* „das Gebundene"). Wie das mhd. *buost* „ein aus Bast verfertigter Strick" zeigt, handelt es sich um ein im Germanischen vorhandenes Erbwort; auch ist nicht anzunehmen, daß der Name erst seit dem Auftreten von Verbindungen mit iranischen Steppenvölkern in Südrußland aufgekommen ist.

[4] Zur Entwicklung der Gesichtsurnenkultur vgl. W. la Baume, Gesichtsurnen und Hausurnen (Arch. f. Anthropologie, NF XXIII, 1932); ders., Urgeschichte der Ostgermanen (Ostland-Forschungen 5, 1934); K. Tackenberg, Die Bastarnen (Volk u. Rasse 4, 1929, S. 252ff.); E. Petersen, Die Bastarnen (bei Reinerth, Vorgeschichte der deutschen Stämme II, S. 867ff.).

[5] E. Beninger bei Reinerth, a. a. O., II, S. 690ff.; ders., Die germanischen Bodenfunde in der Slowakei (1937), S. 99.

[6] E. Polaschek bei Pauly-Wissowa, Real-Encyclopädie der klass. Alt.-Wiss. XVIII, 2 (1942), Sp. 1581ff.

[7] Auf die Angiskiren verweist mit Recht H. Mitscha-Märheim, Mitt. d. Anthrop. Ges. in Wien 80 (1950). Sie sind von Skiren in der Slowakei schwer zu scheiden, dazu L. Schmidt, Gesch. d. dt. Stämme I², S. 98.

[8] Gegen die Annahme, daß Skiren unter den Baiern aufgegangen seien, hat sich S. Riezler, Geschichte Baierns I² (1927), S. 19 ausgesprochen. Auf ihr Fortleben in Ortsnamen Baierns weist E. Schwarz hin (Beitr. z. Namenforschung 1, 1949, S. 70ff.).

[9] Zur Skirenfrage E. Petersen bei Reinerth, a. a. O., III, S. 924ff.

[10] La Baume, s. Anm. 4.

ZWEITER TEIL

DIE OSTGERMANEN

Kapitel 12

Der Kimbern= und Teutonenzug

(Abbildung 6)

Das Auftreten der Bastarnen bedeutet keine große Erschütterung für das Römerreich. Sie bedrohten Griechenstädte am Schwarzen Meer; man hielt sie für Skythen und eines der barbarischen Völker, wie sie von Zeit zu Zeit in den großen Steppen Südrußlands erschienen. Die Römer sind ihrer verhältnismäßig leicht Herr geworden. Anders war es beim Zusammenstoße mit den K i m b e r n und T e u t o n e n, in denen man eine Bedrohung Italiens sehen mußte. Dadurch, daß sie in den Bereich der Mittelmeerkultur eingebrochen sind und mit den Römern, die eben im Begriffe waren, sich in den Ostalpen festzusetzen, zusammengerieten, diese auch nur mit Aufgebot aller Kräfte der neuen Feinde Herr geworden sind, vollzieht sich ihre Wanderung, so sehr sie im einzelnen in Dunkel gehüllt ist, doch deutlicher vor unseren Augen als der Bastarnenzug, zumal wenigstens Bruchstücke ausführlicherer Berichte darüber enthalten sind. Die Römer wurden mit Nordvölkern bekannt, deren Bewältigung sie wie ihr Kampf gegen die Karthager zu Höchstleistungen zwang. Der Sieger Marius errang sich dadurch eine Machtstellung, die den Senat ausschaltete und so den Niedergang der Republik auch äußerlich anzeigte. Sein Neffe Caesar hat ihr überhaupt ein Ende bereitet. Der Umstand, daß es sich um den ersten großen Zusammenstoß zwischen Rom und Germanen handelt, rechtfertigt es, etwas ausführlicher dabei zu verweilen.

Im Jahre 113 v. Chr. wurde ein römisches Heer bei Noreia in Kärnten von den Kimbern geschlagen. Die Römer betrachteten ihre neuen Gegner zuerst als Kelten, die sie von ihren Einbrüchen in Italien her kannten. Man glaubte, einer neuen Welle von Eindringlingen aus dem Norden gegenüberzustehen. Die äußere Erscheinung war der der Gallier ähnlich, dazu kam das Bündnis mit den Skordiskern. So erklärt es sich, warum die älteren Berichte von Galliern oder Kelten sprechen. Nun erfuhr man freilich während der Kämpfe durch die Kelten, mit denen man sich verständigen konnte, daß es sich um Germanen handle, betrachtete aber zunächst diese wie später die Belger als eine nördliche Abteilung der Kelten. Auch ihr Heimatgebiet sah man zunächst als das äußerste (nördliche) Gallien an. Noch Livius hat den Zusammenstoß des Caesar mit Ariovist als den ersten römisch-germanischen Kampf betrachtet. Posidonius sah in den Kimbern Kimmerier[1], die im 7. Jahrhundert die Mittelmeervölker bedroht hatten, denn κίμβροι bedeutete im Gallischen „Räuber". Andere sprachen von Keltoskythen, um das fremde Volkstum zu kennzeichnen. Posidonius wußte um 80 v. Chr. schon etwas von Germanen als Nachbarn der Kelten, d. h. von den linksrheinischen Germanen. Bald nachher muß man sich zur Erkenntnis durchgerungen haben, daß die Kimbern und ihre Wandergenossen Germanen, und diese insgesamt ein von den Kelten verschiedenes Volk waren. Caesar setzt in seinen Kriegsberichten die Kenntnis des neuen Germanenbegriffes voraus, der sich also zwischen 80 und 60 v. Chr. gefestigt hat. Von 73—71 hatten im Sklavenkriege die unter den Sklaven vertretenen Völker in besonderen Heerhaufen gekämpft, darunter auch die Germanen, zu denen viele Kimbern und Teutonen gehört haben werden. Dadurch mußte den Römern das Verständnis für die andere Sprache und Sitte dieses Volkes aufgehen.

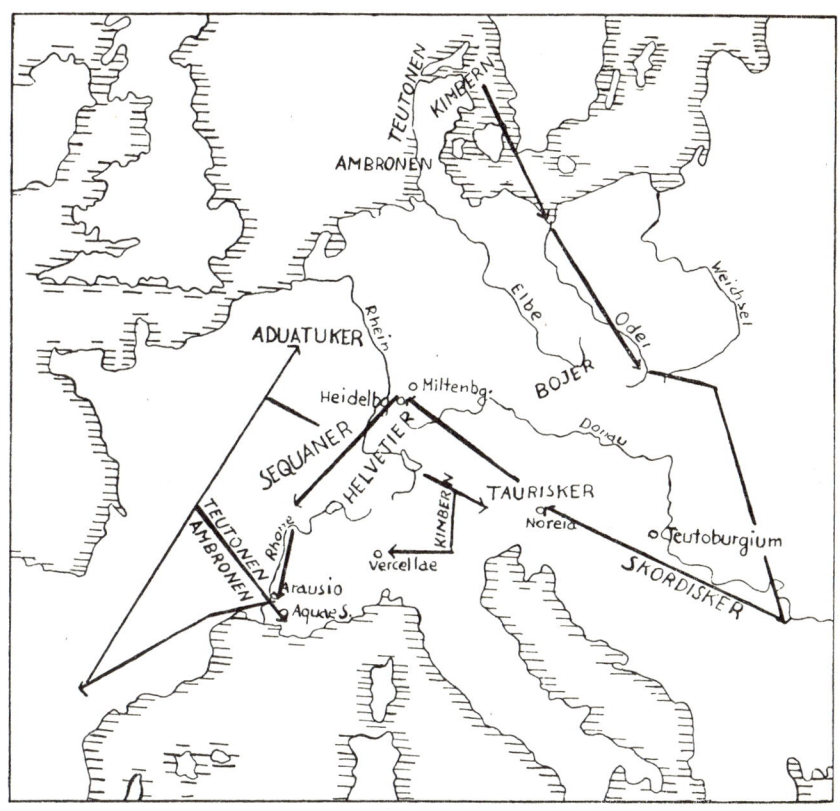

Abb. 6. Der Kimbern- und Teutonenzug

Über die Wanderung der Kimbern vor 113 haben wir nur den Bericht des Strabo erhalten, den er gekürzt aus Posidonius übernommen hat. Dieser hat in Rom und Massilia Erkundigungen über die Kimbern eingezogen und auch das Schlachtfeld von Aquae Sextiae besucht. Wir haben damit einen Autor vor uns, der sich um die Zusammentragung seines Stoffes noch bei lebenden Zeitgenossen bemüht hat und infolgedessen als verläßliche Quelle anzusprechen ist.

Nach ihm wurden die Kimbern von den Bojern, die damals den Herkynischen Wald begrenzt haben, abgeschlagen. Sie sind dann zum Ister und zu den gallischen Skordiskern gezogen, hierauf zu den Teuristen und Tauriskern (beide sind in Wirklichkeit ein Volk), die ebenfalls Kelten waren, schließlich zu den Helvetiern, goldreichen, aber friedlichen Männern.

Da die Bojer die Germanen an ihrer Nordgrenze abgewehrt haben werden, ist zu fragen, wo dieser Zusammenstoß erfolgt ist und wie die Kimbern ihren Weg zum Bojerland eingeschlagen haben. Die Bojer haben in Böhmen und Mähren gewohnt, Kelten aber auch in Ober- und Mittelschlesien. Hier ist uns kein Stammesname bezeugt, aber man wird an Bojer denken dürfen, da die Besetzung Oberschlesiens von Mähren aus erfolgt sein wird. Daß die *Volcae* kaum in Betracht kommen, ist o. S. 28 bemerkt worden. Früher hat man gemeint, die Kimbern wären längs der Elbe gegen Böhmen vorgestoßen, hätten sich nach ihrer Abwehr durch die Bojer nach Schlesien und von da an die untere Donau gewendet. Da aber nach der Abwanderung der Bastarnen das Land zwischen Oder und Weichsel frei war und die stammverwandten Wandalen diese Flüsse benützt haben, ist es am wahrscheinlichsten, daß auch die Kimbern diesen Weg eingeschlagen haben. Gewiß ist es denkbar, daß mit Stämmen an der Elbe Durchzugsverträge hätten abgeschlossen werden können, aber das Ödland in Ostdeutschland mußte den Vorstoß nach Süden sehr erleichtern und wanderlustige Völker anziehen. Wie die Ausführungen im folgenden Kapitel zeigen werden, empfiehlt es sich nicht, die Wanderung der Kimbern von der der Wandalen zu trennen. Dann werden die Kimbern und ihre Bundesgenossen zunächst zur See bis an die Odermündung gefahren sein. Daß das möglich war, zeigen die Fahrten der Wandalen, Rugier, Burgunder und Goten über die Ostsee, der Wandalen von Spanien nach Nordafrika. L. SCHMIDT[2] hält den Elbeweg deshalb für wahrscheinlicher, weil die Auswanderer Zuzug erhalten hätten. Aber die Zahlenangaben der antiken Schriftsteller sind nicht glaubwürdig; das Volk braucht nicht so ungeheuer groß gewesen zu sein, wenn auch allerlei Zuzug erfolgt sein wird. Dann muß der Zusammenstoß mit den Bojern an der Nordgrenze ihres schlesischen Bereiches etwa in der Gegend von Breslau erfolgt sein. Hier abgewiesen, konnten sie nicht längs der Oder nach Süden ziehen, sondern mußten über die Beskiden ausweichen. So kamen sie nach Ungarn, und man versteht nun gut, daß sie an der Savemündung im Lande der Skordisker auftauchen, wo sie sich Hoffnung auf Land machten. Daß den antiken Schriftstellern diese Zusammenhänge unbekannt waren, ist nicht verwunderlich, spielten sich doch diese Vorgänge in einem den Römern und Griechen damals völlig unbekannten Teil Germaniens ab. Was sie als einen vereinzelten Vorstoß von Germanen nach dem Süden ansahen, war in Wirklichkeit der Beginn einer großen Wanderbewegung nördlicher Völker, der Germanen um den Kattegat, von denen nur die Spitzen das Mittelmeer erreichten[3]. Die keltischen Skordisker saßen seit den Keltenzügen an der unteren Save und an der Morava in Serbien. Im Jahre 117 waren sie in größerer Zahl als sonst aufgebrochen. Es ist auffallend, daß sie den Kimbern Aufenthalt in ihrem Lande gewährten. Man hat den Eindruck, daß sie durch die Kimbern aufgescheucht sind, wenn sie mit den Römern um neues Land kämpften. Man darf vermuten, daß seit 117 v. Chr. die Kimbern an der unteren Save erschienen sind. Sie werden in Wagenburgen und befestigten Lagern gewohnt haben. In der Nähe der Draumündung erwähnen spätere Schriftsteller ein *Teutoburgium* „Volksburg", was offenbar die Bezeichnung eines so befestigten Lagers gewesen ist. Wenn der erste Teil ungermanisch geschrieben ist (germanisch wäre *Theuda-*), so deshalb, weil der Name durch die Kelten vermittelt ist, die das gleichbedeutende *teuta* „Volk" kannten. Man sieht, was eine wichtige Beobachtung ist, daß in dieser Zeit germanische Namen durch keltische Vermittlung weitergegeben worden sind. 114 brachen die Kimbern nach Westen auf, entweder von den Skordiskern gedrängt oder weil sie hofften, selbst die Römer schlagen zu können.

Der Zug wird die Drau aufwärts zu den Tauriskern gegangen sein. Ihre Sitze lagen in der Südsteiermark und Kärnten in einem Gebiete, das die Römer schon zu beherrschen suchten, ohne daß es unter ihrer Verwaltung stand. Deshalb forderte der Konsul G. P. Carbo die Kimbern zum Verlassen des Landes auf. Sie willigten ein, doch legten ihnen die Römer einen Hinterhalt. Die Teutonen, die jetzt genannt werden, errangen bei *Noreia* (etwa dem Magdalensberge in Kärnten, wo 1949 ein großes keltisches Oppidum aufgefunden worden ist?)[4] einen Sieg. Das erste Zusammentreffen, in dem die Germanen nicht als Söldner oder Verbündete eines anderen Volkes, sondern in eigener Sache kämpften, brachte den Römern eine Niederlage.

Die Helvetier gestatteten den Kimbern den Durchzug. Jene hatten ursprünglich das südwestliche Deutschland bewohnt, scheinen aber um 110 v. Chr. schon den größten Teil des Landes nördlich vom Rhein aufgegeben zu haben, nicht erst unter dem Druck der Kimbern, sondern in mehreren Etappen während des 3. und 2. Jahrhunderts v. Chr. Ihr Zentrum lag zu Caesars Zeit in der Schweiz. Wo die Kimbern den Rhein überschritten haben, ist ein Streitpunkt der Forschung. Seit der Niederlage der Römer wagten es die Kelten nicht, den Germanen Widerstand zu leisten. Auch die Sequaner gestatteten ihnen den Durchzug. Die Kimbern und Teutonen konnten sich in dem von den Helvetiern mehr oder minder geräumten Gebiete eine Zeitlang festsetzen; darauf deuten die Spuren einer Niederlassung am Neckar, auf die noch zurückgekommen wird.

Im Jahre 109 erschienen die Germanen im südlichen Gallien, besiegten den römischen Konsul und verlangten durch Gesandte vom römischen Senat Wohnsitze und Ackerland, wofür sie Waffenhilfe anboten. Man sieht, daß sie nach dauernder Niederlassung strebten und bereit waren, dafür Kriegsdienste zu leisten. Der Senat lehnte den Vorschlag ab, wohl weil ihm das Zusammenleben der Germanen mit den unruhigen Keltenstämmen gefährlich schien. Die helvetischen Gaue der Tiguriner und Toygener schlossen sich den Germanen an, ein Zeichen, daß der Wunsch der Helvetier nach neuen Sitzen, dem sie zu Caesars Zeit nachzugeben suchten, schon damals bestanden hat. Die keltischen Einflüsse, die bei Kimbern und Teutonen bemerkt werden, erklären sich deshalb gut, ohne daß sie übertrieben zu werden brauchen[5]. Die Kimbern und ihre Bundesgenossen hielten sich in Gallien auf, vielleicht leisteten sie den keltischen Stämmen Waffenhilfe wie später Ariovist oder hofften sie, dadurch sich festsetzen zu können. Strabo spricht von einem Bündnis der Kimbern mit den Sequanern. 105 wurde ein römisches Heer an der Rhone geschlagen und wieder boten die Germanen Frieden an, wenn ihnen Land gewährt würde. Als das abgelehnt wurde, erlitten die Römer bei Arausio (Orange) eine große Niederlage. Die Kimbern opferten die Beute dem Fluß, verzichteten also auf die sonst hochbegehrten Kleider und Waffen der Römer. Die Gefangenen wurden an den Bäumen aufgehängt, was im germanischen Kult als Wodansopfer bekannt ist. Daraus folgt, daß der Wodanskult bei ihnen bekannt und die Opferung der Beute und der Gefangenen eine kultische Handlung war.

Die Römer besaßen nun keine kampfesbereiten Truppen mehr, und ein Einfall nach Italien wäre vermutlich von Erfolg gekrönt worden. Aber die Germanen taten es nicht, vielleicht trauten sie den Kelten nicht. Die Teutonen wandten sich nach Nordgallien, die Kimbern nach Spanien, beide Teile wurden von den Belgen und den Keltiberern zurückgewiesen. 103 vereinigten sie sich in Mittelgallien und beschlossen nun den Zug nach Italien.

Wie die Landforderungen zeigen, sehnten sie sich nach Ansiedlung. Sie führten Hausrat, Frauen, Kinder und alte Leute auf Wagen mit; es war also von Anfang an kein Raubzug, sondern eine Landnahmefahrt. Die römischen Niederlagen ermutigten, den Kampf nach Italien zu tragen, um hier vielleicht den Römern Land abzutrotzen. Man ließ sechstausend Mann zum Schutze des Gepäckes in Nordgallien zurück, wohl auch einen Teil der Frauen und Kinder, war also entschlossen, die Bewegungen zu beschleunigen. Man trennte sich; der strategische Plan war offenbar, die Römer von zwei Seiten zu bedrohen. Man hatte wohl auch Verbindungen mit den oberitalischen Kelten angeknüpft. Aber inzwischen hatten die Römer in Marius einen Feldherrn gefunden, der das römische Heer reorganisierte. Die Teutonen und A m b r o n e n sollten über die Westalpen ziehen, die Kimbern und die verbündeten Helvetier über die Ostalpen.

Marius schlug zuerst die Ambronen und dann die Teutonen 102 v. Chr. bei Aquae Sextiae (heute Aix in der Provence). Ambronen und die im Heere der Römer kämpfenden Ligurer gebrauchten denselben Schlachtruf *Ambrones* (s.o. S. 26). Die Zahl der Getöteten und Gefangenen soll über 100 000 betragen haben, was gewiß übertrieben ist. Marius wird etwa 35000 Mann gehabt haben, da er bei Vercellae noch über 32000 verfügte. Ebenso stark oder schwächer werden die Germanen gewesen sein[6]. Der Teutonenkönig *Teutoboduus,* dem die Flucht mit dreitausend Mann geglückt war, wurde von den Sequanern den Römern ausgeliefert.

Die Kimbern hatten inzwischen den Brenner überschritten. Die Tiguriner schützten die linke Flanke, vielleicht in Kärnten. Die Römer zogen sich bis zum Po zurück und warteten auf Marius. Dabei hören wir von einem ehernen Stier der Kimbern, einem Kultsymbol, bei dem Verträge beschworen wurden. Sie besetzten Venetien, wobei sie durch den Genuß von Wein und warmen Bädern geschwächt worden sein sollen. Sie warteten auf das Eintreffen der Teutonen, bis sie von deren Niederlage überzeugt wurden. Der Entscheidungsschlacht gaben sie den Sinn eines Gottesurteiles, sie sahen sie als eine religiöse Entscheidung an. Ihr König *Boiorix* forderte die Römer auf, Tag und Kampfplatz zu bestimmen. Auf der Ebene von Vercellae kam es zur Schlacht, wo die Römer ihre Reiterei entfalten konnten, während die Kimbern gegen die Sonne und eine Staubwolke kämpfen mußten. Bei ihnen kämpften Fußvolk und Reiterei für sich, also nicht vereinigt wie bei den Bastarnen. Die Reiter trugen glänzende Rüstung und Helme, die den geöffneten Rachen furchtbarer Raubtiere und seltsamen Tiergesichtern glichen. Die Frauen hielten die Wagenburg besetzt. Die Priesterinnen schnitten den Gefangenen über einem ehernen Kessel die Kehlen durch. Man suchte offenbar die Entscheidung, gab keine Schonung und erwartete keine; die Gefangenen hatte man den Göttern gelobt. Ein ähnlicher Kessel ist bei Gundestrup im Himmerlande gefunden worden; die in der Heimat gebliebenen Kimbern schenkten einen solchen dem Augustus. Zwei kimbrische Führer *Boiorix* und *Lugius* fielen, zwei andere wurden gefangen genommen. Nach der Niederlage baten die schwarz gekleideten Frauen, daß sie geschont und unter die Vestalinnen aufgenommen würden. Als das abgelehnt wurde, erwürgten sie ihre Kinder und töteten sich. Man spürt das Vorhandensein starker religiöser Kräfte unter den Germanen dieser Zeit. Doch ist anzunehmen, daß die kimbrischen Reiter der Vernichtung entgangen sind und die Heimat erreicht haben. Es muß der tatkräftigste Teil der Stämme gewesen sein, der sich an der Wanderung beteiligt hat, denn die Reste sind nirgends mehr hervorgetreten.

Die in Gallien zurückgelassene Abteilung fand Wohnsitze zwischen Maas und Schelde in Belgien. Es erwuchs der Stamm der A d u a t u k e r, der zu Caesars Zeit schon wieder 19000 Mann ins Feld stellen konnte. Sie übten eine Oberherrschaft über die Eburonen, einen Teil der linksrheinischen Germanen, aus. Ihr Hauptort wurde 57 von Caesar erobert; 53 waren sie mit anderen Stämmen verbündet. Sie werden schließlich keltisiert worden sein und den Römern Kriegsdienste geleistet haben.

Auch am unteren Neckar sind Volksteile zurückgeblieben. Der Grenzstein vom Greinberg bei Miltenberg, der gegen Ende des 19. Jahrhunderts gefunden worden ist, trägt die Inschrift INTER TOUTONOS . . . Die folgende Abkürzung C. A. H. I. ergänzt NORDEN[7] so: INTER TOUTONOS C(IMBROS) A(MBRONES) H(ARUDES) I(USSU) „Auf Befehl des . . . zwischen den Teutonen, Kimbern, Ambronen und Haruden . . ." Er glaubt, daß es ein Grenzstein zwischen diesen Völkern sei. Das ist nicht unwahrscheinlich, denn der Stein ist fast 5 m hoch und wird einen bestimmten Zweck gehabt haben. Von Haruden als Begleitern der Kimbern wird zwar in den Quellen nichts gesagt, sie tauchen erst in den Kämpfen Caesars gegen Ariovist auf. Es ist aber nicht unwahrscheinlich, daß sie im ersten Jahrhundert n. Chr. und später hier gewohnt haben (s. u. S. 171). Die Ergänzung C(IMBROS) wird stimmen, denn es haben sich noch drei Weihinschriften an den kimbrischen Merkur (Wodan) auf dem Greinberg und auf dem Heiligenberg bei Heidelberg gefunden. Wie der letztere Name zeigt, wird die Verehrung des Berges bis in die älteste Zeit zurückgehen. Da Wodansverehrung auch bei den Kimbern während der Wanderung erschlossen werden kann, bestätigt der Weihestein diese Beobachtung.

MÜLLENHOFF hat alle Zeugnisse für das Germanentum der Kimbern verworfen[8], obwohl sie ungewöhnlich genau sind und auf ganz sichere Weise ergänzt werden können. Ptolemaeus setzt die Teutonen weit von den Kimbern entfernt zweimal an, einmal zwischen den Semnonen und den Φαροδινοί (etwa in Vorpommern), das zweitemal als Τευτονόαροι zwischen Semnonen und Σιδινοί, neben ihnen die Ουίρουνοι und Αυάρποι, was wohl beide Male auf die Warnen zu beziehen ist. Wenn er sich nicht geirrt hat, was öfters nachzuweisen ist, können Teutonen mit den Warnen nach der Kimbernniederlage oder vor 150 n. Chr. nach Mecklenburg gezogen sein. Tacitus erwähnt wohl die Kimbern, aber nicht die Teutonen. Müllenhoff sah die Nachrichten über die Heimat der Kimbern in Jütland als ungenügend an. Die Lautformen *Cimbri* und *Teutones* seien keltisch und keine bestimmten Stammesnamen (weil *Cimbri* als die keltische Bezeichnung „Räuber" erklärt wird). Auch heute wird wenigstens für die Teutonen noch gelegentlich keltische Abkunft behauptet[9].

Nun wußte schon Posidonius um 80 v. Chr., daß die Kimbern von denen abstammen, die bis zum nördlichen Ozean wohnen. Ihre Heimat sei reich an Wäldern und sonnenarm. Das sieht aus, als hätten das kimbrische Kriegsgefangene erzählt, die die Gegensätze zum sonnigen Italien betonen wollten. Livius erzählt, ihr Land sei vom Meer überschwemmt worden. In das Jahr 5. n. Chr. fällt die Flottenfahrt des Tiberius, die längs der Nordseeküste nach Osten und dann Norden ging. Dabei wurde wahrscheinlich die Nordspitze Jütlands umsegelt. Augustus gedachte dieses bedeutendsten Unternehmens seiner Flotte in der Nordsee in seinem Rechenschaftsbericht, von dem eine Nachbildung in Ankara, dem alten *Ancyra,* gefunden worden ist (daher *Monumentum An-*

cyranum genannt). Man hat den Bericht wörtlich genommen und die Kimbern an die Elbemündung versetzt. Aber es muß eine Selbstverständlichkeit sein, jeden historischen Bericht durch etwaige andere Tatsachen zu überprüfen und eine Entscheidung über eine Frage nur mit Berücksichtigung aller Umstände zu fällen[10]. Es heißt im Bericht, die *Kimbern, Haruden, Semnonen* und anderen Stämme dieser Gegend hätten durch Gesandte den Kaiser und das römische Volk um Freundschaft gebeten. Man wußte also um die Geschehnisse des Kimbernzuges und noch 100 Jahre später kamen Gesandte nach Rom, um Geschenke zu überbringen. Dabei ist wichtig, daß die *Haruden* neben den *Kimbern* genannt werden (die Semnonen wohnten nicht auf Jütland). Während Strabo, noch nicht vertraut mit der Geographie der Nordseeländer, die Sitze der Kimbern zwischen Rhein und Elbe suchte, verlegt sie in der Mitte des ersten nachchristlichen Jahrhunderts Pomponius Mela an die Küste des *Codanus*busens, die Meeresbucht zwischen Jütland und Ostsee. Auf *Codanovia*, der größten Insel im Codanusbusen, sei die Heimat der Teutonen. Plinius ist genau unterrichtet. Er bezieht sich auf die Flottenfahrt des Tiberius, spricht vom *Vorgebirge der Kimbern*, das dem *Saevo*gebirge (in Skandinavien) gegenüberliege. Es bildete eine weit ins Meer hinauslaufende Halbinsel namens *Thastris*. Er sucht also die Kimbernheimat im Norden Jütlands. Bei ihm sind Kimbern und Teutonen Ingwäonen. Ptolemaeus, der auf Jütland sonst unbekannte Stammesnamen nennt, spricht 100 Jahre später von der großen *„kimbrischen Halbinsel"*, und an der Nordspitze kennt er Land und Vorgebirge der Kimbern. Plinius kann nicht seine Quelle sein, denn die Teutonen stehen bei ihm nicht auf der Halbinsel. Tacitus (98 n. Chr.) drückt sich allerdings wieder unklar aus. Doch sind sie auch bei ihm „dem Ozean am nächsten", was nicht gegen Jütland spricht.

Diese z. T. genauen Angaben der alten Schriftsteller werden glänzend dadurch bestätigt, daß sich im Norden Jütlands drei Landschaftsnamen finden, die Kimbern, Teutonen und Haruden nebeneinander enthalten (Abb. 16). Südlich vom Limfjord liegt das H i m m e r l a n d, in alter Zeit *Himber-* geschrieben. Bedenkt man, daß die Kelten die ersten Vermittler zwischen Germanen und Römern gewesen sind, zudem die helvetischen Tiguriner die Wandergenossen der Kimbern waren, so wird es nicht wunder nehmen, daß der Volksname germ. **Chimbrōz* mit Ersetzung des im Keltischen unbekannten *ch-* durch *k-* den Römern zugekommen ist. Ähnliche Namen mit *Himmer* begegnen in Schweden und Norwegen, der Eistaucher heißt im Altisländischen *himbrin* „Lumme".

Gau- und Landschaftsnamen, die an Stämme der Völkerwanderungszeit erinnern, sind wichtig, weil sie statt Spekulationen eine feste Verankerung sichern und die ungenauen Angaben der alten Schriftsteller natürlich bei weitem aufwiegen. Außerdem steht unser Name nicht allein, sondern ist mit drei anderen verbunden, von denen zunächst der Teutonengau zur Sprache kommen soll. Man hätte niemals von den Teutonen des Pytheas abgehen sollen. Dieser kennt sie an der Westküste Jütlands. Westlich von Himmerland liegt nördlich vom Limfjord die Landschaft T y, altnordisch *Thjod*, mitteldänisch *Thiuth*, daneben *Thythesysel*. Darin steckt der zweite Fall der Mehrzahl wie wohl auch bei *Himbersysel*. Es genügt also nicht, einfach das germ. **theudō* „Volk" im Namen zu sehen. *Teutones* ist offenbar die Keltisierung von germ. **Theudanōz* „Bewohner des Volkslandes". Diese Deutung scheint besser als die zu gotisch *thiudans* „König" zu sein, obwohl hier auf die Bedeutungsparallele **Erulōz* zu germ. **erulaz* „Vornehmer" verwiesen werden könnte.

Der dritte Stamm, der bei Aquae Sextiae eine hervorragende Rolle spielte, sind die A m b r o n e n. Sie werden bei Plutarch als der streitbarste Teil der Teutonen bezeichnet, so daß es wahrscheinlich ist, daß sie ein Untergau der Teutonen gewesen sind. Dann gehören sie in ihre unmittelbare Nachbarschaft, nicht in das Emsland, wo man Orte auf sie zu beziehen sucht[11]. Es muß ein alter Stammesname sein, denn er ist gleich dem der Umbern in den Apenninnen. Die alte vermutlich indogermanische Schicht der Ligurer hat sich *Ambrones* genannt, s. o. S. 26. Eine Schwundstufe *Ymbre* begegnet im Widsith. Eine gute Ableitung bietet das altenglische *umbor* „Kind". Daß die Ambronen wirklich nach Jütland gehören, wird durch ihr Auftreten neben Wandalen und Warnen in Schlesien gesichert, s. u. S. 66. Ferner muß auf den Namen des sagenhaften wandalischen Königs *Ambri* aufmerksam gemacht werden. So ist es durchaus wahrscheinlich, daß der Name der nordfriesischen Insel A m r u m, älter *Ambrum*, an das Volk erinnert, dessen Heimat dann auf das gegenüberliegende Festland zu versetzen ist[12].

Die Behauptung, Sturmfluten hätten die Kimbern aus der Heimat vertrieben, ist bei der Lage der Heimat am Limfjord nicht unwahrscheinlich. Den alten Schriftstellern ist das z. T. unglaublich erschienen, weil ihnen die Sturmfluten der Nordsee und der Kampf der Bewohner gegen das Meer unbekannt waren. Aber der Aufbruch von drei Stämmen muß andere Gründe haben, wenn auch der Kampf gegen das Meer eine Rolle gespielt haben kann. Es wird deutlich, daß sich drei Stämme zu dem gemeinsamen Unternehmen, neues Land zu gewinnen, vereinigt haben. Es war noch größer, da auch der Lugierbund einzubeziehen ist. Die kriegsgefangenen Kimbern, die ihren römischen Herren davon erzählt haben oder mit ihren keltischen Wandergenossen darüber sprachen, werden einfache Leute gewesen sein, die die tieferen Zusammenhänge nicht durchschaut haben. Der Boden Jütlands war bereits vor Christi Geburt erschöpft, was die Auswanderung gefördert haben wird[13].

Von den kimbrischen Personennamen ist bemerkenswert der Königsname *Boiorix*, weil er zeigt, daß der keltische Stammesname der Bojer namenbildendes Element gewesen ist. Daß der Name erst in Schlesien nach dem Zusammenstoße mit den Bojern gegeben worden ist, kommt bei einem König kaum in Betracht.

Aus der Lage der Urgaue in Nordjütland neben den nordgermanischen Wandalen ergibt sich, daß Kimbern und Teutonen nicht, wie es in der Regel geschieht, als Westgermanen bezeichnet werden dürfen. Sie sind als nächste Verwandte der Wandalen vielmehr Nordgermanen.

Mit dem Aufenthalt der Kimbern im Jahre 102 und 101 in Südtirol und Venetien wird neuestens die Runenfindung zusammengebracht. In der Val Camonica hat ALTHEIM eine Schrift entdeckt, die große Ähnlichkeit, freilich nicht volle Übereinstimmung mit den Runen bietet. Er möchte die Runenfindung einem kimbrischen Runenmeister zutrauen. Doch erscheint der dafür zur Verfügung stehende Zeitraum recht kurz. Das erschließbare Uralphabet der Runen bietet drei Götternamen: **Teiwaz*, **Ingwaz* und **Ansaz* = Ziu, Ing und Wodan, und weist damit auf ein Volk, wo Wanen- und Asenreligion geherrscht hat, was für die Kimbern zutreffen würde. Die kimbrischen Reiter, die der Niederlage bei Vercellae entgangen sind, können die Heimat erreicht und die Schrift mitgebracht haben. Die Frage ist noch nicht endgültig gelöst[14].

Die Kimbern und ihre Wandergenossen haben in Südfrankreich Bekanntschaft mit dem Ölbaum, dem Wein, den keltischen Türmen, wohl auch mit anderen keltischen Einrichtungen gemacht, so daß auf sie die Vermittlung von *alēw* „Öl", *wein* „Wein", *kēlikn* „Turm" und *sipōneis* „Schüler" ins Gotische zurückgehen kann. Keltische Entlehnungsgrundlage, bei *wein* lateinische der Zeit um 100 v. Chr. würde alle Schwierigkeiten, die bisher bestanden haben, beseitigen, wenn es wahrscheinlich gemacht werden kann, daß die Goten diese Wörter von Kimbern übernommen haben oder daß am Kimbernzuge auch Goten beteiligt waren. Das ist deshalb möglich, weil sich Götland, die mutmaßliche Urheimat der Goten, in der Nähe von Nordjütland befindet[15].

Die Bastarnen haben sich im Laufe vieler Jahrhunderte südostwärts verlagert. Die Kimbern und ihre Verbündeten haben vermutlich den Auszug in langen Beratungen beschlossen. Der Kampf mit dem Meere, Landnot, Klimaverschlechterung, Kenntnis vom Ödlande an der Oder und Weichsel werden den Wunsch nach neuen Wohnsitzen ausgelöst haben. Als Vortrupp anderer Nordgermanen sind sie nach dem Zusammenstoß mit den Kelten in Schlesien nach Süden vorgestoßen. Sie haben Land gesucht, wie ihre Bitten an den römischen Senat zeigen. Daß sie noch etwas von früheren Auszügen an das Mittelmeer aus der Zeit der Italiker gewußt haben, ist nicht wahrscheinlich. Aber durch den Bernsteinhandel wird ihnen manche Kunde von den leichteren Lebensbedingungen im Süden zugekommen sein. Sie waren von religiösen Gedanken erfüllt, aber trotz der anfänglichen Siege über die römischen Heere nicht gut beraten, auch den Intrigen der Kelten und Roms nicht gewachsen. Wäre ihnen die Landnahme in Gallien oder Italien gelungen, so würde es schließlich zur Vermischung mit den früheren Bewohnern gekommen sein, zur Keltisierung wie bei den Belgen, zur Ligurisierung wie bei den ligurischen Ambronen; kaum wäre eine Bewahrung des germanischen Volkstums möglich gewesen wie bei den indogermanischen Italikern in Italien 1000 Jahre vorher. Ihrem Zuge wohnt eine größere Bedeutung inne, als man gewöhnlich annimmt und die Quellen verraten, die nicht über das äußere Geschehen blicken können. Die anderen nordgermanischen Stämme, die anschließend Ostdeutschland besetzten, haben es angesichts des Unterganges der Kimbern vorgezogen, nicht in den Mittelmeerbereich einzudringen. Auch Ariovist hat auf andere Weise in Gallien Fuß zu fassen gesucht. Was den Kimbern noch abging, die große Planung, haben die folgenden Generationen gelernt. Dagegen ist für uns wertvoll die Erkenntnis, daß sich, wenn die Kraft eines Stammes nicht ausreichte, Nachbarstämme zusammengeschlossen haben, um größere Unternehmungen durchzuführen. Damit wird aber nicht etwa etwas Neues geschaffen worden sein, sondern es tritt uns nur deutlicher ins Bewußtsein, weil wir jetzt eine Abwanderung aus dem Norden im Lichte, wenngleich zunächst im Halbdunkel der Geschichte sehen. Im Grunde genommen wird es sich auch bei dem Südzuge der Italiker um Wandergenossenschaften gehandelt haben. Noch die Angelsachsen haben auf diese Weise Britannien erobert.

[1] Die neuerliche Gleichsetzung der Kimbern mit den Kimmeriern durch G. VERNADSKY (Saeculum 2, 1951, S. 341ff.) ist unbegründet.

[2] L. SCHMIDT, Geschichte der deutschen Stämme II², S. 9. Auch S. GUTENBRUNNER, Germanische Frühzeit, S. 111 hält am Elbewege fest.

[3] Die Herausarbeitung des Zusammenhanges von Kimbern und Teutonen mit den Wandalen verdanken wir vor allem M. JAHN, Der Wanderweg der Kimbern, Teutonen und Wandalen (Mannus 24, 1932, S. 150ff.). Schon vorher hat W. SCHULZ (Germania 13, 1929, S. 139—143) den Wanderweg der Kimbern durch Ostdeutschland geführt.

[4] R. EGGER, Die Ausgrabungen auf dem Magdalensberg (Carinthia I, 1949); ders., Der Magdalensberg (La nouvelle Clio 3, 1951, S. 218—231). An der oberen Save lokalisieren das Schlachtfeld M. SCHILCHER, Noreia, der Ort der Kimbernschlacht (Frühgeschichte

und Sprachwissenschaft, hrsg. von W. BRANDENSTEIN, 1948, S. 9—34) und W. BRANDENSTEIN, Strategische Betrachtungen zum ersten Kimbernkrieg (ebda., S. 34—38).

[5] J. DE VRIES, Kimbern und Teutonen (HELM-Festschrift 1951, S. 7—24) stellt das richtig, aber etwas übertreibend heraus.

[6] K. VÖLKL, Anz. f. d. Altert. Wiss. 7 (1954), S. 125—128 schätzt die zahlenmäßige Stärke der Germanen bei Aquae Sextiae am zweiten Tag auf etwa 20 000 gegenüber 30 000 Römern.

[7] E. NORDEN, Altgermanien (1934), S. 195ff. Eine andere nicht überzeugende Lesung vertritt K. VÖLKL, Nochmals der Teutonenstein von Miltenberg (La nouvelle Clio 3, 1951, S. 232—250).

[8] K. MÜLLENHOFF, Deutsche Altertumskunde II, S. 112ff. Eine Übersicht über die Frage gibt W. J. BECKER, Die Völkerschaften der Teutonen und Kimbern in der neueren Forschung (Rhein. Museum, NF 88, 1939, S. 52—92, 101—122).

[9] So zuletzt wieder TH. STECHE, Deutsche Stammeskunde (1942), S. 31ff., der die Teutonen mit den Τουρανοί östlich vom Odenwald zusammenbringt, die sonst nirgends bezeugt sind. Steche überschätzt Ptolemäus und unterschätzt andere Erwägungen.

[10] Gegenüber O. SCHEEL, der in der Geschichte Schleswig-Holsteins II, S. 66ff. die Verlegung der Kimbernsitze in das Himmerland unter Berufung auf die römischen Quellen verwirft, betont G. SCHÜTTE, Die Sitze der Kimbern (Zs. der Ges. f. schleswigholsteinische Geschichte 67, 1939, S. 377ff.); ders., Die Wohnsitze der Angeln und Kimbern (Acta Philologica Scandinavica 14, 1939/40, S. 21ff.), daß alle verfügbaren Quellen (Geschichte, Vorgeschichte, Sprache, Religion, Epik) zur Lösung einer solchen Frage herangezogen werden müssen. Auch der schwedische Historiker L. VEIBULL, Upptäcken av den scandinaviska Norden (Scandia 1934, S. 87ff.); ders., Kimbrernas boplatser (ebda. 13, 1940, S. 284ff.) versetzt die Kimbern an die Elbemündung und läßt nur die geschichtlichen Quellen gelten. Dagegen G. SCHÜTTE, Kimbrerne (ebda. 13, 1940, S. 277ff.) und Den klassische Nordlandsskildring (Danske Studia 1948, S. 48—70). O. SCHEEL sucht, unterstützt von K. WALLER (Korrespondenzblatt des Vereins für niederdeutsche Sprachforschung 1943—49, Heft 56, 1, S. 26 und 27), nach wie vor die Kernlandschaft der Kimbern in Südholstein.

[11] TH. SIEBS, Die Friesen und ihre Sprache (bei BORCHLING und MUUSS, Die Friesen, 1931, S. 68) bringt die Ambronen mit dem Ammerland nördlich Emden, dem *pagus Ammeri*, zusammen und behauptet, es sei nicht der mindeste wissenschaftliche Grund gegeben, genauer über ihre einstigen Wohnsitze zu urteilen.

[12] Zusammenstellung mit den *Ymbre* und der Insel Amrum vertritt R. MUCH, Zs. f. dt. Alt. 62, S. 135.

[13] Dazu H. JANKUHN in GUTENBRUNNER-JANKUHN-LAUR, Völker und Stämme Südostschleswigs im frühen Mittelalter (Gottorfer Schriften 1, 1952), S. 18ff.

[14] Hauptvertreter der Kimbernhypothese in der Runenfindung ist F. ALTHEIM, Vom Ursprung der Runen (1939); ders., Kimbern und Runen (1942). Für die Kimbern als Schöpfer der Runenschrift aus anderen Gründen G. BAESECKE, Germanisch-romanische Monatsschrift 1934, S. 413ff. Skeptisch A. NORDÉN, Die Frage nach dem Ursprung der Runen im Lichte der Val-Camonica-Funde (Berichte zur Runenforschung 1, 1939, S. 25ff.).

[15] Dazu E. SCHWARZ, Goten, Nordgermanen, Angelsachsen (1951), S. 19ff. An die Bernsteinstraße bis zur Weichselmündung als Weg der Lehnwörter vom Typ gotisch *alew* „Öl" denkt J. UNTERMANN, Über die historischen Voraussetzungen für die Entlehnung von got. *alew* (Beiträge 76, Halle, 1954, S. 390—399).

Kapitel 13

Die Wandalen

(Abbildung 7)

Daß die Wandalen, die jahrhundertelang Schlesien beherrscht haben, schon um Christi Geburt in diesem Lande waren, wird durch Strabo bezeugt, der sie als Angehörige des von Marbod begründeten Bundes kennt. Ein Teil von ihnen muß zur gleichen Zeit noch südlich von den Holmrugiern gewohnt haben, denn die hier damals landenden Goten haben sich nach der Vertreibung der Holmrugier gegen deren Nachbarn, die Wandalen, gewandt. Dadurch wird es nahe gelegt, daß nicht nur die Oder-, sondern auch die Weichselmündung in der Geschichte der wandalischen Wanderung eine Rolle spielt.

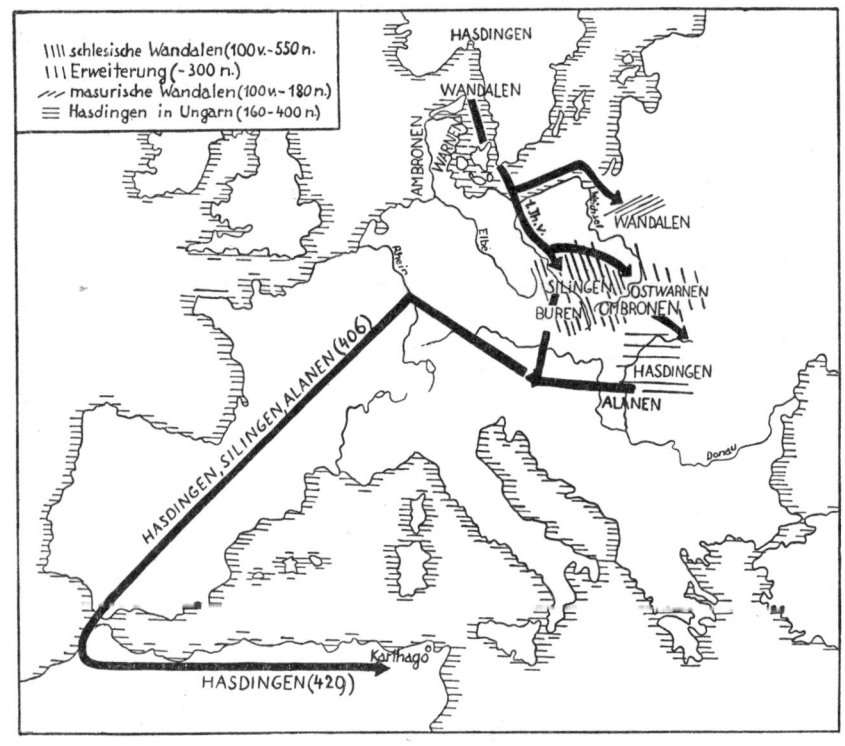

Abb. 7. Die Wandalen

Der Name der Lugier für das Volk in Schlesien gilt sichtlich für einen Stammesbund, der offenbar seit der Ansiedlung beisammen geblieben ist. Er wird erst in der ersten Hälfte des 3. Jh. durch den der Wandalen verdrängt, als berichtet wird, daß die Elbe von den *„wandalischen Bergen"* kommt, wie damals das Riesengebirge bezeichnet wurde. Als Völkername ist *Wandilier* schon Plinius bekannt, der darunter die ostgermanischen Völker der Burgunder, Wariner, Chariner und Gutonen versteht, also auch Warnen und Goten zu ihnen zählt. Das kann darauf zurückgehen, daß die Wandalen nicht nur der Stamm waren, der den Kimbern und Teutonen auf dem Fuß folgte und damit das erste germanische Volk, das sich in dem verödeten Ostdeutschland niederließ, sondern auch im ersten Jh. n. Chr. das südlichste dieser Völker, das die Römer deshalb genauer kennen lernten, weil sie sich seiner öfters bedienten, um es gegen die Markomannen auszuspielen. Ihren Händlern, die Bernstein aus dem Samlande holten, mußte es klar werden, daß sie bei den Wandalen auf ein durch Waffen u. a. von den ihnen sonst bekannten Markomannen oder Rheingermanen verschiedenes Volk stießen.

Die Erforschung der Vorgeschichte ist in Schlesien vor dem zweiten Weltkriege sehr genau betrieben worden. Man ist sich in Westdeutschland nicht immer bewußt, daß das Fundnetz in Schlesien sehr dicht gewesen ist, daß also auf Grund von vielen Hunderten von Funden geurteilt wird, den siedlungsarchäologischen Ergebnissen deshalb ein ganz anderes Gewicht beigemessen werden muß als in Westdeutschland. Es läßt sich in Schlesien, Südposen und Nachbarschaft eine besondere Kulturlandschaft nachweisen, die sich am Ende des 2. Jh. über die Karpathen hinweg nach Süden ausdehnt. Zur selben Zeit belegen die Quellen Auftreten wandalischer Stämme in Ungarn. Damit ist es möglich, diese Kulturprovinz in die Vergangenheit zurückzuverfolgen. Im letzten Jh. v. Chr. herrscht dieselbe Kultur in Schlesien[1], nur daß Teile von Oberschlesien und Galizien davon noch nicht bedeckt sind. Diese sind erst später einbezogen worden. Das Volk hat sich also gegen Süden und Osten ausgedehnt. Aber im 2. Jh. v. Chr. ist die wandalische Kultur noch nicht in Schlesien. Sie erscheint somit etwa um 100 v. Chr. als etwas ganz Neues in einem entvölkerten und nur von Breslau ab südwärts von Kelten besiedelten Lande. Da die wandalische Kultur sofort völlig ausgebildet entgegentritt, kann sie sich nicht in Schlesien entwickelt haben. Sie muß deshalb durch Einwanderung erklärt werden, und so erhebt sich die Frage, wohin die Suche nach der Heimat führt.

Die Übereinstimmungen zwischen der Kultur Nordjütlands und Schlesiens in dieser Zeit sind so deutlich, daß sie nicht durch starken Verkehr begründet werden können. In Nordjütland läßt sich diese Kultur weiter zurückverfolgen und ist bodenständig, so daß kein Zweifel daran besteht, daß hier die Wurzeln der Wandalen und ihre Urheimat zu suchen sind. Man hat zwar Einwendungen gegen diese Zusammenhänge erhoben[2] und gemeint, es handle sich vorläufig nur um ein kulturgeschichtliches Phänomen. Es sei ausgeschlossen, daß die Gesamtheit der ostgermanischen Stämme aus Skandinavien ausgewandert sei. Man denkt offenbar daran, daß nur Teile wie die Wikinger später die Führung der eingeborenen Germanen übernommen hätten. Aber der Abzug der Gesichtsurnenleute ist nachzuweisen (s. o. S. 49), zu den Aussagen der Siedlungsarchäologie, die hier besonders gut fundiert ist, treten ergänzende der Frühgeschichte und der Sprachforschung. Man darf auch nicht einwenden, daß die nordjütische Heimat, das Vendelland, zu klein sei. Es wird betont, daß es sich um einen Wanderbund aus weit größerem Raum handelt, der auch andere Teile Jütlands, wohl auch die dänischen Inseln und Südnorwegen einbezogen hat. So darf bei aller sonstigen Zurückhaltung gegen die Siedlungsarchäologie gerade die Verbindung zwischen Schlesien und Jütland zu den sicheren Ergebnissen gerechnet werden[3].

Die Langobardensage erzählt, daß die Winiler — so hießen zuerst die Langobarden — auf ihrem Wege von *Skadanau* (Schonen) nach Süden durch das Gebiet der Wandalen zogen und mit ihnen kämpften. Diese müssen also in ihrer

Nähe gewohnt haben. Tatsächlich werden auch in Snorris Edda bei der Aufzählung alter Seekönige *Vinill* und *Vandill* genannt. Der nördlichste Teil Jütlands heißt heute V e n d s y s s e l, altdänisch *Vaendlesysael*, die Nordspitze Jütlands, das Kap Skagen, hieß früher *Vandilsskagi*. Durch ältere Belege, z. B. durch Adam von Bremen und Saxo Grammaticus, ist das Alter des Landschaftsnamens gesichert. Da das Kap Skagen von den alten Schriftstellern *„das kimbrische Vorgebirge"* genannt wird und Vendelland nördlich von Himmerland liegt, ist es am einfachsten, Kimbern und Wandalen für nah verwandte Völker zu erklären, als andere Erklärungen weit herzuholen[4]. Daraus folgt aber, daß die kimbrische und die wandalische Wanderung in Verbindung gebracht werden dürfen, wozu die durch die Siedlungsarchäologie gebotenen Hinweise den Weg bieten.

Darnach werden die Wandalen zur See an die Oder- und Weichselmündung gelangt sein. Daß beide Flußmündungen hier wie auch bei den Rugiern eine Rolle spielen, zeigt, daß es sich um Unternehmungen in einem Ödland handelt. Dann ist anzunehmen, daß die Wandalen als nächste Nachbarn der Kimbern und Teutonen diesen auf dem Fuße folgten. Sie wohnen ja tatsächlich bei der gotischen Landung an der Weichselmündung südlicher als die Holmrugier. Den Oderwandalen mußte die Oder den Weg nach Süden weisen. Sie kamen zum Stillstand an der keltischen Grenze auf der Höhe von Breslau, dort wo die Kimbern mit den Kelten zusammengestoßen sein dürften, und die Auseinandersetzung mit den Kelten füllt nun das erste Jh. v. Chr. aus. Westlich der Oder saßen Sweben. In der Niederlausitz, in Nieder- und Mittelschlesien, in Südposen und angrenzenden Teilen von Polen finden sich schon im 1. Jh. v. Chr. wandalische Siedlungen und Friedhöfe.

Im 2. Jh. v. Chr. sind in Nordjütland Friedhöfe, Dörfer und Äcker der Bevölkerung an zahlreichen Stellen nachgewiesen worden. Die Besiedlung muß relativ dicht gewesen sein, da Landstrecken unter den Pflug genommen wurden, die heute Heide sind. Der Boden ist größtmöglich ausgenützt und läßt auf eine zahlreiche Bevölkerung, d. h. Übervölkerung schließen. Auch Viehzucht und Fischfang spielen eine Rolle. Auch auf der Insel Fünen sind Töpferwaren des Vendellandtypus festgestellt worden. Vermutlich umfaßt er auch Südnorwegen und Westschweden.

Es ist unmöglich, daß diese großen Gebiete in Schlesien und Nachbarschaft durch Wandalen aus Vendelland allein besiedelt werden konnten. Daß es mehrere Stämme gewesen sind, wird durch die Aufzählung bei den alten Schriftstellern nahe gelegt. Tacitus betont ausdrücklich, daß er nur die bedeutendsten angebe, die *Harier, Helvekonen, Manimer, Helisier, Nahar(na)valen*. Plinius führt als eine Unterabteilung der Wandilier die *Varinne* an, die offenbar mit den Αὐαρινοί des Ptolemaeus an der Weichselquelle zusammenfallen, neben denen ῎Ομβρωνες stehen. Daraus geht hervor, daß auch W a r n e n aus dem Osten der jütischen Halbinsel und A m b r o n e n aus der Nähe der Teutonen nach Süden abgezogen sind. Daß diese sowohl bei den Kimbern-Teutonen als auch bei den Wandalen auftauchen, ist ein neuer Beweis dafür, daß beide Wanderungen im Zusammenhang zu sehen sind und die Ambronen ursprünglich nach Jütland gehören[5]. Weiter zählt Ptolemaeus die Ὀμανοί, Δοῦνοι und Βοῦροι auf, während Tacitus diese zu den Sweben rechnet. Offenbar fallen die Ὀμανοί mit den *Manimi* zusammen, die *Helvecones* mit den von Ptolemaeus genannten, aber nicht den Lugiern zugerechneten Ἐλουαίωνες. Dieser Wirrwarr wird darauf zurückgehen, daß die Vorlagen des Ptolemaeus römische Itinerarien waren. Die Kaufleute, die sie benutzten, hatten mehr Interesse an den kleinen Stäm-

men, mit denen sie verhandeln mußten. Die auseinandergehenden Stammesnamen zu deuten ist schwierig, solange nicht die richtige Lautung feststeht. Da
offenbar Berührungen mit den Kelten stattgefunden haben, darf auch mit keltischen Namen gerechnet werden, und es ist möglich, daß uns derselbe Stamm
mit einem germanischen und einem keltischen Namen entgegentritt[6]. Die Harier
werden mit den von Plinius als einem Teil der Wandilier aufgeführten *Charini*
zusammenfallen. Die späteren Stämme der Hasdingen und Silingen werden
nicht genannt. Von den *Hariern* erzählt Tacitus, daß sie sich die Gesichter färb-
ten. Vermutlich wurden sie deshalb „Krieger" (vgl. altnord. *herr* „Heer, Teufels-
schar", gall. *Tricorii* ein Stammesname) genannt, weil sie das wilde Heer nach-
ahmten. Nach ihm übertrafen sie die aufgezählten Stämme an Macht. Sie sind
offenbar einem der bedeutenden Stämme gleichzustellen, am ehesten den H a s -
d i n g e n , wie ursprünglich die Dynastie geheißen haben wird. Von den Nahar-
valen weiß Tacitus, daß in ihrer Mitte ein heiliger Hain war, auf dem die *Alces*,
ein göttliches Dioskurenpaar, verehrt wurden. Sie wurden wohl in Hirschgestalt,
später als Elchreiter (*Alces* = Elche) vorgestellt, während sie bei den Indern,
Griechen und Römern als Pferde bezeichnet wurden. Es empfiehlt sich an diese
Erklärung anzuknüpfen[7], weil Hirsche auch auf den nordischen Felsbildern eine
Rolle spielen. Der heilige Hain war auch Ptolemaeus als Λίμιος ἄλσος bekannt,
ebenso den nordischen Helgiliedern, wo vom *Vandilsvé* „Wandalenheiligtum"
die Rede ist. Der Gedanke, daß dieser Dioskurenglaube erst in Schlesien von
älterer Bevölkerung abzuleiten ist, ist deshalb zurückzustellen. Nun heißen die
göttlichen Brüder in der deutschen Sage *Hartunge*, im Norden *Haddingjar*, und
dieses entspricht den wandalischen *Hazdingōz, einer Ableitung vom gotischen
hazds, altnord. *haddr* „weibliches Haupthaar". Daraus darf man schließen, daß
auch Stämme aus der Oslobucht am wandalischen Bund beteiligt waren, die Hasdingen vor allem, zumal sie in einem Ortsnamen dieser Landschaft, in *Halling-
dal*, früher *Haddingjadalr*, und anderen Ortsnamen in Südostnorwegen fortleben. Schon in der Urheimat werden enge Beziehungen zwischen den Hasdingen
und den Wandalen, zwischen Oslobucht und Nordjütland, bestanden haben. Wo
dieser heilige Hain gestanden hat, läßt sich feststellen. Noch zu Beginn des
11. Jh. gab es in Schlesien einen berühmten heiligen Berg der Heiden, damals
der Slawen, auf dem „verruchter Götzendienst" betrieben wurde, wie Thietmar
von Merseburg berichtet. Er nennt ihn *Mons Slenz* „Berg Siling". Diese S i l i n -
g e n , die in der wandalischen Geschichte hervortreten, setzt Ptolemaeus südlich
von den Semnonen in der Niederlausitz an. Sie haben dann wohl später den
Zentralgau Schlesiens bewohnt, da nach ihnen in der Zeit der slawischen Einwanderung der Zobtenberg bei Nimptsch benannt worden ist, wo Volksreste die
Verehrung des Berges weitergegeben haben. Im slawischen Munde ist daraus
Slez für den Berg, *Slezsko* für den Gau geworden, das als *Schlesien* wieder ins
Deutsche rückübernommen wurde. Besonders bei den Hasdingen werden einigemal zwei Könige zusammen genannt, wie schon in Jütland bei den Wandalen,
wo *Ambri* und *Assi* den Langobarden entgegentraten. *Ambrika* heißt auch einer
der Harlungen der deutschen Heldensage. Dio Cassius erwähnt die beiden Hasdingen *Raus* „Rohr" und *Raptus* „Balken". Die anderen Stämme an solche der
Urheimat anzuknüpfen, ist noch nicht gelungen. Wir kennen aus Südnorwegen,
den dänischen Inseln und vielleicht Westschweden zu wenig Stammesnamen.
STEINHAUSER schlägt vor, den Namen der Silingen zu altnord. *sili* „Siele, Geschirr" zu stellen. Die „Leute mit dem Geschirr" wären bei der Alcesverehrung
die Hüter des Kultwagens gewesen[8].

Wenn *Vandilii* bei Plinius hervortritt, später den Großstamm bezeichnet und in der Heimat nachgewiesen ist, wird L u g i e r anders zu deuten sein. MUCH möchte darin die germanische Entsprechung zu irisch *luige* „Eid" sehen (dazu niederdt. *orlog* „Krieg"). Das germanische **Lugjans* würde „Eidgenossen" bedeuten und zwar Stämme, die sich durch Eide zur Erreichung bestimmter Ziele zusammengeschlossen haben, noch eher durch einen gemeinsamen Kult, eben den der Dioskuren, gebunden waren. Doch wäre **Galugjans* zu erwarten. Darum ist der Gedanke, daß Lugier an einen vorgermanischen Stammesnamen anzuknüpfen oder wegen der Berührung der Wandalen in Schlesien mit den Kelten identisch sei[9], erwägenswert. Wenn *Lugius* als Name eines Kimbernkönigs begegnet, so könnten sich darin wandalisch-schlesische Beziehungen widerspiegeln. Die Verehrung des heiligen Berges kann von den Vorbewohnern übernommen sein, da Kultstätten auch beim Wechsel der Bevölkerung gern fortleben.

Im mittelschlesischen Schwarzerdegebiet zwischen Breslau und Nimptsch wohnten im ersten Jh. v. Chr. die Kelten (Bojer?), die die Kimbern abgewehrt hatten. Die Wandalen erwiesen sich als überlegen. Von den Kelten haben sie manches Fremdartige kennen gelernt, so die stadtartigen Orte oft großen Umfanges, die Caesar *oppida* „Städte" nennt, die keltische Bewaffnung und keltische Gold- und Silbermünzen, die als Schmuck dienten[10]. In Mittelschlesien waren die Berührungen der Wandalen mit den Kelten so eng, daß jene, die sonst Brandgrubenbestattungen pflegten, die keltische Körperbestattung übernommen haben, übrigens ein Zeichen, wie schnell sich Grabsitten ändern können und wie vorsichtig man im Allgemeinen sein muß, daraus gleich auf Volksveränderung zu schließen. Als die swebische Ausbreitung nach Westen, die Ariovist leitete, von Caesar zurückgedrängt wurde, scheinen die Sweben zwischen Elbe und Oder auf die Wandalen gedrückt zu haben. Nun breiten sich diese nach Süden und Osten aus; auch Oberschlesien wird besetzt.

In der zweiten Hälfte des 2. Jh. n. Chr. beginnt der gotische Druck. Unruhe entsteht unter den Völkern von Schlesien bis Böhmen, Mähren, Ungarn, die die Donau zu überschreiten suchen. Die wandalische Gruppe in Masuren wurde von den Goten zu Beginn des 2. Jh. abgedrängt, was die gotische Sage bewahrt hat. Galizien wird stärker besiedelt und die Karpathen werden überschritten. Im Jahre 171 sind Hasdingen mit Weib und Kind, also auf Landsuche, in Dakien eingedrungen. Mit Zustimmung der Römer bemächtigten sie sich des Landes der thrakischen Kostoboken. Es wurde engere Nachbarschaft mit dem römischen Reich gewonnen, auch kam ein Kulturstrom vom Gotenreiche aus Südrußland.

Die Silingen blieben in der gleichen Zeit in Schlesien, während die Hasdingen, die einen ungünstigen Raum besetzt hatten, beim Versuch sich auszudehnen mit den Goten zusammenstießen. 335 fällt an der Marosch der Wandalenkönig *Wisumar*. Jordanes meldet, die Wandalen hätten sich nun nach Pannonien begeben und hier von Kaiser Konstantin Sitze erhalten, was die Bodenfunde bisher nicht bestätigt haben und auch sonst nicht wahrscheinlich ist. In Schlesien gehören ins 4. Jh. drei Fürstengräber von Sackrau, die reich ausgestattet waren. Das wandalische Kunstschaffen muß bedeutend gewesen sein. Die Fürstenhöfe werden kulturelle Mittelpunkte des Landes gewesen sein. Im 4. Jh. steht das schlesische Wandalentum auf der Höhe seiner Entwicklung und Macht. Da entschloß man sich, die Heimat zu verlassen und neues Land zu suchen.

Zu Beginn des 5. Jh. wurden die ungarischen Wandalen (Hasdingen) unruhig, denn 401 nimmt sie der römische Heermeister Stilicho, selbst von wandalischer Herkunft, in Noricum als Föderaten in die Dienste des Reiches. Im Jahre

406 aber setzten sie sich mit Teilen anderer Völker wieder in Bewegung. Soweit sich aus gleichzeitigen Nachrichten und späteren Beobachtungen feststellen läßt, haben sich daran außer den Hasdingen in Norikum die Silingen in Schlesien, Teile der Quaden wohl aus der Slowakei, die Noricum benachbart war, Alanen, Ostwarnen, wohl auch kleine Teile der Gepiden, Markomannen und Sarmaten beteiligt. Es war also ein großes Unternehmen, auf einer Wandergenossenschaft beruhend und wohl gut vorbesprochen, nicht etwa eines der jungen Mannschaft, denn in Spanien und Nordafrika tritt uns das gesamte Volk samt Frauen und Kindern entgegen. Landnot scheint kaum auszureichen, denn das Preßburger Land und Schlesien sind fruchtbare Länder. Es muß etwas anderes dahinter stecken, daß so fruchtbare Striche geräumt werden. Nun sind seit dem Ende des 4. Jh. hunnische Schwärme in Ungarn aufgetaucht. Durch den Untergang des Ostgotenreiches 375 muß den germanischen Völkern ein großer Schrecken eingejagt worden sein. In der Hunnengefahr darf, so sehr es geleugnet wird[11], die eigentliche Triebfeder des wandalischen Auszuges gesehen werden.

Die A l a n e n, die sich angeschlossen haben, gehören zu dem Teil des Volkes, der sich in den ungarischen Steppen niedergelassen hatte. Sie waren hier die Nachfolger der Jazygen und Sarmaten seit der zweiten Hälfte des 4. Jh. Die Alanen waren ein iranisches Reitervolk, das sich um den Kaspischen See, zu beiden Seiten des Kaukasus und in Südrußland nachweisen läßt und dessen Reste als *Osseten* noch heute im Kaukasus wohnen. Im 2. Jh. n. Chr. hatten sie sich sarmatische Stämme unterworfen[12]. Ostwarnen müssen sich deshalb angeschlossen haben, weil sie später unter den Sweben Spaniens auftauchen. Ihre Sitze sind wohl in Westgalizien nördlich der Karpathen zu suchen. Man wird daran denken dürfen, daß es benachbarte Völker gewesen sind, die sich zur Wanderung entschlossen haben.

Im Jahre 406 war Radagais mit einem großen hauptsächlich gotischen Heere, wohl ebenfalls beunruhigt durch den gefährlich werdenden hunnischen Druck, in Italien eingefallen, und die am Rhein stehenden römischen Truppen waren abberufen worden. So war die Rheingrenze ungeschützt. Am letzten Tage des Jahres 406 überschritten die Wandalen unter *Gunderich*, Godigisels Sohn, den Rhein, 409 wurden die Pyrenäen überquert, 411 entschloß man sich zur Niederlassung. Den Hasdingen und Sweben wurde Galicien, den Silingen Baetica, den Alanen die Provinzen Lusitanien und Carthaginiensis als Föderaten zugewiesen, wo sie nach dem Föderatensystem Quartiere bekamen. 416 ließ sich der Westgotenkönig Wallia bewegen, gegen sie im Auftrag des Kaisers Krieg zu führen, weil die Westgoten damals nach festen Wohnsitzen strebten. Die Beziehungen zwischen Goten und Wandalen sind seit dem ersten Zusammenstoß an der unteren Weichsel fast stets schlecht gewesen. Die Silingen wurden 418 besiegt, ebenso die Alanen, deren Reste sich den Hasdingen anschlossen. Deren Könige nennen sich jetzt „Könige der Wandalen und Alanen". Es verschwindet sowohl der Hasdingen- wie der Silingenname. Darin darf man gewiß einen Niederschlag der nunmehr erfolgten Vereinigung aller Volksteile sehen, d. h. das jetzige Volk fühlt sich als Rechtsnachfolger der Einzelstämme. Nach Kämpfen gegen die Sweben und kaiserlichen Truppen besetzten die Wandalen die Hafenstädte Südspaniens, und Gunderich und sein Nachfolger Geiserich brachten es fertig, dem bisherigen Reitervolke auch die Seeschiffahrt beizubringen. Es waren sechshundert Jahre, seit sie ihre nordische Heimat verlassen hatten, wo sie auch ein See- und Fischervolk gewesen waren. Das war vergessen. Nun wurden sie wieder Seefahrer, und bald sehr gefürchtete; ein glänzendes Zeugnis für die schnelle Auffassungsgabe, wenn man bedenkt, daß manche Völker trotz des Wohnens am Meere ihm recht fremd geblieben sind.

Nordafrika, vor allem das heutige Tunis, war damals die Kornkammer Roms, und schon Alarich hatte 410 die Absicht gehabt, sich hier festzusetzen. Sein Tod hatte das verhindert. Nun entschloß sich 429 Geiserich im Besitz seiner neuen Flotte dazu. Es herrschten Mißstände in Afrika, die Mauren waren unruhig, das römische Verteidigungssystem schwach. Die zunehmende Macht der Goten mochte den Gedanken nahe legen, Spanien zu verlassen. Die einheimische Bevölkerung Nordafrikas mag damals 7—8 Million betragen haben. Die bisher herrschende Ansicht, daß die Wandalen den Seeweg eingeschlagen hätten, kann aufgegeben werden. Aus Funden ergibt sich, daß es einen Landweg gegeben hat, an dem zur selben Zeit Gewaltsamkeiten der „Barbaren", also wohl der Wandalen, vorgekommen sind. Da eine Zählung vorgenommen wurde, ist die Angabe von 80 000 Wandalen glaubwürdig, das wären etwa 16 000 waffenfähige Männer. Karthago fiel und wurde die Hauptstadt. 441 wurde der beste Teil des Landes den Wandalen zu souveränem Besitz abgetreten. Das Volk war arianisch. Von den Alanen hört man nichts mehr, sie werden die wandalische Sprache angenommen haben. Im Umkreis der Hauptstadt ließen sich die Wandalen geschlossen nieder. Die starke Persönlichkeit Geiserichs, unter dem die Landnahme gelungen war, führte zum Absolutismus. Er unterband energisch Angriffe gegen den arianischen Gottesdienst seines Volkes. Dieses betrieb Pferdezucht, daneben die Seeschiffahrt. Die wandalischen Flotten haben nun Jahrzehnte hindurch das westliche Mittelmeer beherrscht. Es ist gut möglich, daß der z. B. im Hildebrandslied auftauchende Name *Wentilsē* für das Mittelmeer auf die Wandalen zu beziehen ist, wenn es auch manchmal bestritten wird. 455 besetzte Geiserich Rom, ohne daß es zu Vergewaltigungen, Bränden und einem Blutbade kam. Nur Kriegsbeute wurde nach Afrika mitgenommen. Der seit dem Ende des 18. Jh. aufkommende Ausdruck *Vandalismus* für sinnlose Zerstörungswut ist zu Unrecht gegeben worden, und GAUTIER hat den Mut gehabt, die Wandalen von dem ihnen fälschlich angehängten Makel zu befreien[13]. Rom hat unter den Adelskämpfen des Mittelalters mehr als durch die Besetzungen durch Alarich und Geiserich gelitten.

Obwohl Geiserich durch die Ansiedlung seines Volkes auf verhältnismäßig engem Raum um Karthago, eine straffe Organisation der Kirche und gute Verwaltung die Grundlage für einen dauernden Bestand seines Volkes und Reiches gelegt zu haben glaubte, erwiesen sich seine Nachfolger als unfähig, diese Höhe zu halten. Allerdings muß man bedenken, daß das heiße Klima den Germanen nicht gut bekam, ebensowenig die Aufgabe des Bauerntums, da man nun zu großem Besitz und wichtigen Stellen gelangt war. Nichtstun, Wohlleben und Klima riefen Erschlaffung hervor. Die Gebärfähigkeit ließ stark nach. Auf die Dauer wäre das Reich und das germanische Volkstum nicht zu halten gewesen. Die große Sittenstrenge des Volkes unter Geiserich wird auch von katholischer zeitgenössischer Seite gerühmt. Die katholische Kirche stand sonst der wandalischen Herrschaft ablehnend gegenüber, weil man die Lostrennung Afrikas von der römischen Kirche befürchtete.

Die Bodenfunde in Nordafrika sind noch nicht sehr zahlreich, so daß über die Fortschritte in der Anpassung an die römische Kultur derzeit nur wenige Angaben gemacht werden können. Doch sind Münzen mit Namen der Könige, Mosaiken mit Abbildungen wandalischer Reiter und ihrer Tracht, Kaufverträge und Grabsteine besonders um Karthago gefunden worden, die einen Einblick in das Leben des Volkes und seine Sprache gestatten. Daraus ist zu ersehen, daß die germanische Sprache bis zuletzt in ostgermanischer Form (vgl. *Fastilanem*, das einen Nominativ *Fastila* mit ostgermanischem *-a* erschließen läßt, *Uarica*) gesprochen worden ist, wenn auch die lateinische Schrift vielfach angenommen war[14]. Die Bibelübersetzung des Wulfila herrschte auch in der arianischen Kirche in Afrika.

Als das erstarkte Byzanz unter Justinian beschloß, dem Wandalenreiche ein Ende zu bereiten, war die Widerstandskraft des Volkes bereits sehr geschwächt. Die Mauren waren seit Geiserichs Tode feindlich eingestellt, die Flotte war untätig. Relativ leicht ist es deshalb Belisar 533 gelungen, die Wandalen zu besiegen. Gelimer, der letzte König, zeigte sich unentschlossen; es fehlte ihm die feste Hand; schließlich ergab er sich in einer maurischen Bergfeste. In Kleinasien wurde ihm unter Bewachung ein Gut angewiesen. Das Volk wurde entscheidend geschlagen, seine Reste mit voller Absicht ausgesiedelt und auf Kleinasien verteilt. Die manchmal geäußerte Vermutung, daß blonde Typen unter den Berbern auf wandalische Einschläge zurückgehen, ist deshalb kaum gerechtfertigt, da es auch eine alte blonde Rasse unter der alten Bevölkerung gibt, die bei den Guanchen auf den Azoren hervortrat.

Von Resten der Wandalen in Ungarn ist nichts bekannt, sie werden unter den Gepiden aufgegangen sein und ihr Schicksal geteilt haben. In Schlesien lassen im 5. Jh. die Gräber nach, wenn auch noch prächtige Funde bekannt sind. Die Restbevölkerung drängt sich um den heiligen Berg, den Siling, zusammen, denn hier häufen sich die Spuren. Von hier geht der neue slawische Staat in Schlesien aus.

Sonst erinnert wenig an die Wandalen. Ob in *Andalusien* wirklich, wie man meint, der Name des Volkes enthalten ist, ist zweifelhaft; deutlicher liegt er in *Gandalon* in Südfrankreich vor, das im 10. Jh. *Castrum Uandalorum, Castellum Uandelons* heißt[15]. Aus der Umgebung Karthagos stehen Untersuchungen noch aus. Ein Fortleben wandalischer Namen ist nur dann zu erwarten, wenn die Wandalen zur Gründung von Ortschaften geschritten sind.

Der Zug nach Afrika war, so sehr er der Zeit imponiert hat, volksgeschichtlich gesehen ein auf die Dauer aussichtsloses Unternehmen, wenn wir auch heute die 406 und 429 geltende Lage nicht recht zu überschauen vermögen. Er hatte Kriege gegen die Westgoten, dadurch Menschenverluste, Losreißen aus der germanischen Umgebung, Einwirkungsmöglichkeit eines ungünstigen Klimas, Schwinden der alten Sitten und der Volkskraft zur Folge.

Der Kult- und Stammesbund wird seit dem 2. Jh. n. Chr., mit dem Abzuge der Hasdingen, brüchig geworden sein. Tacitus stellt das Volk der B u r e n in den Rücken der Markomannen und Quaden, Ptolemaeus setzt die Λούγιοι Βοῦροι bis zur Weichsel an. Tacitus rechnet sie zu den Sweben. Wo sie gewohnt haben, ist ein Streitpunkt der Forschung. Nach Tacitus wären sie in Nordmähren zu suchen, nach Ptolemaeus an der oberen Weichsel in Oberschlesien. Die lugischen Stämme, die sich an der Vertreibung des Vannius beteiligt haben (50 n. Chr.), können die Buren gewesen sein. Während des dakischen Krieges Trajans standen sie auf dessen Seite; im letzten Teile des Markomannenkrieges aber kämpften sie gegen die Römer, worauf sich der in einer römischen Soldateninschrift erwähnte „Zug gegen die Buren" beziehen wird. Nach 181 erlischt ihr Name. Sie müssen nach diesen Nachrichten südlich von den schlesischen Wandalen gewohnt haben, etwa an der oberen Oder, noch eher in Nordmähren, da sie ja auch in die Angelegenheiten der Quaden eingreifen. Commodus verbot im Friedensschluß von 180 den Markomannen, mit Jazygen, Buren und Wandalen Krieg zu führen. Teile des Volkes wurden in Pannonien angesiedelt. Aus ihrer z. T. feindseligen Haltung gegen die Quaden und aus der dem Kaiser günstigen Einstellung folgt, daß sie zu den Wandalen gehören, für die diese Stellungnahme bezeichnend ist. Der Versuch, sie in das Olmützer Becken zu versetzen, was an und für sich stimmen könnte, ist wenig mit Ptolemaeus zu vereinbaren, zumal die Olmützer Funde als quadisch angesprochen werden. Der Volksname wird gewöhnlich nicht mit dem ahd. *būr* „Bauer" zusammengebracht, weil dafür früher nur *gibūro* üblich gewesen sei. Darum wird Verknüpfung mit germanischem **buri-* „Sohn, Jüngling" vorgeschlagen[16]. Der Versuch, den Namen aus dem Illyrischen zu erklären, denkt an Verbindung mit den älteren Bewohnern, vgl. den venetischen Ortsnamen Βουϱαία und albanisch *būr* „Mann"[17].

Als eine Unterabteilung der Vandilii führt Plinius die *Varinne* auf, die gewiß mit den Αὐαϱινοί des Ptolemaeus an der Weichselquelle zusammenstimmen. In Jütland haben die W a r n e n ursprünglich südlich von den Eudosen gewohnt, waren also Nachbarn der Kimbern, Wandalen, Teutonen und Ambronen (s. u. S. 116). Sie dürfen deshalb mit Recht als ein Teil des Wanderbundes betrachtet werden. Um 358 herrscht ein Quadenkönig über das rätselhafte Volk der Transiugitani, ohne daß es klar ist, ob das ein Volk oder ein Sammelname für mehrere Völker ist. Am Quadenzug nach Spanien haben sich auch Ostwarnen beteiligt, denn 456 wird ein Warne *Agiwulf* über die Sweben als Statthalter eingesetzt. Ein anderer Teil des Volkes muß noch länger in der alten Heimat in Westgalizien zurückgeblieben sein, denn der langobardische Kronprätendent *Risiulf* flüchtete um 510 zu den Warnen, die aber ihr Gastrecht nicht hielten und ihn ermordeten. Sie waren demnach ein kleines Volk, das sich den Wünschen mächtiger Nachbarn fügte. Im Heer des Narses im Kampfe gegen die Ostgoten dienten 553 auch Warnen unter *Wakko* und dessen Sohn *Theudebald*. So läßt sich das Volk fast sieben Jahrhunderte nachweisen. In das Land mit den Wandalen gekommen, ist es nicht in ihnen aufgegangen, sondern in abseitigen Sitzen selbständig geblieben, aber anscheinend immer in Abhängigkeit von seinen Nachbarn und mehr in die Nähe der Quaden gerückt[18].

Noch zwei andere Stämme tauchen in Ostungarn auf, bei denen mit größerer oder geringerer Berechtigung an Zugehörigkeit zu den Wandalen gedacht wird, die V i k t o v a l e n und Lakringen, die sich während des markomannischen Krieges bemerkbar machen. Die Schreibung *Victuali* kann nicht die germanische Aussprache wiedergeben, die *Wiht-* gelautet haben wird. Es gehört nicht zum ahd. *wiht* „Sache", sondern zum gleichlautenden Wort mit der Bedeutung „Kampf", und findet sich in den angelsächsischen Geschlechtstafeln der Könige (*Victa*, *Wecta*) und im langobardischen *Wectari*. Der zweite Teil, der auch im Stammesnamen *Naharvali* begegnet, scheint keltisch zu sein (kelt. *valos* „gewaltig, mächtig"), so daß auch im ersten Teil kelt. **victā* „Kampf" vorliegen könnte. 334 flüchtete sich zu ihnen ein Teil der Sarmaten, der von ihren Hörigen vertrieben worden war; sie wohnten also in Nordungarn. Später befanden sie sich im Besitze eines Teiles von Dakien. Die L a k r i n g e n erbaten und erhielten im nördlichen Dakien Sitze mit der Verpflichtung, die Grenze zu verteidigen. Ihr Name wird von STEINHAUSER[19] zu germ. **lachro-*, der Entsprechung von lat. *lacer* „zerfetzt, zerrissen" mit kultischer Bedeutung gestellt. Das Landnahmegebiet erinnert an das der Hasdingen. An Westgoten zu denken ist zu früh. So hat die Wahrscheinlichkeit, in diesen zwei kleinen Stämmen den Hasdingen nahe stehende Wandalen zu sehen, am meisten für sich.

[1] Chr. Pescheck, Die frühwandalische Kultur in Mittelschlesien (100 v. — 200 n. Chr.) in: Quellenschriften zur ostdeutschen Vor- und Frühgeschichte, Bd. V (1939).

[2] A. von Brunn in der Besprechung von Peschecks Buch Germania 26 (1942), S. 65ff.

[3] Außer dem Buche von Pescheck (Anm. 1) sei auf K. Tackenberg, Die Wandalen in Niederschlesien (Vorgeschichtliche Forschungen, Bd. 1, Heft 2, 1925) hingewiesen. Das Verdienst, die Zusammenhänge zwischen Schlesien und Jütland geklärt zu haben, gebührt vor allem M. Jahn, Der Wanderweg der Kimbern, Teutonen und Wandalen (Mannus 24, 1932, S. 150ff.); ders., Die Heimat der Wandalen und Norwegen (Acta Archaeologica 8, 1937, S. 149ff.); ders., Die Wandalen (bei Reinerth. a. a. O., III, S. 943ff.).

[4] L. Schmidt, Geschichte der Wandalen ²(1942), S. 2 hält Vendsyssel für die Heimat der Kimbern und möchte wegen eines Ortsnamens *Vendel*, altschwedisch *Vaendil*, die Wandalen aus Upland in Schweden herleiten. Es empfiehlt sich nicht, einen Landschaftsnamen zu Gunsten eines Ortsnamens aufzugeben und deshalb eine dem Kattegat fern liegende Landschaft in die Bewegungen der Völker um 120 v. Chr. einzubeziehen.

[5] Th. Steche, Altgermanien im Erdkundebuch des Claudius Ptolemaeus (1937), S. 115ff. beanstandet die Gleichsetzung, weil O und A in der griechischen und lateinischen Schrift nicht verwechselt werden und die Ortslage der beiden Völker völlig verschieden war. Aber es handelt sich nicht um eine Verschreibung. In der Heimat des Nordseegermanischen, wo die Urheimat der Ambronen lag, wird a vor Nasal früh verdumpft. Es empfiehlt sich nicht, die Zahl der germanischen Stämme willkürlich zu vermehren.

[6] Die Namengebung der wandalischen Stämme sucht, nicht durchaus überzeugend, W. Steinhauser (Die Sprache 2, 1950, S. 1—22) als dioskurisch zu erklären.

[7] Anders R. Much, Die Germania des Tacitus (1937), S. 381.

[8] Über die religionsgeschichtlichen Fragen, die sich an den wandalischen Dioskurenglauben knüpfen, R. Much, Wandalische Götter (Mitteil. der Schles. Ges. f. Volkskunde 27, 1926, S. 20ff.). Weiter H. Rosenfeld, Die vandalischen Alkes „Elchreiter", der ostgermanische Hirschkult und die Dioskuren (Germ.-roman. Monatsschrift 28, 1940, S. 245ff.).

[9] Dazu R. Much, Die Germania des Tacitus, S. 378.

[10] Dazu M. Jahn, Die Kelten in Schlesien (Quellenschriften zur ostdeutschen Vor- und Frühgeschichte I, 1931). Über die keltischen Städte neuestens H. Vetter, Zur Frage der keltischen Oppida (Carinthia I 141, 1951, S. 677—716).

[11] So E. Schwarz, Der Quaden- und Wandalenzug nach Spanien (Sudeta 3, 1927, S. 7ff.). Nach L. Schmidt, Geschichte der deutschen Stämme I², S. 107 trifft das nicht zu, weil Reste der Hasdingen in den ungarischen Sitzen zurückgeblieben seien. Er bezieht auf sie eine Gesandtschaft in der Heimat zurückgebliebener Wandalen nach Nordafrika in Geiserichs Zeit, die die afrikanischen Stammesbrüder bat, auf ihre Rechte an den Ländereien zu Hause zu verzichten. Silingen kämen nicht in Frage, weil ihr spanisches Reich vernichtet worden sei. Von ihren Volksresten in Schlesien wissen wir aber. Die Rechte der Silingen sind auf das Gesamtvolk in Nordafrika übergegangen. Das gesteht jetzt auch L. Schmidt, Geschichte der Wandalen², S. 13 zu. Aber die Reise von Schlesien nach Nordafrika sei zu weit und zu unsicher gewesen. Aber Ostungarn war damals in hunnischer Hand, während die schlesischen Wandalen noch frei waren.

[12] Dazu R. Bleichsteiner, Das Volk der Alanen (Bericht des Forschungsinstitutes für Osten und Orient II, 1918).

[13] E. F. Gautier (Professor an der Universität in Algier), Geiserich, König der Vandalen. Die Zerstörung einer Legende. Deutsche Übersetzung von J. Lechler 1935. Hier manche Mißverständnisse wegen mangelhafter Sachkenntnis des Übersetzers.

[14] Die Reste der wandalischen Sprache, besonders die Eigennamen, hat F. Wrede, Die Sprache der Wandalen (Quellen u. Forschungen zur Sprach- und Kulturgeschichte der germ. Völker 59, 1886) gesammelt, die vulgärlateinischen Einflüsse auf die Schreibung allerdings zu gering eingeschätzt.

[15] Dazu E. Gamillscheg, Romania Germanica III, S. 208ff.

[16] R. Much, Die Germania des Tacitus, S. 375.

[17] M. Vasmer und J. Pokorny, Zs. f. celt. Phil. 20, 318.

[18] Dazu E. Schwarz, Sudeta 3 (1927), S. 11; L. Schmidt, Geschichte der deutschen Stämme I², S. 127—128.   [19] W. Steinhauser, s. Anm. 6.

Kapitel 14

Die Burgunder

(Abbildung 8)

Zu den ostgermanischen Völkern, deren Schicksal sechs Jahrhunderte hindurch verfolgt werden kann, gehören die B u r g u n d e r. Ihre Wanderungsgeschichte zeichnet sich dadurch aus, daß sie sich von den übrigen Ostgermanen eine Zeit getrennt haben. Im Rücken der Alemannen, vorher der Semnonen, mit denen sie durch ihre ostdeutsche Nachbarschaft verbunden waren, haben sie eine Westrichtung eingeschlagen, bis sie zuletzt wieder in die westgotische Nachbarschaft in Südostfrankreich gekommen sind. Trotzdem sind sie bis zuletzt Ostgermanen geblieben.

Plinius erwähnt sie als Teil der wandilischen Völkergruppe, Tacitus nennt sie merkwürdigerweise nicht. Ptolemaeus bezeugt sie ausdrücklich im Lande von der Oder bis zur Weichsel. Hier kennt Tacitus Rugier und Lemovier. Die rechts der oberen Weichsel von Ptolemaeus angesetzten Φρουγουνδίωνες scheinen trotz der verschiedenen Schreibung dasselbe Volk zu sein. Als in der Mitte des 3. Jh. die Gepiden von der unteren Weichsel den Goten nachzufolgen trachteten, stießen sie mit den Burgundern zusammen, die bis zur Vernichtung geschlagen wurden. Dadurch wird es nahe gelegt, daß sie vor den Goten im Lande waren, weil sie südlich von ihnen wohnten. Sie sind offenbar eines der nordgermanischen Völker, das sich um 100 v. Chr. in der ostdeutschen Bastarnenöde festsetzte.

Die Vorgeschichtsforschung ist noch nicht in der Lage, rugische und burgundische Funde im ersten Jh. v. Chr. scheiden zu können. Sie sind vermutlich den Wandalen gefolgt und haben sich von der Weichselmündung südwärts geschoben. Die ein Jahrhundert später kommenden Goten werden sie weiter nach Süden gedrückt haben. Der Siedlungsraum war groß, aber unterbrochen durch Waldgebiete und Sümpfe. Kennzeichnend ist die Sitte, einen Teil des Scheiterhaufenrückstandes in das Grab des Toten zu schütten. Ihr heimisches einschneidiges Schwert ist bei den Wandalen unbekannt. Man hat den Eindruck, daß das 1. Jh. v. Chr. eine Blüte der burgundischen Kultur ist.

Die Herkunftsfrage der Burgunder ist noch nicht gelöst. Man pflegt auf die Übereinstimmung der Kultur mit der der Insel Bornholm Wert zu legen. Sie heißt im 9. Jh. in König Alfreds Orosiusübersetzung *Burgenda land* „Burgunderland", später *Borgundarholm*, worin nicht der Genetiv der Mehrzahl stecken kann. Gewiß ist das eine jüngere Schreibung, aber Alfred kann eine Umdeutung vorgenommen haben[1]. Die Insel ist zu klein, um die Heimat des Festlandvolkes sein zu können. Es ist wahrscheinlich, daß sie ursprünglich einfach **Burgund* „Höhe" (zu altindisch *br̥hánt* „groß, hoch") geheißen hat, zumal sich dieser Name als Insel- und Stadtname mehrmals in Dänemark und Norwegen wiederholt und auch in Deutschland als Gebirgsname begegnet. Dann kann der Volksname **Burgundōz*, der mit dem keltischen *Brigantes* übereinstimmt, einfach „Gebirgsbewohner" bedeuten. Es bleibt dabei wegen der Lage der Insel Bornholm vor dem burgundischen Küstengebiete durchaus wahrscheinlich, daß sie ein Durchzugsgebiet gewesen ist wie Rügen für die Rugier. Dann wird es möglich, daß die Urheimat im Kreise der Kattegatvölker gesucht wird, wobei man wegen der räumlichen Nähe zu den Rugiern, der mit den übrigen Ostgermanen übereinstimmenden Sprache und der Ähnlichkeit der Funde an die Nachbarschaft des norwegischen Rogalandes anknüpfen möchte. Eher als Südschweden dürfte an das südwestliche Norwegen, eine Landschaft zwischen den Urrugiern und den Urwandalen zu denken sein[2], wodurch es sich erklärt, daß sie diesen auf dem Fuße folgten. Von skandinavischer Urheimat spricht die aus dem Anfange des 8. Jh. stammende *Passio s. Sigismundi regis,* worin aber nur eine Übertragung der langobardischen Ursprungssage liegen dürfte.

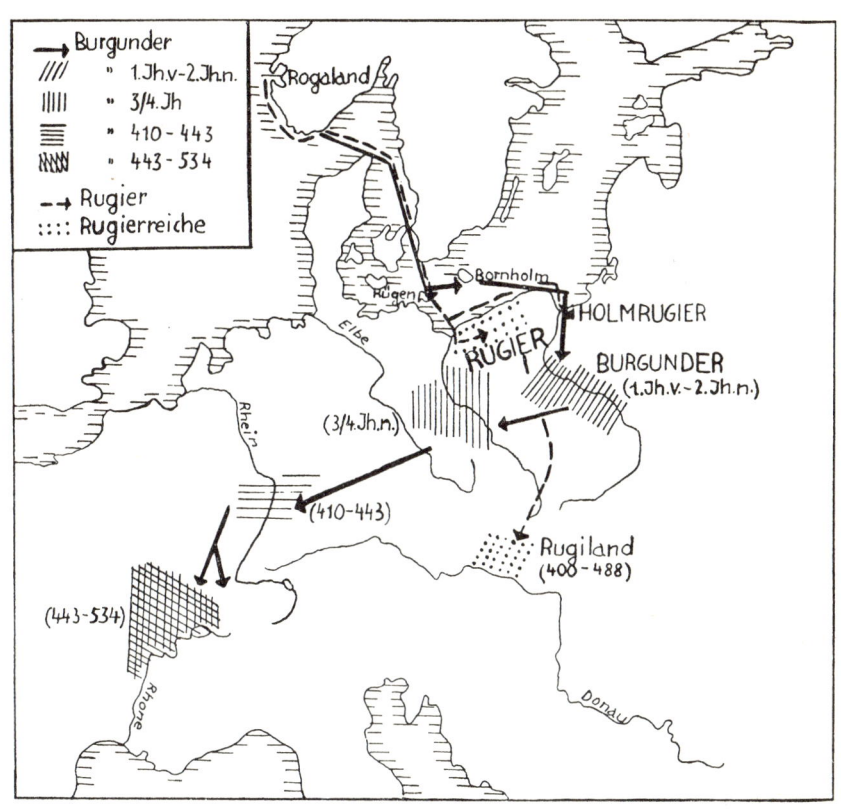

Abb. 8. Burgunder und Rugier

Manche Sitten des Volkes machen einen altertümlichen Eindruck, so die Gepflogenheit, die Fürsten bei Eintritt von Unglücksfällen abzusetzen, was auch sonst aus dem Norden berichtet wird. Auch die Sprache ist altertümlich und zeigt mit dem Fürstennamen *Hanhavaldus* des 4. Jh. (= ahd. *Hãholt*) lange Bewahrung des sonst überall früh geschwundenen *n* vor *h*, d. h. Bewahrung der Nasalierung, was einen älteren Zug als im Gotischen voraussetzt und auf frühere Abwanderung aus der Heimat deutet.

Die Landung der Goten um Christi Geburt an der Weichselmündung und der Beginn der Kämpfe mit den Holmrugiern muß die Lage der Burgunder schwierig gemacht haben. Da die burgundischen Gräber im Weichselknie um 200 n. Chr. abbrechen und neue Grabfelder gepidischer Art entstehen, ist im 3. Jh. übereinstimmend mit der Nachricht des Jordanes die Vernichtung der

Weichselburgunder erfolgt. Am Schwarzen Meer tauchen im 3. Jh. *Urugundi, Burgundi, Burugundi* auf, die zwar von mancher Seite für ein hunnisches Volk (die *Onoguren, Unnogunduren*) gehalten werden, aber doch vielleicht Burgunder sind. Sie gerieten um 290 mit den Ostgoten in Konflikt und wurden aufgerieben, fanden aber bei den Alanen Hilfe.

Im 3. Jh. wandern die Semnonen zum Großteil nach Süden ab, so daß es nun den Burgundern möglich wird, sich gegen die Niederlausitz auszubreiten. Da die reichen Fürstengräber der Wandalen bei ihnen fehlen, scheinen sie noch keine Könige, sondern nur Gaufürsten gehabt zu haben. Die Pferdezucht war ausgebildet, aber gegenüber den Wandalen bleiben die Burgunder ein zahlenmäßig schwaches Volk.

Seit dem 3. Jh. tauchen Burgunder am Main auf. Früher glaubte man, daß das Hauptvolk schon in der ersten Hälfte des 3. Jh. seine nördlichen Sitze aufgegeben habe und nur einzelne Splitter zurückgeblieben seien. Die Bodenforschung lehrt aber, daß die Heimat in der Lausitz und Umgebung noch nicht aufgegeben wurde, denn es ist keine wesentliche Verminderung der Gräber zu beobachten. Erst am Ende des 4. Jh. ist das ganze Volk mit nach Westen gerissen worden, nur Reste sind zurückgeblieben. Das ist wichtig für die Datierung des Langobardenauszuges, weil sie sich in *Burgundaib* aufgehalten und die Bewohner zu Halbfreien gemacht haben. Auch dann sind noch geringe Reste zurückgeblieben, denn auf sie weist der in diesem Gebiete auftretende Familienname *Bargenda, Bergander,* der slawische Vermittlung verrät[3].

Die Westrichtung der burgundischen Wanderung war offenbar durch die Alemannen veranlaßt, die ihre Nachbarn waren und nach Westen und Süden abgezogen sind. Zu ihnen bestand aber am Main Feindschaft, weil sie ihnen den Weg nach Gallien versperrten. 278—280 versuchten die Burgunder Einfälle in das Dekumatenland, wurden aber von den Alemannen zurückgedrängt. Die Bodenfunde versagen jetzt, die Burgunder sind in Süddeutschland zunächst nicht archäologisch zu fassen. Es ist wahrscheinlich, daß sie auf die Alemannen gedrückt haben, die 260 den Limes durchbrechen. Die römische Politik wird nicht verfehlt haben, die Spannungen zwischen den germanischen Stämmen zu schüren. Es gab Kämpfe um Salzquellen, wohl um die von Schwäbisch-Hall. Als Kaiser Julian 359 das Alemannenland östlich von Speyer durchzog, gelangte er in eine Gegend (*regio cui Capellatii vel Palas nomen est*), „wo Grenzsteine die Gebiete der Römer und Burgunder scheiden". Früher wollte man hier in der Nachricht des Ammianus statt „Römer" Alemannen einsetzen, aber bei Oehringen scheint sich tatsächlich römische Grenzbevölkerung bis in diese Zeit gehalten zu haben[4]. Der Gegensatz zu den Alemannen erbrachte gute Beziehungen zu den Römern. Gegen Ende des 4. Jh. lassen sich nach den Aussagen der Prähistoriker vermutlich burgundische Gräber von Würzburg bis Mainz und Wiesbaden nachweisen; das Volk steht also in der Nähe des linksrheinischen Gebietes, in dem es das Nibelungenlied kennt. Die Entblößung der Rheingrenze unter Stilicho und den Wandalen- und Alanenzug des Jahres 406 benutzten die Burgunder, um sich dieses Gebietes zu bemächtigen. Worms ist damals in die Hände von Barbaren gefallen, worunter die Burgunder gemeint sein werden. Die Römer haben mit ihnen Verträge abgeschlossen, die sie als Föderaten aufnahmen und zur Waffenhilfe verpflichteten. Burgundische Garnisonen unter Führung des *Gundahar,* des Gunther der Nibelungensage, wurden in linksrheinische Städte gelegt. Durch Ausnutzung des römischen Bürgerkrieges erlangten sie 413 Niederlassung in einem Teile des angrenzenden Gallien. Das Nibelungenlied wird im Recht sein, wenn es Worms ihre Hauptstadt nennt. Auch Speyer scheint ihnen zugefallen zu sein, nicht aber Mainz. Die Annahme, daß ihr Reich am Niederrhein gelegen habe, ist schwach begründet. Die Bodenforschung kann für Rheinhessen immerhin einige Gräber nachweisen, die sich mit den Burgundern in Verbindung bringen lassen. Sie liegen in der Nachbarschaft der älteren Sitze. In Lampertheim gegenüber Worms hat man einen einwandfrei burgundischen Fund schon aus der zweiten Hälfte des 4. Jh. entdeckt[5]. Die Übereinstimmung mit den oberlausitzischen Funden ist bedeutend.

In diesen dreißig Jahren des burgundischen Reiches am Rhein treten die Burgunder als Christen entgegen. Orosius steht mit seiner Behauptung, daß sie das katholische Christentum angenommen hätten, allein. Man vermutet, daß sie Arianer gewesen seien, obgleich es schwer fällt, an arianische Missionäre am Rhein oder in der Oberlausitz schon um 400 zu glauben. Im Jahre 370 waren sie noch Heiden. Aus dieser Zeit stammt die oben erwähnte christliche Trierer Grabinschrift von Hariulf, dem Sohne des Hanhavald, aus einem burgundischen Geschlecht. Auch das Nibelungenlied kennt die Burgunder als Christen. 435 versuchten sie ihr Gebiet zu erweitern. Sie unternahmen einen Einfall in die benachbarte Provinz Belgica I, wurden aber abgeschlagen. 436 überfiel eine in römischen Diensten stehende hunnische Truppe die Burgunder mitten im Frieden. In der Niederlage fand Gundahar mit seinen Brüdern den Tod. Im Zusammenhang mit dem Einfall von 435 kann darin ein Racheakt des Aetius gesehen werden, der sich der unangenehm gewordenen Burgunder entledigen wollte. Der Vorfall muß großes Aufsehen in der germanischen Welt erregt haben, denn er ist die historische Grundlage der Nibelungensage geworden.

Es hat noch rechtsrheinische Burgunder gegeben, die sich 430, bedrängt von einer hunnischen Streifschar unter *Uptar*, taufen ließen. Der Hunnenführer ist wohl mit Attilas Oheim *Ohtar* gleichzusetzen. Auch nach dem Nibelungenlied hat Gunthers Reich rechtsrheinisches Gebiet umfaßt. Nachzügler in das Burgunderreich in Südostfrankreich werden aus dieser Gegend gekommen sein.

Den linksrheinischen Burgundern, die dem Blutbad entronnen waren, wies Aetius 443 neue Sitze in der *Sapaudia* an, die, soweit man aus den tatsächlichen Sitzen der Burgunder schließen kann, vom Genfer See westwärts reichte mit dem Hauptorte Genf. Sie sollten offenbar den Grenzschutz gegen die Alemannen übernehmen, die damals die Schweiz zu besetzen begannen. 451 kämpften sie mit gegen die Hunnen auf den Katalaunischen Feldern. Sie begannen nun wieder eine Rolle in der Politik zu spielen und dehnten sich aus; Lyon wurde ihre Hauptstadt. Die Abgrenzung gegen die Alemannen läßt sich mit Hilfe der Funde durchführen. Die Kantone Waadt und Freiburg haben demnach zu Burgund gehört. Um 470 taucht ein Königssohn *Sigismer*, vielleicht ein ripuarischer Franke, als Bräutigam auf. Wahrscheinlich versuchte man, sich durch neue politische Verbindungen gegen die aufstrebende Macht der Salier zu sichern. Da die Namen der neuen burgundischen Könige wie *Gundowech, Gundobad, Godigisel* mit g- wie die der früheren Dynastie anlauten, sind sie mit ihnen wohl verwandt. Später aber treten Namen auf wie *Sigismund,* so daß es den Anschein hat, als wäre es zu einer Heiratsverbindung gekommen, die das Vorbild für die Heirat von Siegfried und Kriemhilde gewesen sein kann[6]. Durch katholische Königinnen ist der Katholizismus begünstigt worden. In den Kämpfen Chlodwigs gegen die Alemannen und Westgoten stehen die Burgunder zunächst auf Seiten der Franken, ohne deren Hauptziel, die Unterwerfung aller anderen germanischen Reiche unter ihre Herrschaft, zu erkennen. Der Ostgotenkönig Theoderich bewies hier besseren politischen Instinkt. Die romanische Bevölkerung neigte den Franken zu, seit Chlodwig das katholische Christentum angenommen hatte. Zu Anfang des 6. Jahrhunderts nahmen auch die Burgunderkönige den Katholizismus an. Um 522 begannen die Kämpfe mit den Franken, die um 534 mit der Einverleibung des Landes endigten.

Da auf friedliche Beziehungen zu den Romanen gesehen wurde, ging der germanische Einfluß ständig zurück. Gundobad strebte wie Theoderich eine enge Verbindung mit der römischen Zivilisation an. Heldenlieder waren verbreitet. Daß die Runenschrift neben der lateinischen bekannt war, zeigt die Spange von Charnay, die ein Runenalphabet enthält. Grabfunde sind zahlreich. Besonders das Schmiedehandwerk war geschätzt. Auf burgundischen Gürtelbeschlägen des 7. Jahrhunderts werden burgundische Inschriften mit lateinischen Majuskeln wiedergegeben, ein Zeichen für die Stärke des romanischen Einflusses und für die Anpassungskraft des Volkes[7].

Obwohl die Volkszahl bei der Übersiedlung in die Sapaudia nicht groß gewesen sein kann, sind zahlreiche Orte begründet worden, darunter viele mit -ingōs-Namen, z. B. Louhans am linken Saôneufer, 878 *villa Lovingoin*, 915 *Lovingum*, 941 *Lovincum* (burgundischer Personenname *Laub*). Das einheimische -incus wird durch -ingōs ersetzt, z. B. *Arbent*, 1250 *Albeins*, 1158 *Albenco* < *Albincum*. Das Kerngebiet der -ingōs-Namen liegt innerhalb des Bereiches der burgundischen Funde. In der französischen Schweiz sind ungefähr 140 -ingōs-Namen zwischen Genfer und Neuenburger See nachweisbar. Sie reichen bis knapp an die alemannische Sprachgrenze, da die Burgunder als Grenzschutz angesiedelt worden waren. In Frankreich werden gegen 260 burgundische -ingōs-Namen gezählt. Daneben findet sich unter den Ortsnamen der sogenannte Avricourt-Typ, wobei statt des Genetivs im Bestimmungswort der Fugenvokal vorherrscht, z. B. *Alouvelle*, 1526 *Alovilla* < burgundisch *Alavilla*. Es begegnet auch der bloße Wesfall mit Wegfall des Grundwortes, z. B. *Meydans*, 988 *Maogdanisvilla* (Personenname *Magida*). Die Eroberung des Landes durch die Franken hat im Nordwesten zu fränkischem Einfluß auf die Namenentwicklung geführt.

Die Herrschaft der Burgunder hat den Südosten Frankreichs in einer für die Entwicklung der romanischen Sprache wichtigen Zeit kulturell zusammengeschlossen. Deshalb hat sich hier vom 5. bis 8. Jh. das Provenzalische zu einer besonderen Sprache oder stark abweichenden Mundart entwickelt. Es sind burgundische Lehnwörter aufgenommen worden, obwohl hier die Meinungen noch sehr auseinandergehen[8]. Auch der Personenname *Nibelung* war bekannt, wozu der Ortsname *Neublans* (Jura), 1189 *Neblens*, gehört. Die Namen sind deutlich ostgermanisch, wie das -a bei Männernamen (*Sagila*), -ō bei Frauennamen (*Guntello*), bewahrtes ē[1] (statt alemannischem ā) u. a. beweisen, obwohl auch eindringender fränkischer und alemannischer Einfluß zu beobachten ist. Trotz ihres langen Aufenthaltes unter südgermanischer Bevölkerung haben die Burgunder also ihre ostgermanische Sprache bewahrt. Im 7. Jh. war das Burgundische noch nicht erloschen. Von „burgundischer Sitte" wird noch im Jahre 1000 im Kreise Vienne gesprochen. Die Romanisierung war nicht aufzuhalten, weil das burgundische Gebiet nicht geschlossen war, der Zuzug aus Deutschland aufhörte, das Lateinische im öffentlichen Leben vorherrschte und begünstigt wurde, Ehen mit Romanen erlaubt waren und mit der Eingliederung in das Frankenreich auch die politische Machtstellung wegfiel. Auch haben die Franken durch Ansiedlung von Teilen anderer Stämme dafür gesorgt, daß die Burgunder dauernd niedergehalten wurden.

Neben den Burgundern muß es in Ostdeutschland ein kleines Volk der B a i -
n e n (B a i n i n g e n) gegeben haben, denn die langobardische Sage nennt neben
Burgundaib auch *Bainaib* und der Widsith führt neben *Burgendan* noch *Banin-
gas* an, über die *Bekka* gebot. Der Name wird zu altnordisch *beinn* „zuvorkom-
mend, zumal gegen Gäste" gehören. Sonst ist über das Volk nichts bekannt[9].
Überblickt man die burgundische Geschichte, so sieht man ein nicht sehr starkes Volk um 100 v. Chr. nach den Wandalen von der Oder- und Weichselmündung aus an der Ostsee Fuß fassen und sich südwärts ausbreiten. Durch die
Niederlage der Weichselburgunder offenbar im Kampfe gegen die Gepiden wird
das Volk in die Westwanderung der Elbgermanen hineingerissen und gerät so
an den Main und Rhein. Man hat den Eindruck, daß die Politik der Führer nicht
sehr voraussehend war. Die Reibereien mit den Alemannen und Römern haben
zu Rückschlägen und zur Niederlage von 436 geführt, wodurch die Umsiedlung
von 443 ausgelöst wurde. Auch hier war die Politik schwach, vielleicht durch die
Volksschwäche ausgelöst. Jedenfalls wurde keine klare Stellung gegen die Franken eingenommen, auch die Vermischung mit der romanischen Bevölkerung begünstigt. Der Reichtum der Gräberfunde in der letzten Zeit zeigt, daß die Emp-
fänglichkeit für Schmuck groß war, und man rascher als andere Germanenstaaten
der römischen Zivilisation unterlag. Nur in der Sage und Heldendichtung lebt
das Volk fort.

[1] Der Inselname wird in Bornholms Stednavne (Danmarks Stednavne 10, 1950, S. 1ff.)
ausführlich besprochen.

[2] Darüber E. Schwarz, Goten, Nordgermanen, Angelsachsen (1951), S. 183.

[3] M. Vasmer, Der Burgundername bei den Westslawen (Berliner SB 1933, S. 197ff.).

[4] Dazu E. Norden, Altgermanien (1934), S. 5ff.; P. Goessler, Palas (Pauly-Wissowa,
Realencyclop. d. klass. Altertumswiss., Neue Bearb., XVIII, 1. Hälfte, 1942, Sp. 2516
bis 2528).

[5] Zur Vorgeschichte der Burgunder vgl. D. Bohnsack, Die Burgunder in Ostdeutschland und Polen während des letzten Jh. v. Chr. (1938); ders. bei Reinerth III (1940),
S. 1033ff.

[6] H. de Boor, Hat Siegfried gelebt? (Beiträge z. Gesch. d. dt. Sprache u. Lit. 63,
1939, S. 250ff.).

[7] A. Mentz, Schrift und Sprache der Burgunder (Zs. f. dt. Alt. 85, 1954, S. 1—17).

[8] Gegen die Lehnwörterliste R. Gamillschegs, Romania Germanica III wenden
sich J. Jud, Vox Romanica 2, S. 1ff.; G. Rohlfs, Arch. f. d. Studium der neueren Sprachen
171, S. 88ff. und W. von Wartburg, Zs. f. roman. Phil. 59, S. 302ff.

[9] Th. Steche, Altgermanien im Erdkundebuch des Claudius Ptolemaeus (1937), S. 65ff.
stellt die Bainen mit den Βαινοχαιμαι des Ptolemaeus zusammen, sieht in ihnen ein west-
germanisches Volk im Nordosten Böhmens und ein Teilvolk der Hermunduren. Zustim-
mend H. Loewe, Zs. f. bayer. Landesgesch. 15 (1949), S. 17 und teilweise E. Schwarz,
Südost-Forschungen 12 (1953), S. 24.

Kapitel 15

Die Rugier

(Abbildung 8)

Von den R u g i e r n wüßten wir nur den Namen und ihren Untergang, wenn nicht gerade aus der letzten Zeit ihres Reiches ein Heiligenleben von ihnen erzählte. Man ahnt, wie zufällig unsere Kenntnisse von den germanischen Stämmen oft sind.

Tacitus kennt Rugier an der Ostsee. Er zählt auf: *Gotones, Rugii, Lemovii*, schreitet also von Osten nach Westen vor. Die Weichselmündung war zu seiner Zeit durch die Reisen der Bernsteinhändler besser bekannt als das Stück zwischen Jütland und Weichsel. Schon nahe der unteren Oder zeichnet Ptolemaeus den Ort 'Ρούγιον ein, der wohl für das Volk der Vorlage stehen wird[1].

Weiter führt die gotische Stammessage, die zwar erst in der Mitte des 6. Jh. von Jordanes berichtet wird, aber auf Cassiodor zurückgeht, der sie gotischen Heldenliedern entnommen haben wird. Darnach schlugen die Goten bei ihrer Landung ihr Lager bei den Sitzen der *Ulmerugier* auf, die damals die Ufer des Meeres bewohnten, und vertrieben sie. Daraus geht hervor, daß sie schon vor den Goten an den Ufern der Ostsee gewohnt haben, also in den Kreis der Völker gehören, die um 100 v. Chr. ihre nordische Heimat verlassen haben. Da sie nördlich von Wandalen und Burgundern an der Weichselmündung sitzen, sind sie zuletzt gekommen; ihre Urheimat wird also am weitesten abgelegen gewesen sein. Wie bei den Burgundern und Wandalen sind die Mündungen von Oder und Weichsel wichtig für sie gewesen; sie sind also ebenfalls über das Meer gekommen. Da ihre frühen Funde von denen der Burgunder nicht zu unterscheiden sind, werden sie deren Verwandte oder Nachbarn in der Urheimat gewesen sein. Dafür, daß sie nur als skandinavische Führer über die Eingeborenen zu betrachten oder seit jeher an der Küste siedelnd zu betrachten sind[2], ist nichts geltend zu machen, da die Hauptmasse der Gesichtsurnenleute nach Süden abgezogen und für das Auftreten an Oder- und Weichselmündung eine Erklärung notwendig ist.

Ulmerugi steht für **Hulmarugīs* und bedeutet „Inselrugier" (gotisch **hulms* „Insel", fortlebend im altslawischen *chŭlmŭ* „Hügel", erhalten in Orts- und Inselnamen, vgl. Bornholm, Stockholm). Man könnte meinen, daß sie so nach ihren Sitzen auf den Weichselinseln geheißen haben, wenn sich nicht derselbe Name im westlichen Norwegen vorfände. Die Bewohner des alten Rogalandes am Boknfjord (s. Abb. 8), des heutigen Ryfolke, heißen in angelsächsischer und altnordischer Überlieferung *(Holm)rygir*. Man hat früher gemeint, daß das norwegische *Rogaland* von Süden her besiedelt worden sei, und wollte das Volk irgendwo im Süden lokalisieren[3]. Aber man bedenke, daß schon Pytheas in der Mitte des 4. Jh. v. Chr. das mittlere Norwegen von Germanen besiedelt gefunden hat (s. o. S. 42). Es hat hier in den Fjordlandschaften kleine Stämme gegeben, und den Nachbarstamm, die Haruden, werden wir noch in verschiedenen Südstationen treffen. Immer können wir beobachten, daß der Drang nach dem Süden die Wanderungsrichtung beherrscht, abgesehen natürlich vom unmittelbaren Landesausbau nordwärts in Norwegen und Schweden. Die Rugier gehören offenbar zu den Kattegatvölkern und sind als die letzten um etwa 100 v. Chr. an der Oder- und Weichselmündung erschienen. Schon **Hulmarugīs* kann aus der Urheimat übertragen sein[4]. Man hat an eine Ostheimat vor allem deshalb gedacht, weil ihr Name offenbar „Roggenesser" bezeichnet. Da der *i*-Stamm (lit. *rugys*, altenglisch *ryge*) indogermanische Verwandte hat und das südgermanische **ruggan-* eine Neuerung ist, hat man gemeint, der Name müsse von Osten gekommen sein. Aber er wird einfach in einer Landschaft aufgekommen sein, in der wegen des Klimas und des Bodens Roggenanbau bevorzugt wurde, spricht doch Pytheas ausdrücklich von sonstigem Weizenanbau in Thule.

Über die Zuordnung der Gräberfunde um Christi Geburt an die Rugier ist angesichts ihrer Verwandtschaft mit burgundischen wenig Sicheres zu sagen[5]. Nach der Vernichtung der Holmrugier an der Weichselmündung scheinen im 1. Jh. n. Chr. die Rugier in Hinterpommern faßbar zu werden. Hier kennt sie noch der Widsith, der als ihren Fürsten *Hagen* nennt. Es ist der Hagen, der im Kudrunliede auftaucht, in dem ursprünglich Kämpfe der Seevölker behandelt werden, wie auch Saxo Grammaticus als Schlachtort Hiddensee (= Hedins-ö „Hedinsinsel") auf Rügen nennt. Die Insel Rügen wurde besetzt. Hier scheint sich germanisches Volkstum länger behauptet zu haben als auf dem Festlande; die Slawen haben den Namen übernommen, heißt es doch 1147 „die Landschaft, die von den Deutschen *Ruiana*, von den Slawen aber *Rana* genannt wird"[6].

Im 4. Jh., in dem ihnen noch Funde in Mittelpommern und südlich zugeschrieben werden, haben sie sich nach Süden geschoben. 434/435 suchten Rugier im Gefolge der Hunnen das oströmische Gebiet heim und machten sich bei der Eroberung der Stadt *Neviodunum* (Gurkfeld an der Save zwischen Agram und Cilli) bemerkbar. 451 nahmen sie an Attilas Zuge nach Gallien teil. Da nicht gut angenommen werden kann, daß sie im 4. Jh. nach Südrußland und dann mit den Hunnen gezogen sind, darf man vermuten, daß sie vor den Langobarden durch Mähren den Weg in das von ihnen nach Attilas Tode beherrschte nördliche Niederösterreich und Südmähren genommen haben, denn die Völker, die vor den Hunnen hier gewohnt haben, findet man auch nach ihrer Befreiung vom hunnischen Joch in den alten Wohnsitzen, wie es für die Gepiden und Sweben zutrifft. Voraussetzung für die Niederlassung im nördlichen Niederösterreich dürfte die Umsiedlung der Markomannen um 395 nach Pannonien sein. Ein Teil des Volkes ließ sich auf dem Balkan ansiedeln und stellte Truppen. In Rugiland (Niederösterreich) sind die Rugier seit etwa 430 auch durch Münzen gesichert.

Über das Leben in Rugiland, besonders in den von den Rugiern mit Garnisonen belegten Orten an der Donau, gibt die Vita Severini gelegentlich Auskunft. Sie ist deshalb wertvoll, weil sie von Eugippius, dem Schüler des heiligen Severin, bald nach dem Abzuge der Romanen aus Ufernorikum nach Italien geschrieben worden ist. Der heilige Severin hatte es verstanden, nicht nur bei den katholischen Romanen, sondern auch bei den arianischen Rugiern und anderen germanischen Stämmen zu einem gewissen Ansehen zu gelangen. Seine Zelle befand sich bei *Favianis* (Mautern). Auf der anderen Seite der Donau, in Stein auf der Flur Altenburg, wird der rugische Königssitz gesucht[7]. Bei den Rugiern gab es eine römische und eine nationale Gruppe. Aus dem Föderatenverhältnis entwickelte sich ein selbständiger Staat, der sich zunächst durch die Goten bedroht fühlte. Die Rugier traten deshalb dem Bunde der Donaugermanen gegen die Goten bei, wurden aber mit ihnen in der Schlacht am Flusse Bolia 469 geschlagen. Sie konnten erst nach dem Abzuge der Goten aus Pannonien 471 aufatmen. Schon Tacitus berichtet, daß sie unter Königen standen, deren Macht aber durch die Volksversammlung wesentlich eingeschränkt war. Zur Zeit Severins wird *Flaccitheus* als König genannt, dessen Sohn *Feletheus* auch *Fewa* genannt wurde mit einem Suffix -*ẉa,* das sonst noch bei den Haruden (*Nasua*), Herulern (Σουαϱτούας) und Semnonen (Μάσνος) belegt ist. Zur selben Familie gehörte auch *Ferderuchus* mit demselben ersten Teile, der in gotischem *Ferthunanths (unserem Ferdinand) vorliegt. Die national gesinnte Königin *Giso* sichert mit dem -*ō* noch im 5. Jh. die ostgermanische Sprache. Die Könige strebten ein erträgliches Verhältnis zu den Romanen an, weil sie den Wert der römischen Kultur erkannt hatten. Infolge ihrer religiösen Toleranz (arianische Propaganda blieb vereinzelt) waren die religiösen Reibereien geringer als in anderen germanischen Staaten[8].

Als Odoaker, der sich inzwischen zum König der Germanen in Italien aufgeschwungen hatte, befürchten mußte, daß sich die Rugier mit dem byzantinischen Reiche verbünden würden, schritt er zum Angriff. Sie wurden 487 geschlagen, ein großer Teil des Volkes gefangen nach Italien geführt, darunter auch der König und seine Frau, die hingerichtet wurden, während die übrigen Rugier wohl in Odoakers Heer Aufnahme fanden. Friedrich, der Sohn des Feletheus, wurde 488 vertrieben und fand mit einem Teile des Volkes bei König Theoderich freundliche Aufnahme. Dieser trat als Rächer seiner Verwandten bei seinem Kampfe gegen Odoaker auf. Die Reste des Volkes sind mit den Ostgoten nach Italien gezogen, fielen vorübergehend ab, bildeten im übrigen eine selbständige Gruppe und blieben anscheinend geschlossen beieinander. Sie gingen grundsätzlich keine Heirat mit anderen Germanen ein und bewahrten ihre nationale Eigentümlichkeit. Es scheinen also deutliche Unterschiede bestanden zu haben, die sich aus der anderen Wandergeschichte erklären. 541 erhoben sie Erarich aus ihrer Mitte zum König, der aber bald ermordet wurde. Sie teilten das Schicksal der Ostgoten.

Ihre archäologische Hinterlassenschaft in Niederösterreich und Südmähren wird wohl einmal erfaßt werden können, obwohl sie nur wenige Jahrzehnte im Lande waren. Ihr Gebiet kann aber relativ gut begrenzt werden. Es besteht die Möglichkeit, daß eine Gestalt des Nibelungenliedes rugischer Herkunft ist. Der Markgraf Rüdiger sitzt in Pöchlarn und von Niederösterreich aus verbreitet sich vom 11. Jh. ab statt *Ruodgêr* die Gestalt *Rüedegêr,* die ein rugisches *Hrōthisgais fortsetzen könnte. Auch fehlen zwischen Melk und dem Wiener Walde Spuren der 2. Lautverschiebung, die sich im Wiener Becken wieder bemerkbar macht. Ahd. *mūta* „Maut" < ostgerm. *mōta* scheint sich von Niederösterreich aus verbreitet zu haben[9].

Von den von Tacitus westlich von den Rugiern genannten *Lemovii* (andere Lesart: *Lemonii*) ist später nicht mehr die Rede. Auch sie werden aus Skandinavien stammen. Man glaubt, daß sie mit den im Widsith an der Ostsee genannten *Glomman* (altnord. *glammi* „Wolf") zusammenfallen, deren Herrscher *Heoden* ist, der Hettel des Kudrunliedes, auf den der oben genannte Name Hiddensee hinweist[10]. Von der früher beliebten Gleichsetzung mit den Λευῶνοι des Ptolemaeus in Schweden ist man abgekommen. Sie werden als kleiner Stamm in einem der Nachbarvölker aufgegangen sein.

---

[1] Th. STECHE, a. a. O., S. 146ff. sieht darin den Ort Rügenwalde, ohne sich um das späte Auftreten des Rodungsnamens zu kümmern.

[2] So O. KUNKEL, Rugi, Liothida, Rani (Nachrichtenblatt f. dt. Vorzeit 16, 1940, S. 191ff.); H. KUHN, Zs. f. dt. Alt. 86 (1955), S. 13.

[3] So R. MUCH bei HOOPS, Reallex. der germ. Altertumskunde IV, 4; O. ALMGREN, Mannus 10 (1918), S. 1ff. sieht im Auftreten von norwegischen Rugiern eine Wiedereinwanderung vergleichbar mit der Rückkehr der Heruler. Aber diese stammten auch aus

Skandinavien und es müssen Heruler in Südschweden vorausgesetzt werden, s. u. S. 106.
L. SCHMIDT, Geschichte der germanischen Stämme I², S. 117 schließt sich ihm an.
⁴ Anders R. MUCH, Die Germania des Tacitus, S. 388ff.
⁵ Zur Vorgeschichte der Rugier in Ostdeutschland vgl. E. BLUME, Die germanischen Stämme und die Kulturen zwischen Oder und Passarge zur römischen Kaiserzeit I, II (Mannusbibl. 8, 14, 1912, 1915); D. BOHNSACK, Die Burgunden, bei REINERTH, a. a. O., III, S. 1037ff.
⁶ Über diese mehrmals behandelte Frage zuletzt W. STEINHAUSER, Rügen und die Rugier (Zs. f. slav. Phil. 16, 1939, S. 1ff.). Dagegen O. KUNKEL, Ostsee, bei PAULY-WISSOWA, Real-Encyclop. der class. Alt., Neue Bearb. XVIII (1942), Sp. 1806.
⁷ E. BENINGER bei R. K. DONIN, Geschichte der bildenden Kunst in Wien I (1944), S. 129.
⁸ Über die Gestalt des hl. Severin und die Zeit des untergehenden Römertums an der mittleren Donau F. KAPHAHN, Zwischen Antike und Mittelalter (1947).
⁹ Dazu E. SCHWARZ, Festschrift Th. MAYER I (1954), S. 39ff.; 26.
¹⁰ Darüber R. MUCH, Zs. f. dt. Alt. 57 (1920), S. 151ff.

Kapitel 16

Die Goten

(Abbildung 9)

A) Bis zum Einbruch der Hunnen

Plinius zählt die *Gutonen* zu den Vandiliern; Tacitus sagt, daß die *Gothonen* über den Lugiern, also nördlich von ihnen wohnen. Er betont, daß sie von Königen etwas strenger als andere germanische Stämme regiert werden. Bei Ptolemaeus sitzen die Γύϑωνες am rechten Weichselufer und sind vom Meer durch die Veneder getrennt, was angesichts der klaren Aussagen der übrigen Quellen und der prähistorischen Forschung unglaubwürdig ist und zeigt, daß seine Angaben keineswegs glatt übernommen werden dürfen. In noch ältere Zeit würde die Angabe des um 20 n. Chr. schreibenden Strabo führen, daß die Βούτωνες zum Völkerbunde des Marbod gehört hätten, wenn dafür Γούτωνες gelesen werden darf. Dadurch würde die Nachricht des Tacitus in den Annalen erhellt, daß der vornehme Markomanne Katualda, der Marbod vertrieben hat, vorher bei den Goten Aufnahme gefunden hatte, die danach von Marbod abgefallen wären. Dann müßten die Goten gleich nach ihrer Landung an der Weichsel Marbods Bunde beigetreten sein.

Weiter führt die von Jordanes berichtete Stammessage der Goten. Sie sollen auf drei Schiffen gekommen sein, von denen das letzte die Gepiden herüberbrachte. Sie seien auf dem Festland an der Stelle, die seitdem den Namen *Gothiscandza* trug, gelandet, hätten im Lande der Ulmerugier ihr Lager aufgeschlagen, erst diese und dann die Wandalen besiegt. Daraus geht hervor, daß die Goten das späteste der nordgermanischen Völker sind, das in das Land östlich der Oder eingezogen ist. Die an und für sich wenig sicheren, oben angeführten Nachrichten, daß sie bereits um Christi Geburt an der Weichsel sitzen, werden durch eine andere Rechnung bestätigt. Als die Übersiedlung nach Südrußland begann, herrschte *Gadariks* als fünfter Nachfolger *Berigs*. Schätzt man die

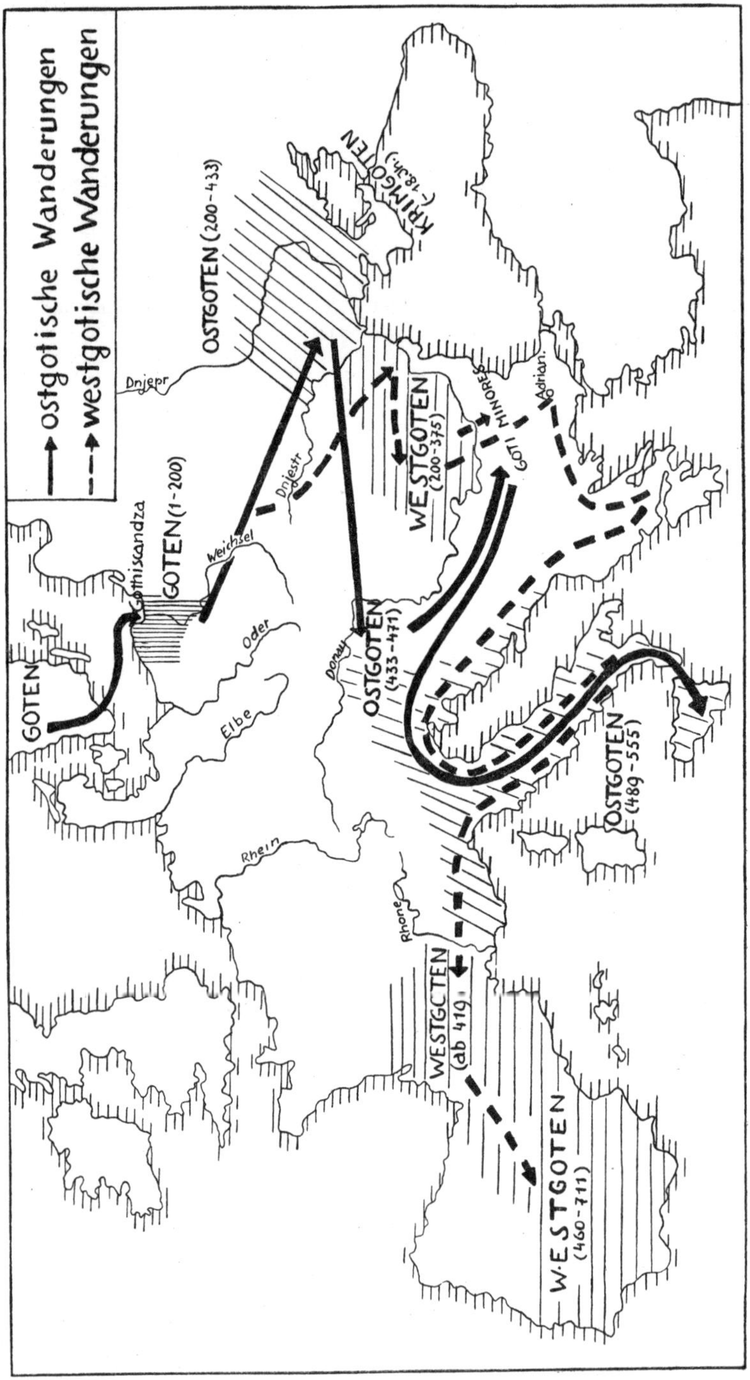

Abb. 9. Die Goten

bis dahin verflossene Zeit auf etwa 150—180 Jahre, so kommt man an den Beginn unserer Zeitrechnung.

Der Volksname wird als *Gothi* und *Guthones, Gothones* überliefert. Im Altnord. gilt *Gotar*, im Altenglischen *Gotan*, sie selbst nannten sich *Gutthiuda* „Gotenvolk". Die älteren Schreibungen deuten auf den *n*-Stamm got. *Guta*, Mehrzahl *Gutans*, woneben aus der Schreibung *Gothi* ein *a*-Stamm **Gutas*, Mehrzahl *Gutōs* zu erschließen ist. Im heutigen Schwedischen ist *Uestgöte* ein *n*-Stamm.

Daß es sich um einen sehr alten Stammesnamen handelt, folgt aus dem Auftreten der Ablautsform *Gaut-*, die bei den südschwedischen Gauten fortlebt. Je einfacher die Erklärung alter Völkernamen ist, desto mehr darf man ihr vertrauen. Darum ist die Zusammenstellung mit dem altnord. *gotnar* „Männer", norwegisch *gut* am überzeugendsten, obwohl man diese Form gelegentlich als sekundär gegenüber dem Volksnamen ausgeben möchte (altnord. *goti* m. „Gote; Gotländer; Mann, Pferd"). Der Name wird zu germ. **geutan* „gießen" zu stellen sein.

Eine Streitfrage der Wissenschaft ist es, ob ein Zusammenhang mit dem litauischen *gudas* besteht, womit die preußischen Litauer in verächtlichem Sinne den russischen Litauer oder den Weißrussen, später Flößer oder Schiffer bezeichnen. Es handelt sich vermutlich um einen alten Völkernamen, der aber nur dann mit dem Gotennamen verbunden werden kann, wenn er vor der Verschiebung von indogermanisch *d* zu *t* ins Baltische gekommen ist. Dazu besteht bei den erst zum Beginn unserer Zeitrechnung landenden Goten kaum eine Möglichkeit und deshalb hat man oft andere Erklärungen gesucht oder an Volksetymologie gedacht[1]. Da frühe Ostgermanen schon ab etwa 1000 v. Chr. nach Aussage der Vorgeschichte bis zur Weichselmündung vorgedrungen sind, mußten sie hier mit den baltischen Völkern zusammenstoßen. Trug einer dieser germanischen Stämme den Namen **Gudanōz*, konnte er mit *d* gehört werden. Es kann sich um frühe Gauten aus Südschweden oder Goten von der Insel Gotland handeln. Der Landungsplatz *Gothiscandza* darf als **Gutisk-andja* „Gotenküste" gedeutet werden. Mit dem alten baltischen *gudas* wird die polnische Namensform *Gdansk* für Danzig und *Gdynia* für Gdingen zusammengebracht. Das Alter des polnischen **Gŭd-* aus litauischem *Gudas* wird durch die Stadt *Gdec* gesichert. Kriegsgefangene aus ihr wurden von Herzog Bretislaw Achilles 1039 von seinen Kriegszügen nach Polen mitgebracht und in Böhmen angesiedelt, woran zwei Ortsnamen *Hedčany* erinnern. Damals muß also *Gudas* schon eine längere Entwicklung hinter sich gehabt haben und bereits in polnischen Mund gelangt sein.

Eine weitere Frage ist, wie die Übereinstimmung des Volksnamens mit den Bewohnern der Insel Gotland und die Ähnlichkeit mit dem der Gauten in Südschweden zu erklären ist. Man hat früher an Herkunft von der Insel Gotland gedacht. Aber schon Tacitus betont die straffe Königsgewalt über die Goten an der unteren Weichsel, während die Gotländer niemals Könige gehabt haben. Gewiß ist dieser Einwand nicht zwingend und der Sachverhalt auch anders erklärbar. Aber durch die archäologischen Tatsachen wird die Insel als Heimat der Goten ausgeschlossen. Sie ist aber sehr gut erforscht[2]. Das gotländische Fundmaterial zeigt bis etwa zum Beginn unserer Zeitrechnung eine große Steigerung und wird im ersten Jh. n. Chr. besonders reich. Die Gräber unterscheiden sich deutlich von denen der Weichselmündung. Dann bleibt nur Herkunft aus dem Gautenlande übrig, wenn sich hier die Fundtatsachen mit denen an der unteren Weichsel vereinigen lassen. Es scheint, daß die Bewohner Gautlands noch im 2. Jh. n. Chr.

auch als Goten bezeichnet wurden, denn Ptolemaeus kennt hier die Γοῦται. Es lassen sich viele Belege aus dem alten Schweden beibringen, daß der Ausgleich verschiedener Ablautformen erst relativ spät, jedenfalls nach Abwanderung der Goten, zustande gekommen ist. Die Verteilung der Namen Gauten auf Götaland und Goten auf die Insel Gotland kann also erst in den Jahrhunderten n. Chr. vor sich gegangen sein.

Die skandinavische Urheimat wird sich in ihrer Sprache niedergeschlagen haben, die uns im 4. Jh. in der Bibelübersetzung des Wulfila erhalten ist. Es ist gewiß die Sprache eines einzelnen Mannes, dazu bewahrt in ostgotischen Abschriften des 6. Jh. aus Italien und durch die Vorlage beschränkt in Wortwahl und Syntax. Aber man kann die Lautveränderungen der Goten seit ihrer Ankunft in Südrußland feststellen, weil sie hier von ihrer skandinavischen Urheimat durch große Gebiete getrennt waren und nun ein sprachliches Sonderleben geführt haben werden, das in vielem eine Fortführung der mitgebrachten Sprache gewesen sein wird. Die Entwicklung von *uu̯, ii̯* zu *ggw, ggj* im Norden, *ggw* und *ddj* im Gotischen ist sehr auffallend und am besten zu erklären, wenn man sie in die Zeit vor der Abwanderung aus Skandinavien setzt, vgl. got. *twaddjē* „zweier", altnord. *tveggia* gegenüber ahd. *zweio*. Dazu treten viele Wortgleichungen, die nur auf den Norden und das Gotische beschränkt sind, z. B. got. *fōn* „Feuer", altnord. *funi* gegenüber ahd. *fūir*. Wo Unterschiede zwischen West- und Ostnordisch bestehen, geht das Gotische mit dem Ostnordischen. Unterschiede zwischen Gotisch und Altnord. lassen sich z. T. dadurch erklären, daß die gotischen Formen früher auch im Norden und umgekehrt bestanden haben und nach anderer Richtung ausgeglichen worden ist. Es spricht nichts dagegen und alles dafür, daß d a s G o t i s c h e e i n e n o r d g e r m a n i s c h e S p r a c h e i s t[3]. Es geht daraus weiter hervor, daß es sich bei den Goten nicht etwa um eine Herrenschicht wie bei den Wikingern handeln kann, sondern um ein ganzes Volk, da sich sonst die Sprache der zahlreicheren unterworfenen Bevölkerung durchgeschlagen hätte.

Wenn die Vorgeschichte feststellen kann, daß um den Beginn unserer Zeitrechnung in Südschweden eine Fundleere eintritt, neue Funde dagegen mit südschwedischer Kultur an der Weichsel auftauchen, so ist die Beweiskette geschlossen. Soweit ist die Forschung allerdings noch nicht gelangt. Erschwernisse treten dadurch ein, daß die Goten nach ihrer Sage mit Rugiern und Wandalen an der unteren Weichsel zusammengestoßen sind, die sie vertrieben haben. OXENSTIERNA[4] will den Nachweis liefern, daß die Goten nur aus Västergotland stammen. Die Bestattungsweise macht Schwierigkeiten, weil hier Brandbestattung herrscht, während an der Weichsel Körperbestattung gilt. Er glaubt, schon in der Heimat eine Änderung der Grabsitte feststellen zu können, während von schwedischer Seite ein Zusammenhang von Änderung der Grabsitte und Abwanderung als nicht erforderlich erklärt wird[5]. Aber die gotische Kultur an der unteren Weichsel ist um Christi Geburt neu und muß von irgendwoher stammen und Götland bleibt vom vorgeschichtlichen Standpunkte die wahrscheinlichste Heimat und davon unabhängig deutet hierher auch die sprachliche Untersuchung, die eine nähere Unterheimat in Südschweden allerdings nicht angeben kann. Nimmt man dazu die gotische Stammessage mit ihren drei Schiffen, so kann kein Zweifel daran bestehen, daß es sich um Zuwanderung aus Skandinavien handelt.

Dann stellen sich die Goten ergänzend zum Kreis der Kattegatvölker, deren Heimat Jütland, Südwest- und Südnorwegen und die dänischen Inseln umfaßt, denen sich nun Südschweden und zwar Götaland anschließt. 100 Jahre später als

die Kimbern, Wandalen, Rugier und Burgunder fuhren die Goten über die Ostsee. Ihrer Auseinandersetzung mit Rugiern und Wandalen entspricht das Verschwinden der älteren Gräber und das Auftauchen neuer. Persante, Netze und
Passarge sind die Grenze des gotischen Reiches an der unteren Weichsel. Neu
auftretende Funde aus dem 2. Jh. n. Chr. werden den Gepiden zugehören, durch
die eine Übervölkerung eintrat, die zur Auswanderung nach Südrußland geführt
hat. Abenteuerlust und Nachrichten von der südlichen Welt werden den Entschluß erleichtert haben.

Die Goten müssen durch die römischen Bernsteinhändler von der Welt des
Südens gehört haben. Man wird auch Handelsbeziehungen zum Schwarzen Meer
unterhalten haben. Während das Schicksal der Kimbern von Italien abschreckte,
glaubte man es mit den Steppenvölkern aufnehmen zu können, da man ebenfalls
gut beritten war.

Der Vorstoß nach dem Süden wird durch die Unterwerfung der Wandalen in
Masurien eingeleitet. Daß sich der Druck nach Süden fortpflanzte, ist schon o. S. 75
angedeutet worden. Die Goten machten sich den Weg frei. Das allmähliche Aufhören der Grabfelder weist darauf hin, daß die Abwanderung nach und nach
erfolgt ist, d. h. den ersten Pionieren andere Scharen gefolgt sind. Das wird zum
Entstehen verschiedener gotischer Gaue geführt haben. Nach der Stammessage
hat die ersten Auswanderer *Filimer,* der Sohn des *Gadariks,* geführt. Durch
ein Sumpfgebiet, offenbar die Rokitnosümpfe, kam man in die fruchtbare Landschaft *Oium* (wulfilanisch *Aujōm* „bei den Auen"). Ein Teil fiel in das Gebiet
der Spalen ein. Darauf wird das Wort *spolinŭ* „Riese" in den slawischen Sprachen zurückgeführt; die Spalen werden Teile der Slawen beherrscht haben.
Schließlich kam es zur Festsetzung nördlich vom Schwarzen Meer („im äußersten
Teil Skythiens, der dem Schwarzen Meer benachbart ist"). Volksreste sollen auf
dem rechten Flußufer zurückgeblieben sein, womit die Tatsache ausgedrückt
wird, daß Goten auch am rechten Dnjeprufer saßen. Außer den Spalen wurden
von den Goten die noch vorhandenen Bastarnen, Sarmaten (Roxolanen westlich
vom Dnjepr) und der westlich vom Don sitzende Teil der Alanen unterworfen
oder verdrängt. Die Griechenstadt Olbia hat sich am Ende des 2. Jh. unter
römischen Schutz gestellt. Das Gotenreich konsilidiert sich in dieser Zeit.

Um 230 scheint die Bildung von zwei Stämmen in Südrußland vollzogen gewesen zu sein, denn in der Mitte des 3. Jh. wird ein König *Ostrogota* genannt,
der auch im Widsith (*Eastgota*) auftritt. Es wird sich um den Beinamen eines
Königs handeln. Um 270 werden *Grutungi = Austrogoti* und *Tervingi = Visi*
unterschieden, wobei es wahrscheinlich ist, daß es sich ursprünglich um verschiedene Stämme handelt, die aber bald zusammengewachsen sind. *Greutungi* gehört zu an. *grjōt* „Grieß, Stein", *Tervingi* zu an. *tjara* „Teer" (vgl. das finnische
Lehnwort *terwa*). Gewöhnlich nimmt man an, daß beide Bezeichnungen in Südrußland aufgekommen sind. Aber es ist möglich, daß die Zweiteilung älter ist,
weil die Gotensage von drei Schiffen erzählt. Die Verbindung der Greutungen
mit Graudenz an der Weichsel ist freilich zu unsicher, als daß darauf gebaut
werden könnte, weil dieser Name besser aus dem Baltischen erklärt werden kann;
aber es scheint in Schweden einen Stamm dieses Namens gegeben zu haben,
denn Jordanes spricht an einer verderbten Stelle von einem Volk der *evagre
otingis,* aus dem *Greotingis* zu erschließen ist. Dagegen ist die südrussische Einteilung in Westgoten (*Visi-,* zu got. **wisja-* „westlich") und Ostgoten aus den
geographischen Verhältnissen gegeben, auch wenn die südschwedischen Verhältnisse ein Vorbild gewesen sein sollten, denn erstere siedelten westlich vom

Dnjestr, die letzteren zu beiden Seiten des Dnjepr. Schon um 270 standen Goten auch in römischen Diensten, wie in der Nähe von Persepolis zum Vorschein gekommene Inschriften bezeugen[6].

Am Schwarzen Meer machen sich die Goten durch Angriffe auf das römische Gebiet bemerkbar, wobei man aber meist nicht von Volkskriegen, sondern von Gauunternehmungen sprechen muß, da keine einheitliche Leitung zu spüren ist. Schon im 3. Jh. wohnten die Goten an der unteren Donau im alten Bastarnenlande, wie das wiederholte Vorgehen über den Fluß andeutet. Thrakische Stämme wie die Karpen rühren sich, offenbar durch die Goten bedrängt. Auch zur See fallen die Goten ein, wohl verstärkt durch neue Scharen. In der Mitte des 3. Jh. erschienen noch andere Völker, so die Heruler, Krimgoten und Burgunder (über diese o. S. 76). Olbia wurde besetzt, aber nicht zerstört. Um 257 ist die Provinz Dakien dem römischen Reich verloren gegangen. Die Zivilbevölkerung flüchtete zur Donau, wo eine neue Provinz gleichen Namens eingerichtet wurde, wohl um nicht offen die Niederlage zugeben zu müssen. Dagegen entschloß man sich, die Donaulinie unbedingt zu halten. Gegen Ende des Jh. wenden sich die Ostgoten gegen ihre Ostnachbarn, die Burgunder, zu deren Gunsten die Alanen einschritten, während die Westgoten mit Wandalen und Gepiden kämpften. Kaiser Konstantin hielt die Donau durch Kastelle und befestigte Lager und baute eine Brücke und eine Fähre. 332 fiel bei Kämpfen anscheinend im Banat der Gotenfürst *Widigoja,* dessen Andenken in gotischen Heldenliedern gefeiert wurde (es ist der *Witege* der deutschen Sage). Die Westgoten wurden als Föderaten anerkannt. Der Friede hat 35 Jahre gedauert. In dieser Friedenszeit überwogen die freundschaftlichen Beziehungen. Das Christentum drang ein, doch wurden die christlichen Goten genötigt, unter Führung Wulfilas die Donau zu überschreiten und sich unter den Schutz des Reiches zu stellen. Sie heißen später K l e i n g o t e n (*Gothi minores*) und siedeln als friedliche Viehzüchter in den Vorbergen des Balkans. Mit Hilfe von Wulfilas Bibelübersetzung ging von ihnen eine lebhafte Propaganda aus, die sehr weit ausgriff. Da damals im oströmischen Reiche der Arianismus herrschte, ist die arianische Lehre unter den Ostgermanen verbreitet worden und blühte bei ihnen noch, als sie in Ostrom bereits unterdrückt war. Es kam auch zu Christenverfolgungen unter den Goten nördlich der unteren Donau, die wohl so entstanden sind, daß sich die Christen ihrer Kultpflichten entzogen und man Hinneigung zu Ostrom befürchtete. Der heidnische Fürst, der gegen sie auftrat, scheint der Westgotenfürst *Athanarich* gewesen zu sein, bei dem sich heidnische Haltung und rege Beziehungen zu Byzanz begegneten. Trotzdem hat der neue Glaube in den höchsten Kreisen Fuß gefaßt. Weitere Gruppen, so unter *Frithigern,* kamen über die Donau und nahmen den Arianismus an.

Während wir über die Westgoten ziemlich gut unterrichtet sind, da sie Nachbarn des römischen Reiches waren, erfahren wir über die Ostgoten fast nichts. Hier hat sich früh ein Stammeskönigtum entwickelt. Seit der Mitte des 4. Jh. herrschte *Ermanarich,* der als *Ermenrich* in die deutsche Heldensage eingegangen ist. Unter ihm begann sich das Ostgotenreich über die benachbarten Völker auszudehnen. So wurden die Heruler am Nordufer des Asowschen Meeres unterworfen, ferner slawische Völkerschaften (*Venethi*), wohl die am oberen Dnjepr. Ein schlecht überliefertes Verzeichnis der unterworfenen Völker nennt u. a. die Merja (*Merens* des Jordanes) am Rostowschen See, die Mordwinen (*Mordwa*) am Einfluß der Oka in die Wolga, die *Rogastadzans,* Anwohner der Wolga. An die *Rosomonen,* ein sonst unbekanntes Volk, knüpft sich die Schwanhildsage.

Von den Aisten, den alten Preußen, heißt es, daß sie durch Verträge gewonnen wurden. Das deutet darauf hin, daß noch Verbindungen zu Ostpreußen bestanden haben und auch Goten zurückgeblieben waren. Die Hauptstadt scheint am Dnjepr gelegen zu haben, ob an der Stelle des heutigen Kiew, bleibt unsicher. Die Ostgrenze gegen die Alanen bildete der Don.

Es gab kein Gesamtkönigtum, die Westgoten blieben abseits und hatten nur Gaufürsten. Es wurde Acker- und Gartenbau betrieben, hauptsächlich aber Viehzucht. Auch unternehmungslustige Kaufleute hat es gegeben, die bis Indien gelangt sind. Schon aus dem 2. Jh. stammen zwei Weiheinschriften in einem buddhistischen Tempel in Indien, wo die Reise zweier Goten (*Gutas*) erwähnt wird, die wohl über Südrußland und das alanische Gebiet Indien erreicht haben werden. Einer der Namen *Irila* bezeugt wirklich die gotische Herkunft[7]. Wie bei den Steppenvölkern wurde die Reiterei zum Kern des Heeres. Während bei den Goten im Weichselgebiet das kurze Schwert herrschte, gilt jetzt das lange, das aus dem sarmatisch-alanischen hervorgegangen ist. Einwirkungen der iranischen Nachbarn werden sich auf manchen Gebieten eingestellt haben.

Die Goten bildeten in Südrußland ein Herrenvolk, so daß ihre Gräber nicht leicht zu erkennen sind, zumal sachgemäße Untersuchungen ausstehen. Der Einfluß der neuen Welt muß gewaltig gewesen sein, denn vieles aus der alten wird bereitwillig aufgegeben. Das Reiterheer wird nach alanischem Vorbild ausgestaltet. Mit den alten Heeren hätten die Goten ihre Herrschaft nicht bis zur Wolga ausdehnen können. Aber die Erfindung der Runenschrift ist ihnen nicht zuzuschreiben, wie man lange angenommen hat (s. o. S. 61).

Die Vorgeschichte weiß von Gotenresten, die an der Weichsel zurückgeblieben sind. Ob freilich die Erwähnung von *Hreiðgoten* in der isländischen Sage und auf Runensteinen auf diese Goten zu beziehen ist, ist noch unklar. Der Weg nach Südrußland hat durch Wolhynien geführt, wo eine Lanzenspitze mit der Runeninschrift *Tilarids* „Angreifer" gefunden worden ist.

Zu den Völkern, die unter gotische Herrschaft geraten sind, haben auch die Slawen gehört. Davon zeugen die ältesten Lehnwörter der Slawen aus dem Germanischen, die alle gemeinslawisch sind, z. B. altslawisch *chlěvŭ* „Stall" < got. *hlaiws* „Grab", *chlěbŭ* „Brot" < got. *hlaifs*, *gonoziti* „ernähren" < got. **ganazjan*, *šlěmŭ* „Helm", das ein **helms*, nicht das spätere *hilms* voraussetzt u. a.

Unter den Anten, gegen die die Ostgoten des 4. Jh. kämpften, dürften noch nicht wie im 6. Jh. Slawen zu verstehen sein, sondern Tscherkessen, die sich selbst Anten nannten und in deren Überlieferung die Erinnerung an Kämpfe mit einem Volke *Gut* erhalten ist. Andere denken an einen über Slawen herrschenden sarmatischen Stamm. Auf die Vorfahren der Südslawen, die sich selbst niemals so nannten, scheint der Name vor dem 6. Jh. übertragen worden zu sein.

B) Die Ostgoten

Die Katastrophe, die 375 über die Ostgoten hereinbrach, wurde durch den Einbruch der **Hunnen** verursacht. Ihre Urheimat lag in der Mongolei. Sie sind mit dem asiatischen Reitervolk der *Hiung-nu* identisch, wie durch den Nachweis des Namens *XWN* = *Hiung-nu* in sogdischen Texten gesichert wird[8], und scheinen eine Türksprache gesprochen zu haben. Ihre Geschichte ist aus chinesischen Annalen bekannt. Ihrem Vordringen nach China war durch Errichtung der chinesischen Mauer ein damals unüberwindliches Hindernis bereitet worden, so daß sie sich nach Westen wandten und im 2. Jh. v. Chr. die indogermanischen

Tocharer im Tarimbecken schlugen und nach Baktrien drängten. Auch die Alanen am Balkaschsee wurden damals vertrieben. Das plötzliche Auftreten, ihr fremdartiges Aussehen und ihre überraschende und ungewohnte Kampfesweise riefen bei den Ostgoten Verwirrung hervor. Ermanarich verzweifelte an der Zukunft und verübte Selbstmord, was damals etwas Unerhörtes war, so daß die Sage diesen Tod anders zu motivieren suchte. Es ist anzunehmen, daß die unterworfenen Völkerschaften die Gelegenheit zum Abfall benutzten, so daß das große Reich Ermanarichs wankte. Ein Teil der Ostgoten ging über die Donau und vereinigte sich mit den Westgoten. Der größere Teil der Ostgoten unterwarf sich den Hunnen, andere wurden 380 in Pannonien angesiedelt. Es scheint mehrmals der Versuch gemacht worden zu sein, das hunnische Joch abzuschütteln. Von heidnischen Goten, also wohl Ostgoten, ging das Unternehmen des *Radagais* aus, der 405 mit einem großen Heere in Italien erschien. Bei Faesulae wurde er schließlich von Stilicho überwältigt. Der Fehlschlag dieses Unternehmens schreckte die in der Heimat verbliebenen Ostgoten ab. Diese durften sich damals, wohl nach der Festsetzung der Hunnen in der Puszta 433, wieder Könige wählen. Nun kam das Geschlecht der Amaler auf den Thron. Wo die ostgotischen Sitze in dieser Zeit zu suchen sind, ist unbekannt. Aus dem Bericht des Priscus, der als byzantinischer Gesandter am Hunnenhofe weilte, und der guten Darstellung Etzels im Nibelungenliede und ihrer Zurückhaltung beim Befreiungskampf scheint hervorzugehen, daß sie gut behandelt wurden und gotische Kultur am Hofe Attilas geschätzt wurde. In der Schlacht von Chalons 451 standen sich Ost- und Westgoten als Gegner gegenüber, da diese mit Aetius die Kultur des Westens verteidigten. Der Rückzug Attilas zeigte, daß die Hunnen nicht unbesiegbar waren. Das wird einige Jahre später zum Entschluß des Befreiungskampfes beigetragen haben.

Bei diesem Kampfe der germanischen Völker in Ungarn nach Attilas Tode 453 hatten die Gepiden die Führung. Die Söhne Attilas wurden beim Flusse *Nedao* in Pannonien 454 entscheidend geschlagen. Die Goten, die vielleicht auf Seite der Hunnen gekämpft hatten, ließen sich, da sie durch ihre Haltung in Gegensatz zu den übrigen Germanen geraten waren, in Pannonien als Föderaten der Römer, die dieses Land 455 wieder besetzt hatten, ansiedeln. Sie standen unter *Walamer, Thiudimer* und *Widimer*. Thiudimer saß beim See *Pelso*, am Plattensee. Walamer hatte das Gebiet zwischen den Flüssen *Scarniunga* und *Aqua Nigra* inne. Bei dieser wird man am ehesten an die Schwarzach, den Nebenfluß der Leitha im Wiener Becken, bei jener (zu got. **skarn* „Kot") an den *Sárvis* „Mistwasser", einen aus der Plattenseegegend kommenden Nebenfluß der Donau[8], erinnert. Widimer wird dann zwischen Plattensee und Leitha anzusetzen sein. Die Nordgrenze bildete die Donau. Jetzt werden die Goten, soweit es noch nicht geschehen war, das arianische Christentum angenommen haben. Aus der verschiedenen Einstellung zu Attila heraus und weil die benachbarten Germanen, vor allem die Sweben, den Besitz Pannoniens anstrebten, bildete sich eine Koalition, bestehend aus Sweben, Skiren, Rugiern, Gepiden, Herulern und Sarmaten, die aber 469 am Flusse *Bolia* in Pannonien von den Goten vernichtend geschlagen wurde. Aber bald darauf (471) führte Theoderich sein Volk aus dem ausgesaugten Lande auf den Balkan. Ein Teil zog nach Gallien und vereinigte sich dort mit den Westgoten.

Zu den ostgotischen Funden in Pannonien gehören die sogenannten Maskenschnallen, bei denen mitten auf der Schnallenplatte eine Maske sitzt. Einer ihrer letzten Vertreter in Aquileja zeigt den Zug der Ostgoten nach Italien an. Sie sind in Pannonien nur etwa 100 Jahre zwischen 380 und 480 vorhanden, können also nur einem in dieser Zeit hier siedelnden Volke gehören. Sie sind als eine Ausdrucksform des damaligen handwerklichen Kunstschaffens für die Ostgoten im Gebiet der mittleren Donau ebenso bedeutsam wie die Adlerschnallen in Südrußland. Vielleicht soll die Maske zauberhafte Kräfte abwehren.

Auf der Balkanhalbinsel standen zahlreiche Ostgoten in kaiserlichen Diensten. Ihr Führer war ein anderer *Theoderich*, zubenannt *Strabo*, der sich zum König ausrufen ließ und wohl dieselbe Machtstellung wie Odoaker anstrebte. Die oströmische Politik war bestrebt, beide Theoderich gegeneinander auszuspielen. Mit Hilfe des Amalers konnte sich Kaiser Zeno behaupten. Nach dem Tode des Theoderich Strabo gingen viele Ostgoten zum Amaler über, der sich im Epirus und in Niedermösien einzurichten suchte. Die Blicke richteten sich auf Italien, wo die Söldnerherrschaft unter Odoaker kein ernsthafter Gegner schien. Damit kamen die Wünsche Zenos zusammen, sich die Ostgoten vom Halse zu schaffen, die die Reichsfinanzen erschütternden Soldzahlungen einzustellen und die Germanen gegeneinander auszuspielen. So kam es zu einem förmlichen Vertrage, daß der Ostgotenkönig nach der Besiegung Odoakers in derselben Stellung über Italien herrschen solle.

Reste des gotischen Volkstums haben sich an mehreren Stellen der Balkanhalbinsel gehalten. Ob sie an der Begründung der Kroatenherrschaft beteiligt waren, steht dahin. Nach Prokop wohnte eine ansehnliche Kolonie von Goten zur Zeit der Kriegszüge Belisars und des Narses in Dalmatien, und es scheint, daß die gotischen Einflüsse in Dalmatien, Bosnien und Kroatien bisher unterschätzt worden sind. Der Ortsname *Anagastum* für Nikschitz in Montenegro geht auf den got. Personennamen *Anagasts* zurück (serbisch *Onogošt*). In Ragusa lebt serbokroatisches *sklèt* „unverfälscht" als Rest des Altdalmatinischen, das wohl im 6. Jh. aus dem gotischen *slaíhts* entlehnt worden ist. In Bulgarien sind zahlreiche ostgotische Fibeln aus der Zeit um 500 zum Vorschein gekommen. Ein Befestigungssystem in Nordbulgarien in der Gegend von Plewna zeigt deutlich gotische Funde. Die Wehranlage von Sadowetz geht nach den Münzen in das 6. Jh. zurück. Sie wird von Goten verteidigt worden sein, die nicht mit Theoderich nach Italien gezogen sind[10]. Die Nachricht, daß um 900 in Tomi am Schwarzen Meer noch gotisch gepredigt worden sei, ist glaubwürdig. Sie kann auf diese Goten oder die Nachkommen der Goten des Wulfila bezogen werden.

Für den Zug nach Italien wurde Theoderich zum Heerkönig gewählt, d. h. die fahrtwilligen Goten, denen sich die Rugierreste anschlossen, konstituierten sich zu einer neuen Heeres- und Volksgemeinde. Man schätzt die Zahl auf 20 000 Krieger oder 100 000 Köpfe. Frauen und Kinder wurden auf Wagen mitgeführt. Am Isonzo wurde Odoaker 489 geschlagen, ebenso vor Verona, das als *Berne* in der deutschen Heldensage fortlebt. Die einheimische Bevölkerung trat auf Theoderichs Seite, der im Auftrage des oströmischen Kaisers kam; Odoaker wurde in Ravenna (gotisch **Raḅena*, mhd. *Rabene*), das damals noch am Meer lag und fast uneinnehmbar war, eingeschlossen. 494 kam es zu einem Vertrage über gemeinsame Regierung, was in Wirklichkeit unausführbar war. Bald darauf wurde Odoaker von Theoderich ermordet und seine Mannschaft niedergemetzelt. Theoderich wurde zum gotischen König ausgerufen, war sich aber bewußt, daß er über Goten und Romanen zu regieren hatte. Seine Leute übernahmen die Ländereien der Söldner des Odoaker. Er wollte die Römer mit den Goten versöhnen, weil er die zahlenmäßige Schwäche seines Volkes kannte und an die Zukunft dachte. Dabei übersah er die religiösen Gegensätze, die ein Konnubium verhinderten. Immer wieder bildeten sich Verschwörungen, die die oströmische Herrschaft anstrebten. Er schützte den Bauernstand und den Handel, und viele Kreise des Volkes begrüßten die eingetretene politische Ruhe. Einheimische Vornehme unterstützten die Bestrebungen des König, so Cassiodor. Prokop erzählt, daß Goten und Romanen ohne Unterschied den König verehrt haben. Die Verschmelzung römischen und germanischen Wesens, die der König anstrebte, äußert sich auch in der Kunst, wie sein Palast, die Kirche St. Apollinare Nuovo und sein Grabmal zu Ravenna zeigen. Seine Bündnisse mit den Westgoten und anderen germanischen Völkern, sein Mißtrauen gegen Chlodwig und sein großes Ansehen in der Germania hätten ihn vielleicht befähigt, ein großes germanisches Reich auf den Trümmern des weströmischen aufzurichten. Er ließ sich hinreißen, gegen angesehene Römer wie den Philosophen Boethius und den Senatspräsidenten Symmachus Todesurteile auszusprechen und den Papst ins Gefängnis zu werfen, als sie mit Byzanz konspirierten. Es war ein Unglück für die Goten, als der König 526 starb. Nur in der kirchlichen Geschichtschreibung wurde sein Andenken verunglimpft, während ihn die deutsche Heldensage als einen großen Recken betrachtet. Gegen Norden umfaßte das gotische Reich zur Zeit des Theoderich auch Südtirol und Kärnten und einen Teil der Steiermark. Wie weit ihm Rätien unterstand, ist eine Streitfrage[11]. Einen Teil der Alemannen, die sich Clodwig nicht fügen wollten, siedelte er südlich vom Bodensee an, wo die Stadt *Theodricopolis* an ihn erinnert. Sein Ansehen reichte bis Skandinavien und an die Ostsee. Von dort besuchte ihn ein Norwegerkönig *Rodvulf*, von hier bemühte sich eine Gesandtschaft der Ästier, die abgerissenen Verbindungen über die Bernsteinstraße wieder in Gang zu bringen.

Für den minderjährigen Enkel *Athalarich* führte seine Mutter *Amalaswintha* die Regierung. Kaiser Justinian beschloß die Vernichtung des Ostgotenreiches. In seinem zuerst von Belisar, dann von Narses geführten Heere kämpften viele germanische Söldner. Im Verlaufe der langen Kämpfe waren die Goten schließlich gezwungen, tapfere Männer aus dem Volke zu Königen zu erheben, so *Witigis*, *Totila* und *Teja*. Vergeblich war die Hoffnung, die Franken zum Entsatz zu gewinnen. Diese wollten sich eine eigene Herrschaft in Italien erringen. 552 wurde Teja geschlagen, 555 hörte der letzte Widerstand auf.

Die Ansiedlung der Goten ist nach den Funden in ganz Italien und Sizilien erfolgt. Da die Langobarden manche Landschaften Italiens nicht beherrscht haben, können hier auftretende germanische Funde bei sonstiger Übereinstimmung als gotisch erklärt werden. Besonders stark war ihre Siedlung in Oberitalien in der Gegend von Brescia und Belluno. Namen, die den Volksnamen enthalten, z. B. *Goito* (Mantua), 1028 *fundus Godi*, liegen im allgemeinen nördlich vom Apennin, weisen aber im übrigen darauf, daß sie in romanischer Umgebung auffielen. Die gotischen ON gehen auf *-ingōs*, heute *-engo* aus, so *Marengo* (Brescia), alt *Malarengo* (zum Personennamen *Malaharjis*), *Offanengo* (Cremona), 966 *Aufonengo* (*Aufa*). Der Avricourttypus, z. B. *Aimivilla* (Cremona), ist wenig vertreten, mehr der septimanische Typ, z. B. *Villalfonsina* (Chieti)[12]. Diese Namen stammen zu einem beträchtlichen Teile aus Gegenden, in die die langobardische Siedlung nicht gelangt ist. Die romanische Sachbezeichnung kann wegfallen, z. B. *Adro* (Brescia), 822 *corte quae dicitur Adro* (gotisch *Adra*); *Vidigulfo* (Pavia), zu gotisch *Widwulfs*. Da die Ostgoten in den Langobarden aufgegangen sind, ist ihre Sprache[13] später mit dem Langobardischen zusammengefallen. Aber ihre besondere Rechtsstellung ist gelegentlich erhalten geblieben. Ein Mann mit dem gotischen Namen *Stawina* wird 769 in Brescia nach der Lex

Gothorum gerichtet. Das gotische Recht gilt im benachbarten Goito noch im 11. Jh. Aber 1079 wird eine Schenkung vollzogen, in der Nachkommen derselben gotischen Familie nach römischem Recht leben. Es scheint also im Laufe des 11. Jh. das gotische Recht abgekommen zu sein. Die gotischen Lehnwörter im Italienischen sind sonst nur dann vom Langobardischen zu unterscheiden, wenn lautliche Unterschiede bestehen, z. B. die 2. Lautverschiebung mangelt.

Procop berichtet, daß die Mitkämpfer Tejas nach dessen Tode mit Narses einen Vertrag schlossen und freien Abzug unter der Bedingung erhielten, daß sie Italien verlassen und nicht wieder gegen den Kaiser kämpfen wollten. Besser war darüber Agathias unterrichtet, der sich bemüht, Procop stillschweigend zu berichtigen. Danach durften die Goten auf ihre Besitzungen zurückkehren, um dort friedlich als Untertanen des Kaisers zu leben. Sie zerstreuten sich darauf über Tuscien, Ligurien bis nach Venetien. Das sind tatsächlich die Hauptgebiete gewesen. Es war byzantinische Politik, das durch Seuchen, Kriege und Hungersnot geschwächte Italien nicht menschenleer zu machen. Es war ein Gebot der Klugheit, die gefangenen Goten, deren politische Macht gebrochen war, im Lande zu belassen.

Daß die Goten unter den einige Jahre darauf ankommenden Langobarden aufgegangen sind, wird durch zahlreiche gotische Namen für Leute in gehobener Stellung, erkennbar an dem -a im 1. Fall, gesichert und durch den Fortbestand des gotischen Rechtes gewährleistet. Viele Goten sind auch in den Briefen der Päpste bezeugt[14].

Spuren gotischen Familienrechtes glaubt man in Istrien und Krain zu erkennen[15]. Für acht Kärntner Siedlungsnamen versucht KRANZMAYER[16] zu zeigen, daß in ihnen ein verschollenes gotisches *ma(th)lakimps „Gerichtsstein, Richterstuhl" enthalten ist. Ihre Verkoppelung mit den Kärntner Edeltümern zeigt den innigen Zusammenhang mit den Kärntner Edlingen, die ostgotischen Ursprunges sind. Es waren friedliche Freibauern mit eigener Gerichtsbarkeit, im Kriege leicht berittene Grenzsoldaten. Eine ähnliche Einrichtung besaßen die Avaren unter dem Namen *Kasak*; die Baiern übernahmen die gotische, die Slowenen die avarische Einrichtung, so daß noch jetzt in der Kärntner Namengebung die Gleichung *Edling-Kasasse* besteht. So ist es möglich, die viel behandelte Kärntner Herzogseinsetzung letzten Endes auf gotische Einflüsse zurückzuführen.

Bei den letzten Kämpfen der Ostgoten in Italien hat man den Eindruck, daß sie nicht um ihr Volk, sondern um ihre Ehre kämpften. Man darf nicht heutige Volkstumsempfindungen in soweit zurückliegenden Zeiten erwarten. Gegenüber den Wandalen macht das ostgotische Reich in Italien einen guten Eindruck. Man bemerkt tapferes Verhalten bis zuletzt, wenig Verweichlichung, ein Schwanken wohl in der Staatsführung, aber gesundes Empfinden im gotischen Volk. Die Politik Theoderichs, die eine Verschmelzung von Goten und Römern wollte, hat Gegner bei den Goten gefunden, aber sie war sehr realistisch und weitdenkend. Es war das Unglück des Volkes, daß es sich wie alle Ostgermanen vom geschlossenen germanischen Volksboden entfernt und so den Rückhalt verloren hatte. Aber es hat es verstanden, verschiedene Anregungen in Südrußland, auf dem Balkan und in Italien aufzunehmen und mit eigenen zu vereinigen. Dem deutschen Mittelalter galt Dietrich als ein Deutscher; schon damals haben Deutsche in Italien sein Grab besucht.

C) Die Westgoten

Seit etwa 270 begegnen in Südrußland und Siebenbürgen verschiedene gotische Stämme. An den Kämpfen auf der Balkanhalbinsel in der Mitte des 3. Jh. werden unter den nicht näher unterschiedenen Goten hauptsächlich Westgoten teilgenommen haben. Sie haben 257 Dakien besetzt. In Siebenbürgen weisen sie gepidische Bemühungen ab, ihren Siedlungsraum im gebirgigen und waldreichen Nordsiebenbürgen zu erweitern. In einer Schlacht bei der Stadt *Galtis* am Flusse *Auha* (Galt an der oberen Aluta) wurden die Gepiden geschlagen. Um 300 sitzen die Westgoten in einem Teil der großen Walachei, der Moldau und Südsiebenbürgen.

Beim Angriff der Hunnen 375, der zunächst die Ostgoten traf, wurde Athanarich zum Herzog gewählt. Er bezog eine befestigte Stellung am Unterlauf des Dnjestr, der wohl die Grenze bildete. Vor den Hunnen mußte er sich bis zum Sereth zurückziehen. Nun begannen die Westgoten im römischen Reiche Zuflucht zu suchen, wobei sie sich als Christen ausgaben. Es kam zum Abschluß eines Vertrages, in dem die Westgoten als Föderaten aufgenommen wurden und Lebensmittel erhalten sollten. Während bisher solche Germanen im Römertum aufgegangen waren, wurde nun das erstemal ein Volk aufgenommen, das gewillt war zusammenzubleiben. Damit begann die Zersplitterung des Reiches und die Gründung nationalgermanischer Königreiche.

Als infolge schlechter Organisation und Unredlichkeiten der römischen Beamten Mangel an Lebensmitteln eintrat, verschlechterte sich das Verhältnis zwischen Römern und Germanen. Frithigern zog Alanen, Hunnen und Ostgoten zur Hilfe heran. Bei Adrianopel kam es 378 zu einer großen Schlacht, in der sich auf beiden Seiten Germanen gegenüberstanden. Das römische Heer wurde vernichtend geschlagen, Kaiser Valens selbst fiel. Der Eindruck auf die Zeitgenossen war groß und die Lage ernst. Aber die Städte, auch Konstantinopel, hielten stand. Bei den Germanen trat die Beutelust hervor, die einheitliche Lenkung hörte auf. Als Flüchtling kam bald darauf Athanarich nach Konstantinopel, wo er 381 starb. Die Goten erhielten in Thrakien Land.

Es ist begreiflich, daß angesichts der Schwäche des römischen Reiches bei den Germanen Überlegungen auftauchten, ob nicht überhaupt die Goten die Träger des Reiches werden sollten. Dieser nationalgotischen Partei stand eine römerfreundliche gegenüber, die die Beibehaltung des Vertragsverhältnisses wünschte. Die religiösen Gegensätze scheinen jetzt zurückgetreten zu sein. Gegen Ende des Jh. tritt *Alarich* aus dem Geschlechte der Balthen hervor, der als Führer der nationalgotischen Partei zum Herzog gewählt wird. 395 erscheinen die Goten vor Athen und im Peloponnes. Bald faßt Alarich den Plan, Italien zu erobern. 401 steht er in der Potiefebene, wird aber von Stilicho zurückgeworfen. Nach dessen Ermordung kam es 410 zur Plünderung Roms. Nun plante Alarich, sich Nordafrikas, der Kornkammer Italiens, zu bemächtigen. In Unteritalien ist er gestorben und im Busento bestattet worden. Damit war den Westgoten in einem entscheidenden Augenblick ihr kraftvollster Führer genommen. Seine Stellung hatte sich zu der eines Königs entwickelt. Er hatte auch bei der Plünderung Roms sein Heer in der Hand behalten. Sein Schwager *Athaulf* führte es nach Gallien. Er verheiratete sich mit Placidia, der Schwester der Kaisers; 419 wurde das tolosanische Reich in Südgallien gegründet, so nach der Hauptstadt *Tolosa* (Toulouse) genannt.

Das Grabfeld von Sântana de Mureş an der Maros vermittelt das Bild gotischer Kultur in Siebenbürgen zur Zeit Athanarichs. Nicht gesichert ist, ob sich in seinem Besitz der berühmte Goldschatz von Pietroassa befunden hat, der 1857 in der Nähe von Buzau zu Tage gekommen ist. Er befand sich in der Umgebung von Ruinen einer Befestigung mit Wehrtürmen. Im ersten Weltkrieg wurde er nach Moskau gebracht, wo er verschollen ist. Ein Halsring trägt eine Aufschrift, die auf die Bedeutung des Schatzes hinweist. Es handelt sich um eine Weihinschrift.

Auf den katalaunischen Feldern standen die Westgoten auf Seiten der Römer des Aetius und siegten, wobei ihr König Theoderich fiel. Unmittelbar darauf wurde die Eroberung Spaniens begonnen, die von *Eurich* (466—484) vollendet wurde. Ende des 6. Jh. wird das katholische Bekenntnis zur Staatsreligion erhoben, die Bibelübersetzung des Wulfila abgeschafft und die gotische Sprache damit einer wesentlichen Stütze beraubt. Bedrängt durch Chlodwig und seine Nachfolger mußten die Westgoten immer mehr nach Spanien ausweichen. Ihr Reich war innerlich morsch, als der Zusammenstoß mit den Mauren 711 erfolgte. Die Niederlage bei Xeres de la Frontera machte der Gotenherrschaft ein Ende. Sie zogen sich nach Nordwesten zurück, von wo später die Vertreibung der Mauren eingeleitet wurde.

Die beiden wichtigsten gotischen Grabfelder in Spanien sind Carpio de Tajo westlich von Toledo und Herera de Pisuerga in Altkastilien. Das Zentrum der westgotischen Grabfunde liegt in den früheren Reichen von Altkastilien und Leon im mittleren und oberen Duero-Gebiet und von Neukastilien am Oberlauf des Tajo. In den westgotischen Kirchen befanden sich reiche Schätze aus Gold und Edelsteinen, die z. T. Weihgeschenke waren, z. T. hängend als Kronen dienten. Viele mit Namen westgotischer Könige sollen die Mauren in der Kirche von Toledo aufgefunden haben[17].

In Südfrankreich rechnet man mit einer Ansiedlung von etwa 90 000 Köpfen. Ihr Bereich läßt sich an der Hand der -ingōs- und -ville-Namen verfolgen, z. B. *Escatalens*, 12. Jh. *Catalencs*, älter *Scatalingi*, um 850 als *villa Gothorum* bezeichnet. Solche Namen häufen sich um die Hauptstadt Toulouse. In manchen Fällen trat -ingōs auch für lateinische besitzanzeigende Suffixe wie -ācum, -ānum, -āvum ein, z. B. *Moussoulens*, 934 *Moschelingus*, wohl für *Musciācum. Die gotischen -ville-Namen weisen den Fugenvokal auf. *Villa* „Gehöft, Dorf" entsprach offenbar ihrem -haims, z. B. *Gondeville*, 12. Jh. *Gondavilla*. Die Lebenskraft beider Typen geht um 470 zu Ende. In Spanien herrscht der romanisch-gotische Typus, z. B. *(Villa) Harjanis*, wobei das romanische Grundwort wegbleiben kann, so daß der romanische Genetiv übrig bleibt. Zur Zeit der Einverleibung des tolosanischen Reiches durch die Franken 507 schätzt man die Zahl der noch gotisch sprechenden Goten in Südfrankreich auf 200 000. In Spanien gibt zuerst die Oberschicht die nationale Sprache auf. Die meisten gotischen Namen in Spanien finden sich im Nordwesten des Landes, wo die Siedlungen von den vor den Mauren flüchtenden Goten gegründet worden sein werden. Sehr häufig sind im späteren und heutigen Spanien gotische Personennamen, die durch die Oberschicht ins Volk gedrungen und für gotisches Volkstum deshalb nicht beweisend sind, z. B. *Alfonso, Rodrigo, Fernando* u. a. Doch sind außer Orts- und Personennamen auch Lehnwörter wie *guerra* „Krieg" u. a. als gotische Erinnerung zurückgeblieben.

---

[1] Zuletzt hat dieser Frage E. HERMANN eine Monographie gewidmet: Sind die Namen der Gudden und die Namen Danzig, Gdingen und Graudenz gotischen Ursprungs? (Nachrichten der Gött. Akad. d. Wiss., phil.-hist. Kl. 1941, NF. Bd. 3).

[2] O. ALMGREN und B. NERMAN, Die ältere Eisenzeit Gotlands. 2 Bde. (1914, 1923). Die gotländischen Funde sind im Historischen Museum in Stockholm aufgestellt.

[3] Den Beweis sucht E. SCHWARZ, Goten, Nordgermanen, Angelsachsen (1951) zu führen. Dagegen H. KUHN, Zs. f. dt. Alt. 86 (1955), S. 1—47, ohne überzeugen zu können.

[4] Vgl. dazu R. SCHINDLER, Die Besiedlungsgeschichte der Goten und Gepiden im unteren Weichselraum auf Grund der Tongefäße (1940); G. MÜLLER-KUALES, Die Goten, (bei REINERTH, a. a. O., III, S. 1149ff.); C. ENGEL, Die ostgermanischen Stämme in Ostdeutschland, die gotische Ostseeherrschaft und das Gotenreich in Osteuropa (Deutsche Ostforschung I, 1942, S. 132—178); E. C. G. OXENSTIERNA, Die Urheimat der Goten (1948).

[5] So K. E. SAHLSTRÖM und N. G. GEIVALL, Gravfäldet på Kyrkbacken i Horn Socken, Västergötland (1948), die überhaupt nicht zur Gotenfrage Stellung nehmen, wohl infolge grundsätzlicher Ablehnung der siedlungsarchäologischen Methode.

[6] H. JUNKER, Der Gotenname bei Persepolis (Beitr. z. Gesch. d. dt. Sprache u. Lit. 74, 1952, S. 296—299).

[7] St. KONOW, Goths in Ancient India (Journal of the Royal Asiat. Society 1912, S. 379 bis 385). G. VERNADSKY, Der sarmatische Hintergrund der germanischen Völkerwanderung (Saeculum 2, 1951, S. 352) möchte aus dem Erscheinen gotischer Kaufleute in Indien um 150 n. Chr. auf Niederlassung der Goten in Südrußland bereits zu Anfang des 2. Jh. n. Chr. schließen. Aber Kaufleute werden schon früh Kundschafterdienste geleistet haben und weit herumgekommen sein. Zur Frage E. SCHWARZ, Die Urheimat der Goten und ihre Wanderungen ins Weichselland und nach Südrußland (ebda. 4, 1953, S. 13—26).

[8] W. B. HENNING, The date of the Sogdian Ancient Letters (Bulletin of the School of Oriental and African Studies 12, 1948, S. 615). Über die Hunnen B. HÓMAN, Geschichte des ungarischen Mittelalters I (1940), S. 10ff.; E. A. THOMPSON, A history of Attila and the Huns (Oxford 1948); E. ALTHEIM, Attila und die Hunnen (1951).

[9] Dazu mit weiterer Literatur H. MITSCHA-MÄRHEIM, Mitteil. der Antroph. Ges. in Wien 80 (1950), S. 226, dem ich bei der Gleichstellung der *Aqua Nigra* nicht folgen kann. Mit der Raab stellt sie wenig überzeugend gleich E. SCHAFFRAN, Arch. f. Kulturgesch. 37 (1955), S. 34.

[10] I. WELKOV, Eine Gotenfestung bei Sadowetz (Nordbulgarien; Germania 19, 1953, S. 149—158).

[11] H. ZEISS, Die Nordgrenze des Ostgotenreiches (Germania 12, 1928, S. 25ff.).

[12] E. GAMILLSCHEG, Romania Germanica II (1935).

[13] F. WREDE, Die Sprache der Ostgoten in Italien (Quellen u. Forschungen zur Sprach- und Culturgeschichte der germ. Völker, Bd. 68, 1891).

[14] L. SCHMIDT, Die letzten Ostgoten (Abh. der Preuß. Akad. d. Wiss., phil.-hist. Kl. 1943, 10. Abh.).

[15] J. FICKER, Untersuchungen zur Rechtsgeschichte IV (1899), 1, S. 330ff.

[16] E. KRANZMAYER, Der Ortsname Mailberg und seine Verwandten. Namenkundliches um die Kärntner Edling-Frage (Carinthia I, 140, 1950, S. 284ff.).

[17] H. ZEISS, Die Grabfunde aus dem spanischen Westgotenreich (Römisch-Germ. Komm. des Arch. Inst., Bd. 2: Germanische Denkmäler der Völkerwanderungszeit, 1934).

Kapitel 17

Die Krimgoten

(Abbildung 9)

In der zweiten Hälfte des 3. Jh. haben sich G o t e n in der fruchtbaren Krim südlich vom Jaltagebirge niedergelassen. Nur die Stadt *Chersonesus* (Sewasto-pol) blieb dauernd in römisch-byzantinischem Besitz. Schon 257 erscheinen neben den *Boranern,* einem Volk unbekannter Nationalität, Goten auf einem Seezuge vermutlich aus der Krim, da die Sitze der Boraner auf der Ostseite des Asowschen Meeres, also in unmittelbarer Nähe der Krim, zu suchen sind. Damals wurde Trapezunt eingenommen und geplündert. Auf dem Konzil von Nikaea 325 nahm ein Bischof Theophilus des Bistums *Gothia* teil, das andere freilich nicht auf der Krim, sondern an der unteren Donau suchen. Da die Diözese in der Krim noch später als *Gothia* bezeichnet wird und andere südrussische Goten kirchlich noch nicht organisiert waren, ist die Annahme des katholischen Christentums durch die K r i m g o t e n schon jetzt möglich, wenn auch nicht gesichert. Abgetrennt durch das Gebirge von den übrigen Goten wird unter ihnen von den benachbarten Griechenstädten und den Bosporanern missioniert worden sein. 404 erbaten sie sich an Stelle des verstorbenen Bischofs *Unila* einen neuen. Ob sie sich der Hunnenherrschaft fügen mußten, ist nicht überliefert, aber anzunehmen. In den damit zusammenhängenden Wirren werden sie sich in das schwer zugängliche Gebirge zurückgezogen haben. Unter Justinian waren sie dem oströmischen Reich tributpflichtig, infolgedessen wußte man in Konstantinopel einiges von ihnen. Prokop berichtet, daß sie den bergigen Küstenstrich *Dory* bewohnten, intensiven Ackerbau trieben, aber auch kriegstüchtig waren und dem kaiserlichen Heer 3000 Soldaten stellten. Ihre Volkszahl wird damals 15 000—20 000 betragen haben. Sie wohnten in Städten ohne Mauern, daher habe sich Justinian begnügt, nur die Zugänge zu ihrem Lande durch lange Mauern zu sichern. Seit Ende des 6. Jh. standen sie bis zum 10. unter chazarischer Herrschaft, von da ab wieder unter byzantinischer, Mitte des 13. Jh. kamen sie unter die Oberherrschaft der Tataren. Sie haben ihre Selbstverwaltung überall behalten können. Diesem Umstand ist es zuzuschreiben, daß sie auch ihre Sprache behauptet haben. 1475 eroberten die Türken ihre Haupstadt Mankup.

1253 schreibt Wilhelm Ruysbroek, daß zwischen Kersona und Solaria 40 Kastelle seien, fast jedes mit eigener Sprache. Darunter seien viele Goten, deren Sprache die deutsche sei. Die Genuesen, die sich an der Südküste niederließen, wußten von ihnen. Ihrer Korrespondenz mit den Faktoreien in der Krim lassen sich manche Einzelheiten über die Lage der Krimgoten entnehmen[1]. Ein Bericht Nürnberger Kaufleute aus der Zeit von 1475 enthält eine Geschichte über Goten auf dem taurischen Chersones. Sie hätten sich, als sie durch einen Sturm auf die Halbinsel Krim verschlagen worden seien, mit einem Jüngling in ihrer Sprache unterhalten können, der auf die Berge als das Vaterland der Goten gezeigt hätte. Auch deutsche Kriegsgefangene behaupteten, daß sie auf der Krim verstanden worden wären.

Der flandrische Edelmann Busbeck, der 1560—1562 Gesandter beim Sultan war, hatte in Erfahrung gebracht, daß Leute aus der Krim jedes Jahr dem Sultan Tribut brächten. Er wollte sie kennen lernen, stellte Aufpasser auf und konnte sich mit zwei Goten unterhalten. Sie waren rassisch nicht einheitlich und offenbar bereits mit Tartaren vermischt. Der eine war ein Grieche, der das Gotische beherrschte. Busbeck konnte 86 Worte aufschreiben, die trotz schlechter Überlieferung (er mußte die Worte schnell niederschreiben, war unerfahren in der Niederschrift, der Druck enthält Druckfehler, da er nicht selber die Korrekturen gelesen hat) uns die Gewißheit geben, daß es sich um Goten handelte, da z. B. für Ei(er) *ada* aufgezeichnet wurde (gotisch *addja*) mit dem gotischen Wandel von *ii>ddj* gegenüber nordischem *ggj* und ahd. *ii*. Lehnwörter wie krimgot. *sada* „100" < ossetischem *sada* zeigen, daß die krimgotische Sprache auch iranische Einflüsse von den auf der Insel wohnenden Alanen erfahren hat. Erst im 18. Jh. dürfte ihre Sprache erloschen sein. Das benachbarte Krimtatarische enthält gotische Lehnworte, die noch nicht gesammelt sind. In der Bedeutung „Dachlatte" lebt das gotische *razn* n. „Haus" auf der Krim bei den Tataren fort[2], vgl. dazu finnisch *rahna* „Latte".

Neue Ausgrabungen[3], die sich wegen des Wohnens auf einem beschränkten Raum in weit über 1000 Jahren als sehr reichhaltig herausgestellt haben, ergänzen diese bruchstückhaften und gelegentlichen Nachrichten über die Krimgoten. Eine befestigte Stadt der Goten ist 20 km östlich von Sebastopol durch den Spaten freigelegt worden. Sie wird heute von der einheimischen Bevölkerung Eski-Kermen „Alte Festung" genannt. Es ist die alte Hauptstadt *Doros,* die Prokop im 6. Jh. erwähnt. Als es 962 zerstört wurde, entschloß sich der Toparch, der Stadtälteste, sie nach dem neu erbauten Mankup zu verlegen. Das noch bestehende Doros verödete im 16. Jh., Mankup wurde im 18. Jh. verlassen. Die Goten bewohnten z. T. in den Kalkstein eingehauene Höhlen, von denen 456 gefunden worden sind. Es wurden auch sechs unterirdische Kirchen entdeckt, von denen drei mit Fresken bemalt sind. Einmal ist eine vornehme gotische Familie in Tracht dargestellt. Eine griechische Inschrift berichtet von einem siegreichen Kampfe gegen die Chazaren. Nach der Konstellation der Gestirne, die genau angegeben ist, kommt das Jahr 962 in Betracht. Auch Begräbnisstätten der Goten sind gefunden worden. Durch die Münzen römischer Kaiser ist die Zeit von 582—602 bestimmbar. Über Schmuck, Waffen und Gebrauchsgegenstände werden wir dadurch unterrichtet. Sie waren in der Krim noch Mode, während sie anderwärts schon außer Gebrauch gekommen waren. Das von den Goten bewohnte Gebiet lag im Süden der Halbinsel im Bergland zwischen Sebastopol und Kertsch.

Wie Kertscher Funde zeigen, waren auch andere Landschaften von Goten bewohnt. Ausgangspunkt ist die Krim, von wo aus die Halbinseln von Kertsch und Taman besiedelt wurden. Prokop berichtet darüber an einer Stelle, an der man früher *Tetraxiten* las und deshalb von *tetraxitischen Goten* sprach. Es ist aber T r a p e z i t e n zu lesen, so nach der Herkunft von dem Gebirge *Trapezus* in der Krim. Sie widerstanden den utigurischen Hunnen, ließen sich aber auf die Halbinsel Taman umsiedeln, erkannten die Oberherrschaft der Hunnen an und stellten 2000 Mann Hilfstruppen, so daß auf eine ein Drittel schwächere Zahl als auf der Krim zu schließen ist. Auch sie waren Christen und dürften unter tscherkessischer und türkischer Vorherrschaft Selbstverwaltung und Sprache behauptet haben, ohne daß aber sichere Nachrichten darüber vorlägen. Funde aus Taman im südrussisch-gotischen Stile zeigen, daß sie eine hochstehende Kultur besessen haben.

Über die Zugehörigkeit und Urheimat der Krimgoten ist noch keine Übereinstimmung erzielt. Loewe hat sich zunächst für Abkunft von Herulern in Mecklenburg eingesetzt, die er für westgermanisch hielt. R. Much denkt lieber an zurückgebliebene Ostgoten[4]. An Heruler darf gewiß nicht gedacht werden. Sie saßen östlich vom Don; Goten und Heruler werden deutlich unterschieden; die Krimgoten haben sich selbst als Goten bezeichnet. Sie sind schon seit der Mitte des 3. Jh. auf der Südseite der Krim zu vermuten. In dieser Zeit sind die Heruler und die Gepiden nach Süden gezogen; so wird es auch von den Krimgoten anzunehmen sein. Wie sich die Gepiden mit Nordsiebenbürgen und die Heruler mit Wohnsitzen außerhalb des gotischen Reiches begnügen mußten, so wurden wohl die Krimgoten auf die noch freie Krim verwiesen. Das setzt Verwandtschaft mit den Goten, aber doch eine gewisse selbständige Stellung voraus.

Eine erneute Untersuchung der krimgotischen Sprachreste[5] ergibt, daß das

Krimgotische eine nordgermanische Sprache war, in nächste Nähe zum Gotischen gehört, aber die typischen gotischen Entwicklungen in Ostpreußen und Südrußland vermissen läßt, sich wohl von der ostgotischen Nachbarschaft, wie zu erwarten, beeinflußt zeigt, im übrigen aber eine selbständige Stellung bewahrt hat. Die Grundlage ist nicht das Bibelgotische, sondern ein älteres Gotisch. Manche Formen und Wörter scheinen etwas südlicher zu gehören und zum Nordseegermanischen überzuleiten. Der nordgermanische Teil von Nordjütland ist nicht ausgeschlossen, wobei daran erinnert werden muß, daß auch E u d u s i a n e r in Südrußland genannt werden. Doch ist auch eine südschwedische Landschaft in der Nähe der Gauten denkbar. Kaum angelangt in ihren neuen Sitzen, betätigen sie sich als Seefahrer, so daß ihre Urheimat am Meere gelegen haben wird. Die Lage ihrer Wohnsitze ermöglichte es ihnen, sich den Folgen der gotischen Niederlage von 375 zu entziehen. Sie sind nicht den Ostgoten nach Westen gefolgt und haben sich durch die kluge Politik ihrer Führer bis in die Neuzeit behaupten können. Daß sie sich gegenüber der griechischen Kultur empfänglich gezeigt haben, ist begreiflich. Unter diesen Umständen ist es wenig wahrscheinlich, daß noch Sprachreste zum Vorschein kommen werden. Die Zähigkeit, ihre Sprache mitten unter anderer Umgebung bis in die Neuzeit, vielleicht bis ins 18. Jh., zu bewahren, ist bewundernswert[6].

[1] Über die politische Geschichte in späterer Zeit A. A. VASILIEW, The Goths in the Crimea (The Mediaeval Academy of America, Cambridge, Massachusetts, Nr. 11, 1936).

[2] T. E. KARSTEN, Die Germanen, S. 182 nach einer Mitteilung MIKKOLAS.

[3] Über die Hinterlassenschaft der Krimgoten J. N. BOROZDIN, Die neuesten archäologischen Aufdeckungen auf der Krim. Archäologische Ausgrabungen auf der Herakleischen Halbinsel. Vorläufiger Bericht über die Arbeiten der Krim-Expedition der Gelehrten Gesellschaft zur Erforschung des Ostens der S. S. R. R. im Jahre 1924 (SA. Neuer Osten, S. 1—30).

[4] Über die Krimgoten s. die noch brauchbare Schrift von W. TOMASCHEK, Die Goten in Taurien (1881), der schon an Heruler gedacht hat. R. LOEWE, Die Reste der Goten am Schwarzen Meer (1896) hat ihnen eine Monographie gewidmet und besonders die überlieferten krimgotischen Wörter untersucht. Dazu R. MUCH im Anzeiger für indogermanische Sprach- und Altertumskunde, Beiblatt zu den Indogerm. Forschungen 9 (1898), S. 193ff. und R. LOEWE, Die Krimgotenfrage, Indogerm. Forsch. 13 (1902/3) S. 1ff.

[5] E. SCHWARZ, Goten, Nordgermanen, Angelsachsen (1951), S. 162ff.

[6] Eine Übersicht über die jüngste Literatur gibt D. GERHARDT, Die Goten in der Krim (Südostforschungen 5, 1940, S. 200ff.).

Kapitel 18

Die Gepiden und Taifalen

(Abbildung 10)

Die gotische Stammessage berichtet, daß die G e p i d e n im dritten und letzten Schiffe von Skandinavien an das Gestade der Ostsee gekommen sind und die Inseln an der Weichselmündung besiedelt haben, die nach ihnen *Gepidōjōs* „Gepideninseln" benannt wurden. Sie galten nach der Stammessage und dem Spottnamen (vgl. lateinisch *hebes, -tis* „stumpf") als langsam. Der eigentliche Name wird *Geƀedōs* gewesen sein, darauf deutet die angelsächsische Überlieferung, die im Widsith und Beowulf *Gifðas, Gefðas* an der Ostsee kennt. Man ist geneigt, eine auffallende Zunahme der Gräber im Weichselmündungsgebiet in der Mitte des 2. Jh. n. Chr. mit den Gepiden in Zusammenhang zu bringen, wodurch die Bevölkerung vermehrt und die Goten zum Abzug nach Südrußland bewogen wurden.

Das Beispiel der Goten, die Berichte von den leichteren Lebensverhältnissen im Süden und wohl auch Abenteuerlust veranlaßten die Gepiden, auch nach Süden zu ziehen. Sie strebten „nach besseren Ländern". Volksreste blieben zurück, die in der Mitte des 6. Jh. mit den Preußen zum Mischvolke der *Vidivarier* erwachsen waren. In der Mitte des 3. Jh. stießen sie, wohl im Weichselkniegebiet, unter ihrem König *Fastida* mit den Burgundern zusammen, die geschlagen wurden, so daß der Durchzug erkämpft war. Sie konnten sich in Nordsiebenbürgen festsetzen. Es ist auffallend, daß sie sich nicht im fruchtbareren Südrußland niederließen, was vermuten läßt, daß ihre Beziehungen zu den Goten nicht die besten waren. Sie klagten darüber, daß ihr Gebiet mehr von Wäldern und Bergen als von fruchtbaren Äckern eingenommen sei, denn die fruchtbaren Striche in Südsiebenbürgen waren im Besitze der Westgoten. Sie nahmen an den Kämpfen gegen die Römer teil und werden 269 das erstemal genannt. Von den Westgoten wurden sie, als sie ihr Gebiet ausdehnen wollten, bei der Stadt *Galtis* am Flusse *Auha* (Galt an der oberen Aluta) geschlagen. Als sich die Westgoten im Zusammenhang mit den Ereignissen des Jahres 375 südlich der Donau niederließen, wird für die Gepiden die Gelegenheit günstig gewesen sein, sich bis nach Südsiebenbürgen auszudehnen. Als aber die Hunnen 433 Pannonien besetzten, sind sie unter hunnische Herrschaft geraten. Teile haben sich wohl deshalb den Wandalen angeschlossen, die 406 nach Westen zogen. Sie scheinen sich in Gallien angesiedelt zu haben. König Ardarich stand bei Attila als Ratgeber in hohem Ansehen. Die Gepiden waren am Zuge von 451 stark beteiligt. Nach Attilas Tode — nach germanischem Rechtsempfinden erlosch das Treueverhältnis mit dem Tode des Lehensherrn — stellte sich Ardarich an die Spitze der germanischen Koalition. Er muß eine bedeutende Persönlichkeit mit tiefer Einsicht und weitschauenden Plänen gewesen sein. Als Führer des Freiheitskampfes haben die Gepiden den größten Teil der Siegesbeute für sich in Anspruch genommen. Ihr Reich umfaßte nun ganz Ostungarn bis zur Donau, also auch früher hunnisches Siedlungsgebiet. Seit dem Abzug der Ostgoten 471 aus Pannonien konnten die Gepiden als die Herren Ostungarns gelten. Mit dem oströmischen Reiche hatten sie ein Bündnis, das ihnen Hilfsgelder eintrug. Sie nahmen auch Sirmium in Besitz und beherrschten damit die Heeresstraße nach Italien. Sie verweigerten Theoderich 488 den Durchzug, den er sich erkämpfen mußte; auch konnten sie Sirmium nicht behaupten. Erst während des gotisch-byzantinischen Krieges haben sie sich wieder des wichtigen Platzes bemächtigt, der ihre Hauptstadt wurde.

Die Stellung im ungarischen Raum verschob sich aber, als ein neues germanisches Volk auftauchte. Die Langobarden hatten nach 488 Rugiland, das nördliche Niederösterreich, besetzt und 505 das Herulerreich vernichtet. Die schlechte Behandlung der flüchtenden Heruler durch die Gepiden wird durch ihr Bündnis mit den Langobarden verursacht sein, das durch eine politische Heirat gefestigt wurde. Als diese sich aber in Pannonien festsetzten und nach dem Besitze von Sirmium strebten, verschlechterten sich die Beziehungen zu den Gepiden. In Ostrom unterstützte man die Langobarden, entschlossen, dem schwächeren Gegner beizustehen und die Germanen gegenseitig auszuspielen. Beide Teile begannen, hunnische Hilfe herbeizuholen, die Gepiden Kutriguren, die Byzantiner Utigu-

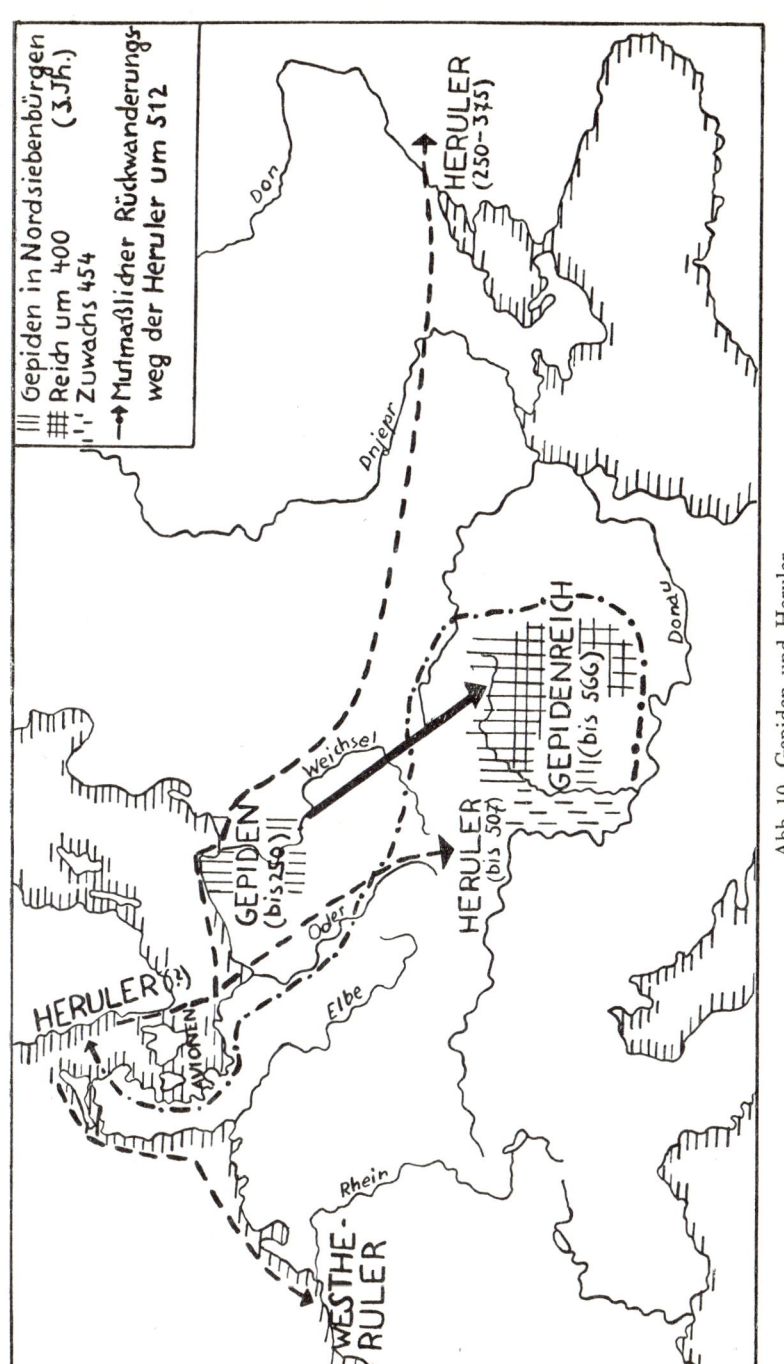

Abb. 10. Gepiden und Heruler

ren. Die Gepiden schützten wieder slawische Trupps, die die Donau zu Plünderungszwecken überschritten. Zunächst wurde Waffenstillstand geschlossen, doch brachen die Feindseligkeiten unter den Nachfolgern Audoins und Thurisinds, *Alboin* und *Kunimund,* wieder aus. Alboin bot dem Chakan der A v a r e n, die sich in Südrußland auf der Flucht vor verfolgenden Türkstämmen niedergelassen hatten, ein Bündnis an und versprach bei Waffenhilfe die Hälfte der Beute und des Gepidenlandes. Die Avaren verlangten das ganze Gepidenland und den zehnten Teil des Viehs der Langobarden. Alboin ging auch darauf ein, weil sich die Langobarden zur alleinigen Erkämpfung des Sieges zu schwach fühlten. So kam es zur vernichtenden Niederlage der Gepiden 567, wobei ihr König fiel und seine Tochter Rosamunde gefangen wurde. Der Rest unterwarf sich teils den Langobarden, teils den Avaren. Die ersteren zogen mit nach Italien, wo noch Paulus Diaconus im 8. Jh. ihre Dörfer kannte. Daran erinnern ON wie *Zevio* (Verona), alt *Jebetum, Zibido al Lambro* bei Pavia, *Ghevio* (Novara). Andere Gepiden flüchteten ins Oströmische Reich, wohin auch der Königsschatz gerettet wurde. Der Gepiden in der Theißebene wird einigemal Erwähnung getan. Im Jahre 600 haben die Byzantiner in drei gepidischen Dörfern der Theißebene ein Blutbad angerichtet. Als 626 Konstantinopel von den Avaren belagert wurde, haben neben Bulgaren und Slawen auch Gepiden Heeresfolge geleistet. Noch im 9. Jh. werden sie in Ungarn genannt.

Aus der Zeit, als sich die Gepiden in Nordsiebenbürgen niederließen, stammt das ungewöhnlich reiche Grabfeld von Hortobágy-Juhjáras nördlich von Debreczin. Allen Kriegern sind Waffen beigegeben. Die Münzen, die die Toten im Munde hatten, gehören an das Ende des 2. und in die erste Hälfte des 3. Jh. Ein 1797 gefundener Schatz von Goldmünzen römischer Kaiser zeigt, daß Gold aus Ostrom in das Gepidenland abgeflossen ist. Er ist um 400 vergraben worden, vielleicht vor dem Zuge nach Gallien. An der mittleren Theiß im Komitat Csongrád nördlich der Stadt Szeged muß nach der großen Anlage von Friedhöfen ein großer gepidischer Ort um 500 gelegen haben. In Szentes und in Siebenbürgen im Tal der Maros häufen sich seit der Mitte des 5. Jh. die gepidischen Grabstätten mit reichen Waffenbeigaben, in denen sich der kriegerische Sinn des Volkes widerspiegelt. Ins 6. und 7. Jh. gehört das Grabfeld von Vereşmort (Marosveresmart), das zeigt, daß noch nach 567 Gepiden im Lande weilten.

Volkskundler und Vorgeschichtler vermuten, daß das Vorhallenhaus, das sich östlich der Elbe und Oder, in Ostpreußen, Siebenbürgen und Südungarn findet, ostgermanischen Ursprunges ist. Die Art, wie die Sparren mit der Dachschwelle verbunden und darin eingezapft sind, tritt im Weichselmündungsgebiete ebenso wie in Siebenbürgen auf[1]. Die Übernahme durch die ostdeutschen Siedler aber muß dann durch slawische Vermittlung erfolgt sein.

Die Gepiden haben die einheimische Bevölkerung gewiß geschont, denn man brauchte ja Bauern. Bei der Räumung Dakiens werden nur die wohlhabenden Römer das Land verlassen haben. Es ist auch möglich, daß romanische Bauern ins Gepidenland gezogen sind, wo Frieden herrschte. Die Slawen, die mit den Avaren kamen, sind um 660 und wieder 670 aus Siebenbürgen vertrieben worden. Einen Beweis, daß schon damals rumänische Bevölkerung im Lande war, bietet der ON *Ernot, -ut,* dessen ungarische Form *Rádnot* auf slawisch *Radnot* < *Ardnot* mit slawischer Liquidenumstellung deutet, während *Ernot* immer in rumänischem Munde geblieben ist. Der Wortschatz des Bauern im Rumänischen ist im wesentlichen lateinisch geblieben, auch bei den Mazedorumänen, was ein Beweis dafür ist, daß sie ursprünglich nicht ein reines Hirtenvolk waren. Von der vorrumänischen Bevölkerung stammt die rumänische Bezeichnung der Donau *Dunarea*. Sie ist nur im Norden der Donau belegt und ein Beweis für die Kontinuität des Rumänentums nördlich der Donau, die immer noch umstritten ist[2]. DICULESCU wollte nachweisen, daß die Gepiden in den Rumänen aufgegangen sind. Die zahlenmäßige Stärke der Gepiden kann nach ihrer Niederlage 567 und bei der rücksichtslosen Avarenherrschaft nicht so bedeutend gewesen sein, daß die Entwicklung des rumänischen Volkstums maßgebend beeinflußt worden wäre. An Diculescus Zusammenstellungen werden viele Abstriche vorzunehmen sein. Anderseits wird durch das Absinken der Kulturhöhe unter der Avarenherrschaft die folgende Romanisierung erleichtert worden sein. Die Möglichkeit, daß Namen und Lehnwörter im Rumänischen in einem freilich geringfügigen Ausmaße zurückgeblieben sind, muß deshalb bejaht werden[3].

Die Gepiden nahmen im 6. Jh. eine Hauptstellung in Ungarn ein, die sich auf den Balkan hätte ausdehnen lassen. Sie waren damals das östlichste germanische Volk und in ihrer Kultur den Slawen, Avaren und Bulgaren überlegen. Sie waren Grenzhüter europäischer Kultur geworden. Die früher verbreitete Ansicht, daß sie auch über Slawen geherrscht haben, ist unbeweisbar. Die Vernichtung des gepidischen Reiches durch das langobardisch-avarische Bündnis war ein Mißgriff politischer Kurzsichtigkeit, der sich sofort gerächt hat. Auch die Langobarden mußten Ungarn aufgeben, dessen Puszten nun die Avaren bevölkerten. Mit ihnen kamen die slawischen Völker nach Mitteleuropa, das die Franken nur an der Elbe und dem Böhmerwalde zu schützen vermochten. Die ostgermanischen Völker haben der europäischen Kultur durch ihren Drang nach dem Süden einen schlechten Dienst erwiesen. Statt die Grenze gegen Osten zu schützen, sind sie fortgezogen und untergegangen. Allerdings muß man bedenken, daß die Ostgoten 375 den Kampf gegen die Hunnen aufgenommen und verloren haben und die Entwicklung später oft zwangsläufig gewesen ist.

Die Gepiden sind ihrer Entstehung nach ein selbständig gewordener Teil der Goten. Die spätere Feindschaft wurde durch Gefühle der Benachteiligung bei den Gepiden und der Geringschätzung durch die Goten, auf die die Umdeutung ihres Namens zurückzuführen ist, ausgelöst. Schon seit ihrer Niederlassung an der Weichsel scheinen Spannungen bestanden zu haben, zumal dadurch die Übervölkerung und Auswanderung der Goten ausgelöst worden ist. Die Gepiden mußten sich mit den schlechten Ländereien in Nordsiebenbürgen begnügen. Man hat damals keine weitschauende Politik machen können, weil man im Stammesdenken haftete. Daher erklärt sich die wechselnde Bündnispolitik mit Byzanz und die Bereitschaft, sich auch mit nomadischen Völkern ganz anderer Rasse zu verbünden, ohne vorauszusehen, daß man Avaren und Slawen den Weg nach Ungarn öffnete.

In enger Verbindung mit den Westgoten erscheinen die Taifalen. Eine größere politische Rolle haben sie nicht gespielt. 248 begegnen sie in dem Völkergemisch, das außer ihnen aus Westgoten, hasdingischen Wandalen, Peukinern und Karpen bestand und in Niedermösien einfiel. In der Kleinen Walachei und der Großen östlich der Aluta haben sie sich bis in die zweite Hälfte des 4. Jh. behauptet, wobei sie meist mit den Westgoten verbündet waren. Sie dienten auch im Reichsheere. Nach dem Hunneneinfall wurden sie von den Westgoten aus ihren Sitzen verdrängt und gingen mit über die Donau. Gefangene Taifalen wurden in Italien angesiedelt, wo sie in der Gegend von Modena und Parma nachweisbar sind und noch in langobardischer Zeit *Taivalo* (Persiceto) nach ihnen benannt war. Sie tauchen auch in Frankreich auf, wohin sie vielleicht mit den

Westgoten gekommen sind. Sie siedelten zusammen in einem Gebiet bei Poitiers, wo die Notitia dignitatum einen Präfekt der Sarmaten und Taifalen erwähnt. Dieses offizielle Staatshandbuch des ost- und weströmischen Reiches ist um 428 aufgezeichnet worden. Gregor von Tours berichtet von ihnen, daß sie um 561 Chantoceaux am linken Loireufer angriffen, weil sie der Bischof schwer bedrückt hatte. Ihr Gebiet hieß *pagus Taifalicus, Theifalia, Theofalgicus,* ihr Hauptort *Tiffauges* (Vendée). Doch waren sie weiter verbreitet, wie aus ON *Tivauges* (Semur), 11. Jh. *Tivalges* u. a. folgt. Aus der Lagerung dieser *Taifali*-Orte läßt sich vermuten, daß sich die Taifalen bei der Gründung des Tolosanischen Reiches aus der alten Waffengemeinschaft gelöst haben. Von den Taifalen in der Walachei wird erzählt, daß die jungen Männer solange in Abhängigkeit von den alten Kriegern standen, bis sie sich durch tapfere Taten, Erlegung eines Bären oder Ebers, lösten. Weil dieser Brauch der Jünglingsweihe nicht verstanden wurde, wurde ihnen von seiten der Römer üble Nachrede zuteil[4].

[1] Die Ausbreitung des Vorhallenhauses in Nord- und Mitteleuropa zeigt Tafel 514 bei H. REINERTH, a. a. O. III.

[2] Vgl. E. GAMILLSCHEG, Zs. f. slaw. Phil. 3 (1926), S. 149ff.; ders., Zur Herkunftsfrage der Rumänen (Südost-Forschungen 5, 1940, S. 1—21).

[3] C. DICULESCU, Die Gepiden (1922); ders., Die Wandalen und Goten in Ungarn und Rumänien (Mannusbibl. 34, 1923); H. SEVIN, Die Gebiden (1955).

[4] Zu den Orten in Gallien E. GAMILLSCHEG, Romania Germanica III, S. 206ff. Über die Bräuche der Jünglingsweihe L. WEISER, Altgermanische Jünglingsweihe (1927), S. 42.

Kapitel 19

Die Heruler

(Abbildung 10)

Ein merkwürdiges Volk sind die H e r u l e r. Im Jahre 267 erscheinen sie zum ersten Male als Anwohner des Asowschen Meeres wohl östlich vom Don. Sie haben danach spätestens in der Mitte des 3. Jahrhunderts ihre Heimat verlassen und sind den Goten nach Südrußland gefolgt, haben ihr Reich durchzogen und sind offenbar von ihnen, da sie sie aus der Heimat kannten, an der Ostgrenze angesiedelt worden, wobei ihnen eine selbständige Stellung belassen wurde. Sie beteiligten sich an Plünderungszügen sowohl zu Wasser als auch zu Lande. Um die Mitte des 4. Jahrhunderts wurden sie unter König Alarich von den Ostgoten unter Ermanarich unter schweren Kämpfen niedergeworfen und gerieten mit ihnen unter die Herrschaft der Hunnen.

Am Befreiungskampfe der Germanen in Ungarn nach Attilas Tod sind sie beteiligt, ebenso vielleicht an den Kämpfen der germanischen Koalition gegen die Goten in Pannonien (469). Die Lage ihres Siedlungsgebietes ist strittig. Es besteht kein Anlaß, ihre Sitze in Böhmen zu suchen[1]. Die Plünderung von *Joviacum* (Schlögen) in Oberösterreich ist nicht nur von Böhmen aus denkbar. Die Kosmographie des Julius Honorius erwähnt sie vor 400 zwischen Quaden und Markomannen. Da diese damals im nördlichen Niederösterreich und die Quaden in der Slowakei gewohnt haben, wird man an ein Gebiet in der westlichen Slowakei denken. Das nördliche Niederösterreich ist nach der Umsiedlung der

Markomannen (395) von den Rugiern besetzt, die westliche Slowakei nördlich Preßburg nach 406 von Quaden entblößt worden, da hier der Volksteil gesiedelt haben wird, der sich den Wandalen und Alanen bei ihrem Zuge nach Gallien und Spanien angeschlossen hat. Für dieses Gebiet sind noch andere Gründe namhaft zu machen. Heruler haben einen Teil der Gefolgschaft Odoakers gebildet, und zu ihm haben freundliche Beziehungen bestanden, was darauf schließen läßt, daß sie in der Nähe der Skiren zu denken sind. Wenn nach der Zerschlagung des Rugierreiches 486 und 488 Langobarden unter herulischer Hoheit das frei gewordene Rugiland besetzen, so ist dieses offenbar als Beute den Herulern zugefallen, die sich nicht nur als Söldner Odoakers, sondern auch als seine Bundesgenossen an diesen Kämpfen beteiligt haben. Dann ist ihr Gebiet in der Nachbarschaft des nördlichen Niederösterreich zu suchen.

Über das Schicksal der Heruler am Asowschen Meere melden die Quellen nichts. Sie werden das Schicksal der Ostgoten geteilt haben und unter hunnische Hoheit geraten sein. In Ungarn wird es zur Vereinigung mit neuen Scharen aus ihrer Heimat gekommen sein. Dafür spricht nicht nur ihr Heidentum, sondern auch ihr zähes Festhalten an alten Bräuchen, so daß man den Eindruck hat, daß sie weit mehr in der urwüchsigen Kultur ihrer skandinavischen Urheimat verankert sind als andere Ostgermanen. Auch werden ihre ständigen Beziehungen zu ihrer skandinavischen Heimat begreiflich, wenn es sich um Nachzügler aus relativ junger Zeit handelt, nicht noch aus der Zeit ihrer Niederlassung am Asowschen Meere.

Als sie auf dem Gipfel ihrer Macht angelangt waren, suchte auch Theoderich ihre Freundschaft. Aber um 505 haben die aufstrebenden Langobarden das Herulerreich vernichtet, wobei ihr König *Rodulf* sein Leben einbüßte. Wir besitzen darüber sowohl einen herulischen Bericht bei Prokop als auch einen langobardischen bei Paulus Diaconus. Die Reste des Volkes suchten bei den Nachbarn Zuflucht, wurden aber von den Gepiden schlecht behandelt. Ein Teil des Volkes ließ sich auf oströmischem Gebiet ansiedeln. Ein anderer beschloß in die Heimat zurückzukehren (s. u.). Die verbleibenden Reste nahmen an Plünderungszügen teil, wurden dezimiert und schließlich in Kastelle um das Eiserne Tor an der Donau gelegt, deren Namen auf -*burg* (*Marburg, Stiliburg* u. a.) herulisch sein können. Heruler verdangen sich als Reisläufer überall. Das ist nicht erst seit dem Untergang ihres Reiches so, denn sie haben ja schon Odoaker bedeutende Kontingente gestellt. Aber nun scheint die staatliche Ordnung endgültig gestört zu sein, denn wir finden sie in byzantinischen, gepidischen und langobardischen Diensten, so daß sie sich gegenseitig bekämpften. Nach 566 verschwinden sie.

Die rauhen Sitten, die sie aus ihrer skandinavischen Heimat mitgebracht haben, haben sie lange beibehalten, obwohl die Schilderungen übertrieben sein dürften. Manches Ungünstige, das von ihnen berichtet wird, wird auf die Verwilderung des Söldnerlebens zurückgehen. Wie in Schweden wurde der König für das Gedeihen des Volkes verantwortlich gemacht. So wurde er eines Tages einfach erschlagen. Aber bald darauf beschloß man, sich einen neuen König aus der skandinavischen Heimat zu holen, wo also Teile des Volkes in selbständiger Stellung zurückgeblieben waren. Als er während der Überfahrt im Lande der Dänen starb, kehrte man um und holte einen neuen. Ihm wandte sich ein Teil des Volkes zu, während einem andern Byzanz einen herulischen Offizier als König bestimmte, so daß sich das Volk in eine nationale und eine byzantinische Partei spaltete. Die zeitgenössischen Schriftsteller zeigen kein Verständnis dafür, daß ein Teil des Volkes so fest an der Dynastie hängt. Es spielen offenbar Vorstellungen von dem Sakralkönigtum herein, wie wir es aus Schweden kennen.

Als nach der Niederlage von 505 die Reste des Volkes bei den Gepiden schlecht behandelt wurden, trat ein Teil auf oströmisches Gebiet über. Ein anderer mit den Angehörigen des königlichen Geschlechtes beschloß um 512, in die Heimat zurückzukehren. Der Zug ging offenbar von der Donau im heutigen Serbien aus, ging also wohl über die Moldau (Rumänien), Galizien, Polen, dann durch eine Öde, worunter ein Teil Ostdeutschlands zu verstehen ist, der von der Bevölkerung verlassen und nur dünn bewohnt war. Damals waren hier also noch nicht die Slawen eingedrungen. Der Zug ging weiter über das Warnenland in Mecklenburg, worauf die Überfahrt nach Thule (Skandinavien) erfolgte. Hier ließen sie sich neben den Gauten nieder.

Durch die Angaben dieser Rückwanderung fällt willkommenes Licht auf die Heimat im Norden, worüber seit langem Meinungsverschiedenheiten bestehen. Lange Zeit herrschte die Ansicht, daß sie auf den dänischen Inseln oder in Jütland zu Hause gewesen seien[2]. Hier war für sie kaum Platz. Man hat sie nach Brandenburg gestellt, weil hier die Harlungenberge auftauchen, die aber auch anderswo begegnen und deren Zusammenhang mit dem Volke unwahrscheinlich ist. Eine Gleichsetzung *Heveldi* (Havelanwohner) *vel Heruli* ist nur eine gelehrte Glosse des Adam von Bremen. Man hat ihnen früher die Vermittlung der Runen aus Südrußland nach dem Norden zugetraut, weil ihre Verbindungen mit der Urheimat und ihre Rückwanderung bekannt waren. Aber die Ansicht von der südrussischen Schöpfung der Runen ist fast aufgegeben. Das Auftreten von Runenritzern *ErilaR* im Norden bedeutet nicht „Heruler", sondern „Jarl, Vornehmer". Dasselbe wird der Volksname bedeuten, der gegenüber **erilaz* und **erlaz* (dazu *Jarl*) eine Ablautform **Erulaz* voraussetzt[3].

Jordanes berichtet, daß die Dänen die Heruler aus ihren Sitzen vertrieben hätten. L. SCHMIDT[4] möchte diese Nachricht auf das 3. Jh. beziehen, weil zur selben Zeit, in der Heruler am Asowschen Meer auftreten, Westheruler begegnen, so daß eine Zersprengung durch die Dänen wahrscheinlich sei. Aber ein Herulerreich besteht in Schweden noch im 6. Jh., als die Rückwanderung erfolgt. Es genügt, daß sich im 3. Jh. der dänische Druck bemerkbar macht. Da die Dänen noch um 512 die Heruler in ihre Heimat zurücklassen, ist diese noch selbständig gewesen. Da jene damals bereits die dänischen Inseln besetzt hatten, wird auch schon Ostschonen in ihrer Hand gewesen sein. Da sich die Heruler neben den Gauten niederlassen, wird ihr Reich in Halland zu suchen sein, nicht in Blekinge und Schonen[5]. Die Nachricht von der Vertreibung der Heruler durch die Dänen wird sich dann auf ein Ereignis nach 510 beziehen und Cassiodor durch den Norwegerkönig Rodvulf zugekommen sein. Der Rest des Herulerreiches ist offenbar später in dänische Hand gefallen als die dänischen Inseln.

Es wird nicht leicht sein, die Hinterlassenschaft dieses Volkes, das als Vorläufer der Wikinger betrachtet werden kann[6], aufzufinden, da die Herrschaft an der Donau nur kurze Zeit gedauert hat und übrigens noch nicht lokalisiert ist, bzw. die Funde noch nicht zu genaueren Aussagen ausreichen. Am ehesten ist im Herulerreiche östlich vom Don Aufklärung zu erwarten, das wenigstens 150 Jahre bestanden hat. Zu ihren rauhen Sitten gehörten Menschenopfer, Tötung alter und kranker Leute, Witwenselbstmord, Königsabsetzung und -tötung. Das sind Rückständigkeiten, Relikte, die verraten, wie lange sich im Norden einst allgemein germanische und z. T. indogermanische Sitten gehalten haben. Hauptsächlich für diesen und die Zuzügler aus dem Norden sind Prokops Nachrichten in

Anspruch zu nehmen, denn er setzt ausdrücklich hinzu, daß er von früheren Bräuchen spreche[7]. Wir hören auch von guten Eigenschaften, von ihrer Tapferkeit und der Treue gegen die Soldherren. Daß sie sich gelegentlich empört haben, wird darauf zurückgehen, daß ihnen der Sold nicht gezahlt wurde, zumal sie sich ihrer Unentbehrlichkeit als Fußkämpfer bewußt waren. Erst im 6. Jh. nahmen sie unter dem Zwang der Verhältnisse den katholischen oder arianischen Glauben an.

W e s t h e r u l e r sind zuerst 287 bezeugt. Eine Schar Heruler brach in Gallien ein, wohl über die See. Ähnlich haben zu Beginn des 6. Jh. die Gauten ihre Seefahrten bis an die Rheinmündungen ausgedehnt. Ihre Wandergenossen waren 287 die *Chaibonen*, die L. Schmidt[8] mit den *Avionen* des Tacitus in Verbindung setzt, was nicht unmöglich ist, wenn es sich um ein falsches *h* (es wird auch *Chaviones, Chabiones* geschrieben) und Umsetzung in *ch* handelt. Wir finden Heruler in Gallien für den römischen Heeresdienst verpflichtet. Von ihnen gestellte Truppen erscheinen in enger Verbindung mit den Batavern, und deshalb denkt L. Schmidt daran, daß sie am unteren Rhein angesiedelt waren. In römischen Kriegsdiensten kämpften diese Heruler in Britannien und am Rhein, außerdem wohl gegen die Perser. Unter den Völkern, die 409 Gallien heimsuchten, werden auch Heruler genannt; vor 460 plündern sie die Westküste Spaniens. Weil sie sich in ihrer Selbständigkeit von den Franken bedroht fühlten, wandten sie sich um 475 an den Westgotenkönig Eurich um Hilfe[9]. Mit der Niederlage der Westgoten 507 werden auch die Westheruler unter fränkische Herrschaft gekommen sein. Auf Spuren einer nordgermanischen Mundart südlich von den Rheinmündungen wird u. S. 125 aufmerksam gemacht.

[1] So E. Klebel in den Mitteil. der Anthrop. Ges. in Wien 69 (1939), S. 66.

[2] S. Gutenbrunner in Gutenbrunner, Jankuhn, Laur, Völker und Stämme Südostschleswigs im frühen Mittelalter (1952), S. 109, 127 möchte wieder in *erilaR* den Herulernamen sehen. Er denkt sich das Volk auf den dänischen Inseln angesiedelt.

[3] J. de Vries, Über das Wort „Jarl' und seine Verwandten (La nouvelle Clio 6, 1954, S. 461—469).

[4] L. Schmidt, Geschichte der deutschen Stämme I[2], S. 104.

[5] So Th. Steche, Deutsche Stammeskunde. S. 146. Zur Frage E. Schwarz, Goten, Nordgermanen, Angelsachsen (1951), S. 159ff.

[6] Im Vers 59 des Widsith werden Wikinger neben Wandalen und Warnen genannt.

[7] Prokop, Gotenkrieg II, 14.

[8] L. Schmidt in Sachsen und Anhalt 4 (1928), S. 350; ders., Geschichte der deutschen Stämme I[2], S. 558.

[9] Daraus kann nicht gefolgert werden, daß die Westheruler in der Nähe der Westgoten an der Loiremündung saßen (Th. Steche, Dt. Stammeskunde, S. 147). Apollinaris Sidonius spricht von den „fernsten Küsten des Ozeans, von denen die meerfarbigen Heruler stammten", die er am Königshofe in Bordeaux gesehen hat, was auf nördlichere Sitze deutet.

K a p i t e l 2 0

Ostgermanen und Nordgermanen

(Abbildung 11)

Die Stammeskunde, die die Wanderungen der ostgermanischen Völker bisher meist isoliert betrachtet hat, muß sich entschließen, größere Zusammenhänge und die innere Abhängigkeit aller ostgermanischen Aussiedlungen aus der nordischen

Urheimat zu erkennen. Den Vortrupp bilden Kimbern, Teutonen und Ambronen, die in das römische Gebiet vorprellen und zugrunde gehen. Den zweiten Teil der Wandergenossenschaft bilden die Wandalen, Hasdingen, Warnen, Ambronen und andere Stämme, wodurch sich die Urheimat auf Südnorwegen und vermutlich auch die dänischen Inseln ausdehnt. Der Ausdruck „Wandilier" für die Ostgermanen bei Plinius ist deshalb nicht ganz unberechtigt. Ihnen folgen bald

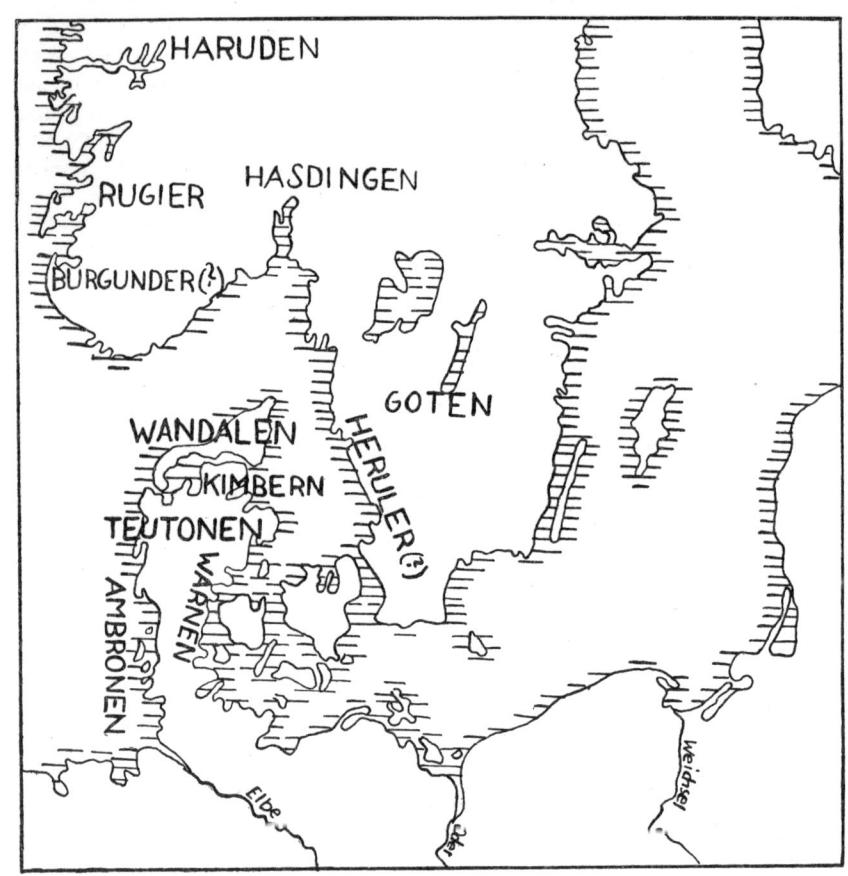

Abb. 11. Mutmaßliche nördliche Urheimat germanischer Stämme

darauf die Burgunder und Rugier, wodurch Südwestnorwegen den Kreis der auswanderungslustigen Nordgermanen erweitert. Sind diese Völker zwischen 120—100 v. Chr. ausgezogen, so folgen 100 Jahre später die Goten aus Götaland, im 2. Jh. die stammverwandten Gepiden, um 250 die Krimgoten und Heruler, diese vermutlich aus Halland.

Die Abhängigkeit der einzelnen Wanderungen, von den römischen Schriftstellern naturgemäß, weil ihrem Gesichtskreis fernliegend, nicht erkannt, ergibt sich aus der zeitlichen Abfolge, die aus den gegenseitigen Beziehungen zu erschließen ist. Die Siedlungsarchäologie vermag bei den großen Stämmen, die mit fertiger Kultur in ein neues Land kommen, zu helfen. Wichtig ist die Erkenntnis, daß sich die Stämme bei den Wanderungen leicht geteilt haben. So finden sich Ambronen sowohl bei den Teutonen als auch bei den Wandalen, wodurch nahes Beieinanderleben in der Urheimat wahrscheinlich wird. Da sich die Urgaue in Nordjütland noch nachweisen lassen und zwar wirklich in Nachbarschaft, sind alle Voraussetzungen erfüllt, die gerechterweise gestellt werden können.

Das Heimatgebiet der Abwanderungen um 120—100 v. Chr. umfaßt den Kattegatraum[1]. Die Ursachen werden nicht auf eine einmalige Sturmflut bei den Kimbern zu beschränken sein, sondern alle Völker werden aus den gleichen Gründen sich zur Auswanderung entschlossen haben. Auch wenn das Beispiel der Wandalen dabei mitgesprochen haben und der Abenteurerdrang in Rechnung gesetzt wird, werden Klimaverschlechterung und dadurch ausgelöster Rückgang der Ernten sowie Übervölkerung die Hauptrolle gespielt haben. Nordjütland war tatsächlich dichter als heute besiedelt. Dort, wo die Kraft der kleinen Stämme nicht ausreichte, bildete man nach alter Art Wandergenossenschaften. Sie dürften z. T. durch Kultbünde verwandte Völker betroffen haben, jedenfalls legt das das Kultzentrum der Wandalen auf dem Zobtenberg und ihr Dioskurenglaube nahe.

Alle diese Völker waren Seevölker. Man hat bisher zu wenig beachtet, daß sich ihre Fahrten nicht nur nach der Oder-, sondern auch nach der Weichselmündung gerichtet haben. Die Mündungsgebiete der beiden Flüsse stellen also die Einbruchspforten dar. Sie sind offenbar zur See erreicht worden. Diese Völker meiden die bewohnten Länder und streben nach den unbewohnten. Auch aus diesem Grunde ist zu folgern, daß das Land östlich der Oder „öde", d. h. dünn bewohnt war und zur Niederlassung lockte, also ein bedeutender Unterschied zwischen den Landschaften westlich und östlich der Oder bestanden hat. Das ist auch bei der Beurteilung des Wanderweges der Kimbern zu beachten. Daß die neuen Völker nicht etwa so wie die späteren Wikinger nur als eine dünne Herrenschicht einzuschätzen sind, ergibt sich aus den Aussagen der besonders in Schlesien vorzüglich ausgebauten und nach reichem Material urteilenden Siedlungsarchäologie sowie aus der Herleitung der gotischen Sprache aus dem Norden. Ihr stehen aber die übrigen ostgermanischen Sprachen sehr nahe.

Die Merkmale dieser ostgermanischen Sprachen sind außer dem Gotischen allerdings nur aus Eigennamen zu erschließen. Wir kennen sie aber immerhin schon aus der Zeit vor der Ansiedlung am Mittelmeere und finden sie z. B. bei Rugiern und Herulern, die niemals das Mittelmeer erreicht haben. Darum ist es abwegig, von den Anfängen eines Mittelmeergermanischen oder eines arianischen Germanischen zu reden[2]. Auch an der Herkunft der Ostgermanen aus dem Norden kann nicht gezweifelt werden. Von den Goten, Gepiden und Herulern ist die Herkunft aus Schweden bezeugt, das Auftreten der Ambronen bei den Teutonen und im wandalischen Bund zeugt ebenfalls davon. Man wäre sonst genötigt, die Rugier im norwegischen Rogalande, die Hasdingen in der Oslobucht, die Wandalen in Nordjütland aus dem Süden der Ostsee und aus Schlesien herzuleiten. Man müßte das Erscheinen von Rugiern an der Oder- und Weichselmündung, von Wandalen rechts der unteren Weichsel vernachlässigen. Hätten wir nicht die gotische Stammessage und die lebendigen Beziehungen der Heruler mit dem Norden, so würden dann auch diese Völker als „Ostseegermanen" erscheinen. Die Schwierigkeiten würden zu groß, da neben die Südwanderung noch eine Nordwanderung treten müßte. Auch die Aussagen der Vorgeschichtsforschung sind eindeutig, wenn man sich auf sie dort beschränkt, wo reichliches Fundmaterial Sicherheit gewährt[3].

Die Zusammenfassung dieser Stämme als „Ostgermanen" ist berechtigt, gilt aber bei den Goten nicht einmal für zwei Jahrhunderte. Die meist beliebte Gegenüberstellung zu den „Westgermanen" liefert ein z. T. unrichtiges Bild, da es sich eigentlich um Gegensätze zwischen Nord- und Südgermanen handelt, die sich nun auch in West-Ostrichtung auswirken. Noch im 6. Jh. war die Zugehörigkeit dieser Völker zur „gotischen" Gruppe, zu denen Prokop Rugier, Skiren und Wandalen und die germanisierten Alanen zählt, erkennbar. Auch bei langer zeitweiliger Abtrennung blieb die Sprachzugehörigkeit bestehen, weil diese Völker Staaten bildeten, die durch gemeinsame Heimat, z. T. durch Sakralkönigtum, Sagen usw. zusammengehalten wurden. Dadurch wurde die Vermischung mit anderen Germanen verhindert und aufgehalten. Sie wurde erst wirksam, wenn solche „Staaten" zugrunde gingen, wie es z. B. bei den Herulern zu beobachten ist, oder wenn die Beziehungen zu anderen Ostgermanen unterbrochen wurden, wie es für die Burgunder in Südostfrankreich gilt. Anders wieder war es, wenn Nordgermanen wie die Eudusen und Haruden in Süddeutschland wohnen blieben und in den Elbgermanen aufgingen, wovon noch die Rede sein wird.

Schon in der Urheimat wird es an Spannungen nicht gefehlt haben, wie sie sich bei Nachbarn wegen Grenzstreitigkeiten, aus Eifersüchteleien der regierenden Familien usw. ergeben. Die Goten, die erst 100 Jahre später über die Ostsee fahren, können schon damals mit den Wandalen verfeindet gewesen sein. Zumindest muß ihr Kampf mit ihnen nach ihrem Erscheinen im Weichsellande die Verschlimmerung ihrer Beziehungen ausgelöst haben, die noch spät festzustellen ist. Die späteren Ereignisse haben dazu geführt, daß sich die Goten mit allen Vorgängern im Kampf gemessen haben, sogar mit den zu ihrem Volk gehörenden Gepiden. Der Kampf um den Siedelraum war wichtiger als das Wissen um die gemeinsame Heimat. Man war noch im Stammesdenken verfangen und große Zusammenhänge nicht gewohnt.

Die Verbundenheit mit der Heimat hat sich in der Stammessage und in Heldenliedern niedergeschlagen, die wohl kritisch zu beurteilen, keinesfalls aber gering zu schätzen sind. Die gotische Stammessage ist durchaus glaubhaft, wenn man die darin entgegentretenden Auffassungen von einem größeren Standpunkt aus betrachtet. Das zuletzt ausgewanderte Volk der Heruler hat sogar die ganze Zeit die Verbindung mit der Heimat aufrecht gehalten, und hier ist uns auch eine Rückwanderung bekannt, die bei den anderen Ostgermanen nicht ganz gefehlt haben wird, auch wenn darüber keine direkten Nachrichten vorliegen. Man war über das Schicksal der fortgezogenen Stammesgenossen unterrichtet, wie das Beispiel der wandalischen Gesandschaft nach Karthago zeigt. Auch die ausgewanderten Volksteile wußten von der Heimat, sonst hätten sich nicht die Heruler einen König aus der daheim gebliebenen Königssippe holen können.

Die Wanderungen bringen das Königtum zur Macht, wobei Unterschiede bestehen. Die Goten hatten bereits im ersten Jh. n. Chr. ein mächtiges Königtum, das sich ja bei der Landnahme im Weichsellande bewährt hatte. Die Burgunder allerdings lebten noch lange unter Herzögen. Einzelne kraftvolle Führerpersönlichkeiten wie Ermanarich, Geiserich, wohl aber schon die Anführer und Organisatoren der Volkswanderung haben zeitweilig die Volksversammlung ausschalten können. Theoderich und Alarich zeigen staatsmännische Fähigkeiten. Aber auch schwache und beschränkte Politik ist betrieben worden, meist zum Schaden der Stämme, z. B. bei Rugiern, Herulern, Burgundern.

Das Wandern aus der Heimat verlangt Herausreißen aus der gewohnten Bahn, Einfügungsmöglichkeit in neue Verhältnisse, Ablösung vom Boden der

Ahnen. Die Völker benehmen sich dabei verschieden. Während sich die Goten sehr empfänglich zeigen und eine Reihe bedeutender Staatsgründungen zustande bringen, versagen die Heruler, die ihr altes Leben fortführen und schließlich zugrunde gehen. Auch bei den Rugiern war der Eintritt in die hohe Politik unglücklich. Am frühesten scheint die Religion gelitten zu haben. Relativ leicht wird das Heidentum aufgegeben und das arianische Christentum angenommen, ein Zeichen, daß der Wille da war, sich in neue Verhältnisse einzuordnen. Der gotische Arianismus hat unter den verwandten Völkern und darüber hinaus zu missionieren verstanden, so daß er fast zur Staatsreligion der Ostgermanen geworden ist. Er wurde zur Staatskirche, hat aber gerade dadurch den Gegensatz zu den katholischen Eingeborenen vertieft.

Es war ein Unglück für die Ostgermanen, daß sie sich aus ihrer neuen Heimat in Ostdeutschland wieder fortbegeben haben. Bei den Goten und Gepiden an der Weichsel hat die Übervölkerung dazu getrieben und zum Druck auf die anderen Germanen geführt. Die südrussische Heimat suchten die Ostgoten gegen die Hunnen zu verteidigen, während die Westgoten und Wandalen der neuen Gefahr auswichen. Die Niederlage des Ermanarich muß den Germanen einen großen Schrecken eingejagt haben. Völkerdruck scheint überall eine große Rolle gespielt zu haben. Die Einwanderung der Goten in das Weichselland löst Zurückdrängen der Rugier, Burgunder und Wandalen aus, die sich nach anderen Richtungen ausdehnen. Die Abwanderung der Goten an das Schwarze Meer ruft einen Druck auf die Südnachbarn hervor, der weitergegeben wird und sich an der Donau in den Markomannen- und Quadenkriegen Luft macht. Überall entsteht bei Bodenverlust ein Druck, der uns verrät, wie empfindlich diese Völker gegen Verminderung des fruchtbaren Landes waren. Die Bitte um Land bringen schon die Kimbern vor, später die hasdingischen Wandalen. Landnot löst die Kämpfe der Gepiden und ungarischen Wandalen mit den Goten aus, die Auseinandersetzung der Westgoten mit Byzanz, die Züge der Westgoten nach Südgallien, der Ostgoten nach Italien. Das Föderatenverhältnis schafft keine dauernde Ruhe und befriedigt nicht das Landbedürfnis, zumal die Schwäche des Römerreiches im 5. Jh. offenkundig ist. Dabei haben sich die germanischen Stämme von der römischen Politik gegeneinander ausspielen lassen. Nur wenige germanische Fürsten haben die Problematik der Eroberungen erkannt, wo sich überall eine kleine kampfestüchtige germanische Minderheit mit einer romanischen und katholischen Mehrheit auseinanderzusetzen hatte. Am krassesten scheint das Zahlenverhältnis in Nordafrika gewesen zu sein, wo etwa 80 000 Wandalen einer Mehrheit von etwa 8—9 Millionen gegenüberstanden. Daher rührt der rasche Zusammenfall dieser germanischen Staaten auf römischem Boden, wenn den großen Herrschern wie Theoderich und Geiserich schwache folgten.

Licht fällt gelegentlich auf das Stammesgefüge. Daß der Volkswille entscheidet, sieht man darin, daß überall Stammesteile zurückbleiben, die Auswanderung in der Hauptsache also — wenn nicht Volksbeschluß in bestimmten Fällen vorliegt — eine Sache des zustimmenden Teiles ist, der sich neu als Heeres- und Volksgemeinde unter Heerkönigen konstituiert. Leicht können sich so die Stämme teilen, so daß sie an ganz verschiedenen Stellen auftauchen, man denke an die Goten in Mösien, die Loslösung von Ostgoten von ihren Stammesgenossen in Südrußland und ihrem Anschluß an die Westgoten, was sich in Pannonien wiederholt hat. Überall bleiben Reste zurück, die sich nicht zur Aus- oder Weiterwanderung entschließen können. Dem verdanken wir die Erhaltung der alten Landschaftsnamen im Norden (Rogaland, Gautland, Vendelland, Himmerland,

Teutonenland), auch bei Zwischenstationen (Rügen, vielleicht Bornholm, Rugiland in Niederösterreich). Andere Wanderungen, so die über die Ostsee, werden durch Übervölkerung veranlaßt sein, die Hungersot im Gefolge hatte, so daß durch Dingbeschluß ein Teil die Heimat verlassen mußte.

Schwerwiegend war das Verlassen Ostdeutschlands für dessen völkische Zukunft. Es sind zwar nicht sofort die Slawen nachgerückt, weil die heimkehrenden Heruler noch eine Öde zwischen diesen und den Warnen angetroffen haben, für die sich anders als nach dem Abzuge der Bastarnen keine neue germanische Bevölkerung gefunden hat. Aber diese Öde mußte zur Landnahme anderer Völker verlocken, wenn dies die politische Lage ermöglichte. Dazu kam es im 6. Jh. nach der Zerstörung des Gepidenreiches und dem Abzuge der Langobarden, als das Auftauchen der Avaren die Vorbedingung für die Westwanderung der Slawen nach Ungarn, dem Sudetenraum und Ostdeutschland wurde. Es ist müßig sich auszudenken, wie die Geschichte geworden wäre, wenn die Ostgermanen in Ostdeutschland geblieben wären, aber trotzdem wichtig, sich bewußt zu werden, daß durch diese Wanderungen das Geschick großer Teile Europas bis heute bestimmt worden ist.

---

[1] Vgl. den Abschnitt „Kattegatraum und Ostseeraum" bei E. Oxenstierna, Die Urheimat der Goten (1948), S. 132ff.

[2] Gegen H. Kuhn, Zs. f. dt. Alt. 86 (1955), S. 45.

[3] Die nötige Zusammenschau fehlt bei H. Kuhn, a. a. O., S. 13.

DRITTER TEIL

DIE NORDSEEGERMANEN

Kapitel 21

Die jütischen Stämme

(Abbildung 12)

Von den jütischen Stämmen der Kimbern, Teutonen, Ambronen und Wandalen war schon die Rede (Kap. 12, 13). Daß Reste zurückgeblieben sind, beweisen die Landschaftsnamen, bei den Ambronen vielleicht der Inselname Amrum. Kimbernreste werden außerdem durch ihre Erwähnung im Monumentum Ancyranum gesichert.

Auf diesem werden auch H a r u d e n neben den Kimbern genannt. Tatsächlich liegt südlich vom Thylande *Harsyssel*, älter *Harthesysael*, altisl. *Hǫrð ā Jōtlandi*. Es ist eine Streitfrage, seit wann mit Haruden in Jütland zu rechnen ist. Sie werden weder beim Kimbernzuge noch bei der wandalischen Wandergenossenschaft genannt. Die Meinung, daß sie doch am Kimbernzuge beteiligt waren[1], ist schwach begründet, da sie nur auf der Auflösung einer Abkürzung beruht (s. o. S. 59). Da die Ambronen südlich der Teutonen am ehesten ursprünglich ein Gauvolk der Teutonen waren (s. o. S. 61), gerade hier aber der Harudengau auftritt, besteht die Möglichkeit, daß sich die Haruden erst im Laufe des 1. Jh. v. Chr. in Westjütland auf dem durch den Wegzug der Ambronen leer gewordenen Gebiete niedergelassen haben. Sie müssen aber auch dann bereits vor 60 v. Chr. im Lande gewesen sein, wahrscheinlich aber doch seit älterer Zeit, denn Haruden werden neben Eudosen im Jahre 58 v. Chr. unter den eben angekommenen Hilfsscharen des Ariovist genannt, für die dieser Land von den Galliern beansprucht. Die Sequaner mußten ein zweites Drittel für 24 000 Haruden abtreten, die trotzdem auch das Land der Häduer verwüsteten. An den Bemühungen des Ariovist, in Gallien Neuland zu beschaffen, waren also auch nordjütische Stämme beteiligt, ein Zeichen, daß swebische und nordjütische Stämme im Begriff waren, einen Neustamm zu bilden, wenn nicht durch das Eingreifen Caesars Ariovist zurückgeworfen worden wäre. Über ihr späteres Schicksal s. unten S. 162. Es ist denkbar, daß die zu Ariovist gestoßenen Haruden nicht direkt aus Jütland zugezogen sind, sondern daß sie Angehörige des Wandalenbundes waren, in der Nähe der Semnonen Land genommen hatten und durch diese am Unternehmen des Ariovist interessiert worden sind.

Die Haruden gehören zu den Völkern, die in Südwestnorwegen ihren Urgau haben. Das norwegische *Hǫrðaland* liegt in der Nähe von Hardanger und Bergen (s. Abb. 11), und die Nennung *Arochi* (= *Harothi*) bei Jordanes zeigt, daß es sich um einen alten Stamm handelt. Es ist kaum anzunehmen, daß die Besiedlung von Jütland aus erfolgt ist[2]. Der nördliche Gau wird die Urheimat sein, da ja dieser Teil Norwegens schon von Pytheas besiedelt angetroffen worden ist (s. o.

S. 42). Das Volk heißt im Ahd. *Haruth-*, angelsächsisch *Hæreð*, altnord. *Haruthar*, Ptolemaeus schreibt Χάρουδες. Während man früher den Namen zu altengl. *harað*, *hared* „Hart, Wald" stellte[3], bietet R. MUCH eine gute Etymologie zu idg. **karuts* „Held, gewalttätiger Mensch" (altirisch *caur*, 2. Fall *caurad*), die vorzüglich in die Namengebung der uns bereits bekannten Stämme des Nordens

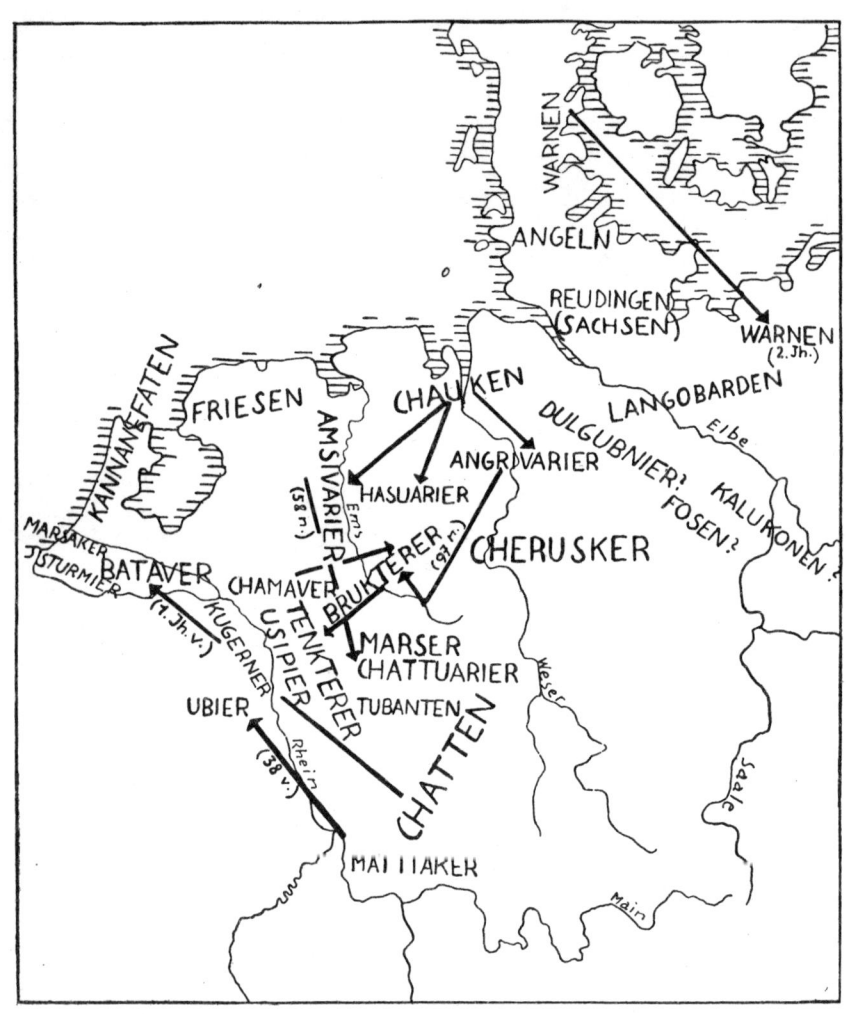

Abb. 12. Die nordwestdeutschen Stämme im 1. Jh. n. Chr.

paßt, vgl. Goten „Menschen", Heruler „Vornehme", Teutonen „Volk", Ambronen „Kinder" u. a.[4]. Es ist wichtig festzustellen, daß die Bindungen nordjütischer Völkerschaften in vorchristlicher Zeit nach Norwegen und nicht nach Schweden reichen. Dieselbe Beobachtung wurde schon bei den wandalisch-hasdingischen Beziehungen gemacht.

Zu den nördlichen Völkern, die mit den Hermunduren zum Stamm der Thüringer erwachsen sind, den Angeln und Warnen, treten auch Haruden hinzu, wie der Harudengau im nördlichen Harzland zeigt, in alter Zeit *Hardagō*, 852 *Harudorum pagus*. Man darf hier nicht an das altsächsische *hard* „Wald" denken, da dafür **Hardgō* zu erwarten wäre[5]. Ließe sich wahrscheinlich machen, daß diese Haruden schon im 1. Jh. v. Chr. hier gewohnt haben, könnte von hier der Zuzug zu Ariovist erfolgt sein, da die Hermunduren zu den swebischen Völkern gezählt werden, die am Unternehmen des Ariovist interessiert waren.

Nach Tacitus folgen auf die Langobarden, d. h. nordwärts von ihnen, die an der unteren Elbe gedacht sind, die *Reudigner, Avionen, Angeln, Variner, Eudosen, Suardonen* (in einer anderen Handschrift *Suarines*), *Nuithonen*, alle durch Flüsse oder Wälder geschützt. Ihnen gemeinsam ist der Nerthuskult, sie werden also als Nerthusverehrer dargestellt. Ptolemaeus kennt zwischen den Σάξονες und den Κίμβροι mehrere Stämme, von denen man einige in Landschaftsnamen wiederfinden will, so die Σαβαλίγγιοι in *Salingsysael*, die Χάλοι in *Hallaehaereth*. Die Σιγούλωνες können nicht mit *Sinlende* zusammengebracht werden. Oberhalb der Χάλοι wohnen nach ihm die Φουνδούσιοι (= Eudusen), als östlichere die Χάρουδες (= Haruden), am nördlichsten von allen die Κίμβροι (Kimbern). Es handelt sich offenbar bei den Stämmen, die nirgends mehr genannt werden oder mit bekannten gleichgesetzt werden können, um Untergaue, zumal auch Tacitus Namen bringt, die sich sonst nicht nachweisen lassen. Man muß daran denken, daß auch unter den wandalischen Stämmen in Schlesien Namen auftauchen, die vereinzelt bleiben, aber doch mit uns unbekannten in Jütland oder den dänischen Inseln zusammenfallen können.

Woher die Aufzählung bei Tacitus stammt, ist nicht bekannt. Sie betrifft offensichtlich, wie aus dem Fehlen von Teutonen, Haruden und Ambronen hervorgeht, ostjütische Stämme, wobei von Süden nach dem Norden fortgeschritten wird. Da er den Nerthusbund betont, ist es möglich, daß er seine Kenntnisse nicht aus der Literatur bezogen hat, sondern daß sie auf die Angaben der semnonischen Seherin Γάννα zurückgehen, die zur Zeit des Domitian mit dem König Μάσυος nach Rom gekommen ist und die auch die Nachrichten über den Semnonenhain vermittelt haben wird. Sie wird über Kulteinrichtungen gut unterrichtet gewesen sein. Wo die *Suardonen* (*Suarines*) und *Nuithones* zu suchen sind, bleibt unklar. Wir wissen nichts von der Bevölkerung der dänischen Inseln in vordänischer Zeit. Von Etymologien ist bei der Unsicherheit der Schreibungen besser abzusehen. Bei den E u d o s e n können wir in der Nachbarschaft der Haruden sein, denn sie stellten mit diesen Ariovist Hilfstruppen. Daß die Schreibung des Caesartextes *Sedusii* in *Eudusii* zu verbessern ist, ist seit langem bekannt. Orosius, der aus derselben Quelle schöpft, nennt sie *Eduses* (*Edures, Eudures*). Das *S* des Anlautes ist aus dem vorausgehenden Namen *Nemetes* herübergenommen. Auch die Φουνδούσιοι des Ptolemaeus sind in Εὐδούσιοι zu verbessern. Die Εὐδουσιανοί, die im 5. Jh. n. Chr. am Ostufer des Schwarzen Meeres auftauchen, können nicht in nachhunnischer Zeit hierher gelangt sein, sondern werden in der Mitte des 3. Jh. etwa gleichzeitig mit Herulern und Krimgoten erschienen sein und wie jene außerhalb des gotischen Machtbereiches Land angewiesen erhalten haben. Der Stammesname gehört zum altnord. *iōð*, germ. **euthuz*, **euðus* „Abkömmling". Das Wort (lat. *über*, altind. *ūdhar* „Euter") ist ein *r/n*-Stamm, im Altind. begegnen vereinzelt Formen eines *-es*-Stammes, der im germanischen Volksnamen auftaucht. Man kann als ihre Nachfolger die J ü t e n ansehen, die in derselben Landschaft zu verankern sind. Ihre Volksreste, die wie die anderen auf der kimbrischen Halbinsel in den ostnordischen Dänen aufgegangen sind, haben der Halbinsel den noch heute herrschenden Namen Jüt-land verliehen[6]. Der Name (altnord. *Jōtar*, ags. *Ēotan*) gehört zum altnord. *ýtar* < **eutiōz* „Menschen". Vielleicht nannte sich so ein Bund der zurückgebliebenen Stammesreste. Über die Schicksale der in Süddeutschland zurückgebliebenen Eu-dusen und ihr Wiederaufleben in den Juthungen s. u. S. 174.

Auf sie folgen bei Tacitus die W a r n e n , wozu vorzüglich stimmt, daß sie sich am Wandalenzug beteiligt haben. Ihre alten Sitze werden deshalb zwischen den Eudosen und den Angeln im Osten Jütlands anzusetzen sein. R. Much ist geneigt, sie in Mecklenburg zu suchen[7], wo Ptolemaeus nördlich von den Sem-nonen die Οὐίρουνοι und Αὖαρποι, beide wohl verschrieben für Οὐάρινοι, auf-führt. Diese Angaben lassen sich angesichts des deutlichen Südzuges der jüti-schen Völker vereinigen, wenn man annimmt, daß sich die Warnen im 2. Jh. n. Chr. südwärts nach Mecklenburg verlagert haben. Die slawischen *Warnawi* an der *Warnow* in Mecklenburg im Mittelalter können den germanischen Stam-mesnamen fortsetzen, doch läßt sich der Flußname auch leicht aus dem Slawi-schen deuten (**Varnov* „Krähenfluß"). Auf mecklenburgische Warnen scheint sich die Erwähnung von Warnen bei der Heimkehr eines Teiles der Heruler zu beziehen, die vor dem Dänenlande erreicht werden[8]. Der Widsith nennt die *Wernas* zwischen den *Brandingen, Awionen* und *Jüten,* ohne daß die aus Stab-rücksichten gewählte Zusammenstellung für die Ansetzung ihrer Sitze zwingend ist. Sie würde am besten mit der Heimat zwischen Jüten und Angeln überein-stimmen. Der Volksname wird zu altnord. *vari* „Wasser" gestellt, so daß er „Meeranwohner" bedeuten kann[9]. Über die Beteiligung von Warnen bei der Bildung der Thüringer s. u. S. 180.

Am rechten Ufer des Niederrheins ist ein Reich der Warnen bezeugt, die man als „W e s t w a r n e n " bezeichnen könnte. In einem Brief aus den letzten Jah-ren Theoderichs dankt dieser dem Warnenkönig für Geschenke. Bald darauf weiß Prokop von Beziehungen zum fränkischen und anglischen Königsgeschlecht und von einem Kriegszug einer Angelnkönigin in England gegen das Warnen-reich wegen gebrochenen Heiratsversprechens zu berichten, Einzelheiten, die Prokop von einer anglischen Gesandtschaft in Konstantinopel, die sich damals dort aufgehalten hat, zugekommen sein werden.

Über die Ostwarnen s. o. S. 72

Strittig ist der Heimatbereich der von Tacitus erwähnten A v i o n e n , die offenbar nordgermanischen **Aujanōz* entsprechen und noch im Widsith als *Ēowe* auftauchen. In der Genealogie der Könige von Mercien tritt ein *Ēowa* auf, der also in die Nachbarschaft der Angeln gehört. Der Name bedeutet „Inselbewohner" (nordgerm. **aujō* „Insel", vgl. *Scadinavia,* nordseegerm. **awwjō*). Es wird meist an die nordfriesischen Inseln gedacht, weil hier *-ey* als Inselname verwendet wird. Tacitus sagt aber von diesen Stämmen, daß sie alle durch Flüsse oder Wälder geschützt seien, was nicht auf die nordfriesischen Inseln zutrifft, wohl aber auf die großen dänischen Inseln, für die auch ein Name bei Aufzählung ostjütischer Stämme zu erwarten ist. Ist die Gleichsetzung mit den *Chaviones* richtig (s. o. S. 107), so gehören sie in die Nachbarschaft der Heruler. Auch die Frage der Lo-kalisierung des Nerthushaines steht noch offen. Da es sich um einen Hain han-delt, wird man nicht an die nordfriesischen Inseln denken. R. Much erwägt, ob er bei den Haruden zu suchen sei[10], die in Norwegen besondere Nerthusverehrer waren. Mehr Wahrscheinlichkeit darf, was auch Much daneben sehr erwägens-wert findet, das später berühmte Heiligtum in *Hleiðr,* das alte *Lethra* auf See-land, das heutige Ledreborg, in Anspruch nehmen, das Thietmar von Merseburg beschreibt. Hier wurden große Opferfeste gefeiert. Die Örtlichkeit stimmt mit den Bemerkungen bei Tacitus und der Halle *Heorot* im Beowulf gut überein.

Bei der Frage, ob diese jütischen Stämme zu den Nord- oder Südgermanen (Westgermanen) zu rechnen seien, muß zunächst daran erinnert werden, daß zwischen Kult und Sprache zu unterscheiden ist. Der Kult führt in alte Zeiten zurück und war eher da, als die Spaltung der Sprachen begonnen hat. Zu den Ingwäonen im Kultsinne können also an und für sich Nord- und Südgermanen gehören. Die Mehrzahl der deutschen Forscher zählt die jütischen Germanen zu den Westgermanen. Aber da die Wandalen aus dem Norden Jütlands stammen und ihre Sprache dem Gotischen und damit dem Nordischen nahe steht, sind sie und ihre nächsten Verwandten, die Kimbern, Teutonen und Jüten, Nordgermanen gewesen, ebenso die Haruden infolge ihrer Herkunft aus Norwegen. Nordgermanische Sprachspuren reichen noch weiter südwärts. Die Runeninschrift auf dem goldenen Horn von Gallehus (Tondern) in Nordschleswig (*Ek Hlewagastiʀ HoltijaʀR horna tawido*) ist zwar nicht streng beweisend, doch ist nicht zu leugnen, daß sie im 5. Jh. dem Nordgerm. näher zu stehen scheint als dem Nordseegerm. Daß es sich in Nordschleswig um die sprachliche Mischzone zwischen Nord- und Südgermanisch handelt, wird dadurch bewiesen, daß sich nördlich davon auf zwei Brakteaten die Inschriften *niujil(a)* und *niuwila* finden, von denen die erste südlicher als die zweite liegt, aber das nordgerm. *niuj-*, diese aber das südliche *niuw-* „neu" enthält[11].

---

[1] L. Schmidt, Geschichte der dt. Stämme II², S. 5 glaubt, daß die Haruden Wandergenossen der Kimbern und Teutonen gewesen sind, weil sie sich an der Sühnegesandtschaft des Jahres 5 n. Chr. an den Kaiser beteiligt haben. Doch liegt ein bestimmtes Zeugnis dafür nicht vor, die Beteiligung am Unternehmen des Ariovist spricht eher dagegen.

[2] So R. Much, Dt. Stammeskunde², S. 24. Doch spricht er später nicht mehr davon.

[3] F. Holthausen, Altenglisches etym. Wörterbuch (1932), S. 145.

[4] R. Much, ebda., S. 45, 97.

[5] L. Schmidt, a. a. O., S. 19 erklärt diese Schreibung als eine falsche Etymologie des Rudolf von Fulda.

[6] Vgl. R. Much, Die Germania des Tacitus, S. 349.

[7] Ebda., S. 348.

[8] Anders L. Schmidt, a. a. O., S. 24, der sie in Schleswig sucht.

[9] W. Steinhauser, Beitr. z. Namenforschung 4 (1953), S. 95.

[10] R. Much, a. a. O., S. 354ff. Anders F. R. Schröder, Ingunar-Freyr (1941), S. 41ff.

[11] Ausführlicher zu dieser Frage E. Schwarz, Goten, Nordgermanen, Angelsachsen, S. 243.

Kapitel 22

Angeln, Sachsen, Chauken und Friesen

(Abbildung 12)

Zwischen den Warnen und den Awionen, aber nördlich von den Reudingen (Sachsen) nennt Tacitus die A n g e l n , von denen Ptolemaeus in diesem Raum nichts weiß, während er Σουήβοι οἱ Ἀγγειλοι westlich der mittleren Elbe ansetzt (als Westnachbarn der Σουήβοι οἱ Σέμνονες). Daß mit den Angeln in England nicht etwaige thüringische Angeln vereinigt werden können, wird noch zu erwähnen sein (u. S. 124). Man wird an eine anglische Wanderung nach Thüringen im 2. Jh. n. Chr. denken oder erwägen, daß es sich um Sweben handelt, die von der Landschaft Angeln in Schleswig etwa in der Mitte des ersten Jahrtausends v. Chr. ausgegangen sind, als sich der Bund der Elbgermanen konstituierte. Zu Beginn der Eisenzeit, zwischen 750 und 500 v. Chr., hören die alten Friedhöfe auf, weil die Bewohner nach Süden gezogen sind. Dann müßte sich allerdings die Überlieferung darüber ein halbes Jahrtausend gehalten haben. Man wendet gegen die Beziehung der taciteischen Angeln auf die Landschaft Angeln ein, daß diese nur klein sei. Das ist dasselbe Problem wie bei allen jütländischen Landschaftsnamen, die alte Völkernamen fortsetzen. Das heutige Angeln ist das Gebiet zwischen Flensburger Förde und Schlei. Zugehörigkeit zu ahd. *angul* „Angel, Winkel" ist wahrscheinlich, der Volksname davon abgeleitet und sekundär. Nach dem Abzuge der älteren Bevölkerung nach Süden um 750—500 v. Chr. ist erst wieder im ersten vorchristlichen Jh. eine bodenständige Bevölkerung zu beobachten, nach JANKUHN[1] eine swebische Gruppe, die vom Süden kommt. In der Folgezeit wird der Siedlungsraum größer, auch Rodungen werden vorgenommen. Im 3. und 4. Jh. nimmt die Bevölkerung weiter zu, während im 5. die Funde an Zahl nachlassen, was auf Abwanderung deutet.

Als südlichstes Volk nennt Tacitus die *Reudigni*, wofür germanisches **Reudingōz* „ R e u d i n g e r " anzusetzen ist, die „Roder", denn Rodungen sind schon in germanischer Zeit vorgekommen. Sie waren seit dem Aufkommen von eisernen Äxten und Pflug möglich. Da wir in Holstein stehen, dürfen sie mit den späteren *Holtsati,* den „Waldsassen, Holsten" gleichgesetzt werden. Der Name S a c h s e n kommt erst bei Ptolemaeus vor. Diese Sachlage wird in der Forschung sehr diskutiert, und es fehlt nicht an Hypothesen. Besonders erwägt man eine Stammesbildung erst im 2. Jh. n. Chr. Doch könnte der Stammesname Sachsen in ältere Zeit zurückreichen. Auf ihr Verhältnis zu den Chauken wird bei diesen (u. S. 119) eingegangen. Im Jahre 286 plünderten die Sachsen gemeinsam mit Franken (Saliern) die nordfranzösische Küste. Vielleicht darf daraus auf eine unruhige Zeit geschlossen werden, in der sich der sächsische Druck bemerkbar macht. Ihr Stammesname wird mit ihrer Nationalwaffe, dem einschneidigen Schwert (ahd. *sahs*), in Zusammenhang stehen, erst sekundär dazu der Beiname ihres Hauptgottes *Sahsnōt* „Sachsengenosse" für Tiuz gebildet sein.

Um die Angriffe von Seevölkern, unter denen besonders Sachsen zu suchen sind, abzuwehren, wurde zwischen Loire und Schelde und in Südostengland ein Küstenschutz eingerichtet, das sogenannte *Litus Saxonicum.* Es spricht manches dafür, daß mit den Sachsen die Chauken vorgingen. Auch Britannien wurde schon in dieser Zeit durch die Sachsen beunruhigt. Auf der Bataverinsel stießen die Römer mit Sachsen und Franken zusammen. An der Schlacht von 451 haben Sachsen auf Seite des Aetius teilgenommen und sich im Laufe des 5. Jh. an der nordfranzösischen Küste und an der Loiremündung festgesetzt. Man hat hier sowohl an Stützpunkte für die Landnahme in England als auch für Plünderungen zu denken, beginnt doch jene in der Mitte desselben Jh. Die Sachsen in Frankreich gerieten schließlich unter fränkische Herrschaft und werden 570 bekehrt. Am Ende des 6. Jh. berichten die Quellen mehrfach von den Sachsen von Bayeux (*Saxones Baiocassini*). Noch im 9. Jh. wird die Gegend *Otlinga Saxonica* genannt. Die ON auf *-ingtūn* zwischen Boulogne und Calais, die auch an der gegenüberliegenden Küste Englands begegnen (z. B. *Dirlingthun* im Kreise Boulogne, 865 *Diowaldingathun*), werden aber nicht auf diese Sachsen, sondern auf Angelsachsen, besonders Jüten, aus Britannien zurückgeführt[2]. An Sachsen dagegen erinnern ON wie *Sissonne* (Dép. Aisne), 1222 *theotunica villa de Sissonia < Saxonia*³.

Über die Teilnahme der Sachsen an der Landnahme in Britannien s. u. S. 123. Im Jahre 12 v. Chr. fiel Drusus, von den Friesen kommend, in das Land der C h a u k e n ein, deren Wohnsitze nach den Quellen von der unteren Ems bis zur unteren Elbe lagen. Schon der älteste Gewährsmann, Velleius Paterculus, spricht von Stämmen. Es sind die „größeren" und „kleineren Chauken" gemeint, die durch die Weser getrennt waren. Im Jahre 5 v. Chr. wurden sie für die Römer gewonnen und standen während der Kämpfe zwischen Armin und Germanicus auf ihrer Seite. Schließlich begannen sie aber ihre Beziehungen zu den Römern zu lösen. Ihre Seefahrten, die sie auf Einbäumen unternahmen, dehnten sie bis an die gallischen Küsten aus. Im Jahre 58 n. Chr. vertrieben sie die Amsivarier aus ihren Sitzen an der unteren Ems, und dasselbe wird für die Hasuarier an der Hase, dem Nebenfluß der Ems, anzunehmen sein. Im Bataverkriege kämpften sie gegen die Römer. Das Vorgehen der Angrivarier gegen die Brukterer kann durch den Druck der Chauken ausgelöst sein, von denen Tacitus sagt, daß ihr Gebiet noch das der Chatten erreichte. Um 170 wird wieder ein Piratenzug nach Gallien gemeldet. Zuletzt werden sie im 4. Jh. als *Chaci* im Rücken der Chamaver erwähnt (*au* ergibt im Altfriesischen ein *ā*).

Der Name wird zu germ. *hauhs* „hoch" gestellt mit *c* als Lautersatz für *h*, wohl weil durch keltischen Mund vermittelt. Die germanische Bezeichnung wird **Hauhōz* gewesen sein. Eine alte Kolonie werden die von Ptolemaeus in Irland verzeichneten Καῦκοι sein, die für alte Seefahrten bis Irland zeugen. Sie werden von den Rheininseln ausgegangen sein, die z. T. im ersten Jh. n. Chr. in chaukischer Hand waren, weil unter den Stämmen der irischen Ostküste auch Μανάπιοι angeführt werden, die auf die belgischen *Menapier* zurückweisen⁴. Plinius erzählt von den Chauken, daß sie auf hohen Erdhügeln wohnen (den Warfen), Fischer seien und Erde (Torf) zum Heizen verwendeten. Diese Schilderung kann nur für die Marschenbewohner zutreffen, die aber auch Viehzucht und etwas Ackerbau betrieben haben.

R. Much⁵ meint, daß sie in den Franken fortleben, für die ein poetischer Name *Hugones*, angelsächsisch *Hūgas* überliefert ist, worauf auch *Hugdietrich* für den fränkischen Dietrich zurückzuführen sei. Aber ihr Land ist zu Beginn des Mittelalters teils friesisch, teils sächsisch. Der politische Mittelpunkt der Sachsen *Marklo* lag später an der Weser im Lande Engern, im Gebiete der durch die Chauken verdrängten Angrivarier. Es ist deshalb wahrscheinlich, daß die Chauken neben den nordalbingischen Sachsen die Hauptträger der sächsischen Stammesbildung gewesen sind. Der Name der Dynastie *Hūgas* wird auch anders erklärt werden können. Zosimus bezeichnet die Chauken als einen Teil der Sachsen.

Die Frage, wie das Verhältnis zwischen Chauken und Sachsen zu verstehen ist, beschäftigt sehr die Forschung, sowohl die prähistorische als auch die historische. Es handelt sich darum, ob die Chauken von den Sachsen unterworfen worden sind oder sich freiwillig mit ihnen vereinigt haben, ob sie gar verdrängt worden oder vielleicht überhaupt die eigentlichen Sachsen sind. Die Aussagen der Prähistoriker widersprechen sich⁶. Kahrstedt glaubt, daß sich die Angabe des Ptolemaeus von den Sachsen nicht auf seine Zeit beziehe, sondern etwa auf den Beginn der Zeitrechnung, als sich die Sachsen von den Chauken getrennt hätten⁷. Es wird sich um eine Verschmelzung handeln, was dadurch gesichert ist, daß die in Britannien auftretenden Sachsen zum größten Teil aus dem alten

Chaukenland stammen. Eine sächsische Überlieferung von einer Landung der Sachsen im Lande Hadeln zwischen unterer Elbe und Weser wird einen geschichtlichen Kern enthalten. Jedenfalls ist nicht zu leugnen, daß die Chauken das aktivere Element darstellen, auch bei der Landnahme in Britannien, während die nordalbingischen Sachsen sich ruhiger verhalten haben. Wenn Tacitus die Chauken als ein friedfertiges Volk schildert, so stimmt das nicht zu ihren Seeraubfahrten. Seine Bemerkung wird auf ihre seinerzeitige Unterwerfung zurückgehen.

Im Jahre 12 v. Chr. beugten sich die F r i e s e n den Römern unter Drusus und hielten in den folgenden Jahrzehnten daran fest. Aber die Willkür der Römer trieb sie 28 n. Chr. zum Aufstand. Erst 47 wurden sie wieder unterworfen und das Kastell *Flevum* neu errichtet. Als sie versuchten, sich das Gebiet zwischen Vecht und Yssel anzueignen, das die Römer zum Schutz des Drususkanals von Germanen freihalten wollten, wurden sie vertrieben. Sie erhoben sich im Bataveraufstand, mußten aber in das Abhängigkeitsverhältnis zurückkehren. Eine bei Beetgum bei Leuwarden an die Göttin *Hludana* gerichtete Weihinschrift zeigt, daß der Fischfang an der friesischen Küste an eine römische Gesellschaft verpachtet war.

Nach Tacitus waren die Friesen in zwei Gruppen, größere und kleinere, geschieden, wurden vom Rhein, d. h. jenem Mündungsarm, der den Namen beibehält, dem mittleren, und dem Ozean umfaßt und wohnten um große von den Römern befahrene Seen. Zwischen dem Ozean und dem See *Flevo* wären aber noch die *Kanninefaten* zu nennen gewesen. Dabei ist die Veränderung der Rheinmündungen seit 838 zu beachten. Er mündete vorher bei Katwijk westlich von Leiden ins Meer. Die Zuydersee war bis zum 14. Jh. ein Binnenmeer, die Verbindung mit dem Meer stellte ein eigener Strom (*Flevum*) her, der als das *Ulie* noch heute zwischen Vlieland und Terschelling erkennbar ist. Erst 1395/96 das Meer eingebrochen, dessen Trockenlegung heute erfolgt. Nachbarn im Osten waren die Angrivarier, im Süden die Chamaver. Eine Abzweigung der Friesen waren die F r i s i a v o n e n, die in Belgien neben den Tungern genannt werden und sich offenbar früh abgetrennt haben. Der Volksname der Friesen ist noch nicht mit Sicherheit gedeutet. Im Friesischen gelten *Frēsa(n)* und *Frīsa*, im Ahd. *Frieson*, im Altnordischen *Frīsir*, die im Ablautsverhältnis stehen.

Seit dem Ende des 3. Jh. mindestens sind die Friesen wieder frei. 294 fielen sie mit Chamaven ins Bataverland ein, wurden aber zurückgeschlagen. Auf angesiedelte Teile wird der Ortsname *Frisionecurtis*, wohl das heutige *Fricourt* bei Amiens, zurückgehen. Als die Sachsen zwischen Ems und Weser nach Britannien auswanderten, konnten sich die Friesen weiter nach Osten ausdehnen. Seit der zweiten Hälfte des 6. Jh. begannen die Franken, die Friesen zu unterwerfen. Da die Franken das Christentum beschützten, nahm wie bei den Sachsen das Heidentum bei den Friesen nationalen Charakter an, so daß Missionsbestrebungen zunächst erfolglos blieben. Erst unter Karl d. Gr. wurde auch Ostfriesland einverleibt.

An der Spitze stand ein König. Von Redbad im Anfang des 8. Jh. hören wir, daß er höchster Priester und Anführer im Kriege war. Im übrigen war seine Macht durch die Volksversammlung beschränkt. Neben Fischfang und Ackerbau wurde Wollweberei und Handel betrieben.

Das Problem der Besiedlung der Küste der Nordsee wird heute durch das von Landhebung und -senkung beleuchtet. In den letzten 10 000 Jahren soll sich die Senkung am südlichen Nordseestrand auf etwa 20 m erstreckt haben. Sie ist von drei kleineren Hebungen unterbrochen, deren letzte vor rund 3000 Jahren begann und vor 2000 Jahren in eine heute noch anhaltende Senkung überging. So ist die Watt entstanden. Nur das nicht vom Meere erreichte Land kann sich begrünen (Marsch). Da nach neueren Untersuchungen um 300 v. Chr. auch die höchste Wintersturmflut nicht mehr über die Marsch hinausging, war von nun an eine Besiedlung durch den Menschen möglich, obwohl die Hebung schon vorher wirksam war. Durch die Senkung wird der Mensch zum Bau der sogenannten Wurten oder Warften gezwungen. Durch zahlreiche Keramikfunde lassen sich einzelne Wurten z. T. sehr gut festlegen, so daß gleichzeitig Anhaltspunkte für die Küstensenkung gewonnen werden. Siedlungen aus der Zeit um Christi Geburt, die heute ungefähr auf Normalnull liegen, müssen damals 4½ m darüber gelegen haben, um vor Sturmfluten geschützt zu sein. Das ergibt für 2000 Jahre eine Senkung von 4½ m oder für 100 Jahre um 22½ cm. Doch bleibt noch unklar, ob sich die ganze Küste der südlichen Nordsee gleichmäßig senkt. Ferner ist zu berücksichtigen, daß die Marsch einen ganz jungen Boden darstellt, der noch lebt und durch Wasserentzug schrumpft. Auch durch Niederschläge wird er ausgesüßt. Im 11. Jh. fängt der Deichbau an. Ausgegrabene alte Marschenhäuser entsprechen in Bauweise und Anlage dem heutigen niedersächsischen Bauernhause, liegen aber in Gegenden, die es heute nicht mehr aufweisen. Durch den steten Kampf mit dem Meere und den Zwang zur Gemeinschaft bei Wurten- und Deichbauten hat sich die stark ausgeprägte Bodenständigkeit der Friesen herausgebildet[8].

Nördlich der Elbmündung und auf den nordfriesischen Inseln wird das N o r d f r i e s i s c h e gesprochen, dessen Herkunft der Forschung noch Schwierigkeiten bereitet. Die herrschende Ansicht ist, daß es durch Zuwanderung von den südlichen Friesen entstanden ist. Eine besondere Mundart sprechen die Halligfriesen auf den Inseln Sylt, Helgoland, Föhr und Amrum, die sich nicht selbst Friesen nennen. Bei den Nordfriesen auf dem Festlande steht es anders. Darauf gründet sich die Vermutung, daß sich auf den Inseln die Ambronen oder ihre Reste fortsetzen, auf die der Inselname Amrum bezogen wird[9]. Nicht angängig ist es, in den Nordfriesen die Urfriesen zu sehen[10], da die historischen Nachrichten widersprechen. Man muß sich vorstellen, daß die Bewohner zu den Nordseegermanen gehört haben und außerdem das entvölkerte Land vor dem 12. Jh. Zuzug aus den friesischen Landschaften im Süden erhalten hat[11].

Über die Besonderheiten der friesischen Sprache s. u. S. 133.

[1] H. JANKUHN, Zur Frage nach der Urheimat der Angeln (Zs. d. Ges. f. schleswig-holsteinische Geschichte 70/71, 1943, S. 1ff.); ders., Siedlungs- und Kulturgeschichte der Angeln vor ihrer Auswanderung nach England (Jb. des Angler Heimatvereines 14, 1950, S. 54ff.); ders. in GUTENBRUNNER-JANKUHN-LAUR, Völker u. Stämme Südostschleswigs im frühen Mittelalter (1952), S. 22ff. Auf das Gebiet nördlich der Eider beschränkt A. GENRICH, Formenkreise und Stammesgruppen in Schleswig-Holstein (1954), S. 42 die Angeln, während südlich davon ein swebischer Stamm saß.

[2] H. EHMER, Die sächsischen Siedlungen auf dem französischen Litus Saxonicum (1937).

[3] E. GAMILLSCHEG, Romania Germanica III (1936), S. 207ff.

[4] Dazu R. MUCH, Wiener Sitzungsberichte 195 (1923), S. 17ff.; W. STEINHAUSER, Altgermanisches im Irentum (Anz. d. Akad. d. Wiener Akad. d. Wiss., phil.-hist. Kl. 77, 1940, S. 61—86) mit einem wohl zu weit gehenden Versuche, gemeinsame Entwicklungsrichtung zwischen Germanisch und Irisch aufzuzeigen.

[5] R. MUCH, Die Germania des Tacitus, S. 312ff.

[6] W. WEGEWITZ, Die Urnenfriedhöfe von Harsefeld und Apensen (Die Tide, 6, 1929, S. 284ff.); K. WALLER, Chaukische Siedlungen an der Nordseeküste (Prähist. Zs. 1931,

S. 145ff.); ders., Der Ursprung der sächsischen Keramik (Mannus 29, 1937, S. 521ff.); F.
Tischler, Fuhlsbüttel, ein Beitrag zur Sachsenfrage (1937); H. Schroller bei Reinerth,
a. a. O., I, S. 108ff.; P. Zylmann, Der Ursprung der Sachsen (Nachrichten aus Niedersachsens Urgeschichte 1935, Heft 9), S. 74. Wenig befriedigend ist das Buch von R. H.
Carsten, Chauken, Friesen und Sachsen zwischen Elbe und Flie (1948). Kritisch nimmt
M. Lintzel, Untersuchungen zur Geschichte der alten Sachsen (Sachsen u. Anhalt 13,
1937, S. 28ff.) zur Frage Stellung. Eine Übersicht gibt A. Genrich, Die Entstehung des
sächsischen Stammes (Forschungen u. Fortschritte 25, 1949, S. 49—52). Nach K. Waller
(Neues Arch. f. Niedersachsen 1953, S. 60—64) erlangen die Sachsen die Führung über
die Chauken. Jene hätten schon ursprünglich zu beiden Seiten der unteren Elbe gewohnt.

[7] U. Kahrstedt, Die politische Geschichte Niedersachsens in der Römerzeit (Nachrichten aus Niedersachsens Urgeschichte 8, 1934, S. 1ff.); K. Tackenberg, Chauken u.
Sachsen (ebda. 8, 1934, S. 21ff.); U. Kahrstedt, ebda. 9 (1935), S. 84ff.; G. Körner, Über
den neuesten Stand der Sachsenfrage (Korr. Bl. d. Vereins f. niederdt. Sprachforschung
56, 1, 1943—49, S. 20—21).

[8] Die Bedeutung von Küstenhebung und Küstensenkung ist besonders von H. Schütte
herausgearbeitet worden: Das Alluvium des Jade-Weser-Gebietes, 2 Bde. (1935); dazu
P. Zylmann, Ostfriesische Urgeschichte, S. 175.

[9] L. Schmidt, Geschichte der deutschen Stämme II^2 (1938), S. 5, 11ff.; 18ff.; 32.

[10] O. Bremer im Grundriß der deutschen Philologie III, S. 846, 848ff. Die Ansicht
von der Sonderstellung der genannten Inseln geht auf H. Möller, Das altenglische Volks-
epos I (1883) zurück. Er hat die Inselfriesen für Chauken gehalten. Teilweise denkt an
Urfriesen Borchling, Die Friesen (1931), S. 5ff.; O. Scheel, Die Wikinger (1938), S. 50.

[11] Th. Siebs, Die Friesen und ihre Sprache (bei Borchling-Muuss, Die Friesen, 1931,
S. 64ff.) billigt nicht die Trennung von Insel- und Festlandsfriesen. Eine vermittelnde
Stellung sucht P. Jørgensen, Über die Herkunft der Nordfriesen (Det Kgl. Danske Vi-
denskabernes Selskab, Hist.-fil. Meddelelser, Bind XXX, Nr. 5, 1946) einzunehmen. Zusammenfassend W. Laur, Zur Herkunftsfrage der Nordfriesen (Germ.-Roman. Monatsschrift, NF 4, 1954, S. 324—336).

Kapitel 23

Die angelsächsische Landnahme in Britannien

(Abbildung 13)

Versucht man dauernde Leistungen der germanischen Völkerwanderung zu
entdecken, so enttäuschen die Ostgermanen, weil sie sich vom Kerngebiet der
Germanen zu weit entfernt und dadurch den Zusammenhang mit der übrigen
germanischen Welt verloren haben. Anders steht es bei den Westgermanen, wo
nicht nur Süddeutschland gewonnen wird und auch das Vorschieben über den
Rhein zu einem kleinen Teil doch dauernd gelingt, sondern auch Britannien bis
auf keltische Reste germanisch wird. Wegen des Emporwachsens Englands zur
Weltmacht und der großen englischen Kolonisation, mit der die Ausbreitung
der englischen Sprache zusammenhängt, sind diese Unternehmungen der Nordseegermanen ein folgenschweres Ereignis geworden.

Heute ist sich die Forschung darüber einig, daß die Niederlassung germani-
scher Stämme in Britannien in das Jahrhundert von etwa 450—550 zu setzen ist.
Die Sage, die von der Ansiedlung unter den mythischen Führern *Hengist* und
Horsa, dioskurischen Brüdern, im Jahre 449 erzählt, hat in der Angabe des
Zeitpunktes nicht unrecht. Der Brite Gildas, der im 6. Jh. geschrieben hat, weiß

nichts von der Heimat der Angeln, erst Beda berichtet darüber in seiner 731 fertig gestellten Kirchengeschichte. Nach ihm haben drei Stämme die Insel besetzt, die J ü t e n den Südosten, die S a c h s e n das Land beiderseits der Themse, die A n g e l n den Norden. Man hat früher Beda für vollständig glaubwürdig gehalten, und die ältere Forschung folgt ihm im Großen und Ganzen. In neuerer Zeit aber sind seine Angaben sehr kritisch beleuchtet und z. T. in Abrede gestellt worden, weil er drei Jahrhunderte nach der Landnahme geschrieben hat.

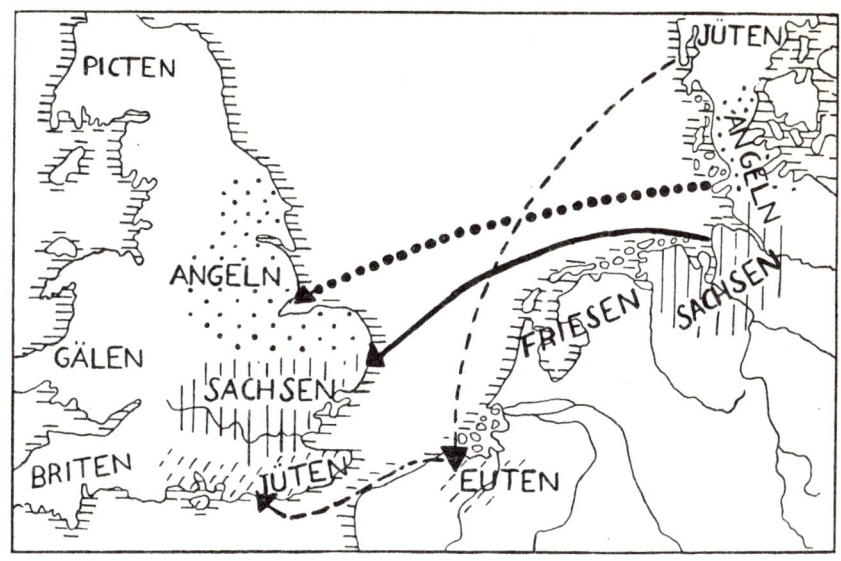

Abb. 13. Landnahme der Angelsachsen

Eine Hauptfrage ist, ob der Ausgangspunkt der Auswanderer zwischen Elbe und Weser und nördlich der unteren Elbe zu suchen ist oder ob noch andere Ausgangsgebiete in Betracht kommen, wobei man besonders an die Rheinmündungen, aber auch an verschiedene Stellen der französischen Küste denkt. Die Besetzung war durch Plünderungszüge der Seestämme seit dem 4. Jh. vorbereitet und wurde dadurch ausgelöst, daß die Römer 407 Britannien geräumt haben. Nach angelsächsischer Überlieferung sollen die Briten die Germanen gegen die Angriffe der Picten und Scoten zu Hilfe gerufen haben. Es ist durchaus möglich und wahrscheinlich, daß sich die Einwohner der Hilfe der kriegerischen Seevölker bedient haben. Auf ähnliche Weise hat sich ja auch Ariovist in Gallien festgesetzt. In der Mitte des 6. Jh. besteht nach Prokop bereits ein Angelnreich in Britannien, das soweit gefestigt ist, daß es gegen das rheinische Warnenreich Krieg führen kann. Um diese Zeit ist also die Landnahme abgeschlossen. Im frühen 5. Jh. erhält die armorikanische Halbinsel, die spätere Bretagne, den Namen *Britannia*, was britische Einwanderung voraussetzt, die wieder mit der angelsächsischen in Britannien zusammenhängt.

Über die H e i m a t d e r S a c h s e n ist sich die Forschung heute klar. Vor allem die Friedhöfe zwischen den Unterläufen von Weser und Elbe werden im 5. Jh. leer, die Bevölkerung zieht über das Meer. Es ist das alte Chaukenland, das viele Menschen abgibt.

Die Frage der festländischen Heimat der Angeln ist neuerdings umstritten. Beda nennt als Heimat die schleswigische Landschaft Angeln, die zu seiner Zeit verödet war. Da er selbst Angle war, kann er auf mündlicher Tradition fußen. Man wendet dagegen ein, daß diese kleine Landschaft nicht soviel Menschen abgegeben haben könne, daß damit Nordengland besiedelt werden konnte. Beda habe nur aus dem Landschaftsnamen einen Schluß gezogen. Dafür wird auf die von Ptolemaeus in Mitteldeutschland namhaft gemachten Angeln-Sweben verwiesen[1]. Man hat sogar gemeint, der Name der Angeln habe überhaupt keine Beziehung zum Festlande und sei erst auf der Insel als Übersetzung von *Iceni* geprägt worden[2], was aber fast einmütig abgelehnt worden ist. Demgegenüber konnte gezeigt werden, daß weniger die kreuzförmige Fibel, die ein großes Verbreitungsgebiet hat, als besonders die Tonware Beziehungen zwischen der festländischen und der englischen Heimat sichert, zumal die Heimatlandschaft Angeln im 5./6. Jh. verödete[3]. Ferner haben die Angeln das Lied von Offas Kampf am *Fifeldor* mit nach England genommen, das auch bei den Dänen bekannt war, so daß auch sagengeschichtlich die Angeln in die Nähe des späteren Dänemark und nicht nach Mitteldeutschland gehören[4]. Entscheidend ist aber, daß man mitteldeutschen Angeln kaum die Seefahrt über die Nordsee zutrauen kann, da sie, wenn man auf Ptolemaeus aufbauen wollte, schon im 2. Jh. mindestens in Binnendeutschland gesessen wären. Dann hätten sie kaum eine nordseegermanische Sprache sprechen können, die sich damals erst in Ausbildung befunden hat und wohl noch nicht im norddeutschen Binnenlande verbreitet war. Die Angeln in England gehören aber mit ihrer Sprache, auf das Festland projiziert, zwischen Sachsen und Nordgermanen. Die Langobarden, die bis 400 südlich von den Sachsen saßen, haben eine elbgermanische Sprache gehabt (s. u. S. 193). Aus allen diesen Gründen kommt eine mitteldeutsche Angelnheimat nicht in Betracht[5].

Die Tatsache, daß die Angelsachsen nicht wenig lateinische Lehnwörter mit dem Festland gemeinsam und sie schon hier übernommen haben, darunter solche, die erst im 4. und 5. Jh. eingedrungen sind, suchte man früher durch Übernahme dieser Wörter an der Westküste Frankreichs vor der Überfahrt nach Britannien zu erklären[6]. Sie waren aber auch im Rheinmündungsgebiete vorhanden, und da am Küstensaum des Niederländischen tatsächlich nordseegermanische ("küsteningwäonische") Laute und Wörter zum Vorschein gekommen sind[7], wird klar, daß nicht nur aus der Heimat, sondern auch von den Rheinmündungen Einwanderer erschienen sind. Unter ihnen finden sich so wichtige Übereinstimmungen wie *weunsdag* = engl. *wednesday* <' "*Wōdinesdag* statt sonstigem *Wōdanesdag* oder englisch *enough* mit *f*-Aussprache = niederländisch *genoef* „genug".

Auch in der Frage der Herkunft der Jüten Englands läßt sich etwas weiter kommen. Sie haben den Südosten Englands, vor allem Kent und die Insel Wight, besetzt. Es können nicht, wie Beda behauptet, Jüten aus Jütland sein, da diese vermutlich Nordgermanen waren, die angelsächsischen Jüten aber nach Ausweis ihrer Sprache, die schon im 8. Jh. belegt ist, nordseegermanisch gesprochen haben. Sie müssen also aus dem nordseegermanischen Festlandsbereiche des 5. Jh. gekommen sein. Dadurch wird auch ausgeschlossen, daß es sich um ripuarische Franken gehandelt hat[8]. Wohl aber können in ihnen die *Eutii* stecken, die im Rheinmündungsgebiete gewohnt haben, von deren freiwilliger Unterwerfung der Frankenkönig Theudebert in einem Brief an den Kaiser Justinian berichtet. Hier handelt es sich um die auf dem Festlande zurückgebliebenen Reste der E u t e n. Es ist wahrscheinlich, daß sie am Niederrhein Zuwanderer aus Jütland gewesen sind und ihre Sprache der nordseegermanischen Nachbarschaft angepaßt haben. Es läßt sich auch wahrscheinlich machen, wo sie gewohnt haben. In Flandern begegnen nordgermanische Wörter, so küstenholländisch *soe* „sie" (weiblich) = altnord. *sū*, got. *sō*, flämisch *litel* „klein" = altnord. *lītill*, got. *leitils*. Dann müssen sie dort gewohnt haben, wo die nordgermanischen Heruler und auch Warnen zu suchen sind, soweit sie auf ihren Fahrten zum Niederrhein seßhaft geworden sind. Euten und Warnen waren auf Jütland Nachbarn, werden deshalb in einer Wandergenossenschaft zusammengekommen sein und sich als Nachbarn angesiedelt haben, falls sie nicht gar ein Reich bildeten, für das sowohl der Warnen- als auch der Eutenname gebraucht werden konnte.

Die Auseinandersetzung mit den keltischen Briten scheint sich zunächst feindlich vollzogen zu haben, später haben beide Völker nebeneinander gelebt. Aus den Unterschieden in der Häufigkeit von Orts- und Flußnamen keltischen Ursprungs im Englischen kann Einsatz und Kraft der Berührungen landschaftlich gestaffelt werden[9]. Die germanische Einwanderung war so stark, daß sie die Kelten teils zur Auswanderung in die Bretagne nötigte, teils nach dem Westen zurückdrängte. Die weitere Geschichte der Angeln, Sachsen und Jüten in Britannien, das schließlich den Namen *England* „Angelnland" annimmt, gehört nicht mehr in den Rahmen dieser Darstellung[10]. Die Beziehungen zwischen deutscher und holländischer Nordseeküste und den Angelsachsen müssen künftig sowohl sprachgeschichtlich als auch mit den Mitteln der Namenforschung, Religionsgeschichte, Sagengeschichte und besonders Archäologie noch deutlicher herausgearbeitet werden, wozu es bereits gute Ansätze gibt[11].

[1] So schon A. ERDMANN, Über die Heimat der Angeln (Skrifter utgifna af Humanistiska Vetenskapssamfundet i Uppsala I, 1, 1890/91); neuestens O. SCHEEL, Die Heimat der Angeln (Festgabe zur 1. Jahrestagung des Inst. f. Volks- u. Landesforschung an der Univ. Kiel, 1939).

[2] E. WADSTEIN, On the Origin of the English (Skrifter . . . i Uppsala 1927, 24:14).

[3] H. JANKUHN, s. o. Anm. 1 zum 22. Kap. Mit der Frage der archäologischen Verbindung zwischen England und deutscher Nordseeküste haben sich besonders A. PLETTKE, Ursprung und Ausbreitung der Angeln und Sachsen (Leipzig 1921) und F. ROEDER, Die sächsische Schalenfibel der Völkerwanderungszeit als Kunstgegenstand und siedlungsarchäologisches Leitfossil (Göttinger Beiträge zur deutschen Kulturgeschichte, 1927, S. 15ff.) befaßt. Den größeren Wert der Keramik betont A. GENRICH (s. Anm. 1 zu Kap. 22), S. 41ff. Seine Karte 10 stellt sehr anschaulich die Fibelformen des 5. Jh. in England und auf dem Festlande gegenüber. Vgl. auch R. DRÖGEREIT, Die Ausbreitung der nordwestdeutschen Küstenvölker über See (Neues Archiv für Niedersachsen, Heft 23, 1951, S. 229—250).

[4] Darüber zuletzt S. GUTENBRUNNER, Schleswig-Holsteins älteste Literatur (1949), S. 41ff.

[5] E. SCHWARZ, Goten, Nordgermanen, Angelsachsen (1951), S. 224ff.

[6] J. HOOPS, Waldbäume und Kulturpflanzen im germanischen Altertum, S. 566ff.

[7] Darüber zusammenfassend Th. FRINGS, Die Stellung der Niederlande im Aufbau des Germanischen (1944) mit weiteren Literaturangaben.

[8] Daran denkt W. FOERSTE, Der gegenwärtige Stand der vor- und frühgeschichtlichen Forschung zur angelsächsischen Landnahme in England (Korr.-Bl. des Vereins f. niederdt. Sprachforschung 1939, S. 60ff.). S. GUTENBRUNNER in GUTENBRUNNER-JANKUHN-LAUR, Völker und Stämme Südostschleswigs im frühen Mittelalter (1952), S. 109ff., 172ff. hält an Zuwanderung der Jüten direkt aus Nordjütland fest, wo nordseegermanische Sprache geherrscht habe. Das ist unwahrscheinlich. Die aus Nordjütland stammenden Wandalen

haben nordgermanisch gesprochen, wie ihre Sprachreste aus Nordafrika erkennen lassen. In den heutigen danisierten Mundarten Jütlands ist kein nordseegermanisches Substrat zu entdecken.

[9] M. Förster, Der Flußname Themse und seine Sippe (SB der Bayer. Akad. d. Wiss., phil.-hist. Kl. 1941, Bd. 1), S. 100ff.

[10] Eine ältere Zusammenfassung der historischen Tatsachen bieten H. M. Chadwick, The Origin of the English Nation (1907); J. Hoops und Lennard bei Hoops, Reallexikon der germ. Altertumskunde I (1924), S. 87ff., 600ff.; R. G. Collingwood und J. N. Myres, The Oxford History of England I² (1937, Neudrucke 1941, 1945). Instruktive Fundkarten bei E. T. Leeds, The Distribution of the Angles and Saxons archaeologically considered (Archaeologie 91, 1945, S. 1ff.). Übersichten über die Probleme der angelsächsischen Landnahme bieten G. Langenfelt, Notes of the Anglo-Saxons pioneers (Englische Studien 66, 1931/32, S. 161ff.); E. Riemann, Germanen erobern Britannien. Die Ergebnisse der Vorgeschichte und der Sprachwissenschaft über die Einwanderung der Sachsen, Angeln und Jüten nach England (Schriften der Albertus-Univ. in Königsberg, Geisteswiss. Reihe, Bd. 27, 1940). Ein kritisches, allerdings ergänzungsbedürftiges Referat bringt E. Schwarz, Das angelsächsische Landnahmeproblem (Germ.-roman. Monatsschrift 32, 1950, S. 35ff.).

[11] Wichtige Beiträge zur angelsächsischen Frühgeschichte verspricht das 1939 entdeckte Königsgrab von Sutton Hoo. Die bisherige Literatur dazu verzeichnet H. Hauck im Jahrbuch f. fränk. Landesforschung 14 (1954), S. 9.

Kapitel 24

Die Cherusker und ihre Nachbarn

(Abbildung 12)

Die germanischen Stämme liebten es, Wälder als Grenzen zu benützen, die gleichzeitig als Schutz dienten. Das wird auch von den Cheruskern berichtet, die das erstemal bei Caesar erwähnt werden. Als er 53 v. Chr. über den Rhein ging, um die Sweben für ihre Hilfstruppen an die Treverer zu strafen, hatten sich jene bis zum Walde *Bacenis* zurückgezogen, der die Cherusker und Sweben trennte. Der Name „Buchenwald" ist leider zu allgemein und mehrmals nachgewiesen, so für einen Wald gegenüber Köln und um Fulda. Es ist kaum an den Harz zu denken, denn die ubischen Kundschafter waren schon nach wenigen Tagen zurück. Man wird auch nicht den Blick auf die Semnonen richten, sondern auf die Mainsweben, in deren Land Caesar eingedrungen war.

Als sich im Jahre 12 v. Chr. eine Koalition der Sugambrer, Sweben und Cherusker gegen die Römer bildete, griff Drusus im Jahre 11 die Cherusker an und kam bis zur Weser. Zwei Jahre später zogen sie sich vor ihm auf das rechte Elbeufer zurück. Auf dem Rückmarsch starb er. Als im Jahre 1 n. Chr. die Römer, wieder von der Elbe kommend, die sie diesmal überschritten hatten, durch das Cheruskerland zurückmarschierten, wehrten sich die Cherusker, einige Vornehme aufzunehmen, wohl die zu den Römern geflüchteten Führer einer Partei. 4 n. Chr. kam es zum Abschluß eines Bündnisvertrages mit den Cheruskern. Nun werden Arminius und sein Bruder Flavus als Befehlshaber germanischer Hilfsvölker in den römischen Dienst getreten sein, wo sie geehrt wurden. Im Jahre 7 n. Chr. erschien das Land bis zur Elbe soweit beruhigt, daß Varus, bisher Statthalter von Syrien, die römische Verwaltungspraxis und Steuergesetzgebung

scharf einzuführen begann. Den Germanen erwuchs ein Führer in A r m i n i u s,
der die römische Politik und Kriegsführung genau studiert hatte. Sein Name
wird am ehesten, obwohl vereinzelt bleibend, als germanisch aufzufassen sein.
Er sprach lateinisch, hatte Ritterrang und das römische Bürgerrecht, war geistig
gewandt und blieb national gesinnt, während sich sein Bruder Flavus von den
Römern gewinnen ließ. Er ergriff die Führung in dem romfeindlichen Bunde,
der fast alle Stämme Nordwestdeutschlands außer Friesen, Chauken, Amsivariern und den am Rhein Wohnenden sowie dem Marbod unterstehenden Bunde
erfaßte. Verhängnisvoll aber wurde es später, daß eine von Verwandten und
anderen geführte Adelspartei aus Eifersucht abseits stehen blieb. Varus ließ sich
in Sicherheit wiegen. Als er im Herbst des Jahres 9 n. Chr. gegen ein entfernt
wohnendes Volk, das sich erhoben hatte, aufbrach, wurde Armin zum Herzog
ausgerufen. Die Römer wurden im Walde angegriffen, dazu setzte Regen ein.
Die Niederlage war eine Katastrophe. Drei Legionen wurden vernichtet, Varus
stürzte sich in sein Schwert. Der Schlachtort *saltus Teutoburgiensis* heißt nach
einer Volksburg und ist noch nicht sicher gefunden. Man denkt an den Osning,
die Grotenburg, an das Wiehengebirge und an die Ebene von Paderborn, die
lange aus religiöser Scheu gemieden wurde. Das römische Lager in *Aliso* wurde
von den Germanen belagert, konnte sich aber halten und wurde entsetzt. Vermutlich handelt es sich um das heutige Dorf Elsen nahe Paderborn unweit der
Stelle, wo die Lippe schiffbar wird[1]. Die überlebenden Zeugen durften Italien
nicht betreten, das von panischem Schrecken ergriffen war und die Wiederkehr
der Kimberngefahr befürchtete. Aber dazu kam es nicht, denn Marbod verhielt
sich ablehnend. Augustus begnügte sich damit, die Rheingrenze zu halten. D e r
S i e g A r m i n s h a t d e n r e c h t s r h e i n i s c h e n G e r m a n e n d i e B e f r e i-
u n g v o n d e r R ö m e r h e r r s c h a f t g e b r a c h t u n d d i e G e f a h r b e-
s e i t i g t, d a ß G e r m a n i e n d e r R o m a n i s i e r u n g e r l a g. Die Römer
haben diese Niederlage niemals wettmachen können.

In den Rachekämpfen der nächsten Jahre begnügten sich Tiberius und sein
Neffe Germanicus, die Legionsadler zurückzugewinnen, das Land zu verheeren
und die Germanen einzuschüchtern. Als Germanicus nach dem Tode des Augustus 14 n. Chr. das alleinige Kommando übernahm, bekriegte er im nächsten
Jahre die Chatten und befreite Segestes, der seine von Armin entführte Tochter
Thusnelda in seine Gewalt gebracht hatte und von Armin belagert wurde. Sie
wurden wahrscheinlich in Gallien interniert. Auf dem Schlachtfelde der Varusschlacht wurden die Gebeine der römischen Soldaten in einem Grabhügel bestattet. Aber die Legionen mußten sich schließlich an den Rhein zurückziehen,
Armins Ansehen war wieder gewachsen. In einer Schlacht auf dem Idisenfelde
(so mit fast allgemeiner Zustimmung aus *campus Idistaviso* verbessert), das
jetzt in der Gegend von Lerbeck und Nammen, 3 km östlich von der Porta Vest-
falica, gesucht wird[2], siegten zwar die Römer, mußten aber dennoch bald den
Rückzug antreten. Tiberius berief den ruhmsüchtigen Prinzen ab, da die Kriegsführung zu teuer wurde und es billiger und erfolgversprechender war, die innere
Zwietracht der Germanen zu schüren. Thusnelda und ihr Söhnchen Thumelicus
wurden den Römern im Triumphzuge vorgeführt. Über ihr Schicksal ist nichts
bekannt. Wahrscheinlich wurde Thumelicus römisch erzogen, um ihn bei Gelegenheit im Sinne der römischen Politik ausspielen zu können.

Von Marbod, der abseits geblieben war, fielen jetzt die Semnonen und Langobarden ab und gingen zu Armin über, während Inguiomer mit seiner cherus-
kischen Gefolgschaft zu Marbod übertrat. Der Kampf, vielleicht nördlich vom

Erzgebirge, blieb unentschieden, doch trat Marbod den Rückzug an. Armin wurde nun vorgeworfen, daß er nach der Königswürde strebe. Er wird versucht haben, sein Herzogtum straffer zu organisieren, um den Römern mit größerer Tatkraft entgegentreten zu können. 21 n. Chr. ist er — wohl durch Gift von Verwandten — beseitigt worden. Er hat bei den Germanen zuerst das Gefühl der Zusammengehörigkeit geweckt und muß ein guter Redner und großer Feldherr gewesen sein, da es ihm gelungen ist, weit überlegene disziplinierte römische Heere zu vernichten. Sein Gedächtnis ist bewahrt worden, und auch die Römer haben ihm ihre Anerkennung nicht versagt. Er hat sich die römische Bildung angeeignet, um damit die Römer schlagen zu können. Die Keilordnung hat er aufgegeben und mit seiner Taktik Siege errungen. Seine Truppen hat er mit römischen Waffen versehen. Obwohl seine eigene Familie gegen ihn war, hat er sich beim Volke durchgesetzt. Die Versuche freilich, ihn in Siegfried wiederzuerkennen, konnten bisher keine Anerkennung erlangen[3].

Der Bürgerkrieg, in dem sich die Cherusker selbst schwächten, ging weiter. 47 n. Chr. erbaten sie sich den *Italicus*, den Sohn des Flavus, zum Könige, der aber die Chatten und eine Partei im Lande zu Gegnern hatte, ebenso *Chariomēr*, sein Nachfolger. Tacitus nennt die Cherusker ein herabgekommenes Volk, das sich der Chauken nicht erwehren konnte. Um 310 taucht ihr Name das letztemal neben anderen germanischen Stämmen auf, denen Kaiser Konstantin eine Niederlage am Rhein beibrachte; aber wahrscheinlich sind sie hier nur eine aus der Vergangenheit herangeholte rhetorische Erinnerung. Der Rest wurde von den Thüringern unterworfen und kam mit ihnen unter die Herrschaft der Sachsen[4]. Wahrscheinlich leben sie unter dem Namen der F a l e n (*Ostfalhi, Westfalhi, Falaha* heißt ein ostfälischer Gau) fort, wobei die *Westfalhi* etwas weiter nach Westen gerückt sind. Den Volksnamen *Cherusker* wird man an germ. **herut* „Hirsch" anknüpfen können. Ob man an einen Hirschgott denken kann[5], bleibt zweifelhaft. E. Schröder hat den Volksnamen in Harxbüttel bei Riddagshausen und bei Gifthorn gesucht[6], 1007 *Herskesgibutli*, dem *Thuringesgibutli* vor den Toren Braunschweigs gegenüberstehe. Aber bei diesem liegt, wie der Wesfall der Einzahl zeigt, der Personenname *Thuring* vor; der Beleg von 1007 ist in Wirklichkeit *Herikesgibutle* geschrieben und enthält den Personennamen *Herike*. Auch stellen die Ortsnamen auf -*büttel* eine relativ späte Schicht dar.

Nach Tacitus sind die F o s e n in den Niedergang der Cherusker mit hineingezogen worden, als die Chauken einen Teil des Cheruskerlandes besetzten. Es hat noch andere Stämme gegeben, von denen wir nur die Namen kennen, so die D u l g u b n i e r (Δουλγούμνιοι bei Ptolemaeus), die im Rücken der Angrivarier wohnten, welche sich des Bruktererlandes bemächtigt hatten. Der Name wird zu germ. **dulga-* „Feindschaft, Streit" gestellt und „Kämpfer" bedeuten. Zwischen Semnonen und Cheruskern stehen zu beiden Seiten der Elbe die Καλούκωνες bei Ptolemaeus, vermutlich dieselben wie die **Κάλουκοι* des Strabo (geschrieben Καοῦλκοι, Καθύλκοι), die im Triumphzuge des Germanicus in Rom erscheinen. Plinius kennt Kalukonen im westlichen Rätien, von denen man annimmt, daß sie sich den Kimbern angeschlossen haben. Das ist unbeweisbar. Es gibt auch illyrische Καλοικινοι, so daß in den Alpen auch ungermanischer Ursprung erwogen werden kann.

Während Plinius die Cherusker zu den Erminonen zählt, wird nichts gesagt über die A n g r i v a r i e r, die zu beiden Seiten der mittleren Weser wohnten. Sie waren durch einen Grenzwall von den Cheruskern geschieden[7], gehörten Armins Bunde an, unterwarfen sich dann den Römern und fielen später wieder ab. Um 97 n. Chr. mußten sie unter dem Druck der Chauken aus ihrem Gebiet weichen. Sie besiegten im Bunde mit den Chamaven die Brukterer und setzten sich in ihrem Lande fest, worauf der westfälische Gauname *Angeron* im Münsterlande bezogen wird. Weiter südlich von den alten Sitzen erscheinen später die A n g e r n (*Angrarii, Angarii*), die im Namen der Engern fortleben. Sie enthalten dasselbe Bestimmungswort *angar* „Wiese"[8], nur daß im Grundwort *-warjōz* wie auch sonst *w*- später abgefallen ist. Da die Angrivarier verschwinden und die Angern auftauchen, wird es sich um dasselbe in den Sachsen aufgehende Volk handeln[9].

Wie die Friesen und Chauken hielten die A m s i v a r i e r , so nach ihren Wohnsitzen an der Ems genannt, am Bündnis mit Rom auch während des Cheruskeraufstandes fest, wie sie auch den Germanicus unterstützten. 58 n. Chr. wurden sie von den Chauken vertrieben und nirgends aufgenommen, scheinen sich aber schließlich an der oberen Wupper festgesetzt zu haben, wenn auch geschwächt durch die langen Wanderungen. 392 sind sie ein Teil der Franken, deren Bund sie sich wohl schon früher angeschlossen hatten. Dasselbe Schicksal hatten die H a s u a r i e r , die nach ihrem Namen an der Hase gewohnt haben und auch dem Druck der Chauken weichen mußten. An sie erinnert der Hasegau.

Solche kleine Stämme können archäologisch kaum erfaßt werden. Die Cherusker allerdings waren ein großer Stamm und in ihnen sieht man die Träger der Nienburger Kultur, da einige der zugehörigen Friedhöfe bis Christi Geburt belegt sind in einem Gebiet, in dem zu dieser Zeit die Angrivarier und Cherusker sitzen[10]. Plinius zählt sie mit Sweben, Hermunduren und Chatten zu den Erminonen, die Siedlungsarchäologen rechnen sie zu den Istväonen. Es ist fraglich, ob die Kultzugehörigkeit ältester Zeit noch später maßgeblich geblieben ist, da sich die sprachlichen Unterschiede später entwickelt haben werden und die politischen Verhältnisse sich geändert haben können. Der Versuch, den Cheruskern die *-heim*-Namen zuzuschreiben[11], ist nicht überzeugend, weil das Vorkommen solcher Ortsnamen kaum bis in diese Frühzeit zurückgeführt werden kann.

[1] Darüber F. Köpp, Die Römer in Deutschland[3] (1926); ders., Varusschlacht und Aliso (1940); A. Lomke, Römisch-Germanisches (Gießener Beitr. z. dt. Phil., Heft 86, 1946), S. 19, 9.

[2] W. Müller sucht *Idistaviso* zwischen Rinteln und Hess. Oldendorf zu Füßen der heutigen Schaumburg (Forschungen u. Fortschritte 27, 1953, S. 59—61).

[3] Dazu zuletzt E. Bickel, Arminiusbiographie und Sagensiegfried (1949); E. Hohl, Um Arminius, Biographie oder Legende? (SB der Dt. Akad. d. Wiss. Berlin, Klasse f. Ges. Wiss. 1951, Nr. 1).

[4] W. Müller, Stammsitze und Schicksal der Cherusker (Forschungen und Fortschritte 29, 1955, S. 57—59) nimmt freiwilligen Anschluß der Cherusker an den „Sachsenbund" an. H. Löwe, Cherusker und Sachsen (Sachsen u. Anhalt 17, 1941—43), S. 442 glaubt nicht an ein Fortleben der Cherusker in den Falen.

[5] So J. Weisweiler, Voridg. Schichten der irischen Heldensage (1953), S. 71.

[6] E. Schröder, Sachsen und Cherusker (Niedersächs. Jb. f. Landesgesch. 10, 1933, S. 5ff.); dazu mit kritischen Bemerkungen S. Gutenbrunner, Zs. f. Mundartforschung 11 (1935), S. 193ff.

[7] Dazu W. Jungandreas, Der Angrivarierwall (Zs. f. dt. Alt. 81, 1944, S. 1ff.). Eine Rekonstruktion des Walles versucht C. Schuchhardt, Vorgeschichte von Deutschland [3](1935).

[8] S. Gutenbrunner, Hirt-Festschrift II, S. 458 möchte den Namen wegen der von Flußnamen gebildeten Nachbarstämme der Amsivarier und Hasuarier lieber zu einem von ahd. *angar* „Wiese" abgeleiteten Namen *Angria* für die untere Weser stellen.

⁹ L. SCHMIDT, Gesch. d. dt. Stämme II², S. 36 trennt beide Völker.

¹⁰ Dazu K. TACKENBERG, Die Kultur der frühen Eisenzeit (750 v. Chr. bis Christi Geburt) in Mittel- und Westhannover (Die Urnenfriedhöfe in Sachsen I, 3/4, 1934); R. VON USLAR, Westgermanische Bodenfunde des 1. bis 3. Jh. n. Chr. aus Mittel- und Westdeutschland (1938), S. 180ff.

¹¹ H. H. KRETSCHMANN, Die -heim-Ortsnamen und ihre Bedeutung für die Siedlungsgeschichte des Landes östlich der oberen und mittleren Weser (1938).

Kapitel 25

Der sächsische Stammesbund

Das Nordseegermanische

(Abbildung 14)

Die Geschichte der Chauken, Angrivarier und Cherusker geht schon im 3. Jh. zu Ende, denn es entsteht nun der s ä c h s i s c h e S t a m m e s b u n d. Was Armin um Christi Geburt vergebens erstrebt hatte, die Einigung der Stämme, wird mit anderen Zielen von dem Stamme durchgeführt, der am nördlichsten wohnte, von den S a c h s e n.

Dabei sieht es im Westen des späteren Sachsenlandes so aus, als ob die Chauken der treibende Teil gewesen seien. Sie verdrängen die Amsivarier, Hasuarier und Angrivarier und bedrohen die Cherusker. Aber es dürfte so sein, daß sie selbst den Sachsen auszuweichen versuchten, die sich nach ihrer Stammessage ja im Lande Hadeln festsetzten. Auf das Chauken-Sachsenproblem ist o. S. 119 verwiesen worden. Seine Fortsetzung ist das Sachsenproblem, d. h. die Frage, wie es zur Bildung des sächsischen Stammes gekommen ist, eine viel diskutierte Frage. Der Sachsenname tritt an Stelle des Chaukennamens. Sachsen aus dem alten Chaukenlande sind es, die in erster Linie nach Britannien fahren. Anders war es zunächst im Ostteil des späteren Sachsenlandes. Die Langobarden sind etwa um 400 nach Süden gezogen, kaum unter dem Druck der Sachsen, zu denen noch fernerhin die freundschaftlichsten Beziehungen bestehen. Die zurückbleibenden Barden sind später ein Teil der Sachsen und scheinen sich freiwillig angeschlossen zu haben. Ab 531 haben sich die Sachsen im Bunde mit den Franken des Thüringerreiches bemächtigt und dafür das Land an der Bode erhalten. Diese Sachsen wurden aber den Franken tributpflichtig, vielleicht bei späteren Auseinandersetzungen. Die einheimische Bevölkerung wurde zu Laten herabgedrückt, wie noch der Sachsenspiegel berichtet. Infolge der Zwistigkeiten mit den Franken waren sie bereit, sich dem Zuge Alboins nach Italien 568 anzuschließen. Nicht zufrieden mit den Zuständen nach seinem Tode, kehrten sie 573 auf dem Wege über Gallien zurück. Sie kämpften unglücklich mit den Nordschwaben, die von den Franken an der Bode angesiedelt worden waren, einigten sich aber schließlich mit ihnen über die Verteilung des Bodens. Sie werden es gewesen sein, die die Heldenlieder auf Alboin mitgebracht haben, die bei den Sachsen verbreitet waren. An zurückgebliebene Scharen in Italien erinnert Sassinoro in Benevent < Saxonorum curtis.

Um 360 stehen die Sachsen als starkes Volk im Rücken der Franken; im 6. Jh. werden Kämpfe mit ihnen bei Köln erwähnt, so daß nun die historische Grenze im südlichen Westfalen erreicht war. Gaunamen erinnern hier an die früheren Kleinstämme, so der Gau *Hatterun* an der mittleren Ruhr an die Chattuarier, die Landschaft *Borahtra* südlich der mittleren Lippe an die Boruktuarier (Brukterer), die um 700 unterworfen wurden, als sie das Christentum annahmen und den noch heidnischen Sachsen gefährlich zu werden drohten (s. Abb. 16). Als Landschaftsnamen findet sich neben Engern noch der *sächsische Hessengau (pagus Hessi saxonicus)*, weiter das *sächsische Hamaland* nordwestlich von Borahtra.

Abb. 14. Bildung des sächsischen und fränkischen Stammes

In Friesland wurden um 570 Sachsen und Dänen, mit denen z. T. auch Euten genannt werden, zurückgeschlagen. Hier kann es sich wegen der Kampfgenossen um nordalbingische Sachsen handeln. Bei diesen werden später verschiedene Unterstämme unterschieden wie die *Thiatmarsgoi* „Dietmarschen, Gauvolk eines Dietmar", die *Stormarn* um Hamburg, die *Holsten* im Nordosten. Grenze gegen die Dänen war die Eider. Der ältere Ausdruck dafür ist *Nordliudi,* während der Begriff *Nordalbingien* erst seit dem 9. Jh. als Nordgrenze des Fränkischen Reiches entstanden zu sein scheint[1]. Sie stehen als vierte Gruppe den drei Provinzen Engern, West- und Ostfalen gegenüber. Engern setzt den Namen der Angrivarier fort (s. o. S. 129), Ostfalen hat sich hauptsächlich auf ursprünglich cheruskischem, Westfalen auf dem Boden kleinerer Stämme gebildet, die z. T. westwärts gerückt sind und sich dem Frankenbunde angeschlossen haben, so daß hier mit Vermischung mit einheimischer Bevölkerung gerechnet werden muß.

Den thüringischen Sachsen wurde ihr Tribut erlassen, als sie sich, zuerst 632/33, an der Bekämpfung der Wenden beteiligten. Damit war das von Sachsen bewohnte Land nördlich der Unstrut unabhängig geworden. Auch die Hassegauer und Nordschwaben schlossen sich im 8. Jh. den Sachsen an. Die in dieser Zeit geführten Kämpfe scheinen aber mehr durch die religiösen Gegensätze verursacht zu sein, denn die Sachsen hielten zäh an ihrem Heidentum fest. Schon 744 hören wir von Taufen der Grenzbewohner, 748 von dem Übertritt der Nordschwaben zum Christentum. Bereits vor Karl dem Großen wird also die mit der Kirche verbündete fränkische Politik sichtbar. Dieser hat mehrere Jahrzehnte gebraucht, um die Taufe zu erzwingen und die immer wieder auflodernden Aufstände niederzuwerfen. 772—785 wird der Widerstand der Sachsen gebrochen, 804 das Nordalbingerland unterworfen, 852 von König Ludwig das Herzogtum Sachsen errichtet.

Die Quellen, die uns für die Geschichte der Sachsen zur Verfügung stehen, sind teils römische, teils einheimische. In jenen hat man den Eindruck, daß die Römer die Sachsen auf sich zukommen sehen. Dabei können sie natürlich nur die Grenzbewegungen der Sachsen registrieren. Die einheimischen Quellen, besonders Widukind von Corvey, betonen den Sieg der Sachsen über die Chauken (um 180 n. Chr.?) bei Hadeln, und es scheint, daß sich der Druck der Sachsen schon vorher geltend gemacht und nicht nur zur Ausbreitung der Chauken nach Süden, sondern auch zu Seeunternehmungen geführt hat. Auf die Unterwerfung der Chauken scheint die Verschmelzung gefolgt zu sein und das Verschwinden des Chaukennamens, an dessen Stelle nun der der Sachsen tritt. Für die Unterwerfungstheorie spricht, wie LINTZEL wohl mit Recht geltend gemacht hat[2], das außergewöhnlich hohe Wergeld der Edelinge im sächsischen Volksrecht, das das Zwölffache des Latensatzes beträgt. In ihnen darf man die Schicht der Eroberer und Sieger von Hadeln sehen, obwohl andere auch an den einheimischen Adel denken[3]. Die Frilinge sind nicht einfach Gemeinfreie, denn sie stehen nach ihrem Wergelde in der Nähe der Laten mit großem Abstande von den Edelingen; ihr Wergeld beträgt 1/6 des Adelssatzes. Aber auch die Laten tragen Waffen und sind in der Volksversammlung vertreten. Vielleicht ist ihre Stellung gehoben, um sie gegen die Frilinge ausspielen zu können. In Holstein ist diese Schichtung nicht nachweisbar, hier gibt es keine Laten wie in Ostfalen.

Die Vita Lebuini antiqua (verfaßt zwischen 882—930 auf Grund einer älteren um 800 geschriebenen angelsächsischen Quelle) gibt Auskunft über die Volksversammlung, die uns eine vorherrschend vom Adel, aber unter Teilnahme der Frilinge und Laten geleitete Republik zeigt mit einem Delegiertenparlament in Markloh („Grenzwald"). Die sächsischen und anglischen Stämme, die Britannien im 5. Jh. erobert haben, haben ein ausgebildetes Königtum. Zumindest das anglische muß alt sein, denn es ist Träger von festländischen Traditionen wie von Offa. War es bei den Sachsen ähnlich, so ist die Adelsrepublik ein späteres Erzeugnis[4]. Doch kann das sächsische Königtum auch bei der angelsächsischen Landnahme entstanden sein.

Weil die Wanderbewegungen auf dem norddeutschen Boden fehlen (nur Angrivarier, Hasuarier und Amsivarier mußten das Land räumen), ist die Bevölkerung beharrsam und schwerfällig, dabei auf den eigenen Nutzen bedacht. Nicht aus starker Religiosität wurde am Heidentum festgehalten, sondern aus Gegensatz zum fränkischen Reich, um die Freiheit zu bewahren. Die Christianisierung haben nicht die stammverwandten angelsächsischen, sondern die fränkischen

Missionäre erreicht. Zu den ersten, die sich taufen ließen, hat übrigens Herzog Widukind gehört, als er die Aussichtslosigkeit des Widerstandes einsah[5].

Die an der Nordsee wohnenden germanischen Stämme (Angeln, Sachsen, Chauken, Friesen) haben vermutlich seit dem 1. Jh. v. Chr. begonnen, sich durch eigene sprachliche Neuerungen von den übrigen Germanen abzuheben, so daß schließlich neben dem Nordgermanischen und dem Südgermanischen eine dritte Sprachgruppe erwachsen ist, die man nicht als „ingwäonisch" bezeichnen sollte. Dieser Begriff ist besser dem Kultleben vorzubehalten, die sprachliche Entwicklung ist eher, wie man es jetzt tut, als „nordseegermanisch" zu bezeichnen. Früher hat man von „Anglofriesisch" gesprochen und meinte damit die vom Anglischen bis zum Friesischen reichende neue Sprache. Zu den sprachlichen Neuerungen gehört z. B. die Palatalisierung von *a* und *ā*, die zu *ä*, *ē* (æ), von *k* und *g*, die über Zwischenstufen zu *tsch-* und *dsch-*Lauten geworden sind, die Verdumpfung von *a* zu *o* vor Nasalen, den durchgehenden Ausfall des *n* vor stimmlosen Reibelauten mit Ersatzdehnung u. a. Hat das Nordseegermanische die Stämme an der Nordsee umfaßt, die durch ihre Seefahrten zusammengehalten worden sind, so hat es sich durch die mit der Bildung des sächsischen Stammes verbundenen Bewegungen weiter auf das Binnenland ausgedehnt. Wie das zu denken ist, ist eine vielbehandelte Frage, die z. T. damit zusammenhängt, wie man sich die Ausbreitung der Sachsen vorstellt. Früher glaubte man die nordseegermanischen Züge, z. B. der Merseburger Quellen, von einer sächsischen Adelsschicht getragen[6], dann dachte man an Warnen oder Friesen bei den Thüringern als Träger dieser Merkmale[7]. Rooth machte aufmerksam, daß sich diese Eigenheiten auf das gesamte Sachsenland erstrecken[8], ohne allerdings überall dieselbe Dichte und Durchschlagskraft aufzuweisen. Während E. Schröder annahm, daß sich schließlich die erminonische Sprache der Cherusker wieder durchsetzte und L. Wolff das Altsächsische als eine Mischsprache zwischen Anglofriesisch und Deutsch erklären möchte[9], kehrt H. Kuhn zur alten Annahme zurück, daß die Ansiedlung von Stämmen wie Friesen u. a. in der Magdeburger Gegend den nordseegermanischen Charakter der Magdeburger Quellen noch im 10. und 11. Jh. geprägt habe[10]. Das ist deshalb unwahrscheinlich, weil sich ähnliche Züge auch sonst im Sachsenlande finden. Auch die Sprache des Heliand, die mit der anderer sächsischer Quellen nicht gleichzusetzen ist, wird sehr diskutiert. Rooth versucht den Beweis zu führen, daß sich die Heliandsprache und die der altsächsischen Genesis deshalb von der nordseegermanischen Prosasprache abhebt, weil diese Denkmäler in Fulda unter fränkischem Einfluß geschrieben worden seien[11]. Mitzka wieder hält die Heliandsprache für die auf dem Landtag zu Markloh gebrauchte Umgangssprache[12]. Mit Recht macht Förste[13] darauf aufmerksam, daß alle diese Theorien in gewissem Grade richtig sind. Gemeinschaftliche vorkarolingische Neuerungen treten hinzu. Der uneinheitliche Lautcharakter des Altsächsischen entspricht tatsächlich weitgehend der sprachlichen Wirklichkeit. Aus der Ortsnamengebung scheinen keine Schlüsse auf die sächsische Stammesbildung möglich zu sein[14].

Die Ansicht, daß sich die germanischen Sprachen erst ab etwa 500 n. Chr. differenziert hätten und das Angelsächsische durch spätere Beeinflussung der deutschen Nordseeküste entstanden sei[15] oder gar das Angelsächsische seine neuen Formen nach Deutschland entsandt habe[16], muß abgelehnt werden. Nichts ist für diesen starken Einfluß von England auf Norddeutschland geltend zu machen, die angelsächsischen Missionäre haben in Norddeutschland keine starke Rolle gespielt, auch wäre nicht einzusehen, daß Missionäre die Volkssprache in solch starkem Maße beeinflussen könnten. Soviel auch im Sonderleben der englischen Leben Neues geschaffen worden ist, die Grundlagen und die Gemeinsamkeiten liegen in der alten Heimat und sind mit der Landnahme der Angelsachsen in Britannien über die Nordsee verpflanzt worden. Die Sprachentwicklung muß im Blickfeld der Geschichte gesehen werden, und sie spricht von Wanderungen über die Nordsee.

[1] A. JENKIS, „Nordalbingien" und die sächsischen Stammesprovinzen. Diss. (Masch.) Hamburg 1953.

[2] M. LINTZEL, Die Stände der deutschen Volksrechte, hauptsächlich der Lex Sax. (1933).

[3] L. SCHMIDT, Geschichte der deutschen Stämme II², S. 63.

[4] Zum Problem vgl. A. GENRICH, Die Entstehung des sächsischen Stammes (Forschungen u. Fortschritte 25, 1949, S. 49—52).

[5] M. LINTZEL, Der sächsische Stammesstaat und seine Eroberung durch die Franken (Hist. Studien, Heft 227, 1933).

[6] O. BREMER, Ethnographie der germ. Stämme (im Grundriß der germ. Phil. III), S. 866.

[7] An Friesen denkt Th. SIEBS, Die Friesen und die nächstverwandten Stämme (Mitteil. der Schles. Ges. f. Volkskunde 31, 1931), an Warnen E. SCHRÖDER, Sachsen und Cherusker (Niedersächs. Jb. f. Landesgesch. 10, 1933, S. 9), an Nordschwaben F. KAUFFMANN, Dt. Altertumskunde II (1923), S. 159.

[8] E. ROOTH, Die Sprachform der Merseburger Quellen (Niederdeutsche Studien, Festschrift für Borchling, 1932), S. 25ff.; 37ff.

[9] L. WOLFF, Die Stellung des Altsächsischen (Zs. f. dt. Alt. 71, 1934, S. 129ff.).

[10] H. KUHN, Zur Gliederung der germanischen Sprachen (Zs. f. dt. Alt. 86, 1955, S. 40).

[11] E. ROOTH, Saxonica. Beiträge zur niedersächs. Sprachgeschichte (Lund 1949), S. 24ff.

[12] W. MITZKA, Die Sprache des Heliand und die altsächsische Stammesverfassung (Jb. des Vereins f. niederdt. Sprachforschung 61—63, 1948—1950), S. 32ff.

[13] W. FÖRSTE, Geschichte der niederdeutschen Mundarten (bei W. STAMMLER, Deutsche Philologie im Aufriß II, 1954), S. 1915ff. Zum Problem noch I. DAL, Zur Stellung des Altsächsischen und der Heliandsprache (Norsk Tidsskrift for Sprogvidenskap 17, S. 410 bis 424); G. CORDES, Geschichte Schleswig-Holsteins III (1955), S. 8—15.

[14] E. SCHWARZ, Ortsnamenforschung und Sachsenfrage (Westfälische Forschungen 6, 1952, S. 222—230).

[15] H. KUHN, Die sprachliche Stellung des Nordfriesischen (Korr.-Bl. des Vereins f. niederdt. Sprachf., Heft 58/2, S. 21).

[16] H. KUHN, Zs. f. dt. Alt. 86 (1955), S. 46.

VIERTER TEIL

DIE WESER—RHEIN=GERMANEN

Kapitel 26

Die linksrheinischen belgischen Germanen und der Germanenname

(Abbildung 15)

Das Vordringen der Germanen gegen den Niederrhein erfolgt in so früher Zeit, daß nur die Siedlungsarchäologie darüber einige Auskunft geben kann. Während am Ende der Bronzezeit (etwa 800 v. Chr.) ganz Hannover einschließlich von Friesland mit dem niederländischen Teil und Westfalen in der Hand der Germanen ist, beginnen sich die Germanen in der frühen Eisenzeit (etwa 800—500 v. Chr.) am Niederrhein bemerkbar zu machen. In dieser frühen Zeit sind die Flußnamen *Rhein* und *Waal* den Germanen bekannt geworden, s. o. S. 36, dazu die *Maas,* wo das *o* des keltischen *Mosa* durch germanisches *Masa* ersetzt worden ist, während bei der südlicheren und später erreichten *Mosel* < keltischem *Mosella* das *o* geblieben ist.

Über Zeit und Umfang des ersten germanischen Vordringens auf das linke Rheinufer bestehen noch Meinungsverschiedenheiten. Als Caesar 57 v. Chr. bei den Abgesandten der Remer, die ihm allein unter den Belgen freundlich gesinnt waren, Erkundigungen einzog, erfuhr er, daß die meisten B e l g e n Abkömmlinge der Germanen seien und vor alters über den Rhein gekommen wären. Wegen der Fruchtbarkeit der Gegend hätten sie sich niedergelassen und die ortsansässigen Gallier vertrieben. Die Belgen hätten allein die Kimbern und Teutonen abgewehrt. Es ist nun die Frage, wie diese Nachrichten einzuschätzen sind[1]. Man meint, Caesar habe absichtlich die Germanengefahr in den Vordergrund gerückt und durch die Bemerkung über die Belgen verstärkt, um seine Maßnahmen gegen die Germanen in Rom rechtfertigen zu können, denn Posidonius habe das Keltentum der Belgen nicht bezweifelt. NORDEN glaubt, daß Caesar selbst dem Bericht der remischen Gesandten keinen Glauben beigemessen habe[2]. Aber weder die Ansicht des Posidonius noch die des Caesar ist für unsere Frage maßgebend. Jener war nicht im Lande und konnte von der Landestradition deshalb nichts wissen, dieser konnte seine private Meinung haben, die nicht richtig sein muß. Es ist nicht einzusehen, warum die Remer etwas Falsches erzählt haben sollen, denn es fehlt ja nicht an weiteren Zeugnissen für Germanen links des Rheines. Nur kann es nicht stimmen, daß alle Kelten von den Germanen vertrieben worden seien, denn die Keltisierung der belgischen Germanen setzt Durcheinanderwohnen beider Völker voraus. Nach dem Eindringen der Germanen wird es zu einer Vermischung gekommen sein, und es ist durchaus glaublich, daß die noch zu Caesars Zeiten bemerkbaren Unterschiede der Belgen von den Galliern in kriegerischer Tüchtigkeit und Sprache auf die germanische Beimischung zurückgehen.

Die Nervier, die zum Bunde der Belgen gehörten, werden von Strabo als ein germanisches Volk bezeichnet, vielleicht doch nicht nur wegen ihrer Wildheit, Kulturfeindschaft und des Verbotes der Weineinfuhr. Auch die Treverer haben sich ihrer germanischen Abkunft gerühmt. Ihre späteren Personennamen sind keltisch, abgesehen von den römischen Einflüssen[3]. Die keltische Kultur war überlegen; die Germanen büßten allmählich ihr Volkstum ein, wenn sie nicht die alleinigen Herren waren. In Kriegen werden sie viele Leute verloren haben und dadurch geschwächt worden sein.

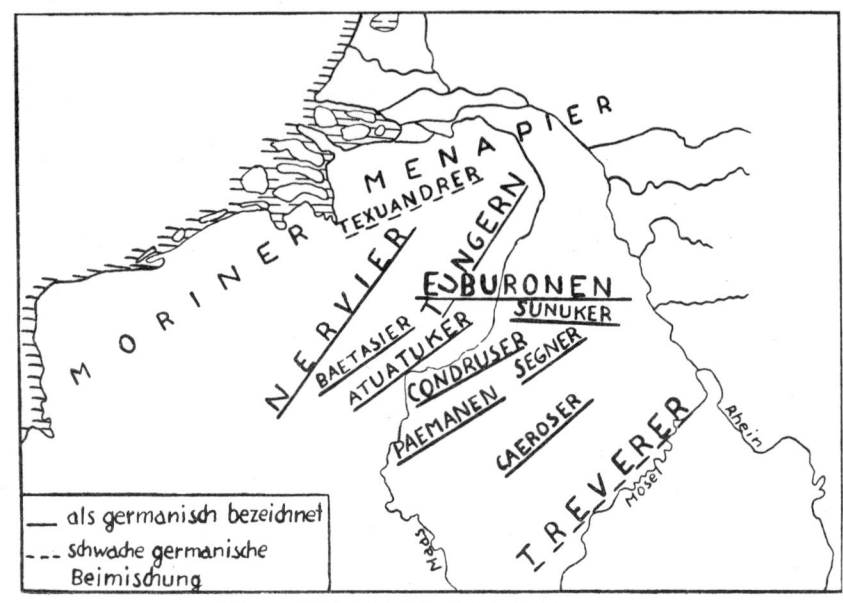

Abb. 15. Linksrheinische belgische Germanen

Zu Caesars Zeit saß im östlichen Belgien eine Stammesgruppe, die er ausdrücklich als *Germani cisrhenani* „diesseitige, linksrheinische Germanen" bezeichnet und von den Belgen unterscheidet. Diese Germanen waren mit den Belgen gegen die Römer verbündet, stellten ein besonderes Heeresaufgebot, waren offenbar auf dem belgischen Landtag nicht vertreten, hatten also eine politische Sonderstellung. Zu ihnen gehörten die Condruser, Eburonen, Caerosen, Paemanen und Segner, „die mit einem Namen Germanen genannt werden." Die Eburonen und Condruser hatten sich unter den Schutz der Treverer gestellt, waren aber jetzt zu den Belgen übergetreten. Diese Germanen fühlten sich nach ihren politischen Bindungen schon als Gallier und redeten von den rechtsrheinischen Germanen wie von Fremden. Der Prozeß ihrer Entvolkung war also zu Caesars Zeit fast vollendet, es war nur noch eine politische Sonderstellung und die besondere Bezeichnung „Germanen" übrig geblieben. Dabei ist Caesars Zusammenstellung nicht vollständig. Es kamen noch die Tungern hinzu, an die sich der Germanenname besonders heftet, während die benachbarten Aduatuker eine Mischung von Kimbernresten und Einheimischen darstellen. Germanisch ist weiter der Name der Texuandrer (*Tehsu̯andrōz), zu gotisch *taíhswa* „rechts" mit dem Suffix *-dra*. Nimmt man

die S u n u k e r und B a e t a s i e r bei Plinius hinzu, außerdem die F r i s i a v o -
n e n, offenbar eine friesische Gruppe, der die Ansiedlung auf dem linken Rheinufer gelungen ist (s. o. S. 120), bleiben 11 Stämme, bei Ausscheidung der vielleicht
jüngeren Frisiavonen 10, bei der der Aduatuker 9 übrig.

Dadurch, daß einige Stämme in Landschaftsnamen noch in späterer Zeit fortleben, läßt sich ihre Lage genauer bestimmen. An die Condruser erinnert
Condroz (wallonisch *les Condrosis*) in einem Teile der Provinz Namur; weiter
südlich lag *Famenne*, *pagus Falmenne* (erst 656 belegt) und auf den Höhen um
Prüm der *pagus Carascus* (zum Volksnamen der Caerosier). Das Verhältnis von
Falmenne zu den Paemanen wird so sein, daß *p*- keltischer Lautersatz für germ.
f- und der Name germanisch ist (**Faimanōz*)[4]. Am linken Ufer der unteren Maas
findet sich später der Gau *Toxandria* nördlich von Maastricht. An die Tungern
erinnert der Stadtname *Tongern*.

Ob hier zwei Germanenschübe vorliegen, wobei die linksrheinischen Germanen später als die Belgen gekommen wären, oder ob jene nur wegen ihrer
Wohnsitze in den Ardennen ihr Volkstum etwas länger bewahrt haben, ist
schwer zu entscheiden. Die Einwanderung muß bei beiden Teilen wegen der
starken Keltisierung lange vor Caesars Zeit liegen. Auch die Stammesnamen sind
keltisch oder keltisiert, nur einige Personen- und Götternamen sind noch germanisch, z. B. *Freioverus, Leubasmus, Haldacco, Vihansa, Alaterviae*. Man wird
mit Eindringen der Germanen vom 5. Jh. v. Chr. ab rechnen dürfen.

In dieser Gruppe der linksrheinischen Germanen muß die Erklärung für das
A u f k o m m e n d e s N a m e n s G e r m a n e n liegen. Darauf führt die dauernde
Verbindung noch bei Caesar, der bei den Segnern und Condrusern betont, daß
sie „zum Volk und der Abteilung der Germanen gehören, die zwischen den
Eburonen und den Treverern (um Trier) wohnen." Germanen ist hier ein über-
geordneter Begriff.

Tacitus gibt in einer berühmten Stelle über die Verbreitung des Namens
Germanen Auskunft. Die Bezeichnung selbst sei neu und erst vor kurzem aufgekommen. Die nämlichen, die zuerst den Rhein überschritten und die Gallier
vertrieben hätten — die jetzt *Tungern* heißen —, seien damals Germanen genannt worden. Daraus ergäbe sich, daß besonders die Tungern Germanen genannt worden seien, also einer der linksrheinischen Stämme. Die herrschende
Ansicht ist, daß sie zuerst *Germanen* geheißen und den Namen *Tungern* angenommen hätten, als Germanen zur Volksbezeichnung geworden war. Nun wird
Tacitus seine Angabe aus Livius entnommen haben. Die Tungern werden besonders im 1. Jh. n. Chr. genannt. Sie wurden, als Caesar die Macht der Eburonen gebrochen hatte, ihre Nachfolger. Erst durch die Maßnahmen in der Zeit
des Augustus traten die Tungern in den Vordergrund. Was Tacitus sagen will,
ist die Bedeutungserweiterung eines Stammesnamens zum Volksnamen, wie es
z. B. für die Alemannen zutrifft, die im französischen Munde als *Allemands* zu
Vertretern der „Deutschen" geworden sind. Tacitus fährt fort: „Auf diese Weise
sei der Name eines einzelnen Stammes, nicht einer des ganzen Volkes, allmählich
zur Geltung gekommen, so daß die Gesamtheit zuerst nur vom Sieger, um Furcht
zu erregen, bald aber auch von ihr selbst mit dem schon geschaffenen Namen als
Germanen bezeichnet wurde." Das ist auffallend, denn die Übertragung besorgt
in der Regel nicht das eigene, sondern das fremde Volk. NORDEN übersetzt allerdings anders: „. . . so daß die Gesamtheit zuerst n a c h d e m S i e g e r aus
Furcht, bald aber auch v o n i h r s e l b s t mit dem einmal geschaffenen Namen
als Germanen bezeichnet wurde." Dann hätten die Gallier die Erweiterung des

Germanennamens durchgeführt, was viele Analogien hat. Entscheidend ist, daß der Name Germanen ursprünglich einem einzigen Volksstamm zugekommen ist. Sind es nicht die Tungern, die erst später zu Einfluß kamen, so haben ihre Vorgänger, die Eburonen, diesen Namen geführt[5].

Die Frage, welcher Sprache der Name Germanen, den die Römer ohne Zweifel von den Kelten übernommen haben, entstammt, ist sehr oft behandelt worden, ohne daß eine allseitige befriedigende Erklärung gegeben werden konnte. Der Name ist sehr alt und kann bis in das 5. Jh. v. Chr. zurückgehen. Solche alten Namen sind oft für uns undeutbar. Aus altenglischem *geormenlēaf* „Malve, Käsepappel" erschließt man neuestens ein germanisches **germana-* „hervorragend, groß". Der ON *Germana* in Bayern, den eine Freisinger Urkunde von 769 mitteilt, ist kaum beweisend, denn er kann vorgermanischen Ursprungs sein. In altfränkischen Personennamen begegnet *Germen-ulf, -berga,* was für das Dasein eines germanischen Wortes spricht, dessen Bedeutung unklar bleibt. Die von R. MUCH vertretene Auffassung, daß *germana-* eine Verbindung von ahd. *irmin* „groß, allgemein" mit der Präposition *ga-* sei (**ga-ermana-* > *germana-*) ist zu einzelstehend, als daß sie überzeugen könnte; später dachte er eher an die Sippe von begehren[6]. Auch an keltische und illyrische Etymologie ist gedacht worden, während lateinische außer Betracht bleibt. Unmöglich ist die früher beliebte germanische Erklärung „Speermannen", weil das ahd. *gēr* „Speer" in alter Zeit **gaizaz* gelautet hat[7]. Der Versuch, die keltiberischen *Germani Oretani* in Spanien mit den Germanen zu verknüpfen, läßt sich vorderhand nicht unterbauen, würde aber sonst weitere Anknüpfungspunkte gewähren.

---

[1] Zweifel gegenüber der Caesarstelle von den Belgen äußert K. ZEUSS, Die Deutschen und die Nachbarstämme (1837), S. 60, 190; ebenso K. MÜLLENHOFF, Deutsche Altertumskunde II, S. 166, 197; F. KAUFFMANN, Deutsche Altertumskunde, S. 251; für Caesar R. MUCH, Beitr. z. Gesch. d. dt. Sprache 17 (1893), S. 168ff.

[2] E. NORDEN, Die germanische Urgeschichte in Tacitus Germania, S. 353ff., 364ff.

[3] R. MUCH, Wiener SB 195 (1920), S. 12ff.; L. WEISGERBER, Sprachwissenschaftliche Beiträge zur frührheinischen Siedlungs- und Kulturgeschichte I (Rhein. Museum f. Philologie, Bd. 84, Heft 4, 1935), S. 289ff.

[4] S. GUTENBRUNNER, Die Stammesgliederung der rheinischen Germanen (Beitr. z. Gesch. d. dt. Sprache 60, 1936, S. 350ff.); ders., Die Geschichte der linksrheinischen Germanen bis auf Caesar (Volk und Rasse 7, 1932, S. 150ff.). Weitere Versuche, die Namen der belgischen und cisrhenanischen Germanenstämme zu erklären, bei W. STEINHAUSER, Herkunft, Anwendung und Bedeutung des Namens „Germani" (Festschrift D. KRALIK, 1954, S. 16ff.).

[5] E. NORDEN, a. a. O., S. 312ff. Weiter zur Frage R. MUCH, Die Germania des Tacitus, S. 35ff. und die hier angeführte Literatur.

[6] Statt der schon stark angewachsenen Literatur genügt es, auf R. MUCH, a. a. O., S. 43ff. und die hier wiedergegebenen anderen Ansichten hinzuweisen. Daß die von S. FEIST, Die Kelten in der antiken Überlieferung (1927) vertretene Auffassung, daß auch die rechtsrheinischen Germanen Kelten seien, unmöglich ist, hat treffend R. MUCH, Waren die Germanen des Caesar und Tacitus Kelten? (Zs. f. dt. Alt. 65, 1928, S. 1ff.) gezeigt. Für Ableitung aus dem Germanischen neuestens wieder W. KROGMANN, Der Name der Germanen (1933); ders., Zum Problem des Germanennamens (Beitr. z. Namenforschung 3, 1952, S. 139—153).

[7] W. STEINHAUSER, a. a. O., S. 15ff. stellt die These auf, daß aus der Lausitz kommende westfälische Urnenfelderleute das Wort **germos* „warm" mitgebracht hätten und der Name früh den Kelten bekannt geworden sei. Um 750 v. Chr. hätten die ersten „Germanen" als Vortrupp der späteren Istwäonen das östliche Belgien erreicht. Allzuviel bleibt hier vorderhand problematisch. Für das Illyrische wäre **bermos* anzusetzen.

Kapitel 27

Kleine Stämme am Rhein

(Abbildung 12)

Am Rhein standen im ersten Jh. v. Chr. und in den beiden ersten Jh. n. Chr. kleine Stämme, die im Kampfe gegen die Römer und untereinander sehr gelitten haben.

Zur Zeit Caesars wohnten die S u g a m b r e r am rechten Rheinufer nördlich Köln, nördlich von den Ubiern, die damals noch zwischen Main und Westerwald saßen, ursprünglich bis über die Lippe hinaus, wo sie sich mit den Brukterern und Menapiern berührten. Diese waren ein keltischer Stamm, der z. T. noch rechts des niederen Rheins siedelte. Die Ostnachbarn der Sugambrer waren die Cherusker und Chatten. Im Jahre 55 v. Chr. hatten sie die Usipier und Tenkterer in ihr Gebiet nördlich der Lippe aufgenommen und ihre Auslieferung an die Römer verweigert, worauf Caesar den Rhein überschritt und ihr Land verheerte. Sie zogen sich in unwegsames Gebiet zurück. Mehrmals fielen sie in Gallien ein, so daß die Römer ihre Unterwerfung einleiteten. Die Sugambrer brachten darauf i. J. 12 v. Chr. ein Bündnis mehrerer Stämme zusammen und befehdeten die neutral bleibenden Chatten, die sich ihnen schließlich anschlossen. Hinterlistig ließ Kaiser Augustus i. J. 8 v. Chr. ihre Gesandten festnehmen, worauf sich ein großer Teil des Volkes auf römisches Gebiet umsiedeln ließ. Der Volksname lebte noch in der gelehrten Überlieferung fort und wurde ein Beiname der Franken.

Man glaubt, daß die G a m b r i v i e r dasselbe Volk sind. Strabo trennt sie von den Sugambrern; Tacitus erwähnt jene, diese nicht. In beiden steckt das ahd. *gambar* „rasch in Tat, Wort, Verstand". *Su-* wird eine Verstärkung sein. Die Unterscheidung kann darauf beruhen, daß die Sugambrer das Hauptvolk einer Kultgemeinschaft waren, zu der auch Nachbarstämme gehörten, deren Mittelpunkt das Heiligtum der Göttin Tanfana bildete.

Während die rechts des Rheines gebliebenen Sugambrer unter den Nachbarstämmen aufgingen, scheint für die am linken Rheinufer angesiedelten Volksteile ein neuer Name aufgekommen zu sein, denn hier werden bald darauf die K u g e r n e r (auch *Kuberner*) genannt. Auf ihrem Gebiete befand sich die Rheinfestung *Castra Vetera* bei Xanten. Sie mußten römische Kriegsdienste leisten, standen auf seiten des Civilis und wurden der *Colonia Ulpia Traiana* bei Xanten unterstellt. Sie werden sich mit römischen Kolonisten verschmolzen haben. Wenn der Volksname die Bedeutung „Kuhdiebe" hat, ist ein Spottname an die Stelle des alten Stammesnamens getreten, offenbar von den Nachbarn beigelegt.

Zwischen Lippe und Ruhr wohnten 14 n. Chr. die M a r s e r, in deren Hut nach der Zerschlagung und Umsiedlung der Sugambrer das Heiligtum der *Tanfana* erscheint. Sie standen in der Schlacht im Teutoburger Walde auf Armins Seite. In dem genannten Jahre hielten sie ein großes Kultfest ab und wurden dabei von den Römern überrascht, wobei das Heiligtum zerstört wurde. Auf dem Rückwege überfielen Chattuarier, Usipier und Tubanten das römische Heer, offenbar um Rache für die Verletzung ihres Heiligtums zu nehmen. Die Marser spielen nun keine Rolle mehr; es scheint den Römern gelungen zu sein, einen Führer zu bestechen. Sie werden nicht mehr genannt. Da Strabo meldet, sie seien in das Landesinnere ausgewandert, ist es möglich, daß sie die Reste der Sugambrer aufgenommen haben. Der noch unklare Stammesname scheint sich bei den Marsakern und Marsingen zu wiederholen.

Die eben genannten Chattuarier saßen an der mittleren und oberen Ruhr, jedenfalls in der Nähe der anderen mit ihnen genannten Stämme um das Heiligtum der Tanfana. An sie erinnert der spätere sächsische Gau *Hatterun*. Wie ihre Beziehungen zu den Chatten zu denken sind, ist unklar. Meist wird die Ansicht vertreten, daß sie den Namen nach der alten Landschaft der Chatten führen, da das Verhältnis dasselbe wie bei Baiwarier zum Lande Baia gewesen sein wird. L. SCHMIDT möchte in ihnen die Reste der Sugambrer sehen[1], doch spricht dagegen ihre Beziehung zu den Chatten. Jene waren 8 v. Chr. umgesiedelt, diese treten schon 12 Jahre später auf. Sie wurden jetzt von den Römern unterworfen. Zwischen 512 und 520 fand in ihrem Lande ein Kampf mit dem Gautenkönig *Hygelāc* (*Chochilaicus*) statt. Das kann aber nicht mehr in ihrer alten Heimat sein, sondern wohl mehr gegen den Rhein zu, wo sie vielleicht das ehemalige Gebiet der Kugerner zwischen Maas und Rhein inne hatten. Sie scheinen hier nach einem Kampf gegen die Römer i. J. 360 angesiedelt worden zu sein. Hier ist an der Ruhrmündung später der Gau *Chattuarius*, *Hettergau* bezeugt[2]. Hierher gehören die *Hætware*, die im Finnsburglied als Nachbarn der Westfriesen begegnen. In hochdeutscher Gestalt wird ihr Name *Hazzoarii* geschrieben. Ein am Ende des 3. Jh. durch Kaiser Constantinus in Ostfrankreich an der oberen Saône angesiedelter Teil des Stammes hat ebenfalls einem *Hattuariergau* seinen Namen gegeben.

Zwischen Vecht und Yssel wohnten die Chamaver, die durch Drusus genötigt wurden, sich über die Yssel zurückzuziehen, weil die Römer am Rhein keine Germanen duldeten. Im Jahre 97 verbündeten sie sich mit den Angrivariern gegen die Brukterer und nahmen von deren Gebiet das frühere Usipierland zwischen Yssel und unterer Lippe in Besitz, wo in späterer Zeit der z. T. fränkische, z. Teil sächsische Gau *Hamaland* liegt. Die Gebräuche der Bewohner ließ Karl der Große um 800 als „Chamaverrecht" aufzeichnen. Im 4. Jh. erscheinen sie als ein Teil der Franken. Ein anderer *Chamavergau* begegnet in Frankreich südlich der Vogesen, wohin ein Teil des Volkes gleichzeitig mit den Chattuariern verpflanzt worden ist.

Die Brukterer haben den Römern viel zu schaffen gemacht. Sie zerfielen wie die Chauken und Friesen in *große* und *kleine Brukterer*. Drusus hatte mit ihnen auf der Ems einen Schiffskampf zu bestehen, so daß ihre ältesten Sitze an der unteren Ems zu suchen sein werden. Nach der Niederlage scheint sich der Stamm ins Münsterland zurückgezogen zu haben. Die Lippe floß durch das Gebiet der kleinen Brukterer; nordwärts davon wird der Hauptstamm zu suchen sein, also am linken Ufer der Ems. Als die Tenkterer 8 v. Chr. das ehemals sugambrische Gebiet besetzten, rückten die Brukterer bis zur mittleren Lippe vor, wurden hier 4 n. Chr. von den Römern unterworfen, die zur Niederhaltung der germanischen Stämme das Kastell *Aliso* erbauten, beteiligten sich an der Seite Armins an der Befreiungsschlacht, versuchten die Zerstörung des Heiligtums der Tanfana zu rächen und zogen sich 15 n. Chr. vor den Römern in die Wälder zurück. I. J. 58 wollten sie den Amsivariern beistehen, rückten in das von den Usipiern aufgegebene Gebiet an der unteren Lippe und damit bis an den Rhein vor, was wohl die Genehmigung der Römer voraussetzt. In ihrem Gebiete wohnte die Seherin *Veleda*, die eigentliche treibende Kraft im Aufstande des Civilis, in einem Rundturm. Ihr Ansehen reichte über ihren Stamm hinaus. Sie erhielt ein römisches Flaggschiff von den Aufständischen zum Geschenk, wurde aber bei einem neuen Aufstand gefangen genommen (77 n. Chr.). Nach der Unterwerfung durch die Römer bekämpften sich eine römerfreundliche und eine nationale Partei, und der Stamm mußte es sich gefallen lassen, daß die Römer einen König einsetzten. Im Jahre 97 n. Chr. vereinigten sich Chamaver und Angrivarier zu einem Bunde gegen sie und rieben den Stamm fast auf, worauf sich die Überlebenden in das Land zwischen mittlerer Ruhr und Lippe zurückzogen, wo der mittelalterliche Gauname *Borahtra* und der Volksname *Boructuarii* „Bewohner der Landschaft Borahtra" an sie erinnern. Sie bilden dann einen Hauptbestandteil der Franken.

Die drei Stämme der Usipier (Usipeten), Tenkterer und Tubanten treten in enger Verbindung auf. Ursprünglich wohnten die zwei ersteren in Oberhessen, wurden aber von den Sweben 58 v. Chr. vertrieben. Sie wollten sich am Niederrhein niederlassen, wo sie sich von den Vorräten der Menapier nährten. Sie beabsichtigten wohl, sich wie frühere Stämme in Belgien anzusiedeln und den Kelten beizustehen. Sie baten Caesar um Landzuweisung oder um Bestätigung ihrer Landnahme. Er brach aber sein Versprechen und rieb sie auf, was Cato im Senat sehr tadelte. Das Gemetzel scheint bei Koblenz stattgefunden zu haben. Caesar hatte sie angewiesen, bei den Ubiern zu verhandeln. Die der Vernichtung entgangene Reiterei fand Zuflucht bei den Sugambrern, so wie die Usipier zwischen unterer Lippe und Rhein, die Tenkterer östlich davon niederließen. An der Seite der Brukterer wurden jetzt beide Völker erbitterte Feinde der Römer. Die Tenkterer wurden die Erben der Sugambrer nach deren Verpflanzung 8 v. Chr. Ein kleiner Stamm waren die Tubanten („die in zwei Gauen wohnenden", *bant* „Gau" lebt in Brabant fort). Alle drei Stämme scheinen dann unter römischem Druck südwärts gezogen zu sein, beteiligten sich am Aufstande des Civilis und fügten sich dann wieder der römischen Hoheit. Der Name der Usipier scheint keltisch zu sein und „die gut Berittenen" zu bedeuten. Sie galten als ausgezeichnete Reiter, wobei das Pferd nicht dem erstgebornen, sondern dem kriegstüchtigsten Sohn vererbt wurde. Für Tenkterer wurde im Germ. vermutlich **Thenchterōz* gesprochen. Sie gehen dann unter den Rheinfranken auf. An ihrer Spitze stehen Gaufürsten.

Die Ubier hatten ursprünglich das Gebiet zwischen Rhein, Main und Westerwald inne. Als sie 58 v. Chr. den Sweben nach heftigem Kampfe tributpflichtig wurden, baten sie Caesar um Schutz. Nach seinem Tode wurden sie von den Sweben wieder bedrückt, worauf sich 38 v. Chr. Agrippa entschloß, ihnen Land auf der linken Seite des Stromes anzuweisen, das durch die Ausrottung der Eburonen frei geworden war. Hauptort wurde das spätere Köln. Da die Orte ihres Gebietes ihre keltischen Namen beibehalten haben (so *Belgia* Billig, *Juliacum* Jülich, *Novaesium* Neuß, *Durnomagus* Dormagen, *Tolbiacum* Zülpich), werden sie sich mit Kelten vermischt haben. Ein dem Kaiser Augustus geweihter Altar (*Ara Ubiorum*) wurde der Mittelpunkt der neuen Provinz *Germania*. Die hier i. J. 50 n. Chr. begründete Veteranenkolonie erhielt den Namen *Colonia Agrippinensis* „Köln". Die Ubier, durch ihr Geschick den Römern in die Arme getrieben, blieben romfreundlich, rühmten sich aber noch am Ende des 1. Jh. n. Chr. ihrer germanischen Abstammung, obwohl sie sich lieber *Agrippiner* nennen ließen. Sie sind offenbar romanisiert worden. Deshalb wurden sie von den Germanen als Abtrünnige betrachtet. Nur mit Widerwillen traten sie auf die Seite des Civilis, gingen bald wieder zu den Römern über und machten germanische Truppen in Köln nieder. Die freien Germanen verachteten sie noch in späterer Zeit. Die Ubier (zu germ. **ubja-* „üppig") besaßen durch die Vermittlung der benachbarten Kelten bereits in ihren rechtsrheinischen Sitzen eine verhältnismäßig hohe Kultur, waren gute Bauern, scheinen die Äcker schon mit Mergel gedüngt zu haben, wohnten in Dörfern, hatten Fluchtburgen und trieben auch Handel. Sie stellten Caesar ihre Rheinflotte für seinen Flußübergang zur Verfügung. Wie die Kelten hatten sie einen Senat, eine den Germanen sonst fremde Einrichtung. Sie wurden auf dem linken Rheinufer als Grenzhüter angesiedelt. In ihrem Gewerbe ist starker keltischer Einfluß zu bemerken. Die Funde bieten nur selten einen Anhaltspunkt, um sie als germanisch zu bestimmen. Nur aus der Art der Beigaben sind bisweilen Folgerungen auf die Nationalität möglich. Ihre Götter tragen noch lange germanische Namen, z. B. *Requalivahanus*. Ihr Matronenkult unterscheidet sich vom keltischen. Gegen die oft behauptete Entlehnung spricht die Verdichtung in Niedergermanien, besonders im Ubierlande; ferner sind die Namen der Göttinnen germanisch. Manche Inschriften kennen Matronen mit Namen germanischer Stämme. Außerdem gibt es Gottheiten verwandten Charakters in alter Zeit wie im heutigen Volksglauben. Die Ubier werden den Kult aus der rechtsrheinischen Heimat mitgebracht haben. Darauf deuten zweimal in Köln bezeugte *Matronae Aumenahenae*, die so nach dem Bach Aumenau in der Lahngegend heißen. Es handelt sich vielleicht um schon vorindogermanischen Mütterglauben[3]. Einige dieser Mütternamen sind in der germanischen Sprachgeschichte bekannt, weil sie alte Endungen aufweisen, z. B. *Aflims, Vatvims, Saitchamims.*

Zusammenfassend ist auf einige Tatsachen aufmerksam zu machen, deren Erkenntnis zugleich die spätere Entwicklung aufhellt. Die Landnot ist unter diesen rheinischen Stämmen sehr groß gewesen. Die Sweben (Quaden) haben die Usipier und Tenkterer aus Oberhessen verdrängt, darum mußten diese sich neue Sitze suchen und sind dabei mit den Römern zusammengeraten. Die Brukterer sind dem Bunde der Chamaver und Angrivarier erlegen, diese wieder waren von den Chauken vertrieben worden. Obwohl mehrere dieser Stämme vermutlich verwandt waren, wurde die Notwendigkeit, den Lebensraum zu sichern, zur Ursache von Vernichtungskämpfen. Dabei hat es Kultbünde gegeben, so bei den Sugambrern, Marsen, Chattuariern, Usipiern und Tubanten. Mehrmals mußte beim Verschwinden alter Stammesnamen und dem Auftauchen neuer die Frage aufgeworfen werden, ob besiegte oder geschwächte Stämme von anderen befreundeten aufgenommen worden sind. Manche Stämme haben sich um ihre Bundesgenossen bemüht und sogar die Feindschaft der Römer herausgefordert; so haben die Sugambrer die Usipier und Tenkterer aufgenommen. Abgesehen von der Vertreibung einzelner Stämme sind die Gebietsveränderungen mancher nicht sehr groß gewesen; sie haben sich vielfach auf die Nachbarschaft beschränkt. Bei den Gaunamen, die sich behauptet haben, ist zu beachten, daß es nicht die Urgaue sind, die fortleben, sondern die letzten Gaue, bei denen keine Veränderung mehr erfolgt ist.

Die Nähe des Rheins hat dazu geführt, daß diese Stämme mit den Römern zusammenstoßen mußten, die zunächst den Rhein als Volksgrenze einrichten und hier eine Ordnung schaffen wollten. Die landsuchenden Germanen haben bei der Besitznahme dieser Ödungen die Rücksichtslosigkeit der Römer kennen gelernt, die sich nicht vor der Ausrottung ganzer Stämme scheuten und Wortbruch verübten, wenn er sich lohnte. Schon Caesar suchte den Germanen östlich des Rheins Respekt beizubringen, indem er zweimal, 55 und 53 v. Chr., den Fluß überschritt. Die Germanen ließen sich dadurch nicht besonders einschüchtern.

Während alle germanischen Stämme den Römern feindlich gegenübertraten, in denen sie Eindringlinge sehen mußten, die sich in ihre Auseinandersetzungen mit den keltischen Stämmen einmischten, haben die Ubier, bedrängt von ihren Nachbarn, die Freundschaft der Römer gesucht. Es sieht freilich so aus, daß sie schon in ihren alten Sitzen rechts des Flusses infolge keltischer Beimischung eine höhere Kultur besaßen und den Germanen Anlaß zur Feindschaft gaben, da sie den Kelten und Römern zuneigten. Mit ihrer Umsiedlung i. J. 38 v. Chr. haben die Römer erstmalig eine Maßnahme angewandt, die noch oft wiederholt werden sollte. Für die Römer kam es darauf an, Grenzhüter zu gewinnen und sich die Kampfkraft der Germanen nutzbar zu machen, dabei sie gegeneinander auszuspielen. Auch konnten die Gallier durch Germanen niedergehalten und beide Völker miteinander verfeindet werden, wenn germanische Stämme auf keltischem Boden angesiedelt wurden. Wie gefährlich es werden konnte, wenn sich Germanen und Kelten verbündeten, zeigt der Aufstand des Civilis. Die Ubier blieben tatsächlich den Römern verpflichtet und nahmen den Haß der übrigen Germanen auf sich. So bewährte sich diese Maßnahme der Römer, und sie siedelten 8 v. Chr. auch Sugambrer nördlich von den Ubiern an. Da Caesar nach der Niederlage des Ariovist die bereits links des Rheines angesiedelten Wangionen, Triboker und Nemeter im Elsaß belassen hatte, wurde nun das linke Flußufer eine Zeitlang germanisch, bis die Romanisierung zu wirken begann.

Die rechtsrheinischen Stämme mußten erkennen, daß ihre Uneinigkeit von den Römern ausgenützt wurde. Mehrere, die unentwegte Gegner Roms blieben, mußten, zumal sie den Wert von Stammesbünden erkannten und auch die Niederlagen der Römer durch Armin und Civilis mit angesehen hatten, zur Überzeugung kommen, daß nur ein Bund aller Germanen am Rhein den Römern mit Erfolg entgegentreten konnte. So kam nach dem 1. Jh. n. Chr. die Zeit, in der diese kleinen Stämme in einem großen aufgehen sollten.

Zwei Probleme sind es vor allem, die von nachhaltigstem Einfluß auf das Schicksal der rheinischen Germanen geworden sind: das der Landnahme, mit der zwangsläufig eine Auseinandersetzung mit den Römern verbunden war, und das der Keltisierung bzw. Romanisierung, weil die angetroffenen Kulturen, hinter denen die mediterrane Antike stand, zu sehr lockten. Die seit Jahrhunderten stattgefundene Blutmischung mit den Kelten — man denke an die linksrheinischen Germanen in Belgien, den germanischen Einschlag bei den Treverern — hatte bei manchen Stämmen die nationalen Spannungen vermindert und den Übergang schmackhaft und leichter gemacht. Die Auseinandersetzung zwischen Germanen und Römern am Rhein ist noch für die folgenden Jahrhunderte schicksalhaft gewesen. An den Rhein ist dieser Prozeß erst durch die Niederlage der Römer im Teutoburger Walde verlegt worden. Ohne sie hätte Germanien bis zur Elbe das Schicksal Galliens geteilt.

Gewiß haben römische Waren auch bei den rechtsrheinischen Germanen Eingang gefunden[4], aber es ist keine Umbildung oder Umgestaltung zu beobachten. Unweit des Lagers bei Xanten ist in germanischen Funden das römische Kulturgut so selten, daß der römische Einfluß bedeutungslos geblieben ist. Daraus wird nicht nur die Abwehrstellung der freien Germanen, sondern auch ihr Selbstbewußtsein ersichtlich.

[1] L. Schmidt, Geschichte der deutschen Stämme II², S. 205.

[2] Eine genaue Begrenzung des Gaues *Hatterun* versucht E. Ewig, Rhein. Vierteljahresblätter 19 (1954), S. 16ff.

[3] H. Hempel, Matronenkult und germanischer Müttenglaube (Germ.-Roman. Monatsschrift 27, 1939, S. 245ff.); M. Zender, Die Matronen und ihre Nachfolgerinnen im Rheinlande (Rhein. Vierteljahrsblätter 10, 1940, S. 159ff.). Über germanische Namen bei den

Ubiern handeln R. Much, Der Name Germanen (Wiener SB, phil.hist. Klasse 195, 2),
1920 und ergänzend S. Gutenbrunner, Neue Zeugnisse zur Sprache der Ubier (Zs. f.
Mundartforschung 13, 1937, S. 65—77).

[4] Wichtig für das Gebiet der römischen Einfuhr, ihre Zeit und damit die alten Siedel-
räume sowie die Handelsstraßen ist H. J. Eggers, Der römische Import im freien Germanien (Atlas der Urgeschichte, 2 Bände, I. Text, II. Tafeln und Karten). Hamburg 1951.

Kapitel 28

Chatten und Hessen, Bataver und Kanninefaten

(Abbildung 12)

Im ersten Jh. v. Chr. saßen die Chatten um die Fulda und an der Eder.
Ob sie zur Zeit Caesars den Sweben (Quaden) tributpflichtig waren[1], bleibt fraglich. Caesar nennt sie nicht. Als 38 v. Chr. die Ubier durch Agrippa auf das linke
Rheinufer umgesiedelt wurden, nahmen sie deren Gebiet zwischen Rhein, Main
und Lahn mit Zustimmung der Römer in Besitz. Als Drusus i. J. 12 v. Chr. über
den Rhein kam, schlossen sich die Chatten, die den Römern zu Dank verpflichtet
waren, dem gegen diese gerichteten Bunde der Sugambrer nicht an, worauf diese
in ihr Land einfielen, durch das Drusus zu den Cheruskern zog. Daraus ergibt
sich, daß die Chatten die Sugambrer und Cherusker zu Nachbarn hatten. Aber
bald darauf erkannten die Chatten die Eroberungsabsichten der Römer, zogen
sich aus dem Ubierlande zurück und versöhnten sich mit den Sugambrern. I. J.
9 v. Chr. mußten sie sich unterwerfen, durften aber das Gebiet der nach Mähren
abgezogenen Sweben einschließlich der Wetterau in Besitz nehmen. Sie schlossen
sich Armin an. Die leitenden Adelsfamilien der Chatten und Cherusker waren
verschwägert. Beim Rachezug des Germanicus i. J. 15 n. Chr. ging ihr Hauptort
Mattium, die Altenburg bei Niedenstein, in Flammen auf. Bald darauf ist der
Chattenfürst an der Beseitigung des Armin beteiligt. Zur Zeit des Tacitus sind
die Chatten Nachbarn der Chauken, vor denen sie zurückweichen mußten; auch
waren sie nicht im Stande, sich i. J. 58 im Kampfe gegen die Hermunduren der
Salzunger Salzquellen zu bemächtigen. Im Bataveraufstande im Jahre 69 wurden sie aus festen Stellungen auf dem Taunus vertrieben, doch haben sie es verstanden, römische Einflußnahme auf den Stamm auszuschalten. Sie haben römerfreundliche Fürsten weder bei sich noch bei den benachbarten Cheruskern geduldet. 213 ist die Rede von chattischen Frauen, die sich den Tod gaben, um der
Sklaverei zu entgehen. Sie scheinen sich damals im Besitz des unteren Maintales
befunden, also den Limes durchbrochen zu haben. Nun machte sich aber die alemannische Landnahme geltend, so daß die Chatten wieder vom Main abgedrängt
wurden. Das wird dazu beigetragen haben, daß sich die Chatten dem sich bildenden Bunde der Franken anschlossen, womit das Zurücktreten des Stammesnamens zusammenhängen wird. Ein direktes Zeugnis dafür liegt freilich erst
392 vor. Im 8. Jh. begegnet für die Bewohner des chattischen Stammlandes an
der Eder und Diemel der Name *Hessen*.

Als die Chatten nach 11 v. Chr. das Ubierland zwischen Rhein, Main und
Lahn aufgaben, blieb eine kleine Abteilung, die Mattiaker, zurück. Der
Name dürfte mit *Mattium*, dem Hauptort der Chatten, zusammenhängen und
„Leute aus Mattium" bedeuten. Sie wurden dadurch von den Römern abhängig

und neigten ihnen auch in der Folgezeit zu. Die Römer haben in ihrem Lande Kastelle errichtet und Bergwerke angelegt. Im Bataveraufstande standen sie auf germanischer Seite. Nach ihrem Siege ergriffen die Römer die Gelegenheit, die Wetterau und das Taunusgebiet dem Römerreiche einzuverleiben. Es wurden neue Kastelle in Wiesbaden, Friedeberg und anderen Orten angelegt. Der Limes verlief vom Einfluß der Kinzig in den Main um die Wetterau und das Taunusgebirge bis zum Vinxtbach an den Rhein. Die Mattiaker hatten den Römern Truppen zu stellen, zahlten aber keine Steuern. Vorort wurde Wiesbaden (*Aquae Mattiacae*). Man vermutet, daß ihr einheimischer Name **Inthwergōz* „die Ingrimmigen" gewesen sei, die Ptolemaeus unter den Rheingermanen anführt. Aus den Funden ist die zunehmende Romanisierung ersichtlich.

Schwierigkeiten bereitet immer noch das Verhältnis von *Chatti* und *Hassi*. Sollte der erstere Name eine alte Gruppe *tt* enthalten, auch wenn sie erst aus *dht* entstanden wäre, wäre dafür im Germanischen, Keltischen und Italischen *ss* zu erwarten. Diese Form könnte wohl in *Hassi*, aber nicht in *Chatti* fortleben. Das *tt* wird aber durch das angelsächsische *Hætwere* und die Weiterbildung *Chattuarii* gesichert. Der Lautwandel *tt > ss* muß bis in das 2. Jahrtausend, vor die Loslösung der Italiker, zurückgehen. Da es trotzdem wahrscheinlich ist, daß die beiden Namen zusammenhängen, denkt man daran, daß *tt* sekundär aus *-dn-* entstanden ist[2]. Dafür spricht, daß es in einem Teil der germanischen Sprachen neben dem Wort altenglisch *hætt* „Hut" (neuenglisch *hat*), altisländisch *hǫttr*, *hetta* „Kappe" ein *hōd*, die Vorlage des hochdeutschen Hut gibt. Wenn man annimmt, daß diese heute nördliche *tt*-Form etwas weiter südlich gereicht hat und im Namen Chatten fortlebt, kann altes *-tt-* aus *-dht-*, also **kattis* (vgl. lateinisch *cassis* „Helm") in *Hassi* stecken. Dann ist es nicht notwendig, beide Namen für Völker auf dem gleichen Boden zu trennen[3]. Die *-tt*-Form kann in der nördlicheren Heimat gebraucht worden sein, die *-ss*-Form im Laufe des Vordringens von der älteren keltischen bzw. früheren vorkeltischen Bevölkerung übernommen sein.

Strittig ist noch die Frage der Herkunft der Chatten. Plinius zählt sie zu den Erminonen. Dann wäre ihre Einwanderung aus Thüringen her zu denken, und Gemeinsamkeiten der Namengebung, z. B. die ON auf *-mar* und *-lar*, Ableitungen auf *-unga* von Appellativen verbinden tatsächlich Hessen und Thüringen[4], ohne daß aber diese Erwägungen zwingend sind. Die Beziehungen zwischen Chatten und Sweben sowie Hermunduren sind feindlich; das kam aber auch bei Stammesverwandten vor, man denke an die Kämpfe zwischen Goten und Gepiden. Die Chatten fühlten sich nicht als Sweben und schlossen sich diesen bei der Räumung des Landes nicht an. Geht die Bezeichnung Chattuarier auf ein altes Land *Chattia* zurück (s. o. S. 140), so lag die Urheimat nördlicher, was gut zur Südbewegung der Germanen in älterer Zeit stimmt.

Neben den Gaufürsten, von denen *Ucromerus* und *Actumerus* genannt werden, behauptete die Landgemeinde ihren Einfluß. Das Volk war kriegstüchtig und hielt strenge Manneszucht. Der Bericht des Tacitus, daß sich die Jünglinge Bart und Haupthaar wachsen lassen, bis sie einen Gegner gefällt haben, kann nicht das ganze Volk betreffen und wird auf einen Männerbund zu beziehen sein, der die Jünglingsweihe ausführte[5]. Weiter berichtet er, daß die tapfersten Männer einen eisernen Armring trugen, bis sie sich durch Erlegung eines Feindes lösten.

Schon in ältester Zeit war die Altenburg bewohnt[6]. Das Eindringen der Chatten bedeutet den Niedergang des Keltentums, das aber nachhaltige Einflüsse auf die Volksart und besonders das Befestigungswesen ausgeübt haben muß. An die Kelten erinnern nicht nur Flußnamen wie die *Wetter* (keltisch *vedron* „Wasser"), sondern auch ON wie *Mattium*[7]. Da die Altenburg schon in vorgermanischer Zeit befestigt war, werden die Chatten manches der Befestigungskunst der Vorbewohner abgesehen haben. Jeder Gau hatte einen befestigten Vorort; dazu gehören noch der Dünsberg bei Gießen und der Heunstein bei Dillenburg. Man hat den Eindruck, daß sich die Chatten gegen die Römer durch ein Festungssystem geschützt haben. Auch die übrigen Angaben des Tacitus sprechen von einer gewissen Organisationsgabe und einem Eingliederungsverständnis, so wenn er von ihrer Schlachtordnung, den Tageswachen, den Schanzarbeiten in der Nacht, den Lebensmitteln als Ausrüstung der Krieger berichtet.

In ihrer Zähigkeit, die hessische Landschaft zu verteidigen und in ihr zu bleiben — ganz anders als andere Germanen, die leichten Herzens bereit waren, ihre Heimat aufzugeben —, gibt sich die Eigenart eines Bauernvolkes kund, das seinen Boden liebt. Sie haben die Gauverfassung lange beibehalten, es hat sich keine Königsgewalt entwickelt; hierin waren sie beharrlicher als andere Germanen. Lange haben sie am Heidentum festgehalten, und es ist kein Zufall, daß sich gerade aus Hessen die Nachrichten darüber häufen. Die Verehrung Wodans, die bereits bei ihrem Kampfe mit den Hermunduren i. J. 58 auftritt, hat sich in den „Wodansbergen" niedergeschlagen, so in zwei *Gudensbergen* (alt *Wuodanesberg*). Bei Geismar fällte Bonifatius 723 die Donarseiche. Heute noch ist in Hessen altes Bauerntum in Hausbau und Tracht zusammen mit beharrsamer Mundart bewahrt.

Die B a t a v e r und Kanninefaten haben sich im ersten Jh. v. Chr. von den Chatten infolge innerer Zwistigkeiten getrennt; Tacitus gibt das an mehreren Stellen mit solcher Bestimmheit an, daß wir eine beachtliche Nachricht vor uns haben, wie neue Stämme entstanden. Plinius erwähnt, daß das Gebiet der Bataver innerhalb des Rheindeltas lag, und nennt es „Insel der Bataver". Es ist die heutige Landschaft Betuwe, 8. Jh. *Batua*, 11. Jh. *Betua*. Die Südgrenze bildeten Waal und Maas. Auf dem linken Waalufer lag der Vorort *Batavodurum*, vermutlich an der Stelle des heutigen Nymwegen. Vorher wohnten hier die keltischen Menapier (nach ihnen ist westlich der Schelde vom 9.—12. Jahrhundert der *pagus Menapiscus, Mempiscus* benannt), mit denen sich die Bataver, wie die keltischen Namen der Ortschaften zeigen, vermischt haben müssen; vgl. noch *Lugdunum* Leyden, *Noviomagus* Nijmegen. Da Caesar die Bataver noch nicht kennt und die Menapier zu seiner Zeit noch am rechten Rheinufer wohnten, erstere aber 12 v. Chr. erwähnt werden, wird ihre Einwanderung zwischen 55 und 12 v. Chr. erfolgt sein. Sollte aber die Stelle bei Caesar, wo von einer *insula Batavorum* die Rede ist, kein späterer Einschub sein, ist ihre Ansiedlung schon älter. Sie gerieten unter römische Botmäßigkeit, zahlten keine Steuern, hatten aber Militärdienste zu leisten. Das Verhältnis zu den Römern nahm nur im Bataveraufstand der Jahre 69/70 eine schlimme Wendung. Führer war *Civilis* aus fürstlichem Geschlecht, der lange im römischen Heer gedient hatte. Durch die Kämpfe des Vitellius gegen Otho schien es möglich, die Unabhängigkeit von Rom und eine eigene Herrschaft zu erringen, zumal gegen die Römer wegen verschiedener Übergriffe eine Mißstimmung entstanden war. Auch benachbarte Stämme wurden gewonnen, so die Kanninefaten und Friesen, und die Verbindung mit der Seherin *Veleda* im Bruktererlande aufgenommen. Bei den Römern dienende batavische Truppen gingen über, so daß die römische Herrschaft in den Niederlanden zunächst zusammenbrach. Auch die Gallier schlossen sich an, um ein gallisches Reich zu begründen. Alle römischen Plätze am Rhein bis Mainz gingen verloren. Aber die Gallier waren uneinig, die römische Reichsgewalt festigte sich wieder, verschiedene gallische und linksrheinische Germanenstämme traten zu den Römern zurück, so daß Civilis ein Abkommen mit den Römern schloß. Veleda kam als Gesandtin der übrigen Germanenstämme nach Rom.

Durch die Mischung mit der keltischen Bevölkerung und die Abhängigkeit von den Römern neigten die Bataver dem römischen Wesen zu. Wenn an der Spitze ein höchster Beamter erscheint, so beruht das auf keltischem Einfluß. Der Adel war reich. Als Soldaten waren die Bataver geschätzt und begegnen in allen Truppenteilen. Nach dem großen Aufstand wurden die Legionen verlegt; eine kam an die Donau und stand zuletzt bei Passau, das danach benannt wurde (*Castra Batava*). Die Bataver waren nicht nur gute Fußsoldaten, sondern auch vorzügliche Reiter und Schwimmer, der Schiffahrt kundig und wagten sich wie die Chauken auf großen Einbäumen auf das Meer. Die Erhebung gegen Rom wurde in einem heiligen Hain beschlossen. Mehrere ihrer Gottheiten sind bekannt, darunter Donar und Wodan, auch Göttinnen wie *Haeva*, *Hludana* und *Vagdavercustis*. Die batavische Haartracht war dieselbe wie bei den Chatten. Es wurde Ackerbau und Viehzucht betrieben. Am Ende des ersten Jh. n. Chr. hatten die Bataver noch ihren germanischen Charakter bewahrt; später werden sie romanisiert worden sein.

Nördlich vom alten Rhein saßen die Kanninefaten, die sich ebenfalls als eine Unterabteilung der Chatten betrachteten und offenbar mit den Batavern nach Westen gezogen sind. 4 n. Chr. wurden sie von den Römern unterworfen. Auf ihrem Gebiet wurde ein Kanal zwischen Rhein und Maas, die heutige Vliet, angelegt. Sie schließen sich im übrigen so sehr an die Bataver an, daß sie fast als ein Untergau zu betrachten sind. Ihren Namen hat das holländische *Kennemerland* zwischen Haarlem und Alkmaar bewahrt, im Mittelalter *Kinnem* genannt (*Kenhem* < *Kenehem* mit Auslassung des zweiten Gliedes).

Andere Untergaue bildeten die Marsaker und Sturier. An die ersteren erinnert der mittelalterliche Gau *Marsum* auf den der Maas- und Scheldemündung vorlagernden Inseln. Sie werden von den binnendeutschen Marsen, den Nachbarn der Chatten, ausgegangen sein und sich der Wanderung der Bataver angeschlossen haben. Südlich grenzten die Sturier an (zu ahd. *stûri* „groß"). Beide Völkchen hatten keine Bedeutung. Auf der Insel Walcheren befand sich das Heiligtum der *Nehalennia*, deren Kult durch mehrere Inschriften bezeugt ist.

[1] So L. Schmidt, Gesch. d. dt. Stämme II², 1, S. 142.
[2] R. Much, Dt. Stammeskunde, S. 76; W. Mitzka, Gießener Beitr. z. dt. Phil. 87 (1946), S. 6; ders., Die Hessen und der Hassegau in Ostfalen (Neuphil. Mitteil. 53, 1952, S. 170ff.); A. Bach, *Chatti-Hassi* (Hess. Jb. f. Landesgesch. 1954, S. 1—20) sieht in *Hassi* eine Bildung mit -s-Suffix zu *Chatti*, wie sie in Kosenamen vorkommt. Hier S. 3ff. Zusammenstellung der anderen Erklärungsversuche.
[3] Wie es Th. Steche, Altgermanien im Erdkundebuch des Claud. Ptolemaeus, S. 77 tut, der die Hessen mit den Hasurariern verbindet, während die Chatten in den Alemannen aufgegangen seien.
[4] Dafür setzt sich E. Schröder, Dt. Namenkunde ², S. 182 ein.
[5] Dazu L. Weiser, Altgerm. Jünglingsweihen u. Männerbünde (1927), S. 36ff.
[6] H. Hofmeister, Die Chatten. Bd. I. Mattium (Germ. Denkmäler der Frühzeit, Bd. II, 1930).
[7] Anders A. Bach, der Beitr. z. Namenforschung 3 (1952), S. 113—138 Ableitung aus dem Germ. vorzieht.

Kapitel 29

Die Bildung des fränkischen Stammes

(Abbildung 14)

Im 3. Jh. taucht ein neues germanisches Volk auf. Unter den Germanen, die 258 das römische Reich in schwere Bedrängnis brachten, werden die F r a n k e n genannt. Sie scheinen in der Gegend von Köln den Rhein überschritten zu haben. Auch in den nächsten Jahren werden sie an den Kämpfen gegen die Römer beteiligt gewesen sein. Ein Teil von gefangenen Franken, die am Schwarzen Meer angesiedelt worden waren, bemächtigte sich um 280 einiger Schiffe und traf nach abenteuerlicher Fahrt wieder in der Heimat ein. Ihre Vertrautheit mit dem Meere läßt vermuten, daß sie aus dem Rheinmündungsgebiete stammten. Hinter den Franken standen die Sachsen. Daß es sich nicht um einen neuen Stamm, sondern um einen neu aufkommenden etwas schwer zu fassenden Begriff handelt, wird in der Folgezeit deutlich, da verschiedene Stämme den Franken zugezählt werden, so die Brukterer, die mit den Tenkterern verschmolzen waren, die Amsivarier, die Chamaver, die Chattuarier, die Salier, gewiß auch die Hasuarier, Usipier, Tubanten. Die S a l i e r , die später einen Hauptteil der Franken ausmachen, nannten sich wohl nach dem Salzsee, an den ihr Gebiet grenzte, der Zuydersee; wenigstens liegt hier der spätere Gau *Salland* östlich der unteren Yssel.

In der ersten Zeit werden neben den Franken noch die Stämme genannt, was darauf deutet, daß die Selbständigkeit der Einzelstämme zunächst nicht angetastet und hauptsächlich eine gemeinsame Kriegsführung mehr oder minder durchgeführt wurde. Dementsprechend sind auch verschiedene Stadien in der Entwicklung des Bundes zu beobachten. Erst das Auftreten Chlodwigs hat zur Beseitigung der Kleinkönige und zur Aufrichtung einer fränkischen Zentralgewalt geführt. Daß die Franken aus den Gedankengängen der rechtsrheinischen Germanen und ihrem Zusammenhalten gegen die linksrheinischen sowie dem Gegensatz zu den Römern und vielleicht auch zu den Läten Galliens entstanden sind, wird aus der Durchsichtigkeit ihres Namens „die Freien" (oder wenn die Verbindung mit altisl. *frakkr* „mutig" zu Recht besteht, „die Kühnen") deutlich. Daß die Beteiligung der Chauken an der fränkischen Stammesbildung unwahrscheinlich ist, ist schon betont worden (o. S. 119).

Die Vorstellungen, die die Franken selbst vom Aufkommen ihres Bundes hatten, sind verschwommen und mit den Quellen nicht zu vereinbaren, so wenn Pannonien als Ursprungsland genannt wird oder wenn spätere Jahrhunderte die Franken mit den Trojanern in Verbindung zu bringen suchten. Chlodwig wurde bei der Taufe als Sugambrer angesprochen, worin man eine gelehrte Erinnerung an den einst den Römern so gefährlich gewordenen Stamm sieht. Aber vielleicht war die Dynastie sugambrisch. In der Praefatio zur Vita Columbani ist von Missionären *„in locis Sugambrorum"* südlich von Tournay die Rede. Auch die Angabe der sogenannten fränkischen Völkertafel, daß die Franken auf *Istio*, den Sohn des *Mannus*, zurückgehen, ist nicht volkstümlich, wird doch dasselbe von den Römern, Briten und Alemannen behauptet.

Der Anstoß zum näheren Zusammenschluß wird von einem Stamm ausgegangen sein, der schlimme Erfahrungen mit den Römern gemacht und seine Freiheit zäh verteidigt hat. Es kommen der Zeitlage nach weder die Ubier noch einer der am linken Rheinufer angesiedelten Stämme wie die Sugambrer oder Kugerner in Betracht. Man hat an die Eintragung auf der Peutingertafel erinnert, wo nördlich der Bataverinsel die *Chamavi qui et Franci* stehen, das bedeutet aber nur, daß die Chamaver ein Teil der Franken sind. Südlich von ihnen folgen gegenüber Köln bis Koblenz die *Burcturi* „Brukterer", dazwischen der Landschaftsname *Francia*. Gerade bei Köln treten die Franken das erstemal 258 den Römern entgegen, so daß die Brukterer mit Recht als früh führend betrachtet werden können.

Der Westdrang einzelner Teile der Franken äußert sich in der Vorschiebung ihrer Gaue. So erscheinen die Salier 285 in der Veluwe und suchen sich im Bataverlande festzusetzen. 288 begegnet ein fränkischer König *Gennobaudes* wohl über Brukterer und Tenkterer. Auch Sachsen und Friesen beteiligen sich an Piratenzügen. Um 310 führten die Römer unter Konstantin heftige und grausame Kämpfe gegen die Brukterer. Wie sehr allmählich die Stammesnamen zurücktreten, sieht man daraus, daß nun öfters einfach von Einfällen der Germanen die Rede ist. Während die unterworfenen Franken Hilfstruppen den Römern stellten, gefangene als Laeten in Nordgallien angesiedelt wurden, stürmten immer wieder die freien Franken, sobald Legionen abgezogen wurden, gegen die Rheingrenze an, besonders 350. Die Salier richteten sich im Besitze der Bataverinsel 358 ein. Drei Jahre vorher war Köln gefallen und zerstört worden, wurde allerdings im nächsten Jahre zurückgewonnen. Wie lose noch das Verhältnis gewesen ist, sieht man daraus, daß Chamaver die Salier von der Bataverinsel vertrieben, so daß sie sich in den Reichsverband aufnehmen lassen mußten. Wurden die Römer dieser Stämme zeitweilig Herr, so zwangen sie sie zur Truppenstellung, ein Zeichen, wie wenig die Römer selbst zu Kriegsdiensten gewonnen werden konnten. Immer häufiger hören wir von Ansiedlung gefangener Franken in Gallien, wo durch die vielen Kriege und Unruhen viele Güter verlassen waren. Hier kann man beobachten, wie nun an Stelle der verstreuten römischen Villen germanische Dörfer entstehen. Gegen Ende des 4. Jh. trachten die Römer, mit den fränkischen Fürsten Verträge zu schließen und sich Hilfstruppen zuführen zu lassen. So konnten sich die Franken bis zum Main ausdehnen und die Alemannen zum Rückzug zwingen. Als man die römischen Legionen vom Rhein abzog, brachen die Wandalen, Alanen und Sweben 406 in Gallien ein; sie wurden von den Franken in der rechten Flanke bedroht. In den ersten Jahrzehnten des 5. Jh. wird Trier angegriffen und zerstört, und die Franken beginnen, sich auf dem linken Rheinufer niederzulassen. Gleichzeitig drängten die Salier südwärts. Aetius hat ihnen ihre Gebietserwerbungen bestätigt. 451 kämpften fränkische Truppen gemeinsam mit Westgoten und Römern gegen das hunnisch-germanische Heer auf den katalaunischen Feldern. Nach dem Tode des Aetius schoben sich wieder Franken, besonders Chattuarier, gegen den Rhein vor; in ihrem Rücken erscheinen die Sachsen, so daß der Heimatgau *Hatterun* in sächsische Hände gerät. Um 460 kam Köln in die Gewalt der Franken, die hier später — obwohl der Name erst 727 auftritt[1] — als R i p u a r i e r „Uferfranken" bezeichnet werden dürfen. Die römische Bevölkerung wurde zuerst sehr hart behandelt. Es wird deutlich, daß die Franken, in anderer Lage als seinerzeit die Ubier, nicht gesonnen waren, sich dem römischen Reiche einzufügen und ihr Volkstum aufzugeben, sondern sich im Gegenteil als Sieger fühlten und dementsprechend auftraten. Orte wie Metz wurden auf Grund von Verträgen mit den Bischöfen besetzt, worin der eingesessenen Bevölkerung Freiheit, Besitz und Recht zugesichert wurde. Die Römer zogen es damals vor, sich den

Franken zu ergeben und diese als Schutzherren gegen die burgundische und alemannische Gefahr zu gewinnen. Diese Kämpfe gingen schließlich so aus, daß die Alemannen nach einer großen Niederlage ihre Hoffnungen auf nördliche Landesteile aufgeben mußten (s. u. S. 172). Am Ende des 5. Jh. erreicht das Gebiet der Ripuarier seine größte Ausdehnung unter König *Sigibert*.

Bei den Saliern wird *Merowech* um 460 als eine geschichtliche Persönlichkeit anzusehen sein. Sie standen damals unter Kleinkönigen, die zur Linie des Merovech gehörten. Sein Sohn *Childerich* ist 482 gestorben und in Tournai begraben worden, wo sein Grab 1653 gefunden wurde.

Sein Nachfolger wurde sein Sohn C h l o d w i g , der die Grundlagen zur fränkischen Macht geschaffen hat. Er war ein Mann von rücksichtsloser Tatkraft, ein bedeutender Staatsmann, aber auch tückisch, falsch und grausam. Die römische Herrschaft bestand nur noch dem Namen nach in einem Teile von Nordgallien. Befehlshaber der römischen Truppen war *Syagrius* in Soissons. Mit seiner Niederlage 486 war das noch selbständige Gallien bis zur Seine in fränkischer Hand. Um 490 wurde das Gebiet bis zur Loire besetzt. Der Ostgotenkönig Theoderich heiratete Chlodwigs Schwester *Audefleda*, was eine Anerkennung des fränkischen Reiches durch die Ostgoten bedeutete. Chlodwig ging nun daran, seine Macht zu festigen. Er unterwarf die Alemannen, wodurch die Frage, welchem germanischen Stamme Gallien zufiel, entschieden wurde. Um sich die Sympathien der katholischen Römer zu gewinnen, trat er zum Katholizismus über, wodurch seine Stellung zu seinen römischen Untertanen anders wurde als bei den Ost- und Westgoten, die arianisch waren. Die Schwäche der Reiche der Burgunder und Goten infolge des religiösen Gegensatzes konnte ihm nicht verborgen bleiben. In seinem Übertritt ist gewiß ein politischer Akt zu sehen, denn auch die Arianer waren bemüht, den König zu gewinnen. Ob die zwischen 493 und 500 erfolgte Taufe in Tours oder Reims erfolgt ist, ist eine Streitfrage. Der Zeit war die Bedeutung dieser Taufe klar; man sah damit das Ende des Arianismus voraus und erkannte im fränkischen König den Vorkämpfer des Katholizismus, unter dem sich Franken und Römer finden konnten. Nur ostgotisches Einschreiten verhinderte die völlige Vertreibung der Westgoten aus Südgallien. Die anderen Stammesfürsten wurden durch Gewalt und List beseitigt. In rascher Folge wurden auch die kleinen Stämme wie die Westheruler, die Thoringer am Niederrhein, die Sachsen an der flandrischen Küste, die Chatten u. a. unterworfen. 511 ist Chlodwig gestorben. Seine Söhne teilten das Reich auf, ohne daß das Volk sein Wahlrecht ausübte. Aus der politischen Geschichte der Folgezeit sei das Vorschieben der Südgrenze bis an die Garonne, die Unterwerfung des Thüringerreiches 531, des Burgunderreiches 534 durch *Theuderich* erwähnt. Seinem Sohne *Theudebert* fiel Alemannien und wohl auch Bayern zu und die Franken dachten daran, sich auch Italiens zu bemächtigen, wo die Ostgoten in schwerem Kampfe gegen Byzanz standen; es gelang aber nicht. Am Niederrhein wurden die Euten und Warnen unterworfen.

So groß die politische Bedeutung Chlodwigs und seiner Nachfolger ist, so ringt sich doch immer mehr die Ansicht durch, daß das Vorschieben fränkischen Bauerntums nach Nordfrankreich nicht ihm zu verdanken ist, sondern der stillen, lange vorher einsetzenden bäuerlichen Kolonisation, teils durch Läten, teils durch freie Bauern. Das Unternehmen Chlodwigs gegen Syagrius bedeutet nur das Ende dieser Bewegung, indem der fränkische König auch politisch die Römer ablöste und die Grenzen seines Reiches militärisch sicherte. Aber der Landhunger der Bauern war im allgemeinen gestillt. Wie die alte Volkstumsverteilung im 5. und 6. Jh. im einzelnen gewesen und wie die spätere deutsch (flämisch)-französische (wallonische) Sprachgrenze entstanden ist, beschäftigt die Forschung sehr. Es geht hier im Wesentlichen darum, ob sie die alte Endgrenze der geschlossenen Ansiedlung der Franken ist, in der die Römer aufgesogen wurden, oder ob sie eine Folge der politischen Maßnahmen der Folgezeit, der Wiedererstarkung des Romanentums besonders im Becken von Paris, also das Ergebnis eines romanischen Gegenstoßes ist, der erst in späteren Jahrhunderten zum Ausgleich geführt hat[2]. Auch wird die Ansicht vertreten, daß das Material derzeit noch nicht ausreiche, um schon zu festen Ergebnissen zu kommen[3]. Es bestehen Meinungsverschiedenheiten in der Auswertung von Ortsnamen, da sich Namen auf *-ingen* (französisch *-anges*), z. B. *Bullingen*, franz. *Bullanges* in Luxemburg, an der Sprachgrenze häufen, während landeinwärts die Namen auf *-ville*, *-court*, *-villiers* zunehmen, deren erster Teil ein germanischer Personenname ist und die die germanische Art der Zusammensetzung aufweisen. Da aber auch die Romanen germanische Personennamen angenommen haben, können nicht alle diese ON als germanisch betrachtet werden. Es handelt sich wohl bei ihnen um spätere Orte des 7. und 8. Jh. in Ausbaugebieten, vgl. *Eberhardi curtis* > *Avricourt*, *Theudonis villa* > *Thionville-Diedenhofen*. Die fränkischen Personennamen leben noch heute in französischer Gestalt, vgl. *Aubin* < *Albwin*, *Thiers* < *Theuderik*, *Henri* < *Heimrik*. Außerdem gibt es noch viele Lehnwörter aus dem Fränkischen, z. B. *guerre* Krieg < *werra* u. v. a. Als Gegenwirkung sind, z. T. schon seit der Römerzeit, z. T. erst später, viele vorgermanische Namen in die deutsche Sprache übergegangen, besonders an der Mosel, auch Lehnwörter, z. T. als Kulturwörter, z. T. als Reliktwörter[4]. Die Siedlung der Franken und Burgunder wird für die Ausbildung der französischen und provenzalischen Sprache als wesentlich betrachtet, weil sie gerade in einer entscheidenden Zeit der romanischen Sprachgeschichte wirksam geworden ist[5].

Die Entwicklung der fränkischen Macht hat mehrere Stadien durchlaufen. Handelt es sich zuerst um einen lockeren Kampfverband bei Aufrechterhaltung der Einzelstämme, so ist seit dem 4. Jh. eine politische Konzentration zu bemerken, da sich mehrere Einheiten zu größeren Verbänden zusammenschließen, bis durch Chlodwig die Monarchie aufgerichtet wird. Durch ihn werden die Kleinkönige beseitigt. Er selbst scheint noch durch Wahl auf den Thron gekommen zu sein. Dadurch, daß er auch Römer und andere germanische Stämme beherrschte, erhob sich seine Stellung über die eines Stammkönigs, zumal er in den Besitz großer Machtmittel gelangt war. Sein Staat war eine Nachahmung des Römerreiches, so daß seine Macht die eines Augustus war. Von den unterworfenen Romanen strahlte sie auf die Germanen aus. Die Stellung des Königtums wurde durch die Übernahme römischer Einrichtungen gefestigt, die Kirche durch die Annahme des Katholizismus gewonnen. Mit den römischen Beamten sicherten sich die Könige willfährige Ausführer ihrer Befehle. Wie sehr die römische Staatskunst fortwirkte, ist aus der Umsiedlung von Stämmen wie der Nordschwaben zu ersehen. Die Grundlage der Staatsorganisation bildeten die Grafschaften oder Gaue, die straffe Politik sicherte den Vorrang gegenüber den anderen Stämmen, die alle den Franken unterlegen waren. Die eroberten Länder, auch Thüringen und Bayern, wurden Herzogen unterstellt. Der König hatte das Recht der Gesetzgebung, führte den Oberbefehl über die Truppen, berief das Aufgebot. In der Annahme des Christentums ging Chlodwig voraus, ohne zunächst die Möglichkeit zu haben, das ganze Volk dazu zu zwingen. Es kam aber dazu durch die Wirkung des Beispiels. Die Kirche wußte, was die Gewinnung des Königs für den Katholizismus bedeutete. Die äußere Organisation der römischen Kirche blieb erhalten. Die fränkische Kirche war Staatskirche und der Königsgewalt untergeordnet. Die gegenseitige Durchdringung des romanischen und germanischen Elementes ließ ein eigenartiges Staatswesen entstehen, das seine Überlegenheit darin bewies, daß es auch in der Zeit des Bürgerkrieges beisammen blieb und immer wieder durch kräftige Herrscher gefestigt wurde. Gegenüber anderen germanischen Reichen in Spanien, Italien und Afrika fehlte der religiöse Gegensatz; die Nähe des germanischen Gebietes und dessen Zugehörigkeit sicherte dauernde Zufuhr neuer Kräfte, wobei die jahrhundertelang vorangegangene Vermischung von Germanen und Kelten gewiß gute Vorbedingungen für das Zusammenleben geschaffen hatte. Wie groß die Wirkung der neuen Herren war, zeigt die Ersetzung des alten Namens Gallien und Gallier durch Frankreich und Franzosen.

Wichtig sind die Reihengräberfriedhöfe, weil ihr Alter und damit die Zugehörigkeit der Siedlungen bestimmt werden kann. Es gibt kleine Friedhöfe und solche mit Tausenden von Gräbern, die demnach auf große Ortschaften deuten. Die Reihe wird nicht so streng eingehalten wie bei den Baiern. Aus den Laetenfunden Nordgalliens ist zu ersehen, wie schon vor Chlodwig die Grundlagen für die merovingische Reihengräberzivilisation erwachsen sind[6], die sich seit 500 auch auf die Alemannen und Baiern ausdehnt. In ihrer Belegung gehen sie nur an der Peripherie des merovingischen Kulturgebietes über den Anfang des 8. Jahrhunderts hinaus. Bis in das 8. Jahrhundert läßt sich Brandbestattung nachweisen und deshalb vermuten, daß trotz der Taufe Chlodwigs das Christentum noch lange mit dem Heidentum zu kämpfen hatte. Ein Problem ist derzeit noch, warum die fränkischen Gräber in Gegenden mit Massenanhäufung fränkischer Ortsnamen und die Reihengräberfriedhöfe in Hessen fehlen. Hier wird mit dem Fortschreiten der Forschung weitere Auskunft zu erwarten sein.

Vielleicht sollte man beim Entstehen der Franken nicht von einem „Bunde" sprechen, sondern nur von einem gemeinsamen Schicksal, das im Gegensatz zu den Römern und den unfreien Läten im Streben gipfelt, sich westlich und südlich vom Rhein auszudehnen und in Gallien niederzulassen. Die Einzelstämme treten wohl zurück, aber sie bestehen in ihren Landschaften noch lange. Als der Name der Salier verschwindet, lebt doch noch *Salicus* als Rechtsbezeichnung, besonders im südlichen Frankreich, und die Volksrechte spielen noch im 8. Jahrhundert eine Rolle.

Man kann unter diesen Umständen auch nicht von der Ausbildung einer „fränkischen" Sprache sprechen. Allmählich kommt es zum Entstehen gemeinsamer Neuerungen. Das Zusammenleben mit den Romanen Galliens hat es mit sich gebracht, daß vom Pariser Becken ausgehende Neuerungen Romanen und Franken ergreifen und sich bis an den Rhein und noch weiter ostwärts ausbreiten, vgl. französisch *vin*, gesprochen *veᶇ* und kölnisch *wiᶇ* „Wein", den Ausfall des *h* vor *t* in französisch *nuit* aus *nocte* „Nacht" und in *„gebracht"* im Kölner Raum[7]. Das Fränkische ist keine fertige Sprache, sondern eine werdende Einheit[8], und die Zusammenfügung ist so schwach, daß südlichen Neuerungen wie der zweiten Lautverschiebung Eingang gewährt wird, die im Rheinlande fächerartig ausstrahlt. Doch hinken die beliebten Vergleiche mit dem Sächsischen. Dieses war in der zweiten Hälfte des 8. Jahrhunderts in eine Abwehrstellung zum übrigen „fränkischen" Deutschland gedrängt und im Begriffe, selbständig zu werden, das Fränkische dagegen war in seiner Ausbreitung empfänglich für Neues, da es von universalen Gedanken erfüllt war.

Die Entstehung der O s t f r a n k e n wird von einem Teil der Forscher als hervorragendstes Werk fränkischer Staatskolonisation aufgefaßt, wobei nur Meinungsverschiedenheiten darüber bestehen, ob sie schon im 6./7. Jahrhundert in merovingischer oder erst im 8. in karolingischer Zeit einsetzt[9]. Aber woher hätten die vielen Kolonisten kommen sollen, da doch zur selben Zeit die Staatsverwaltung, die Auseinandersetzung mit den Romanen in Nordgallien, die starke Binnenkolonisation in diesem Lande, die Kämpfe gegen die Nachbarn und die Bürgerkriege soviel Menschen beanspruchten? Das Auftreten des Begriffes *Francia orientalis* im späten 8. Jahrhundert besagt nur, daß das Land am Main nach der Auflassung des thüringischen Herzogtums mit dem Sitze in Würzburg um 720 der fränkischen Verwaltung unterstellt war. Ein Herzogtum ohne Menschen ist

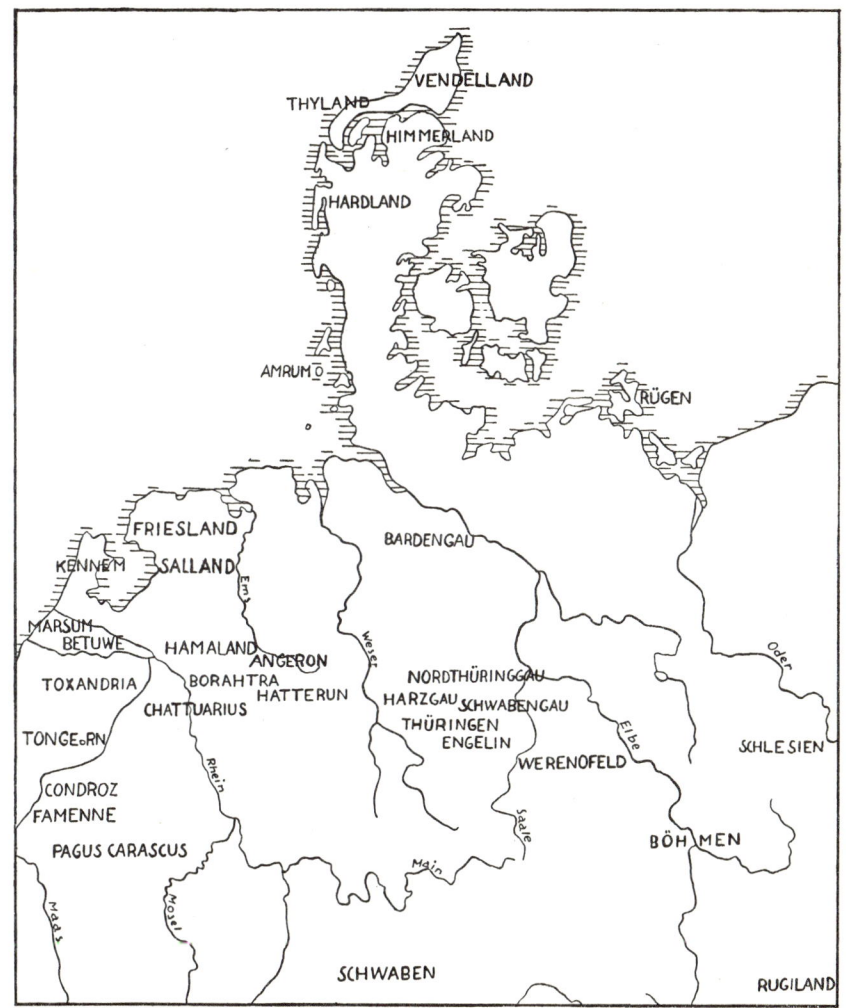

Abb. 16. Landschaftsnamen der Völkerwanderungszeit aus Stammesnamen

unmöglich. Gewiß hat sich die fränkische Organisation bemerkbar gemacht mit ihren Grafen und der Staatskirche, mit Martinskirchen und wohl auch gelegentlich in der Namengebung. Aber die große Masse des Volkes war, ohne daß Einsatz fränkischer Kolonisten geleugnet werden soll, nichtfränkisch und elbgermanischer Herkunft, wie eine Reihe von sprachlichen Merkmalen bezeugt, die den Zusammenhang mit Baiern und Alemannen sichern[10]. Neuerungen des 8. Jahrhunderts, die vom Rheinfränkischen oder über dieses kommen[11], z. B. *uo* für *ô* und *ê*, *ô* für *ai*, *au* in gewissen Stellungen u. a., ergreifen auch Alemannen und Baiern, sind also in einem größeren Blickfeld zu würdigen.

Von der späteren fränkischen Geschichte, dem Erschlaffen der Merovingerkönige, dem Auftreten der Hausmeier und der karolingischen Dynastie kann hier nicht mehr gesprochen werden. Karl der Große hat die Sachsen besiegt und das langobardische Königreich angeschlossen. Im Jahre 800 wurde er zum Kaiser gekrönt. Die fränkische Stammesbildung hat trotz der Verluste durch Romanisierung große Bedeutung, weil der Nord- und Ostflügel germanisch geblieben ist. Die kleinen Stämme leben im Recht und gelegentlich in Gaunamen fort (Abb. 16). An der deutsch-französischen Sprachgrenze hat sich im 8. Jahrhundert aus der Beobachtung und Geltendmachung der sprachlichen Unterschiede der Begriff *theudisk* „deutsch" entwickelt, der dann auf das Volk übertragen wurde. Der Begriff „fränkisch" war wegen der Romanisierung eines Teiles des Volkes dafür unbrauchbar, so daß sich die Notwendigkeit einer eigenen Bezeichnung einstellte, zumal ja auch eine politische Zusammenfassung im selben Jahrhundert erfolgte[12].

[1] Unter den Hilfsvölkern des Aetius nennt Jordanes in der Mitte des 6. Jahrhunderts auch *Ripari(oli)*. Es wird aber bezweifelt, daß es sich um die erste Nennung der Ripuarier handelt, eher wird an militärische Einheiten der Rhône-Gegend gedacht. Vgl. E. EWIG, Die Civitas Ubiorum, die Francia Rinensis und das Land Ribuarien (Rhein. Vierteljahrsblätter 19, 1954, S. 8).

[2] Über Entstehung und Verlauf der Sprachgrenze G. KURTH, La frontière linguistique en Belgique et dans le Nord de la France (1895, 1898); E. GAMILLSCHEG, Romania Germanica I, S. 45ff.; dazu Th. FRINGS, Anz. f. dt. Alt. 55 (1936), S. 6ff.; F. PETRI, Germanisches Volkserbe in Wallonien und Nordfrankreich (1937); STEINBACH, Dt. Archiv f. Landes- und Volksforschung 1937, S. 29ff.; F. STEINBACH und F. PETRI, Zur Grundlegung der europäischen Einheit durch die Franken, 1939; F. PETRI, Zum Stand der Diskussion über die fränkische Landnahme und die Entstehung der germanisch-romanischen Sprachgrenze (Darmstadt 1954) mit weiterer, besonders niederländischer, belgischer und französischer Literatur zur Frage.

[3] W. VON WARTBURG, Die fränkische Siedlung in Nordfrankreich (Zs. f. roman. Phil. 59, 1939, S. 301). Bestimmter äußert er sich neuestens: Bedeutung der germanischen Siedlung in Nordgallien im 5. und 6. Jahrhundert (Vorträge u. Schriften der Dt. Akad. d. Wiss. zu Berlin, Heft 36) 1950.

[4] Dazu Th. FRINGS, Germania Romana (1932).

[5] Dazu W. VON WARTBURG, Die Enstehung der Sprachgrenzen im Innern der Romania (Beitr. z. Gesch. d. dt. Sprache 58, 1934, S. 209ff.).

[6] E. BRENNER, Der Stand der Forschung über die Kultur der Merovingerzeit (VII. Bericht der Römisch-Germanischen Kommission 1915, S. 253ff.); J. WERNER, Zur Entstehung der Reihengräberzivilisation (Archaeologia Geographica 1, 1950, S. 23ff.). Gegen J. WERNER K. BÖHNER, Archäologische Beiträge zur Erforschung der Frankenzeit am Niederrhein (Rhein. Vierteljahrsblätter 15/16, 1950/51, S. 19—38).

[7] Dazu R. BRUCH, Grundlegung einer Geschichte des Luxemburgischen. Luxemburg 1953.

[8] F. STEINBACH, Rhein. Vierteljahrsblätter 17 (1952), S. 332ff.

[9] Vgl. u. a. H. WEIGEL, Studien zur Eingliederung Ostfrankens in das merovingisch-karolingische Reich (Hist. Vierteljahrsschrift 28, 1934, S. 449—502).

[10] Dazu E. SCHWARZ, Die elbgermanische Grundlage des Ostfränkischen (Jb. f. fränk. Landesforschung 15, 1955, S. 31—67).

[11] Dazu H. BRINKMANN, Sprachwandel und Sprachbewegungen in althochdeutscher Zeit, Jena 1931.

[12] Vgl. dazu die Schriften von J. L. WEISGERBER, besonders Der Sinn des Wortes „Deutsch" (1949).

FÜNFTER TEIL

DIE ELBGERMANEN

Kapitel 30

Semnonen und Nordschwaben

Die Träger der elbgermanischen Kultur, die sich ab 650 v. Chr. an der unteren und mittleren Elbe durch Ansiedlung einer neuen Volkswelle aus dem Norden abzuzeichnen begann[1], sind die Sweben, das Hauptvolk der Erminonen, zu denen auch Hermunduren, Markomannen und Quaden zählen. Auf der Insel Gotland weist die Formenwelt schon während der Periode I der Eisenzeit (600—300 v. Chr.) ausgeprägte Beziehungen nach Nordwestdeutschland und Jütland auf[2]. Die elbgermanische Gruppe hat eigentümliche Keramik, reicht von der Lübecker Bucht über das Lüneburgische zur Saale und setzt sich in Böhmen fort mit Ausläufern bis Niederösterreich. Es herrschen Urnengräber vor; Skelettgräber sind sehr selten; die Grabausstattung ist verhältnismäßig reichlich. Auch von Uslar stimmt der Annahme zu, daß sich die Elbgermanen bis an den Beginn der Jastorf-Stufe zurückverfolgen lassen, deren Verbindung mit dem skandinavischen Norden in Zukunft wohl noch schärfer herausgearbeitet werden wird[3]. Angeln wird seit etwa 600 fundleer, die Bewohner wandern nach dem Süden ab (s. o. S. 118). Ursache dieser Entwicklung ist die Klimaverschlechterung, durch die das günstige Klima der Bronzezeit sich den heutigen klimatischen Verhältnissen annäherte. Hand in Hand damit geht eine zunehmende Bedeckung des siedlungsarm werdenden Landes mit Urwald.

Die Überlieferung des Namens der Sweben erfolgt als *Suebi, Suevi*. Zu Caesars Zeit ist noch *ē* gesprochen worden, das bei den Sweben sehr früh zu *ā* geworden ist und zu ahd. *Swāba* geführt hat, unserem Schwaben. Die lateinische Überlieferung ist bei *ē* geblieben. Der Stamm **swē-* ist der Pronominalstamm, so daß sich als Grundbedeutung „Leute vom eigenen Volk" ergibt, Bezeichnung eines sich als zusammengehörig fühlenden Volkes, was durch seine sich darauf beziehenden Gewohnheiten bestätigt wird. Bei Tacitus bedeutet *Suebi* zweierlei: einmal alle Oststämme, dann die Stammesgruppe neben den *Vandilii*.

Schon vor dem Auftreten der Sweben am Rhein gibt es eine swebische Geschichte, die den römischen Geschichtschreibern unbekannt geblieben ist, weil sie ihrem Gesichtskreis entrückt war.

Interessante Nachrichten über Elbsweben gehen auf Tacitus zurück. I. J. 91 n. Chr. war unter Kaiser Domitian der Semnonenkönig Μάσυος mit der Seherin Γάννα nach Rom gekommen. Auf sie dürften die bei Tacitus zuerst belegten Berichte über den Semnonenhain und den Nerthuskult zurückgehen. Die Semnonen werden bei Tacitus als das älteste und vornehmste der Swebenvölker bezeichnet.

Diese Semnonen wohnten rechts der Elbe. Ihr Gebiet umfaßte den nördlichen Teil der Mark Brandenburg sowie Mecklenburg-Strelitz. Sie waren die Hüter des Nationalheiligtums[4], von dem Tacitus mehr zu berichten weiß als von dem damit verbundenen Landtag, so daß mehr der Gesichtskreis der Seherin als der des Königs herausleuchtet. Als Drusus i. J. 9 v. Chr., von den Cheruskern kommend, die Elbe erreichte und sie überschreiten wollte, trat ihm ein Weib von übermenschlicher Größe entgegen, das ihn zur Rückkehr aufforderte und seinen bevorstehenden Tod ankündigte. Tatsächlich starb Drusus auf dem Rückwege. Es wird sich um eine Seherin handeln, denn wir wissen, daß solche in dieser Zeit bei den Semnonen in großem Ansehen standen. Als Tiberius 5 n. Chr. an die Elbe kam, ließ sich ein alter Mann, wohl der König, in einem Einbaum über die Elbe führen. Man sieht, daß das Erscheinen der Römer Eindruck auf die rechtselbischen Germanen gemacht hat. Die Semnonen gehörten zu Marbods Bund und fielen vor seinem Kampf mit Armin zu diesem ab (17 n. Chr.). Nach Ptolemaeus wohnen die swebischen Semnonen hinter der Elbe nach Osten bis zum Fluß Σύηβος (Oder); Ostnachbarn sind die Burgunder. I. J. 179 wollten die Quaden zu ihnen zurückwandern, was Marc Aurel durch die Sperrung der Bergpässe, offenbar in den Kleinen Karpathen, verhinderte. Daraus folgt, daß sie noch in dieser Zeit in ihrer alten Heimat wohnten, die als Wiege des Volkes galt, durch Abwanderungen aber schon Platz frei geworden war. Da *mn* im Lateinischen und Griechischen *bn* ersetzt (vgl. *Dumnorix* für keltisches *Dubnoriks*), kann germanisches **Sebnanez* (zu **sebjō* „Sippe") „Sippegenossen" angesetzt werden, was gut zum Zusammenhalt des Volkes paßt. Das Kultheiligtum wurde zu bestimmten Zeiten von Abgesandten besucht, wobei gleichzeitig religiöse Feste stattfanden. Nach Tacitus bildeten die Sweben verschiedene Stämme mit besonderen Namen. Eine Eigentümlichkeit des Volkes war, das Haupthaar zurückzukämmen und einen Knoten zu schlingen.

Daß die swebischen Stämme im Norden bis an die Ostsee gereicht haben, folgt aus deren Bezeichnung als „swebisches Meer", obwohl der Verdacht besteht, daß Tacitus oder seine Quelle erst diesen Namen geprägt haben. Im Verlaufe des 5. Jh. v. Chr. wurde das Saalegebiet besiedelt. Die keltische Bevölkerung blieb, was zu mancherlei technischen Anregungen führte. Um 100 v. Chr. sind swebische Völkerschaften von der Ostsee bis zum deutschen Mittelgebirge ausgebreitet. Von Thüringen aus erfolgten weitere Vorstöße gegen Hessen, das Maingebiet und Südwestdeutschland. Auch in Nordböhmen gibt es bereits in dieser Zeit Funde, die auf Zuwanderung aus dem altswebischen Bereich hinweisen. Es deuten sich bereits die beiden Hauptrichtungen swebischer Stammesentwicklung an, der Zug nach dem Südwesten, durch Ariovist und die Alemannen verkörpert, und der nach Südost, wohin Markomannen, Quaden und Langobarden strebten. Die Natur bot die Voraussetzungen dafür. Man konnte entweder der Elbe folgen und nach Böhmen kommen, oder man gelangte von der Saale zum Main. Bei Hindernissen im Südwesten konnte der Weg nach dem Südosten eingeschlagen werden. Für das Werden des deutschen Volkes waren diese Unternehmungen von grundlegender Bedeutung.

Reste der Semnonen kommen noch in Funden des 5. und 6. Jh. im Niederelbegebiet, in Mecklenburg und Brandenburg zum Vorschein. Die Begräbnisplätze sind zwar geringer, aber doch noch belegt. Der Widsith nennt als Nachbarn der Angeln die *Swæfe* und *Myringe* (Sachsen). Als nach dem Untergange des Thüringerreiches 531 die Franken die mittlere Elbe erreichten, erkannten die Semnonen, für die jetzt wieder der alte Name *Schwaben* gebraucht wurde, die fränkische Oberhoheit an. In einem Briefe des Frankenkönigs Theudebert I. an den oströmischen Kaiser Justinian erwähnt er, daß die *Nordschwaben* sich seiner Oberherrschaft gefügt hätten, was dafür spricht, daß der Stamm noch eine gewisse Bedeutung hatte. Als 558 die Avaren plötzlich auftauchten, suchte Ostrom sie nach Westen abzulenken. 562 erschienen sie an der Ostgrenze des fränkischen Reiches an der Elbe, wohl in der Gegend von Magdeburg. Die Franken wurden geschlagen, die Avaren zogen aber ab. Die Abmachungen sind uns nicht bekannt, lassen sich aber aus den Maßnahmen der Franken ablesen. Sie gaben die Besitzungen östlich der Elbe auf und siedelten die Nordschwaben zwischen Bode, Harz, Wipper und Saale an, von wo 567 20 000 Sachsen zu Alboins Heer gestoßen waren. Es ist der spätere *Schwabengau*. Ist diese Annahme richtig, so handelt es sich bei ihnen um die benachbarten Semnonenreste und nicht, wie man bisweilen behauptet findet, um noch nördlichere, südlich von den Angeln wohnende Schwaben. Sie haben sich auch gegen die heimkehrenden Sachsen behauptet. Die Räumung Ungarns hat also in Norddeutschland ein Gegenstück in der Aufgabe ostelbischen Bodens. Durch diese mehr oder minder erzwungenen Maßnahmen ist den Slawen mit Hilfe der Avaren der Weg nach Westen frei gemacht worden. Über die weiteren Schicksale der Nordschwaben s. o. S. 132.

Im Hausbau wurden durch die Germanenreste die Überlieferungen in frühslawische Zeit hinübergeführt. Die Ausgrabungen bei Hasenfelde und auf dem großen Rohrwall bei Schmöckwitz haben für die Zeit der slawischen Besiedlung die gleichen Anlagen des Vorhallenhauses erwiesen, wie sie bei den Sweben verbreitet waren[5].

Die Nordschwaben werden sich ihrer Herkunft nach in Mundart und Sitten von den Sachsen unterschieden haben, in denen sie schließlich aufgegangen sind. Ihr Wortschatz muß Beziehungen zum alemannischen und bairischen gehabt haben. Sie werden z. B. *Stadel* und nicht Scheune oder Scheuer gebraucht haben.

Die zähe Beibehaltung der bäuerlichen Wirtschaftsformen wurde von grundlegender Bedeutung dafür, daß die Alemannen und Baiern dem deutschen Volkstum erhalten blieben. Von dem Fesselhain des Tacitus, dessen Stätte noch unbekannt ist, hat man auch im Norden gewußt. Man kannte das norddeutsche Schwabenland als *Svāfaland,* den heiligen Hain als *Fjǫturlundr* „Fesselhain". Appian berichtet von den Sweben des Ariovist, daß sie den Tod infolge ihrer Hoffnung auf Wiedergeburt verachteten. Dieser Glaube klingt auch in den nordischen Helgiliedern durch.

---

[1] Dazu G. SCHWANTES, Die swebische Landnahme (Forschungen und Fortschritte 9, 1933, S. 197—198); ders., Die Jastorf-Zivilisation (Reinecke-Festschrift 1950, S. 119—130).

[2] O. ALMGREN und B. NERMAN, Die ältere Eisenzeit Gotlands (1923), S. 139ff.

[3] R. VON USLAR, Archäologische Fundgruppen und germanische Stammesgebiete vornehmlich aus der Zeit um Christi Geburt (Hist. Jahrbuch 71, 1952, S. 1—36).

[4] Dazu A. CLOSS, Die Religion des Semnonenstammes (Die Indogermanen- und Germanenfrage, hrsg. von W. KOPPERS, 1936, S. 549ff.); O. HÖFLER, Das Opfer im Semnonenhain und die Edda (Edda, Skalden, Saga, Festschrift Genzmer, 1952, S. 1—67).

[5] Vgl. W. MATTHES, Die Sweben oder Altschwaben (bei REINERTH, a. a. O. I, S. 309ff.).

Kapitel 31

Die Sweben des Ariovist

(Abbildung 17)

Die Festsetzung der Stämme des Ariovist im Elsaß hat um 72 v. Chr. begonnen. Die Voraussetzung dazu ist die Niederlassung swebischer Stämme östlich des Rheins. Da die Kimbern und Teutonen um 110 v. Chr. anscheinend noch keine Sweben in Süddeutschland getroffen haben, liegt ihre Ansiedlung etwa um 100 v. Chr. Sie sind von Thüringen gekommen. Nun beginnt die e l b g e r - m a n i s c h e   L a n d n a h m e   i n   S ü d d e u t s c h l a n d , die man bisher nicht genügend betont hat, weil man der Meinung war, mit dem Abzug der Markomannen und Quaden nach Osten sei Süddeutschland wieder entblößt worden, so daß erst die alemannische Landnahme die Wiederbesetzung eingeleitet habe. Indirekt ist die Landnahme in dem Zurückweichen der Helvetier bemerkbar, die sich in die Schweiz zurückgezogen haben und bei Caesars Ankunft in Gallien entschlossen waren, auch die Schweiz aufzugeben und nach Südwestgallien zu ziehen. Ihr Gebiet in Südwestdeutschland heißt bei Ptolemaeus „Ödland der Helvetier". Man hat gemeint, daß die M a r k o m a n n e n Bewohner dieses Landes geworden seien[1]. Weil der Schwarzwald *Marciana silva* „Markwald" hieß, nahm man an, daß die Sweben das Ödland als Mark bezeichnet haben, worauf sich ihr Name beziehe. Aber der südlichste germanische Stamm in Baden sind die Triboker. Aus der Niederlassung der Hermunduren unter Domitius Ahenobardus (s. u.) ergibt sich, daß die *Markomannis* östlicher lag. Hat es etwa das Land zwischen oberem und mittlerem Main und der Donau von der Lechmündung ostwärts umfaßt, versteht man, warum sie später nach Böhmen ziehen, das eben in greifbarer Nachbarschaft lag. Dann wird es wahrscheinlich, daß der Name der Markomannen von einer anderen Mark, einem anderen Grenzwald, herrühren wird. Sie spielen bei Cäsar sonst keine Rolle; um so stärker treten die Sweben hervor. Es wird sich deshalb bei den Markomannen, die in der Folgezeit — abgesehen von dem Zwischenspiel des Marbod — immer im Gefolge der Quaden erscheinen, um ihre jüngeren Söhne handeln, die einstmals als *Ver sacrum* zur Eroberung neuen Landes ausgesandt worden sind[2].

Neben den Markomannen siedelten zu beiden Seiten des unteren Main S w e - b e n , der mächtigste und tatkräftigste Stamm, mit dem Caesar zu tun hatte. Die Mainmündung haben sie nicht berührt, hier siedelten die Ubier, die sich die Sweben in vielen Kriegen zinspflichtig gemacht hatten. 55 v. Chr. haben die Sweben die Usipeten und Tenkterer vertrieben, drei Jahre nach der Niederlage des Ariovist, die sie also anscheinend kaum berührt hat. Im Nordosten grenzten die Cherusker an, durch die *silva Bacenis* geschieden. Caesar und die späteren Schriftsteller scheiden diese Sweben von den Markomannen, Wangionen, Nemetern und Tribokern. Es ist ein Teil der Sweben, auf den der Gesamtname in besonderer Weise eingeschränkt wird. Es spricht alles dafür, daß es sich um die Q u a d e n handelt, die auch in ihren späteren Sitzen immer gemeinsam mit den Markomannen auftreten und für die später wieder der Name Sweben durchdringt. Das legt nahe, daß Quaden als daneben aufgekommener Beiname aufzufassen ist. Deshalb wird mit Recht an mhd. *quât*, mittelnd. *kwaad* „böse, häßlich, verderbt" gedacht, an einen durch die von den Sweben schlecht behandelten

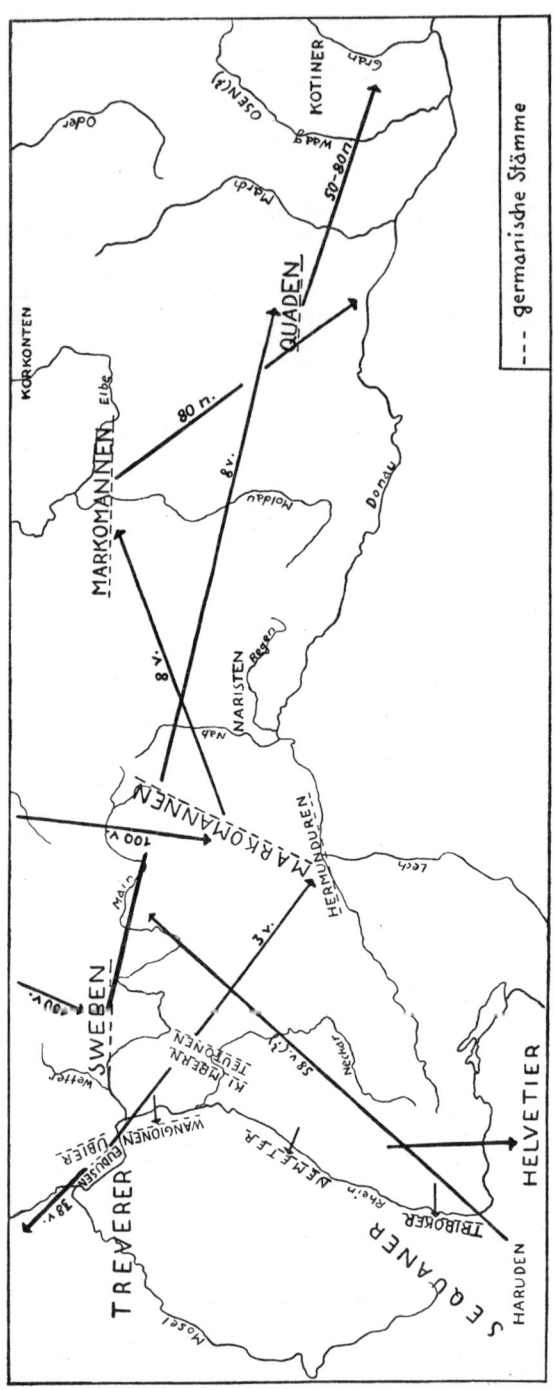

Abb. 17. Germanische Stämme in Süddeutschland um Christi Geburt

Nachbarn aufgebrachten Spottnamen. Das setzt voraus, daß schon vor Christi Geburt bei ihnen *ē* zu *ā* geworden ist, was wahrscheinlich gemacht werden kann.

Kleinere Stämme, die in der Regel zusammengenannt und mehr oder minder deutlich zu den Sweben gerechnet werden, sind die T r i b o k e r , N e m e t e r und W a n g i o n e n. Zunächst haben sie rechts des Rheines gewohnt. Sie begegnen später um Straßburg, Speyer und Worms, und es ist wahrscheinlich, daß ihre rechtsrheinischen Sitze gegenüber zu suchen sind. Triboker scheinen um Stuttgart zurückgeblieben zu sein, wo sie noch im 2. Jh. als Kundschafter Dienste leisten. Die Wangionen werden in der südlichen Wetterau anzusetzen sein[3]. Leider ist es bisher nicht möglich, das Auftreten der Sweben im ersten Jh. v. Chr. archäologisch sicher nachzuweisen, obwohl sie durch die Geschichtsquellen bezeugt sind. Links des Rheines scheinen sie sich von den Kelten nicht zu unterscheiden[4]. Nur der Name Wangionen ist germanisch (germ. *wang*- „Feld", vielleicht nach der Wetterau). Ein Quadenfürst heißt später in der Slowakei *Vangio*, was auf Beziehungen und Nachbarschaft in der Wetterau deutet. Triboker und Nemeter tragen keltische Namen, sei es, daß sie sich anders benannt haben, sei es, daß andere Ursachen vorliegen. Es wird sich um die ersten swebischen Vortrupps handeln, die deshalb mit angetroffenen Kelten engere Beziehungen als die Markomannen und Quaden gehabt haben. A r i o v i s t , der vor seiner Wahl zum Heerkönig König der Triboker genannt wird, sprach keltisch und trägt auch einen keltischen Namen. Diese drei Stämme werden den Kern des Bundes des Ariovist gebildet haben.

Linksrheinische Nachbarn dieser Sweben waren im ersten Jahrhundert v. Chr. von der Freigrafschaft bis in die Rheinpfalz die keltischen Sequaner, die sich der Hegemonie der Häduer nicht fügen wollten. Um 72 v. Chr. kam es wegen der Zölle auf der Saône zum Ausbruch der Feindseligkeiten. Die Sequaner riefen Ariovist zu Hilfe, der i. J. 61 die Häduer schlug, die die Hegemonie der Sequaner anerkennen und versprechen mußten, niemals die Hilfe der Römer anzurufen. Ariovist beschloß, im Lande zu bleiben, und verlangte ein Drittel der Mark der Sequaner zur dauernden Niederlassung. Jetzt werden die drei oben genannten Stämme links des Rheines angesiedelt worden sein. Caesar, der 58 v. Chr. die Helvetier in ihr Land zurücktrieb, beschloß, seinen germanischen Rivalen um die Herrschaft in Gallien zu erledigen, zumal die Häduer Rom um Intervention gebeten hatten. Ariovist hatte Zuzug von *Haruden* und *Eudosen* erhalten, ein Zeichen, daß sein Unternehmen nun nicht mehr allein ein swebisches war. Für die Haruden hatte Ariovist ein zweites Drittel des Sequanerlandes, das Unterelsaß, verlangt. In der Entscheidungsschlacht, in der auf Seite des Ariovist Triboker, Wangionen, Nemeter, Markomannen, Sweben, Haruden und Eudosen teilnahmen und die zwischen *Vesontio* (Besançon) und dem Rhein stattfand, wurde das germanische, völkerschaftsweise aufgestellte Heer geschlagen. Die links des Rheines angesiedelten Germanen wurden in ihren Sitzen belassen, wohl auf Grund eines Vertrages, den uns Caesar verschweigt. Ariovist, trotz der Niederlage weiterhin angesehen, ist einige Jahre darauf gestorben.

Diese Kämpfe hatten weltgeschichtliche Bedeutung. Die Kelten waren nicht mehr im Stande, das germanische Vordringen aufzuhalten. Es blieb ihnen nur die Wahl, die germanische oder römische Oberhoheit anzuerkennen. Die Germanen hätten sich ohne Einmischung der Römer großer Teile von Gallien bemächtigt. Der Sieg Caesars brachte Gallien in den römischen Einflußbereich und gebot dem germanischen Vordringen Halt. Die Germanen durften das kaum beklagen. Sie wären in Gallien damals der Keltisierung und schließlich der Romanisierung erlegen. Nun gewannen sie Zeit, ihre Stellung zu festigen.

Verglichen mit dem Kimbernzug hatten die Germanen gelernt, daß sie in fremdes Land nur bei gleichzeitiger Anlehnung an das Stammland vordringen konnten. War der Kimbernzug das Unternehmen einer Wandergenossenschaft nordjütischer Stämme, so das des Ariovist eines Heerkönigs, das über den swebischen Stamm hinausgriff, weil ebenfalls jütische Stämme beteiligt waren. Die Germanen suchten nach dem Fehlschlage der Kimbern und Teutonen nach einer neuen Art, ihrer Landnot Herr zu werden. Sie hätten damit mehr Glück gehabt, wenn ihnen nicht in Caesar ein überlegener Feldherr entgegengetreten wäre.

Triboker, Nemeter und Wangionen, deren Vororte *Brocomagus* (Brumath), *Noviomagus* (Speyer) und *Borbetomagus* (Worms) waren, wurden mit dem Grenzschutz betraut. Caesar scheint der militärischen Kraft der Kelten nicht getraut und deshalb die angesiedelten germanischen Stämme belassen zu haben. Nach ihren Personennamen sind die drei Stämme keltisiert und mit den Kelten romanisiert worden. Als um 455 Elsaß, Pfalz und Rheinlande für dauernd an Alemannen und Franken verloren gingen, sind sie teils vernichtet, teils wieder eingedeutscht worden.

Als Caesar 55 v. Chr., vermutlich bei Neuwied, über den Rhein ging, wollte er auch die Quaden angreifen, die aber ihre Dörfer verlassen, ihre Frauen, Kinder und Habe in den Wäldern versteckt und ihre Mannschaft weiter landeinwärts zusammengezogen hatten. Er wollte nur die militärische Macht Roms und den Brückenschlag vorführen. Als die Quaden 53 den Treverern Hilfstruppen gegen die Römer schickten, ließ er etwas oberhalb der früheren Stelle wieder eine Brücke schlagen, konnte aber die Germanen auch jetzt nicht zum Kampfe stellen. In den nächsten Jahren gab es Kämpfe, bis die Angriffskriege der Römer unter Drusus eine neue Sachlage schufen. In der Wetterau reicht das große swebische Gräberfeld von Bad Nauheim bis in den Anfang des ersten nachchristlichen Jahrhunderts. Von den keltischen Einflüssen im linksrheinischen Gebiet zeugt die Verehrung der keltischen Gottheit *Nemetona* (zum keltischen *nemeton* „Hain", das auch dem Stammesnamen der Nemeter zugrunde liegt).

Die Forschung ist sich klar darüber, daß die E u d u s e n und H a r u d e n, die zum Heere des Ariovist gestoßen sind, letztlich aus Jütland stammen, wo sie von den Schriftstellern genannt werden. Haruden werden neben Kimbern im Monumentum Ancyranum erwähnt. Aber die Entfernung von Nordjütland bis zu Ariovist ist zu groß, als daß nicht ein Zwischenaufenthalt erwogen werden könnte. Im Harz gibt es im 9. Jahrhundert einen *pagus Harudorum,* aber die Zwischenzeit ist zu groß, so daß es möglich ist, daß es sich hier um Haruden handelt, die an der Gründung des thüringischen Reiches um 300 n. Chr. beteiligt waren. Man wird in erster Linie an den wandalischen Bund zu denken haben, der aus Jütland Ambronen, Wandalen, Warnen umfaßt hat (s. o. S. 66). Es können auch Teile anderer jütischer Stämme beteiligt gewesen sein. Der Ruf Ariovists oder die Kunde, daß unter seiner Führung Neuland zu erlangen war, kann über die Sweben an der Saale und Mittelelbe und die Semnonen zum wandalischen Bunde gelangt sein, mit dessen Niederlassung an der Oder ab etwa 100 v. Chr. zu rechnen ist. Dann handelt es sich bei den Eudusen und Haruden des Ariovist um nordgermanische Stämme, die in Süddeutschland noch mit Kimbernresten zusammentreffen konnten[5].

Über das spätere Schicksal dieser zwei Stämme ist nichts bekannt. Die Triboker, Wangionen und Nemeter durften im Elsaß bleiben, die Markomannen und

Quaden (Sweben) hatten rechtsrheinische Sitze und halten sich in ihnen bis etwa Christi Geburt. Da die Eudusen und Haruden Wagenburgen hatten, in denen sich offenbar die Frauen und Kinder aufhielten, waren sie landsuchende Stämme. An Eudusen werden wir zu denken haben, wenn es bei Caesar heißt, daß 100 Gaue der Sweben an verschiedenen Stellen des Rheines lagerten und sich anschickten, unter Führung der Brüder *Nasua* und *Cimberius* den Strom zu überschreiten. *Cimberius* ist „der Kimber", *Nasua* erinnert im Suffix an nordgermanische Träger, in der Endung verrät er nord- oder nordseegermanischen Ursprung, da sonst im Südgermanischen dafür -*o* auftritt.

Man wird am ehesten daran denken dürfen, daß die aus dem Kampf davongekommenen Reste der Eudusen und Haruden nicht den Rückweg nach Norden angetreten haben, wo ihre Sitze bereits von anderen Stämmen eingenommen sein werden, sondern in Süddeutschland zurückgeblieben sind.

Über die Namen beider Stämme s. o. S. 114ff.

[1] R. Much, Die Germania des Tacitus, S. 279.

[2] E. Schwarz, Jahrb. f. fränk. Landesforschung 15 (1955), S. 35.

[3] G. Behrens, Denkmäler des Wangionengebietes (Germanische Denkmäler der Frühzeit I, 1923).

[4] Zur Frage E. Wahle, Zur ethnischen Deutung frühgeschichtlicher Kulturprovinzen, S. 11ff.

[5] E. Schwarz, a. a. O., S. I.

Kapitel 32

Die Markomannen und Quaden

(Abbildung 17)

Im Jahre 17 v. Chr. schlossen die Sugambrer mit den Cheruskern und Sweben (Quaden) ein Bündnis, das die Römer zersprengten. Im Jahre 9 v. Chr. zog ein römisches Heer unter Drusus gegen Sweben und Markomannen. Die Lage wurde für diese außerordentlich gefährlich, zumal die Römer zwischen Rhein und Elbe ihre Provinz *Germania* mit Köln als Mittelpunkt einrichteten und von Süden her die Donau erreichten. Beide swebische Völker standen vor der Gefahr umklammert zu werden. Das erkannte M a r b o d, ein markomannischer Edler, der im römischen Heere gedient hatte. Er überredete sein Volk, die nun bedrohten Sitze aufzugeben und in das Bojerland auszuweichen, das schon erobert war und das ihnen Bewahrung der Freiheit versprach. Zwischen 8 und 3 v. Chr. erfolgte der Zug, wohl aus dem Lande zwischen oberem und mittlerem Main und Donau in das Egergebiet. Den Markomannen folgten die Quaden, die Mähren und das nördliche Niederösterreich besetzten, unter dem später genannten *Tuder*.

Verschiedene Teile sind zurückgeblieben, so ein kleiner Trupp, der auf römisches Gebiet übertrat, Sweben in der Wetterau, die durch Drusus unter römische Herrschaft kamen, Triboker bei Marbach, die Leute von Groß-Gerau und die N e c k a r s w e b e n. Erst unter Vespasian wurden südlich des Mains römische Stützpunkte angelegt. Sie waren in Gauen organisiert mit einer *civitas* als Mittelpunkt. Als das rechtsrheinische Gebiet den Römern verloren ging, wur-

den diese Sweben durch die stammverwandten Alemannen wieder germanisiert.
Während im 1.Jh. n. Chr. römische und germanische Kultur in den Gräbern
gemischt ist, die Romanisierung im 2. Jh. fortschreitet, treten im 4. Jh. wieder
einheimische Formen stärker hervor. Die Personennamen sind teils römisch, teils
germanisch.

Tacitus sagt, daß noch der Name *Boihaemum* „Bojerheimat", aus dem sich
Běheim „Böhmen" entwickelt hat, an die keltischen Bojer erinnere. Die Germanen haben für *Boi-,* da bei ihnen *o* zu *a* geworden war, *Bai-* gesagt. Während
des 4. Jh. v. Chr. sind die Bojer im Zuge ihrer großen Wanderbewegung nach Böhmen gekommen. Seit dem 2. Jh. v. Chr sind, wie in Süddeutschland und Gallien,
die großen befestigten Plätze entstanden, die hier durch Caesar (man denke an
Alesia oder *Bibracte* = Mont Beuvray), dort durch Ausgrabungen bekannt sind.
Diese *oppida* führen bei Ptolemaeus teils keltische, teils vorkeltische Namen. Da
z. Z. Caesars Bojer nach Norikum übergetreten sind, Noreia belagert und sich dem
Zuge der Helvetier angeschlossen haben, werden sie Böhmen vor 58 v. Chr. gewiß
unter dem Druck swebischer Stämme geräumt haben. Tacitus sagt, daß einst die
Markomannen die Bojer vertrieben haben. Sie müssen eine gewisse Zeit am Plattensee gewohnt haben, wo man später die „Bojeröde" kannte und auch Ptolemaeus
noch Bojer anführt. Hier sind sie in Kämpfe mit den Dakern verwickelt worden.

Tacitus nennt im Rücken der Markomannen und Quaden die K o t i n e r ,
O s e n und Buren (über diese o. S. 71). Die Kotiner waren Kelten, die Osen Pannonier, d. h. Illyrier, beide Restvölker, die nördlich der Donau zurückgeblieben
waren. Bei den Kotinern gab es Eisenwerke. Da neben den Quaden auch Sarmaten als Tributnehmer auftreten, sind ihre Sitze in der Slowakei zu suchen.
Westwärts, wohl nach Nordböhmen, sind die M a r s i n g e n zu setzen, die im
Namen an die Marser erinnern und wohl auch von ihnen ausgegangen sein
werden. Ptolemaeus nennt noch andere Stämme wie die Βατεινοί, Σουδινοί, deren
Name mit dem der Sudeten zusammenhängen wird, und die Κορκοντοί, die alle
illyrische Namen zu tragen scheinen. Es wird sich um Restvölker in Schutzlage in
der Nähe der Gebirge handeln. Eine tiefere Kenntnis der germanischen Landnahme in Böhmen ist aber den Römern naturgemäß abgegangen. Es ist das Verdienst der Siedlungsarchäologie, hier neue Erkenntnisse vermittelt zu haben[1].

Schon in den Jahrhunderten v. Chr. sind Germanen in Nordböhmen ansässig
geworden, wie eine Reihe von Funden gezeigt hat. Diese Friedhöfe brechen um
100 oder 50 v. Chr. ab[2], was mit den Zügen swebischer Völker zu Ariovist zusammenhängen wird. Noch vor der markomannischen Landnahme zeigen sich
hermundurische Funde. Die Hermunduren, von denen die Römer wußten, daß
sie auf die rechte Elbseite auswichen, suchten sich der Römerherrschaft zu entziehen. Es sind mehrere Stämme daran beteiligt. Das Verdienst Marbods ist es,
diese Bewegung organisiert zu haben. Die Markomannen waren nur eines der
Völker des Marbod, sie hätten allein nicht Böhmen besiedeln können. Wie die
Hermunduren sind unter seiner Führung auch Markomannen (und Quaden)
nach Böhmen-Mähren gezogen, das in seiner Gesamtheit markomannisch-her-
mundurisches Land wird, in dem zunächst durch die bedeutende Persönlichkeit
Marbods die Markomannen die Führung inne haben. Diese waren im Gesichtsfelde der Römer, darum treten sie bei den römischen Schriftstellern besonders
hervor. Auch die späteren Ereignisse kann man nun besser verstehen. Die Marsingen werden als Abspaltung der Marser als einer dieser hermundurischen
Stämme anzusehen sein.

Die Erhaltung der keltischen und illyrischen Restvölker zeigt, daß die Vorbewohner nicht vernichtet, sondern zinspflichtig gemacht worden sind. Die keltische Kultur wurde nicht zerstört. Auf dem Hradischt von Stradonitz an der Beraun ist ein großes keltisches Oppidum ausgegraben worden[3].

Marbod gelang es, sich zum König aufzuschwingen und auch Langobarden, Semnonen, Lugier und einige kleinere Völker in seinen Staatenbund einzubeziehen. So kurz seine Macht war, so bedeutend ist der kulturelle Niederschlag gewesen. Tacitus betont die Wichtigkeit des Königssitzes für die Entwicklung des Gewerbes und Güterverkehrs. Der große archäologische Kreis, der sich um Christi Geburt von Holstein bis zur Leitha erstreckt, ist durch die führenden Werkstätten in Marbods Monarchie zustande gekommen. Nicht Stammesgebiete können abgegrenzt werden, sondern der Einflußbereich des Kerngebietes einer politischen Macht wird sichtbar[4].

Dieses sich etwas plötzlich bildende Staatswesen verrät das römische Vorbild. Den Römern schien die neue Macht gefährlich. Vom Rhein und von der Donau zogen die Legionen heran, die sich 6 n. Chr. in Böhmen vereinigen sollten, als ein gefährlicher vielleicht von Marbod angezettelter Aufstand in Pannonien ausbrach. Marbod ließ die günstige Gelegenheit, die Römer zu vernichten, ungenutzt und schloß Frieden mit ihnen. Er hielt sich vom Bund des Arminius fern, so daß Langobarden und Semnonen abfielen und Marbods Macht abbröckelte. Vor Armin zog er sich 17 n. Chr. nach Böhmen zurück. Da er aber auch den Römern unter Germanicus keinen Beistand leistete, blieb ihm römische Hilfe versagt, als er in Not geriet. Zwei Jahre später bemächtigte sich der von Marbod vertriebene Edle Katwalda, der bei den Goten Zuflucht gefunden hatte, des Sitzes Marbods, wohl von den Römern unterstützt, denn Tiberius rühmte sich in einer Rede seiner Ränke gegen Marbod. Dieser trat auf römisches Gebiet über und wurde in Ravenna interniert. Katwalda wurde bald darauf unter Mitwirkung des Hermundurenkönigs Vibilius vertrieben. Mit ihm kommen die hermundurischen Elemente zur Führung. Die durch Marbod geschaffene politische Gemeinschaft blieb trotz der Kämpfe um die Führung zusammen. Die Gründung des Markomannenstaates ist ein Vorläufer und gutes Vorbild der späteren Großstammbildungen. Katwalda wurde *Forum Julium* (Fréjus) als Wohnsitz zugewiesen. Die Gefolgschaften beider wurden zwischen *Marus* und *Cusus* (March und Waag) angesiedelt und der Quade *Vannius* als König eingesetzt. Das zeigt, daß es sich bei diesen Auseinandersetzungen auch um solche zwischen einer romhörigen und einer nationalen Partei gehandelt hat und daß die Römer bemüht waren, vor die Donaugrenze Schutzstaaten zu legen. Vannius vereinigte schließlich alle Quaden unter seiner Herrschaft. Im Jahre 50 n. Chr. stürzten ihn seine Neffen *Vangio* und *Sido* mit Unterstützung von Lugiern und Hermunduren. Das quadische Reich dehnte sich über die Slowakei bis über die Gran aus.

Bis in die Zeit des Tacitus herrschten Könige aus Marbods und Tuders Geschlecht. Unter Marc Aurel aber mußten die Römer in fünfzehnjährigen abwechslungsreichen Kämpfen die Donaugrenze gegen den Ansturm der verbündeten Donaugermanen verteidigen. Außer Markomannen und Quaden waren Varisten, Hermunduren, Sarmaten (Jazygen), Bastarnen, langobardische Scharen und Wandalen beteiligt. Der durch die gotische Wanderung ausgelöste Druck auf Burgunder und Wandalen pflanzte sich fort. Die Feindseligkeiten begannen 166 und dauerten mit Unterbrechungen bis 180. Die Gegenschläge erfolgten von Carnuntum aus. Römische Stationen wurden schließlich über das Marchfeld bis an die Thaya vorgeschoben. Im Waagtale bei Trentschin (damals *Laugaricium* genannt) lagernde Römer brachten auf einem Felsen eine Inschrift an. Böhmen und Mähren sollten als Provinz *Marcomannia* angegliedert werden. Aber der Nachfolger Marc Aurels — dieser hat seine Selbstbetrachtungen an der Granmündung geschrieben —, sein Sohn Commodus, schloß Frieden und verzichtete darauf, die Pläne seines Vaters auszuführen.

In diesen Kriegen treten uns die Markomannen im nördlichen Niederösterreich und Südmähren, die Quaden hauptsächlich in der Slowakei entgegen. Der Schwerpunkt beider Stämme ist also weiter nach Osten verlegt worden. Der führende Stamm sind die Quaden. Die Markomannen folgten ihnen wohl um 90 n. Chr., als die Quaden in den Kämpfen gegen die Lugier ihre Hilfe benötigten[5].

Durch die Schonung der keltischen und vorkeltischen Bevölkerung erklärt sich die Übernahme alter Flußnamen, z. B. *Marus* March, Thaya, Eger, Iser, Aupa, Oppa. Über die Übersetzung von *Cusus* durch Waag s. o. S. 31. Auch germanische Namen sind aufgekommen, so **Wiltahwa* „Wildache" für die Moldau (tschech. *Ultava*), oder **Rīp* „Berg" für den Georgsberg bei Raudnitz (tschech. *Říp*). Riesengebirge und Gesenke hießen 'Ασκιβούργιον „Eschengebirge".

In Böhmen und Mähren gab es alte, waldarme Kulturlandschaften, in Nordböhmen an der Elbe und unteren Moldau, das Saazer Becken, die Gegend um Königgrätz, das Olmützer Becken, Südmähren, die in diesen Jahrhunderten dicht besiedelt und als die Wohngaue der verschiedenen Stämme anzusprechen sind. Das Gräberfeld vom Píčberge bei Dobřichov (bei Kolin) kann als markomannisch bezeichnet werden, und es ist nicht unmöglich, daß hier die Burg des Marbod gestanden hat[6]. Das Abnehmen der Funde in den folgenden Jh. kann mit der Verlegung nach Südmähren zusammengebracht werden.

Die Errichtung des Vannianischen Reiches leitet die Ostverlegung der Quaden in die Slowakei ein. Zur Zeit des Tacitus liegt die Ostgrenze der Quaden an der Eipel, die Nordgrenze bei Trentschin. Für sie tritt später wieder der Gesamtname *Sweben* in den Vordergrund. In der Slowakei haben besonders die Täler der Waag, Neutra und Gran quadische Funde geliefert, während für das Olmützer Becken nach 180 neue elbgermanische Zuwanderung angenommen wird[7].

Um 215 rühmt sich Caracalla, das zwischen den Markomannen und Wandalen bestehende Freundschaftsverhältnis gestört zu haben. Gefährliche Kämpfe wurden 375 durch die Ermordung des Quadenkönigs *Gabinius* hervorgerufen. Die Quaden stellten damals gute Reiterheere auf, darin von ihren jazygischen Nachbarn beeinflußt. Um 395 ist von einer christlichen Markomannenkönigin *Fritigil* die Rede, während die Quaden nicht mehr gefürchtet wurden. Die Markomannen sind damals auf römisches Gebiet übergetreten und wurden in Oberpannonien angesiedelt. Die um 410 niedergeschriebene Notitia dignitatum verzeichnet unter den militärischen Kommandanten in der Provinz Oberpannonien ohne Ortsangabe einen *tribunus generis Marcomannorum*. Carnuntum lag damals in Trümmern. So wird man im Wiener Becken, den Sitzen der Markomannen im nördlichen Niederösterreich gegenüber, diese als Föderaten aufgenommen haben. Darauf scheint auch der Umstand zu deuten, daß allein hier Nebenflüsse der Donau Namen auf -*aha* tragen (Leitha mit der Schwarza, Fischa, dazu Schwechat), die bis um 400 n. Chr. zurückreichen können[8]. Als Aetius 433 Pannonien an die Hunnen abtrat, gerieten diese Markomannen unter hunnische Herrschaft. Sie sollen an der Schlacht auf den katalaunischen Feldern 451 teilgenommen haben. Auffallenderweise werden sie in der Vita Severini nicht mehr erwähnt.

So bruchstückhaft die Berichte, vor allem des Dio, über den Markomannen- und Quadenkrieg sind, sie geben doch manche wichtige Mitteilung, zumal dazu die durch Marc Aurel errichtete Markussäule auf der Piazza Colonna in Rom kommt. Ackerbau und Viehzucht standen in Blüte, Getreidelieferungen wurden den Germanen aufgelegt, die die römischen Kriegsgefangenen nicht gern herausgaben, die auf dem Felde arbeiten mußten. Auf Grabsteinen südlich der Donau finden sich germanische Namen wie *Strubilo* und *Tudrus*.

Als zu Anfang des 5. Jh. Wandalen und Alanen von Ungarn und Norikum aus nach Gallien und Spanien zogen, schlossen sich auch Teile der Quaden an. In einer Aufzählung der Barbarenvölker, die 409 Gallien geplündert haben, werden keine Sweben, wohl aber Quaden genannt. Sie erhielten 411 den Westteil der Provinz Galicien in Spanien als Ansiedlungsgebiet zugewiesen. Mittelpunkt scheint *Bracara* (Braga) geworden zu sein. 568 wurde das Swebenreich dem Westgotenreich einverleibt. Die Sweben waren zunächst noch Heiden, dann wurden sie Arianer, und schließlich nahmen sie den Katholizismus an. Als nach 711 Westgoten in die Berge flüchteten, wurden Sweben und Goten romanisiert, so daß wenig swebische Spuren aufzufinden sind. Man führt auf sie das Lehnwort *lawerka* „Lerche" zurück, das swebisches *ā* und nicht gotisches *ē* voraussetzt, auch Namen auf *būrja* „Behausung" werden auf die Sweben weisen. Auf sie deuten Namen wie *Suevos*, die erst gegeben sein können, als sie unter der Bevölkerung durch Sprache und Recht auffielen. In Frankreich ist auf sie *Écoivre* (Arras), 1150 *Suavia*, 1079 *Esquaviae*, zu beziehen[9].

Zwischen Waag und Gran erscheinen die Sweben, die nach Attilas Tode ihre Freiheit erhalten haben. Über ihre Kämpfe mit den Ostgoten s. o. S. 90, über die Wahrscheinlichkeit ihrer Teilnahme an der bairischen Landnahme S. 185. Die Reste sind von den Langobarden unterworfen worden und ziehen mit Alboin nach Italien, wo nach Paulus Diaconus ihre Siedlungen zu erkennen waren. Vielleicht ist *Saviore* (Brescia) auf sie zu beziehen und im westlichen Oberitalien ein *Suavis in Polengaria*, heute Polonghera (Saluzzo). Doch wird auch alemannischer Ursprung erwogen.

Die Übersiedlung der Quaden und Markomannen vom Main nach Böhmen und Mähren bedeutet, daß der Südostweg unter dem Drucke der Römergefahr in den Vordergrund getreten ist. Die Stammesbindungen zwischen Markomannen, Quaden und Hermunduren machen sich dauernd bemerkbar, wie auch zu den Semnonen, zu denen die Quaden einmal während des Markomannenkrieges auswandern wollten. Der unglückliche Ausgang dieses Krieges hat die Augen der Elbgermanen wieder auf Südwestdeutschland gelenkt.

Es ist nicht anzunehmen, daß das von den Markomannen und Quaden in Süddeutschland aufgegebene Land menschenleer geblieben ist, abgesehen von den Resten, die immer zurückbleiben. Wirklich gibt es unmittelbar nach dem Abzug der Markomannen eine wichtige Nachricht. L. Domitius Ahenobardus, der Befehlshaber an der oberen Donau, hat kurz vor Chr. Geb. auf der Suche nach einer neuen Heimat umherirrende H e r m u n d u r e n, „die ihr Land aus einem unbekannten Grunde verlassen hatten", unter seinen Schutz genommen und in einem Teile des Markomannenlandes angesiedelt. Da wir von Tacitus hören, daß Hermunduren den Markt von Augsburg mit ihren Waffen besuchen dürfen, also mit den Römern in sehr freundschaftlichen Beziehungen stehen, wird das Land nördlich der Donau im Raume Augsburg von diesen Hermunduren besetzt worden sein. Dadurch ist die Lage der *Markomannis* gesichert. Es hat also Germanen gegeben, die anders als die Markomannen den Schutz der Römer gesucht haben und von ihnen offenbar als Grenzwacht gegen Übernahme militärischer Verpflichtungen angesiedelt worden sind. Wenn sie Hermunduren heißen, so wohl deshalb, weil sie dem nach dem Abzug der Markomannen und Quaden nach Süddeutschland ausgreifenden Bunde der Hermunduren beigetreten sind. Da aber die Römer Herren des Landes waren — Ahenobardus ist 3 v. Chr. bis an die Elbe gelangt und wird hierher von der oberen Donau vorgestoßen sein —, mußte ein Stamm, der sich an der Donaugrenze niederlassen wollte, das Einvernehmen mit den Römern suchen. An derselben Stelle wie diese Hermunduren nördlich Augsburg treten am Ende des 3. Jh. n. Chr. die Juthungen auf, deren Name (s. u.) „Nachkommen der Eudusen" bedeutet. Dann darf man die Vermutung aussprechen, daß diese Donauhermunduren nördlich Augsburg die Eudusen aus dem Heere des Ariovist sind, die im Markomannenlande Aufnahme gefunden hatten, sich aber der Ostwanderung ihres Gastvolkes nicht angeschlossen haben oder eher nicht mitgenommen worden sind. Dann wird es wahrscheinlich, daß auch die Haruden in Süddeutschland geblieben sind, bei den Sweben (Quaden) Zuflucht fanden und wie die Eudusen sich nach dem Abzug der Sweben ausbreiten konnten. Es sprechen einige Gründe dafür, sie um Würzburg zu suchen (s. u. S. 201)[10].

[1] M. Jahn, Die ersten Germanen in Südböhmen (Altböhmen und Altmähren 1, S. 64ff.).

[2] Gegen W. Mähling, Das spätlatènezeitliche Gräberfeld von Kobil, Bezirk Turnau. Ein Beitrag zur germanischen Landnahme in Böhmen (1944) hat P. Reinecke, Germania, Anzeiger 27, S. 202 grundsätzliche Bedenken vorgebracht.

[3] J. Déchelette, Le Hradischt de Stradonic et les fouilles de Bibracte (1906).

[4] O. Almgren, Die Bedeutung des Markomannenreiches für die Entwicklung der germanischen Industrie der frühen Kaiserzeit (Mannus 5, 1913, S. 265ff.); E. Wahle, a. a. O., S. 105ff. Die Zahl der Markomannen und Quaden schätzt K. Völkl (Ammann-Festgabe II, 1954, S. 185) auf 750 000, was sicher zu hoch gegriffen ist.

[5] H. Mitscha-Märheim, Der Siedelzug der böhmischen Markomannen an die niederösterreichische Donau (Mitteil. der urgeschichtlichen Arbeitsgemeinschaft in der Anthropol. Ges. Wien I, 1950, Nr. 9/10, S. 1—5).

[6] Vgl. dazu H. Preidel, Germanen in Böhmen im Spiegel der Bodenfunde (1926); ders., Die germanischen Kulturen in Böhmen und Mähren, 2 Bde. (1930); J. Schránil, Die Vorgeschichte Böhmens und Mährens (1928); H. Preidel, Die Markomannen und Baiern (bei Reinerth II, S. 561ff.).

[7] Zu den germanischen Funden in Mähren und der Slowakei E. Beninger und H. Freising, Die germanischen Bodenfunde in Mähren (1935); J. Eisner, Slovensko v pravěku (= Die Slowakei im Altertum, 1933); E. Beninger, Die germanischen Bodenfunde in der Slowakei (1937); ders., Die Quaden (bei Reinerth II, S. 667ff.).

[8] E. Schwarz, Festschrift Th. Mayer I (1954), S. 46

[9] Dazu E. Gamillscheg, Romania Germanica III, S. 209ff.

[10] E. Schwarz, Jahrb. f. fränkische Landesforschung 15 (1955), S. 41.

Kapitel 33

Die Alemannen und Juthungen

(Abbildung 18)

Durch den Abzug der Markomannen und Quaden unter Marbod und Tudrus um 8 v. Chr. war Süddeutschland nördlich der Donau zwar nicht Ödland geworden, aber es war nun dünner bevölkert und deshalb aufnahmefähig für neue

Menschengruppen. Es gab Reste von Kimbern und Teutonen bei Heidelberg und Miltenberg (s. o. S. 59), von Tribokern, von N e c k a r s w e b e n (*Suebi Nicretes*), die auf zahlreichen Inschriften erscheinen, meist aus Ladenburg und Heidelberg mit Umgebung. Vorort war Ladenburg (*Lopodunum*). Kultstätte war der Heiligenberg bei Heidelberg. Sie werden meist als zurückgebliebene Markomannen betrachtet[1]. Niemals begegnet aber dieser Name für sie, immer nur Sweben, so daß man sie besser als zurückgebliebene Sweben ansehen wird, die nach der Niederlassung der Wangionen links des Rheines nach deren freigewordenem Gebiet gegriffen haben werden. Sie werden sich nach dem Abzug der Hauptmasse ihres Volkes unter römischen Schutz gestellt haben. Außerdem ist nach den Ausführungen o. S. 168 damit zu rechnen, daß die Haruden und Eudusen, deren Niederlassung in Gallien nach der Niederlage des Jahres 58 v. Chr. mißglückt war, in Süddeutschland Zuflucht gefunden haben. Über die Eudusen wird noch zu sprechen sein, die Haruden scheinen nach dem Abzug der Sweben um Würzburg eine zweite Heimat gefunden zu haben (s. u. S. 201). Nach Tacitus hatten sich auch Gallier angesiedelt, die als hergelaufene Leute bezeichnet werden. Der neue gallische Zuzug wird durch den mißglückten Aufstand von 21 n. Chr. vermehrt worden sein. Dichtgedrängte keltische Siedlungsgebiete der älteren keltischen Bevölkerung, die durch den Rückzug der Helvetier nach der Schweiz sehr geschwächt worden war, lagen im guten Lößboden des mittleren und unteren Neckar, während die schwäbische Alb schwach und der Schwarzwald gar nicht besiedelt waren[2]. Unter Caligula und Claudius wurden römische Stützpunkte angelegt, unter Vespasian wurde dieser Winkel zwischen Donau und Rhein vollständig einverleibt. Teile des Gebietes hießen *Dekumatenland*, ein Ausdruck, der infolge seiner Vereinzelung in letzter Zeit viel diskutiert worden ist. Man wird an Staatsländereien denken, die gegen Entrichtung des Zehents in Pacht gegeben waren. Durch den L i m e s , eine den Germanen und Kelten nachgebildete Landwehr, schützten die Römer seit Vespasian und Hadrian dieses Land. Durch die rege Limesforschung sind wir über den Limes und seinen Verlauf gut unterrichtet. Er begann am Rhein, ging bei Ems über die Lahn, dann über den Taunuskamm um die Wetterau, diese einbeziehend, folgte eine Strecke dem Main und zog dann bis zur Donau westlich Regensburg[3]. Im Volksmund heißen seine Reste Pfahl(graben) oder Teufelsmauer. An diesem Limes stauten sich die A l e m a n n e n .

Im Jahre 213 zog gegen sie, einen volkreichen Stamm an der oberen Donau, Kaiser Caracalla und erfocht einen Sieg teils durch Hinterlist, teils mit Geld. Der Name der Alemannen bedeutet nach der alten Überlieferung „alle Männer, Männer insgesamt". Es handelt sich offenbar um einen neuen Großstamm, stehen wir doch in der Zeit der Stammesbünde. Bedenkt man die elbgermanischen Landgewinnungsversuche der Zeit um 100 v. Chr., als die ersten Elbgermanen in Süddeutschland erschienen, das folgende Unternehmen des Heerkönigs Ariovist, sich in Gallien festzusetzen, das Ausweichen der Markomannen und Sweben (Quaden) nach Osten und ihr Anrennen gegen die Donau im Kriege von 161—180 n. Chr., so liegt offenbar ein neuer Versuch vor, die Hauptmasse der Elbgermanen an der Saale und der mittleren Elbe nach Süddeutschland zu verlegen. Die Unruhe an der Donau wird mit der Vertreibung verschiedener Stämme durch die hinter ihnen wohnenden Barbaren begründet[4]. Da sich damals die Goten den Durchzug nach Südrußland erkämpft und dazwischen wohnende Stämme besiegt und vertrieben haben, wird dieser Druck an der Donau für die Römer im Ansturm der Donaugermanen sichtbar.

Man wird nicht in allen Einfällen von Germanen eine größere Planung sehen

dürfen. Gefolgschaften werden sich oft selbständig gemacht und Plünderungszüge versucht haben. Aber bei den Alemannen wird bei dem dahinter stehenden
Semnonenbund doch eine Lenkung wahrscheinlich. Der Semnonenhain, von dem
uns Tacitus Nachricht gibt, wird nicht nur ein Kultzentrum gewesen sein, das
Kultfest wird von den Abordnungen der swebischen Stämme zu einem Landtag
benutzt worden sein. Da der Sandboden der Mark dem anwachsenden Volke

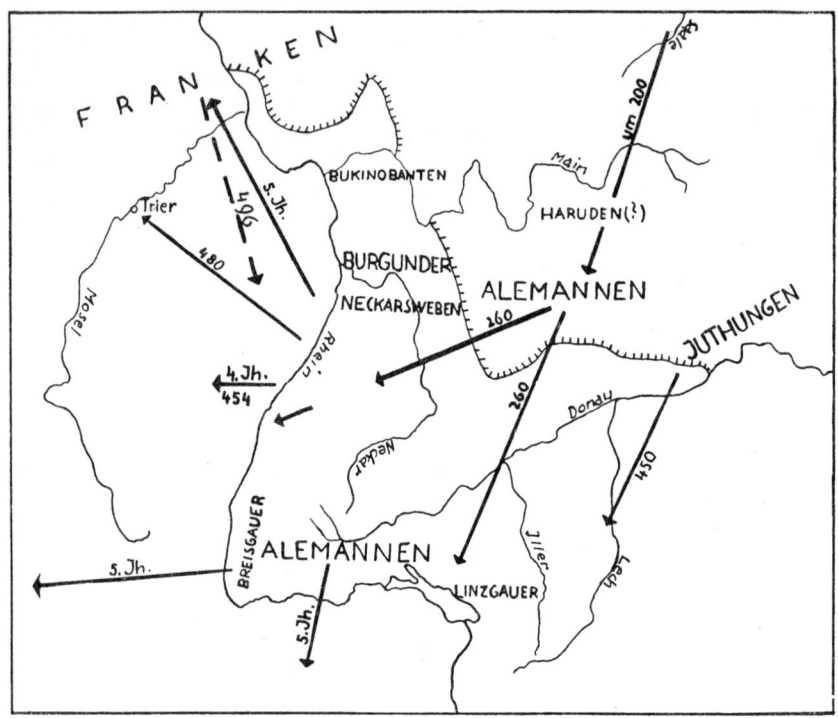

Abb. 18. Landnahme der Alemannen

nicht mehr genügte, war die Notwendigkeit der Ausbreitung gegeben. Böhmen
lag seit dem 1. Jh. v. Chr. im Blickfeld, ebenso Süddeutschland. Die Niederlage
von 58 v. Chr. hatte durch das Entgegentreten Caesars zu einem empfindlichen
Rückschlag geführt, die Hoffnungen auf Gallien mußten aufgegeben werden.
Der Abzug der Markomannen und Sweben 8–3 v. Chr. hatte zu einer Ver-
lagerung zweier Stämme nach Böhmen und Mähren, also an die Südostfront des
damaligen Germanien, geführt. Aber der Ansturm gegen die römische Donaugrenze war im Markomannenkriege 180 n. Chr. gescheitert. Damals muß das
Semnonenland noch Zufluchtsmöglichkeit geboten haben, denn die Quaden wollten nach dem verlorenen Kriege dorthin zurückwandern. Wenn nun bald darauf
ab etwa 200 n. Chr. neue Swebenscharen am Main auftauchen, so bedeutet das,
daß nun wieder wie im ersten Jahrhundert v. Chr. der Hauptdruck auf den Südwesten gelegt wird.
   Die Semnonen hatten einen König; bei den Alemannen scheint davon zunächst nicht die Rede zu sein. Es handelt sich dann um den Versuch großer

Stammesteile, sich am Main neu zu sammeln, neue Verbindungen einzugehen, um den Durchbruch durch den Limes zu erzwingen. Man hat den Eindruck, daß diese Sweben die römische Grenze abtasten, um eine schwache Stelle zu finden. Die Donaugrenze hatte Stand gehalten, jetzt wird es am Limes versucht. Am Main kommt es zu einer neuen politischen Gruppierung. Hier war Platz zum Sammeln, denn die zurückgebliebenen Sweben und etwa aufgenommene Reste anderer Volksstämme, z. B. der Haruden, waren stammverwandt und werden Aufnahme gewährt haben.

Der Zusammenhang mit den Sweben und damit mit den Elbgermanen wird darin sichtbar, daß an einem Teile des neuen Stammes später der Name S c h w a - b e n haftet. Es bleibt unklar, ob diese Bezeichnung durch die Beteiligung von Swebenresten aus alter Zeit oder nicht eher durch neuen swebischen Zuzug ausgelöst worden ist. Dieser wird von der Saale gekommen sein, denn es kann kein Zufall sein, daß um diese Zeit der Hermundurenbund zu zerfallen scheint. Auch Semnonen werden dabei gewesen sein, denn sie treten fortan im Norden zurück, und die Nordschwaben, die im 6. Jh. an der Bode angesiedelt werden, sind nur ein kleines Volk. Es ist deshalb wahrscheinlich, daß sich durch den Abzug gro- ßer Stammesteile sowohl der Hermundurenbund an der Saale und in Thüringen als auch der Semnonenbund weiter östlich auflösten, wohl auch der süddeutsche Raum des Hermundurenbundes der Auflösung verfiel, indem der neue Ale- mannenbund sein Erbe antrat[5].

Das Bemühen der Alemannen ist darauf gerichtet, den Limes zu durchbrechen. Seit 233 fanden hier Kämpfe statt, die sich wiederholen. Eine Reihe von Ka- stellen am Rhein, Limes und an der Donau sollte die Grenze sichern. Die römi- schen Quellen schweigen darüber, wann der Limes gefallen ist, doch läßt sich die Zeit aus den Münzen folgern, die der Erde übergeben sind, als der Großteil der Bevölkerung flüchtete. Als 258 die Legionen infolge Thronstreitigkeiten vom Rhein abgerufen wurden, brachen Franken und Alemannen los. Die Rheingrenze konnte gehalten werden, aber der Limes war verloren. Zur selben Zeit (um 260) ist die Räumung der Provinz Dakien vorbereitet worden; das römische Reich konnte die Außenpositionen nicht mehr halten. Der nördliche Teil der Provinz *Raetia* ist damals anscheinend verloren gegangen, denn abgetrennt vom übrigen Rätien blieb im deutschen Munde der Name als ahd. *Riaz* „Rieß" haften. Nach 282 sind die Alemannen Herr im Neckarlande. Bis 350 herrschte relative Ruhe. In einer Schlacht im Elsaß 357 erlitt das alemannische, von mehreren Gauen gestellte Aufgebot eine Niederlage. Unter Kaiser Julian sind die Römer 359 noch bis zum Limes vorgedrungen. Mit den Burgundern lagen die Alemannen in dauerndem Streit, der besonders um die Salinen von Schwäbisch-Hall ging. In der Mitte des 4. Jh. wohnte gegenüber von Mainz der kleine Stamm der B u k i n o b a n t e n „Buchenwaldgauer". Seit Anfang des 5. Jh. erscheinen nörd- lich vom Main die Franken als Herren des Landes; sie haben offenbar die Ale- mannen nach Süden gedrängt. Zur Zeit des Hunnenzuges von 451 bewahrten die Alemannen den Römern wohlwollende Neutralität, was Attila zwang, einen Umweg um ihr Gebiet zu machen.

Der Druck der Burgunder, die wieder zunehmende Landnot und die Schwäche des Römerreiches führten nach dem Tode des Aetius (454) zur Besetzung von Elsaß (*Alisaz* „fremder Sitz, Sitz auf fremdem Boden") und Schweiz. Hier waren mehr Romanen zurückgeblieben, als die Verteilung der vorgermanischen Namen erkennen läßt. Die Verpflanzung der Burgunder in die Sapaudia 443 hatte den Sinn, daß sie eine Grenzwehr gegen die Alemannen bilden sollten. Nach 480 wird Trier von den Alemannen erobert. Hier stieß man auf die Franken, die eben von Chlodwig geeinigt wurden. Die entscheidende Schlacht zwischen den beiden rivalisierenden Völkern wird um 496 angesetzt, doch kann es nicht Zülpich südwestlich von Köln gewesen sein. Größere Bedeutung scheint das Jahr 505 zu haben, da aus dem Brief des Ostgotenkönigs Theoderich an Chlodwig hervorgeht, daß sich ein Teil der Alemannen unter den Schutz der Ostgoten gestellt hat. Es wird sich um das Land südlich vom Bodensee handeln. 537 waren die Ostgoten genötigt, ihre Ansprüche an die Franken abzutreten. Die Alemannenherzöge *Leuthari* und *Butelin* zogen gegen den Willen des Frankenkönigs 552 mit einem großen Heere nach Italien, um hier das Erbe der Ostgoten anzutreten, doch wurde das Heer durch die Pest dezimiert. 730 starb der letzte Alemannenherzog *Lantfrid*, 746 wurde bei Cannstadt das alemannische Aufgebot von den Franken endgültig geschlagen. Erst 911 bildete sich wieder im Alemannenlande ein Herzogtum, jetzt mit dem Namen „Schwaben".

Die Bodenfunde werden zur Ergänzung dieses Bildes herangezogen werden müssen. Der Zusammenhang mit den mitteldeutschen Funden wird einmal deutlicher gezeichnet werden können. In Württemberg und Elsaß sind mehrere tausend Friedhöfe bekannt, deren geographische Verbreitung den Raum der frühen Landnahme durch die Alemannen und seine Ausweitung gut bezeugt. Seit dem Ende des 5. Jh. wiegen Reihengräberfriedhöfe vor, die wie in Bayern Schlüsse auf das Alter der zugehörigen Orte und ihrer Namen zulassen und bisweilen fehlende Urkunden ersetzen[6]. Einer der größten ausgegrabenen Friedhöfe ist der von Mengen bei Freiburg i. B. mit 745 untersuchten Gräbern (insgesamt 900—1000). Andere Grabfelder sind kleiner und enthalten 200—300 Gräber. Im 8. Jh. hören diese Friedhöfe auf, weil die Kirche verlangte, daß die Bestattung in die Nähe der Kapellen verlegt werde.

Unter den vorgermanischen Flußnamen in Württemberg, Baden, Elsaß und Schweiz seien genannt Dreisam in Baden, Elz, Wiesatz, Elsenz, Echatz u. u. Bei den Siedlungs- und Kastellnamen sind aus den kriegerischen Verhältnissen der Landnahmezeit heraus viele rechts des Rheins nicht übernommen worden, z. B. *Juliomagus* (bei Schaffhausen), *Pomone* bei Faimingen, *Iciniacum* bei Theilenhofen u. a. Andere leben in Berg- oder Flußnamen fort, also nicht in ihrer Funktion als Siedlungsnamen, wie *Opia* bei Bopfingen, erhalten im Bergnamen Ipf, oder *ad Lunam* bei Ursprung am Ursprung der Lone und benannt nach ihr. Die Übernahme von vorgermanischen Namen kann bei der verwickelten Volkstumsgeschichte Südwestdeutschlands (nach den ersten Germanen z. T. Keltisierung und Romanisierung der Germanenreste, dann Wiedereindeutschung) sehr kompliziert sein. Fast immer ist (abgesehen von Teilen der Schweiz) die hochdeutsche Lautverschiebung durchgeführt, vgl. Kempten < *Cambodūnum*, Zürich < *Turicum*, Lorch < *Laureācum*, Eschenz < *Tasgaetium*, Solothurn < *Salodūrum*, Zarten < *Tarodūnum*, Zabern < *Tabernae*, Pforzheim < *Portus* u. a. Röm. Ursprungs sind wenige Namen, so Augsburg < *Augusta Vindelicorum*, Basel- und Kaiser-Augst bei Basel < *Augusta Raurica*, Chur < *Curia*. Bei Augsburg hat der neue römische Ort die alte vindelikische Siedlung völlig in den Hintergrund treten lassen. Als Übersetzungen können Baden-Baden, Baden an der Limmath und Badenweiler (ursprünglich Baden) gelten, die in römischer Zeit *Aquae* genannt wurden. Eigene deutsche Namen haben sich durchgesetzt u. a. in Straßburg statt des keltischen *Argentorate*, da der Platz für die Militärverwaltung und Straßenaufsicht wichtig war. Obwohl sich ältere Bevölkerung auf dem Boden von Heidelberg gehalten zu haben scheint und hier früher Neckarsweben gewohnt haben, ist der neue, heutige Name durchgedrungen. An Stelle des alten *Aquileia* hat sich Heidenheim, von *Grinario* Köngen, 1075 *Chuningen* entwickelt. Die Alemannen nannten befestigte Städte Burg, vgl. außer Augsburg Ladenburg, Vorort der Neckarsweben, 755 *Lobetdenburc < *Lubodūnum.* Die gelegentlich geäußerte Meinung, daß Öhringen auf römisches **Aurelia* zurückgehe, dürfte nicht zutreffen; dieser Ortsname wird von dem Flußnamen Ohrn *< *Aurana,* um 800 *Oorana* herkommen. Die Namenübermittlung bedeutet nicht Weiterentwicklung der römischen Kultur, da geringe Volksreste ausreichen und unter der römischen Bevölkerung germanische Elemente vorhanden waren, die den Weg zu den neuen Herren leichter finden konnten[7].

Die ältesten germanischen Namen sind die auf *-ing,* etwas jünger die auf *-heim,* die schon den germanischen Landesausbau begleiten und die man bisweilen zu Unrecht nur als fränkische Gründungen gelten lassen will. Ihnen folgen als Ausbaunamen die *-weiler,* die sich von Frankreich her seit dem 7. Jh. ins Elsaß und über den Rhein vorschieben. Sie gehören keineswegs in die spätrömische Zeit. An sie schließen zeitlich an die *-feld, -hausen* und *-dorf.* Die *-weiler* treten dort auf, wo in römischer Zeit schwache Besiedlung vorhanden war. In den Alpenkantonen Schwyz, Unterwalden, Glarus und Graubünden gibt es wenige *-weiler* und fehlen die *-ingen.* Die *-ikon < -ingahovun* häufen sich in der zweiten Zone der Landnahme in der Schweiz.

In der ersten Zone der Landnahme leben relativ wenig alte Namen fort. Der gewaltsame Durchbruch des Limes hat teils zur Vernichtung der vorgermanischen Bevölkerung, teils zur Flucht in die Schweiz oder Alpen geführt, teils werden die Zurückgebliebenen versklavt worden sein. Anders war es in der zweiten Zone, wo sich die Landbevölkerung in die ummauerten Städte flüchtete. Das Romanentum hat sich ziemlich lange südlich vom Bodensee und bis heute in Churrätien gehalten, wo der Präses, vereinigt in Personalunion mit dem Bischof aus einheimischem romanischen Geschlecht und gestützt durch das romanische Recht ein eigenes romanisches Leben begründet hat. Im 9. Jh. wird dafür *Churwalchen* (885 „Rätien mit anderem Namen *Churwalchen*") gebraucht. Um St. Gallen und in Vorarlberg hielt sich romanisches Leben bis ins 7. und 8. Jh. Seit dem 9. Jh. wird das obere Wallis und das Urserental dem Deutschtum gewonnen, Prätigau und Montafon wohl erst im 16. Jh. Im Elsaß, wo sich das Alemannentum bis zu den Vogesen ausbreitete, griff in späterer Zeit das Romanentum wieder auf den Osthang herüber.

Gelegentliche Nachrichten von einem König des Gesamtstammes bleiben unklar, um so stärker treten die Teilstämme hervor, die auch nicht immer gemeinsam vorgehen. Darin liegt die Schwäche des sonst so kräftigen Stammes begründet, dem der einheitliche Wille bei der ersten und zweiten Landnahme fehlt. Deshalb weichen die Alemannen dort zurück, wo sie Widerstand finden, gegenüber den Burgundern und Franken. Von Gaunamen werden die *Breisgauer,* die *Linzgauer (Linz* ist der alte Name der in den Bodensee fließenden Aach) und die *Rießer* genannt.

Die Christianisierung hat erst im Laufe des 7. Jh. nennenswerte Fortschritte erzielt. Die christlichen Romanen hatten nicht die Kraft, selbst zu missionieren; auch war ihre sozial gedrückte Stellung nicht geeignet dazu. Erst im 8. Jh. ist die Christianisierung zum Abschluß gekommen. 570 berichtet Agathias von ihrem Heidentum, hofft aber auf Einfluß der christlichen Franken. Als sich Columban um 612 am Bodensee als Missionar niederließ, nahmen auch Getaufte in der Nacht am Wodansopfer teil. In der Legende des heiligen Magnus werden die umwohnenden Alemannen als „Illergauer Heiden" bezeichnet. Die Alemannen waren tolerant gegen das Christentum, die römischen Christengemeinden wurden nicht behindert.

Die alemannische Landnahme stellt sich als ein Zusammentreffen einer zähen swebischen Bauernkultur mit der sinkenden Welt des Römertums dar. Die Bauern haben die römischen Städte gemieden. So fehlt die Möglichkeit, diese Bauern zu romanisieren, ja die verbleibenden Romanen haben sich dem neuen Volke angeschlossen, am spätesten südlich vom Bodensee und in Graubünden, wo noch heute rätoromanisch gesprochen wird. In Alpentälern mag sich keltische Sprache bis in die erste Alemannenzeit behauptet haben. Die alten Städte konnten nicht die Stellung der *civitas* bewahren. An ihre Stelle traten im frühen Mittelalter die Höfe und Pfalzen des Königs. Nur in unteren Bezirken wie Wein- und Obstbau sowie Gewerbe wird Römisches übernommen. Die weitere Vermittlung der Antike übernehmen der fränkische Staat und die Kirche.

Wegen des Fehlens einer straffen Zentralgewalt sind die Alemannen den Franken unterlegen. Die zentrifugalen Kräfte sind seitdem stärker geworden und haben das alemannische Siedlungsgebiet im Mittelalter und der Neuzeit in Teile mehrerer Staaten zerrissen, wobei es aber doch nicht zur Ausbildung einer besonderen Schriftsprache etwa in der Schweiz gekommen ist. Die ausgeprägte Eigenwilligkeit und das Abseitsstehen hat im Mittelalter die Auflösung in viele Reichsstädte und kleine Länder begünstigt, so daß das Gebiet auch sprachlich keine Aktivität entfaltet. Dafür bewahrt es in seiner Sprache und seinen Sitten viel Altes. Zusammenhänge mit dem skandinavischen Norden bestehen, erlauben aber keine stärkere Zusammenrückung[8], weil sie in sehr alte Zeiten reichen und die Mitte geneuert hat.

Die Schwäche des Limes bestand darin, daß er ein recht zusammengewürfeltes Hinterland schützen sollte. Die Alemannen waren dauernd die Angreifer. Schon in der Mitte des 4. Jh. gab es alemannische Dörfer im Elsaß. Das 5. Jh. sieht die stärkste alemannische Ausdehnung, die zeitweise bis auf das Plateau von Langres ausgegriffen hat, dann kommt der Rückschlag durch die Franken, der nicht mehr aufgehalten werden konnte[9].

Als Ostflügel der Alemannen tritt der ursprünglich selbständige Stamm der Juthungen auf, der vom Ende des 3. bis in die Mitte des 5. Jh. eine politische Rolle spielt. Er wird zum erstenmal in den Kämpfen des Kaisers Aurelian in den Jahren 270/272 n. Chr. genannt. Ihre damaligen Wohnsitze werden zwischen Ulm und Passau gesucht. Sie zeigen bei ihren Einfällen in das Römische Reich[10] eine bedeutende Selbständigkeit, deshalb kann gefolgert werden, daß sie sich trotz ihrem Beitritt zum alemannischen Bund ein gewisses Maß von Freiheit vorbehalten haben. Sie bedrohen Rätien, auf das sich offenbar ihre Niederlassungswünsche richten. Nördlich davon werden auch aus diesem Grund ihre älteren Sitze anzusetzen sein.

Die Ansichten über die Herkunft dieses volkreichen und kriegerischen Stammes, der schließlich in den Alemannen aufgegangen ist, schwanken. Man denkt an Abkömmlinge der Semnonen oder Hermunduren. Sie waren vor den Alemannen seßhaft[11], daher rührt die besondere Einstellung zum alemannischen Bunde. Ihr Name gibt Aufklärung über ihre Herkunft[12]. Wie bei den Eudusen liegt das idg. *$\bar{e}udh$-* „Euter" zugrunde, nur ist seit dem Auftreten der Eudusen im 1. Jh. v. Chr. das auslautende -z des germanischen -es/-os-Stammes *$\bar{e}uthaz$* (durch grammatischen Wechsel von *$\bar{e}u\delta az$* geschieden) gefallen. Der Name wurde neu gebildet, *$Euthunga$* bedeutet „Nachkommen der Eudusen".

Da wir schon o. S. 168 vermutet haben, daß die Eudusen des Ariovist in Süddeutschland geblieben sind und die Juthungen, die sich als ihre Nachfolger bezeichnen, an derselben Stelle begegnen, an der die Donauhermunduren durch Ahenobardus angesiedelt worden sind, darf die Vermutung ausgesprochen werden, daß es sich bei diesen Hermunduren um die Eudusen handelt, die sich dem Hermundurenbunde angeschlossen hatten. Sie werden bei den Markomannen aufgenommen worden sein, sich aber dem Ostzuge ihres Gastvolkes ebensowenig wie die Neckarsweben angeschlossen haben. Da sie auf den Märkten sogar in Waffen Zutritt hatten, standen sie in einem guten Verhältnis zu den Römern, d. h. sie werden als Grenzschutz angesiedelt worden sein. Darum sind sie noch im 3. Jh. n. Chr. mit der römischen Kriegführung gut vertraut, und wagen es sogar, die römischen Städte zu belagern. Der Zerfall des Hermundurenbundes um 200 und die Bildung des Alemannenstammes löste ihre Bindungen zu den Hermunduren. Darum konstituieren sie sich nach dem Durchbruch der Alemannen durch den Limes als neuer Stamm und stellen im Namen die Verbindung zu ihren Vorläufern, den Eudusen, her. Die gemeinsamen Ziele führen sie in die Nähe der Alemannen, die ihre Westnachbarn geworden waren. Ihr Name wird immer mit *ju-* geschrieben, wofür es sonst in Süddeutschland an Beispielen zu fehlen scheint. Aber im Altnordischen schon frühester Zeit ist dieser Lautwandel bemerkbar, so daß Einfluß ihrer alten nordgermanischen Sprache vorliegen kann. Der in Süddeutschland vorkommende Personenname *Eodunc* bedeutet wohl „Juthunge", ist aber nicht vom Stammesnamen abgeleitet. Im übrigen wird das in elbgermanische Umgebung versetzte und mit den Nachbarn und Kampfgenossen vermischte Volk in der Sprache sich bald seiner Umgebung angepaßt haben, zumal die sprachlichen Unterschiede in dieser Frühzeit geringer als später waren.

Noch um 430 werden die Juthungen von Aetius bekämpft, der die Verbindung zwischen Gallien und Rätien aufrecht erhalten wollte. Unmittelbar darauf — oder spätestens nach dem Tode des Aetius 454 — wird es ihnen gelungen sein, sich Rätiens zu bemächtigen. Nun verschwindet ihr Name, sie gehen in den Alemannen auf. Zur Zeit Severins sind sie im Besitze eines Teiles von Rätien zu denken. Auftreten von Alemannen im angrenzenden später bairischen Gebiete wird auf sie zu beziehen sein. So wird *Gibuld,* der ein Zusammentreffen mit Severin hatte und Passau bedrohte, ihr Herzog gewesen sein. Sie gehen bei Angriffen auf Künzing und Passau mit den Thüringern zusammen und bedrohen sogar Lorch. Ihre Volkskraft reichte aber nicht aus, um ganz Rätien und das angrenzende Norikum zu besiedeln. Man schreibt ihnen einige wenige Reihengräberfriedhöfe zu, die älter als die bairischen sind[13], obwohl darüber noch nicht das letzte Wort gesprochen ist. Es ist möglich, daß ihnen einige Ortsnamen auf *-ungen* zugehören, da diese sonst in der bairischen und schwäbischen Nachbarschaft fehlen, während sie im Maingebiete, in Norddeutschland und Skandinavien häufiger begegnen. Die Funde zwischen Iller und Lech beginnen erst in der ersten Hälfte des 6. Jh.[14]. Immerhin wird deutlich, daß sie schon vor den Baiern in Rätien sitzen. In der Berührungszone zwischen Alemannen und Baiern, gerade im mutmaßlichen Gebiete der Juthungen, ist das Bistum Augsburg entstanden. Unter den fünf *genealogiae* der Lex Baiuvariorum haben die *Huosi* in diesem Raum die meisten Besitzungen. Der Stamm scheint sich demnach den Baiern angeschlossen zu haben, wozu stimmt, daß der bairische Westergau um Erding liegt, nicht am Lech[15]. An dieser Nahtstelle des bairischen und alemannischen Stammes weicht seit Jahrhunderten, der politischen Entwicklung folgend, die alemannische Mundart zurück. Nähere Untersuchungen müßten die Möglichkeit des Einwirkens der politischen auf die sprachliche Entwicklung genauer herausarbeiten, da die meisten in Betracht kommenden mundartlichen Lautwandlungen erst im späten Mittelalter stattfinden.

[1] Z. B. M. SCHÖNFELD, Suebi (bei PAULY-WISSOWA, Realencyclopädie, Neue Bearb., 2. Reihe, IV, 1932, Sp. 577ff.).

[2] K. BITTEL, Die Kelten in Württemberg (Römisch-germanische Forschungen, Bd. 8, 1934).

[3] E. FABRICIUS, Limes, bei PAULY-WISSOWA, a. a. O., 13, 1, Sp. 572ff.).

[4] In der Vita Marci des Jul. CAPITOLINUS IV, 14.

[5] E. SCHWARZ, Die Herkunft der Alemannen (Vorträge u. Forschungen, Bd. I. Grundfragen der alemannischen Geschichte, 1954, S. 37—51).

[6] Eine Karte der Reihengräberfriedhöfe Württembergs nach dem Stande von 1930 bietet W. VEECK, Die Alemannen in Württemberg (Germ. Denkmäler der Völkerwanderungszeit 1, 1931). Zur Archäologie vgl. W. HÜLLE, Die Alemannen (bei REINERTH II, S. 477ff.); P. GOESSLER, Die Alemannen und ihr Siedlungsgebiet (Dt. Arch. f. Landes- und Volksforschung 7, S. 113—152). K. WELLERS Übersicht, Die Alemannenforschung (Zs. f. württemberg. Landesgeschichte 7, 1943, S. 57—98) betont z. T. zu sehr eigene Forschungsergebnisse, die nicht allgemein anerkannt worden sind.

[7] Zu den Fragen der alemannisch-romanischen Berührungen J. WAIS, Die Alamannen in ihrer Auseinandersetzung mit der römischen Welt. Untersuchungen zur alamannischen Landnahme (Diss. Berlin 1939), der besonders die Entwicklung der romanischen Städte und die Art des Weiterlebens in alemannischer Zeit beachtet.

[8] Wie es F. MAURER, Nordgermanen und Alemannen [2] (1943), [3] (1952) will.

[9] Zur Geschichte der einzelnen Landschaften E. FABRICIUS, Die Besitznahme Badens durch die Römer (Neujahrsblätter der badischen Histor. Komm., 1905); F. HERTLEIN, Die Geschichte der Besetzung des römischen Württemberg (Die Römer in Württemberg I, 1928); F. STÄHELIN, Die Schweiz in vorrömischer Zeit (1927); K. WELLER, Besiedlungsgeschichte Württembergs vom 3. bis 13. Jh. n. Chr. (1938).

[10] J. EGGER, Die Barbareneinfälle in die römische Provinz Rätien und deren Besetzung durch die Barbaren (Arch. f. öst. Gesch. 90, 1901, S. 77—232, 321—400).

[11] H. MEYER, Die Juthungen. Ein Beitrag zur schwäbischen Frühgeschichte (Zs. f. württ. Landesgeschichte 9, 1949/50, S. 1—16).

[12] E. SCHWARZ, Die Herkunft der Juthungen (Jb. f. fränk. Landesforschung 14, 1954, S. 1—8).

[13] Germania 11 (1927), S. 132; Jahresbericht Straubing 31 (1923), S. 36.

[14] M. FRANKEN, Die Alemannen zwischen Iller und Lech (Germ. Denkmäler der Völkerwanderung, hrsg. von H. ZEISS, Bd. V, 1944).

[15] E. KLEBEL, Mitteil. d. Anthrop. Ges. in Wien 69 (1939), S. 85ff.

Kapitel 34

Hermunduren und Thüringer

(Abbildung 19)

Über die Zeit der Stammesbildung der Hermunduren bestehen noch Unklarheiten und Meinungsverschiedenheiten. Im Zuge des Vorschiebens nach Süden müssen die Germanen mit der älteren Bevölkerung, Illyriern oder Venetern und Kelten, zusammengestoßen sein. Nach Meinung von Prähistorikern setzen Beziehungen bereits in der mittleren Bronzezeit (1400—1200 v. Chr.) ein. Die Saale bildet am Beginn der frühen Eisenzeit um 600 v. Chr. die Grenze zwischen einer die Toten bestattenden Bevölkerung, die mit den Kelten zusammengebracht wird, und der nordillyrischen (oder venetischen). Handwerkliche Einflüsse zeigen, daß die Beziehungen schließlich friedlich geworden sind. Zur selben Zeit, als sich die Germanen schon in Westsachsen nördlich vom Erzgebirge ansiedelten, hielten sich die Kelten noch in Thüringen[1].

Ptolemaeus nennt hier die Τευριοχαῖμαι, was einen Landesnamen auf *-haimon* wie bei *Boihemum* voraussetzt. Der erste Teil scheint auch im Namen der Teurisker (Taurisker) zu stecken, der im 1. Jahrhundert v. Chr. in Noricum wohnt und nach Süden gedrängt worden sein wird. Das anlautende *t-* ist nicht verschoben, die Übernahme also relativ jung. Man kann an idg. **teuro-* „Bergrücken" anknüpfen.

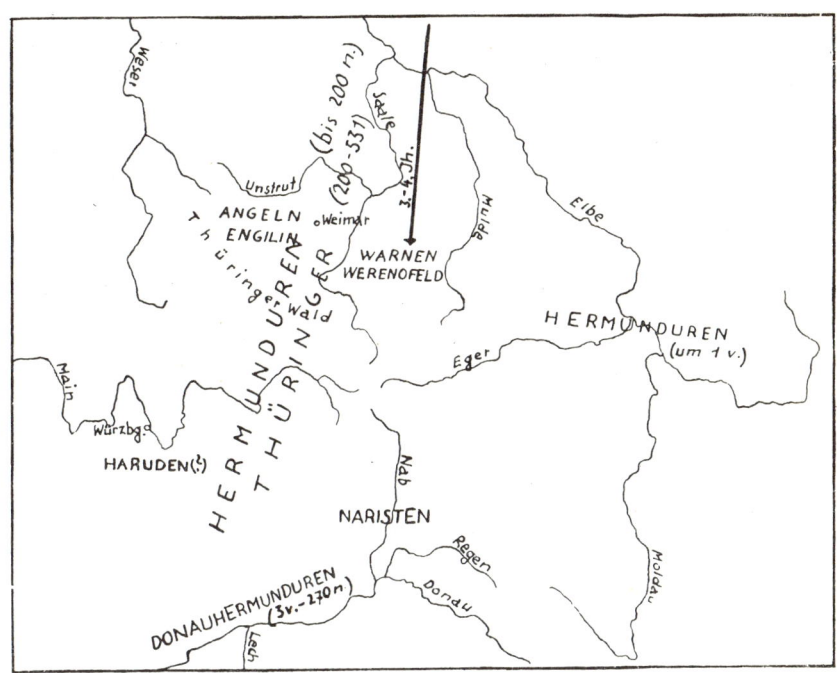

Abb. 19. Hermunduren und Thüringer

Davon ist der germanische Völkername **-durōz* zu trennen, der dasselbe Wort enthalten wird, das in dem der keltischen Turonen, einem Stamm in Gallien, enthalten ist, etwa altindisch *turas* „rasch, kräftig"[2]. Im ersten Teil steckt das germanische **ermana, -ina, -una*, das der Verstärkung dient. Da in **Ermanadurōz* statt zu erwartendem *th* ein ð auftritt, das auf grammatischem Wechsel wegen der Erstbetonung beruht, wird die Zusammensetzung in alte Zeiten, etwa die Mitte des ersten vorchristlichen Jahrtausends, zurückreichen. Der Historiker wird beanstanden, daß zwischen der ersten Nennung der Hermunduren und der hier weit zurückversetzten Namengebung ein halbes Jahrtausend liegt, aber es gibt eine nichtliterarische Vorgeschichte, die berücksichtigt werden muß. Genau wie es neben Langobarden auch einfache Barden gegeben hat, kann es daneben auch ein **Thurōz* gegeben haben, s. darüber unten S. 179.

Für näheren Zusammenhang mit den Chatten wird außer dem Hinweis des Plinius, daß diese ebenfalls zu den Erminonen zählen, die gleiche Namengebung auf -*mar*, -*lar*, -*ithi* geltend gemacht[3]. Aber Namen auf -*ithi* zumindest gibt es noch weiter nördlich. Es scheint sich zunächst um Naturnamen zu handeln, die deshalb ein relativ altes Aussehen zu besitzen scheinen, weil weiter ostwärts die Bevölkerung gewechselt hat und die süddeutschen Namen natürlich aus jüngerer Zeit stammen. Man wird diese Beziehungen also nicht überschätzen dürfen und muß bedenken, daß die in Thüringen seßhaft gebliebenen Teile der Hermunduren ebenso wie die Chatten alte Namen besitzen können, die anderen Teile der Elbgermanen aber Süddeutschland besetzt haben. Die Beziehungen zu den Chatten waren durch Grenzstreitigkeiten um Salzquellen gestört. Im Jahre 58 n. Chr. kämpfte man darum, wobei man schwankt, ob die Salzquellen bei Salzungen oder an der Saale zu suchen sind. Die Hermunduren gingen als Sieger hervor.

Die swebischen Scharen, die das Hauptkontingent des Heeres Ariovists gestellt haben, dürften zum Großteil seit 100 v. Chr. aus Thüringen und dem Saalegebiet gekommen und andauernd durch Zuzug aus nördlicheren Landschaften aufgefüllt worden sein. Dann wäre damit zu rechnen, daß die in Thüringen und an der Saale entstandenen Lücken ihrerseits durch Zuzug aus dem Norden geschlossen worden wären[4].

Nach Strabo (der hier in Betracht kommende Teil reicht etwas vor Christi Geburt zurück) haben die Hermunduren zu beiden Seiten der Elbe gewohnt. Ihr Zurückweichen auf das rechte Elbeufer und die Vereinigung mit den Semnonen wird gemeldet, als Tiberius 5 n. Chr. an die Elbe vordrang. Dadurch wird ein gutes Einvernehmen mit den Semnonen sichtbar, damit aber auch mit den Sweben überhaupt, das auf gemeinsamer Abkunft und demselben Kult, wohl auf Zusammenschluß in einer Kultgemeinschaft, beruhen wird. Man darf sich hierin nicht durch hermundurisches Eingreifen in markomannische Angelegenheiten beirren lassen. Es kann sich dabei um Machtkämpfe innerhalb eines großen Stammes handeln, um Hegemoniebestrebungen. Wir hören vom Beitritt zu Marbods Völkerbunde, der Rivalität mit den Markomannen, die ja durch Marbod eine ihre Stammeszahl übersteigende Bedeutung gewonnen hatten, vom Eingreifen des Königs *Vibilius* in die markomannischen und quadischen Verhältnisse (o. S. 165). Die Hermunduren dürften damals im Besitze eines Teiles von Nordböhmen gewesen sein, wohin sie ja schon im ersten Jahrhundert v. Chr. vorgestoßen zu sein scheinen. Die Nachricht des Tacitus, daß die Elbe in ihrem Gebiet entspringe, ist deshalb nicht unglaubhaft.

Bei der Landzuweisung an flüchtige „Hermunduren" durch Ahenobardus an der Donau nördlich Augsburg hören wir von Hermanduren in Süddeutschland. Wir müssen uns erinnern, daß vorher die Markomannen und Sweben aus Süddeutschland abgezogen waren. Sie werden die Träger des „Swebenbundes" gewesen sein. An dessen Stelle rückt offenbar jetzt der Hermundurenbund[5]. Dieser war näher und deshalb geeignet, den kleinen, Schutz suchenden Völkerschaften Aufnahme zu gewähren. Wir haben in diesen Hermunduren des Ahenobardus die heimatlosen Eudusen gesucht, die dann im 3. Jahrhundert n. Chr. in den Juthungen wieder aufleben (o. S. 168 und 174).

Da diese Südhermunduren bis an die Donau reichen, wird der hermundurische Bereich auch die Oberpfalz und damit die Naristen, ferner die Stämme am Main, etwa die Haruden und die Swebenreste, umfaßt haben. Eine Schwächung gegenüber dem Gebiete des abgezogenen Swebenbundes wird nur dort erfolgt sein, wo sich Chatten angesiedelt haben, wie im früheren Ubierlande, vielleicht in der Wetterau, und dort, wo Teile der zurückgebliebenen Stämme römischen Schutz gesucht haben, wie die Neckarsweben und vielleicht die Donauhermunduren.

In der Mitte des zweiten Jahrhunderts n. Chr. nennt Ptolemaeus Σουῆβοι οἱ Ἄγγειλοι östlich von den Langobarden, an die ostwärts Sweben-Semnonen anschließen, während er die Hermunduren nicht erwähnt. Dadurch wird die Vermutung nahe gelegt, daß die A n g e l n , die im späteren Thüringerreich eine Rolle spielen, schon im zweiten Jahrhundert in der Nähe stehen. Es ist o. S. 118 die Meinung geäußert worden, daß sie bereits am Beginn der Bildung der Elbgermanen beteiligt waren. Sonst müßte man annehmen, daß sie sich im zweiten Jahrhundert oder vorher zur Auffüllung der Lücken südwärts geschoben haben.

Die letzte Angabe von Hermunduren stammt aus der Mitte des 4. Jahrhunderts, wo als Nachbarn der Wandalen Goten, Markomannen und *Hermundolen* genannt werden. Die Stelle ist fragwürdig und eher auf schlesische Wandalen einer früheren Zeit (1. Jh.) zu beziehen.

Um 400 begegnet bei einem römischen Heerestierarzt das erstemal der Name T h ü r i n g e r , wobei eine Anknüpfung an **Thur-* (den zweiten Teil von Ermunduren) wahrscheinlich ist, denn es wird sich nicht empfehlen, beide Völkernamen zu trennen. Es wird so sein wie bei dem Verhältnis von Juthungen: Eudusen; durch das Suffix soll das Verhältnis der Abkunft, Zugehörigkeit ausgedrückt werden. Thüringer wird also „Nachkommen der *Duren*" bedeuten. Die neue Stammesgründung wird an die alte anknüpfen, ohne daß es sich ganz um dieselbe handelt.

Das Ereignis, das sich folgenschwer auf das Stammesgebilde der Hermunduren auswirken mußte, war die Stammesbildung der Alemannen um 200 n. Chr. nördlich des Limes (s. o. S. 169). Ein Hauptteil des neuen Stammesbundes wird aus dem Gebiet der Hermunduren gekommen sein. Dadurch werden diese so geschwächt gewesen sein, daß sie sich erst durch Zuzug aus dem Norden neu konstituieren konnten. Dafür spricht, daß die Donauhermunduren ihre Selbständigkeit zurückerlangen, sich als Juthungen neu formieren und bald an die Alemannen anschließen.

Nach Durchbruch des Limes verschieben sich die Alemannen nach Südwestdeutschland. Als ihre Nachfolger treten nun mit dem Eintritt ruhigerer Verhältnisse die Thüringer auf, die wieder wie die Hermunduren das Maingebiet (ohne den untersten Teil) und die Oberpfalz, aber ohne das juthungische Land, beherrschen. Die Landzuweisung des Ahenobardus scheint übrigens lange im Gedächtnis der Bewohner geblieben zu sein, noch die Θόριγγοι haben davon gewußt[6]. Das zeugt davon, daß die Südthüringer die Tradition der Südhermunduren übernommen haben. In der Oberpfalz haben die Thüringer geherrscht, denn der ravennatische Geograph weiß, daß die in die Donau mündenden Flüsse *Bac* („Bach", wohl die Naab) und *Reganus* „Regen" durch thüringisches Gebiet fließen. Diese Thüringer, die hier über die Naristen geherrscht haben, die offenbar aus hermundurischer in thüringische Botmäßigkeit gelangt sind, werden es gewesen sein, die um 480 Passau geplündert und Lorch bedroht haben. Auf ihre mögliche Beteiligung an der bairischen Landnahme wird u. S. 188 verwiesen werden.

In Norden breiten sich die Thüringer bis über den Harz aus. Ihre höchste Macht erreicht der neue Staat am Ende des 5. Jahrhunderts. König war *Bisin*, seine Tochter Radegunde heiratete den Langobardenkönig Wacho. Es bestanden also gute Beziehungen zwischen Thüringern und Langobarden, die unter Wacho auch Böhmen in Besitz hatten. Residenz war damals vielleicht Beesenstedt, alt *Bisinstedi*, nach dem Namen unter Umständen eine Gründung des Königs. Doch wird auch Bösenburg dafür in Anspruch genommen, 1164 *Bisinburg*, das nur eine Stunde entfernt liegt. Seine Nachfolger waren seine Söhne Baderich, Herminafried und Berthachar. Mit Herminafried, der wohl als der eigentliche König zu betrachten ist, trat Theoderich in Beziehungen. Er schloß mit ihm ein Bündnis und gab ihm seine Nichte Amalaberga zur Ehe (um 510). Es ging darum, die Thüringer in das von Theoderich geplante Paktsystem gegen die Franken einzugliedern. Dadurch wurde die Gegnerschaft zu diesen verstärkt, die damals einen großen Ausdehnungsdrang zeigen. Kämpfe anscheinend von 529—531, über die wir nur schlecht unterrichtet sind, haben schließlich zu einer großen Niederlage der Thüringer geführt. Ihre damalige Hauptstadt Weimar wurde genommen, der König bald darauf getötet. Amalaberga flüchtete mit ihren Kindern nach Italien und geriet in byzantinische Gefangenschaft. Auf Seiten der Franken unter Theuderich kämpften auch die Sachsen, denen Nordthüringen als Beute zufiel (s. o. S. 130). Der Untergang des Reiches lebte im deutschen Heldenlied fort, wo die Gestalt des Landgrafen *Irnvrit von Düringen* und des Markgrafen *Iring von Tenemarken* im Nibelungenlied daran erinnern.

Das Aufkommen des Thüringerreiches war durch eine Auffrischung der eingesessenen Nachkommen der Hermunduren durch Zuwanderer aus dem Norden möglich geworden[7]. Das Recht der Thüringer, das 802 oder 803 aufgezeichnet worden ist, trägt den Titel „Gesetz der Angeln und Warnen, das ist der Thüringer". Angeln und W a r n e n werden also den Thüringern gleichgesetzt. Die Anknüpfung an den alten Stammesnamen zeigt, daß es sich um einen Bund neuer Stämme mit dem alten handelt, so wie im Heere des Ariovist Haruden und Eudusen waren, die bei einer Staatsgründung mit den swebischen Stämmen zusammen erschienen wären. Eine Bestätigung bieten die späteren Gaunamen *Engilin* für das Gebiet von Schmücke und Hainleite, während östlich der Saale bis zur Mulde *Werenofeld* lag. Diese Warnen scheinen sich dem Untergang des Thüringerreichs zunächst entzogen zu haben, denn ihre Unterwerfung durch die Franken wird erst 595 berichtet. Es sieht demnach so aus, als ob zuwandernde Stämme besondere Gaue innegehabt hätten, aber mit den alten Bewohnern politisch verbunden gewesen wären. Die Niederlage der Warnen an der Saale wird die Überlassung ihres Landes an die Sorben ausgelöst haben.

Woher diese Warnen stammen, läßt sich wenigstens vermuten. Die Warnen, die die rückwandernden Heruler getroffen haben, durften in Mecklenburg zu suchen sein (s. o. S. 116). Es ist möglich, daß sie schon mehr oder minder swebisiert waren. Wenn diese Annahme zutrifft, ist nur ein Teil des Volkes an der thüringischen Stammesbildung beteiligt gewesen, denn sie wird ja im dritten oder vierten Jahrhundert liegen.

Die Forschung beschäftigt lebhaft die Frage, ob diese Zuwanderer aus dem Norden außer im Recht auch in der Namengebung faßbar werden. So zurückhaltend man sonst gegen die Zuweisung von bestimmten Ortsnamengrundwörtern an germanische Stämme sein muß und so wenig zutreffend sich alle diese Versuche erwiesen haben, die Verteilung der Ortsnamen auf *-leben* und in gewissem Maße auch auf *-stedt* in Verbindung mit Personennamen ist so eigenartig, daß an dahinter stehende Ursachen gedacht werden darf. Bei *-leben* (ahd. *leiba* „Hinterlassenschaft") handelt es sich um eine Gruppe, die bei Franken, Alemannen, Baiern und Sachsen fehlt, aber von Schonen über die dänischen Inseln und Jütland[8] (aber ausschließlich von Angeln und dem nordalbingischen Sachsenland, was auffällt, wozu anderseits aber stimmt, daß diese Namen in England fehlen) westlich der Elbe bis Thüringen zieht und mit wenigen Namen am Main ausstrahlt. Ob es in Mecklenburg diese Namen gegeben hat, bleibt unbestimmbar, weil sie hier von slawischen Namen überdeckt sein können. Sonst wäre eine Verbindung zwischen Thüringen und Dänemark ansprechend. Voraussetzung ist allerdings, daß die Namengruppe in alte Zeit (etwa vom 4. Jahrhundert ab) fällt, was von den meisten Forschern angenommen[9], neuestens aber bestritten wird[10], ohne daß die dafür vorgebrachten Gründe durchschlagend sind. Die fruchtbare Magdeburger Börde soll wegen ihres schweren Bodens erst relativ spät besiedelt worden sein, die Namen sollen erst aus dem 8. und 9. Jahrhundert herrühren. Aber die Vorgeschichte kann aus verschiedenen Landschaften, die besiedelt waren, keine Funde nachweisen. Die Namengruppe wird unbeschadet des Umstandes, daß es verschiedenaltrige Schichten geben kann, einmal mit genauester Ortskenntnis und mit großem Überblick behandelt werden müssen. Die besondere Landschaftsgebundenheit würde sonst am ehesten für warnische Namen sprechen, aber nicht im Sinne Arnolds, sondern so, daß durch die Warnen diese Namengruppe, die in der alten Heimat Mecklenburg in Zusammenhang mit Dänemark stand, nach Thüringen übertragen und in einer bestimmten Zeit des Thüringerreiches Mode geworden wäre[11]. Daß die Namen auf -*stedt* um 500 vorhanden waren, scheint durch Beesenstedt gesichert zu sein, da der Personenname *Bisin* auf Thüringen beschränkt ist. Doch ist das Verbreitungsgebiet der Namen auf -*stedt* größer und umfaßt auch das alte Sachsenland[12]. Auf nördliche Beziehungen weist das Auftreten der Hochtenne[13].

Die Zeit der Errichtung des thüringischen Reiches ist strittig. Die Prähistoriker denken z. T. an neue Zuwanderung aus dem Norden um 100 n. Chr., was aber noch in die hermundurische Zeit fallen würde. Die reichsten Fundstätten und größten Grabfelder aus der Blütezeit des Reiches liegen in der heutigen Landschaft Thüringen, darunter in Weimar, in der Gegend von Mühlhausen und bei Erfurt. Aber das Fundmaterial ist noch recht lückenhaft; so hat der Gau *Engilin* noch keine Funde geliefert. In Funden des 5. und 6. Jahrhunderts östlich der Saale glaubt man ein ursprünglich warnisches, mit den übrigen Thüringen zusammenwachsendes Siedlungsgebiet zu erkennen[14]. Amalaberga ist mit gotischem Gefolge nach Weimar gekommen, und kennzeichnend gotische Schmuckgegenstände sind in Weimar gefunden worden, auch Runeninschriften sind zu Tage gekommen. Die Könige werden Arianer gewesen sein. In älterer Zeit, im Kampfe gegen die Chatten, haben die Hermunduren ihre Gegner dem Ziu und Wodan geweiht. An ihren Wodanskult erinnert der Ortsname Gutenswegen (Kreis Wolmirstedt), bei Thietmar *Uodenesvege*.

Die Blütezeit setzt im 5. Jahrhundert ein. Das kurze Auftreten der Hermunduren und später wieder der Thüringer erinnert an den kurzlebigen Glanz des Markomannenreiches. Beide Reiche scheinen von tatkräftigen Männern aufgebaut worden zu sein, deren Nachfolger nicht mehr dieselbe Kraft hatten.

Noch nach dem Untergange des Thüringerreiches ist eine politische Selbstverwaltung, allerdings unter fränkischer Hoheit, festzustellen. Der Mittelpunkt des Amtsherzogtums des *Radulf* lag nördlich vom Thüringerwalde, wie sich aus seinen Kämpfen gegen die Sorben erschließen läßt. Er hat dabei eine ziemliche Selbständigkeit erlangt. Im 7. und 8. Jahrhundert lag der Mittelpunkt am Main, wenngleich dieser Reichsteil durch die Abtretung der Oberpfalz an Baiern nach 531 geschwächt gewesen sein dürfte (s. u. S. 187). Unter Herzog *Heden*, der fränkischer Herkunft war, dürfte Würzburg der Mittelpunkt gewesen sein. Auf die Zusammensetzung der Bevölkerung am Main wird noch einzugehen sein (S. 201).

[1] K. TACKENBERG, Die Germanen in Sachsen (Sachsens Vorzeit 1937, S. 88ff.).

[2] Etymologie von *-duri* nach W. STEINHAUSER, Zs. f. celt. Phil. 17, S. 426. Die Zusammenhänge zwischen Thüringern und Hermunduren, die oft bezweifelt werden, legt K. MÜLLENHOFF, Deutsche Altertumskunde IV, S. 476 dar. Dagegen nicht überzeugend Th. STECHE, Altgermanien im Erdkundebuch des Claud. Ptolemaeus, S. 95.

[3] Vgl. E. SCHRÖDER, Deutsche Namenkunde [2] (1944), S. 182ff.

[4] Für Bevölkerungswechsel in Thüringen im ersten Jahrhundert v. Chr. spricht sich aus W. SCHULZ, Vorgeschichte der Sächs.-thür. Länder 16 (1928); ders., bei REINERTH, a. a. O., I, S. 404. Dagegen ZEISS, Germania 14 (1930), S. 47ff. J. WERNER, Zur Besiedlungsgeschichte Mitteldeutschlands in der Spätlatène- und frühen Eisenzeit (Germania 26, 1942, S. 148ff.) sieht Bevölkerungszuzug aus nördlicheren Teilen des elbgermanischen Kreises um Christi Geburt für recht wahrscheinlich an.

[5] Dazu E. SCHWARZ, Die elbgermanische Grundlage des Ostfränkischen (Jahrbuch f. fränkische Landesforschung 15, 1955, S. 40).

[6] PROKOP, Bellum Gothicum I, 12, 10.

[7] Dazu zuletzt E. SCHWARZ, Thüringer, Angeln und Warnen (Jahrbuch f. fränk. Landesforschung 11/12, 1953, S. 23—28).

[8] Vgl. Ch. HALD, Vore Stednavne (1950), S. 68ff. und Abb. auf S. 73.

[9] Zur Frage W. SEELMANN, Die Ortsnamen auf *-leben* (Niederdeutsches Jahrbuch 12, 1886, S. 7ff.); E. SCHWARZ, Deutsche Namenforschung (1950), II, S. 81ff.); ders., Das Alter der genetivischen Zusammensetzungen bei den germanischen Ortsnamen (Beitr. z. Namenforschung 2, 1950, S. 49ff.); W. SCHELLENKAMP, Zur Stellung Erfurts in der Frühgeschichte Thüringens (Zs. des Vereines f. thür. Geschichte, NF. 34, 1940, S. 1—21).

[10] L. FIESEL, Gründungszeit deutscher Orte mit dem Grundwort *-leben* und Siedlungsbeginn in der Magdeburger Börde (Blätter für deutsche Landesgeschichte 1953, S. 30—77). Dazu die schwankende Stellungnahme von A. BACH, Deutsche Namenkunde II, 2 (1954), S. 337ff. Kritisch zu L. FIESEL K. BISCHOFF, Elbostfälische Studien (Mitteldt. Studien 14, S. 95ff.).

[11] So E. SCHWARZ, Probleme germanischer Ortsnamenforschung (Quatrième Congrès International de Sciences onomastiques Uppsala 1952, S. 458—466 mit Karte auf S. 462).

[12] Darüber mit weiterem Schrifttum E. SCHWARZ, Westfäl. Forschungen 6 (1943—1952), S. 226ff.

[13] B. SCHIER, Hauslandschaften und Kulturbewegungen im östlichen Mitteleuropa (1932), S. 389—390.

[14] K. ZIEGEL, Die Thüringer der späten Völkerwanderungszeit im Gebiete östlich der Saale (Jahresschrift für die Vorgeschichte der sächs.-thür. Länder XXXI, 1939). A. TIMM hält das Warnenfeld für einen erst im Zuge des Landesausbaus im 9. Jahrhundert neu entstandenen Namen (Wiss. Zs. der Univ. Rostock 4, 1954/55, Gesellschafts- und sprach wiss. Reihe, Heft 2, S. 127). Vgl. zum Problem G. MILDENBERGER, Zur Vorgeschichte des thüringischen Stammes (Forschungen u. Fortschritte 24, 1948, S. 79—82).

Kapitel 35

Die Baiern

(Abbildung 20)

Alle Bemühungen seit über 100 Jahren haben bisher das Dunkel, das über der Frage nach der Herkunft der B a i e r n liegt, nicht so lichten können, daß sich eine einhellige Auffassung durchsetzen konnte. Alle Nachbarstämme — abgesehen von den Franken — sind bisher dafür in Anspruch genommen worden. Es handelt sich um eine relativ späte Zeit, und trotzdem berichtet keine zeitgenössische Quelle darüber. Es kann kein kleiner Stamm gewesen sein, und man sollte meinen, daß das Verschwinden eines großen auffallen müßte. Später als Alemannen, Franken, Thüringer, Ost- und Westgoten, Wandalen sind die Baiern zu eigener Staatlichkeit gelangt; nur die Langobarden haben nach ihnen Italien besetzt. Ist mit dem Eingreifen anderer Mächte zu rechnen, so können in der ersten Hälfte des 6. Jahrhunderts nur Ostgoten und Franken in Betracht kommen. Die Franken sind um 530 in Mittel- und Süddeutschland im Fortschreiten, 531 haben sie das Thüringerreich vernichtet, das Burgunderreich ist

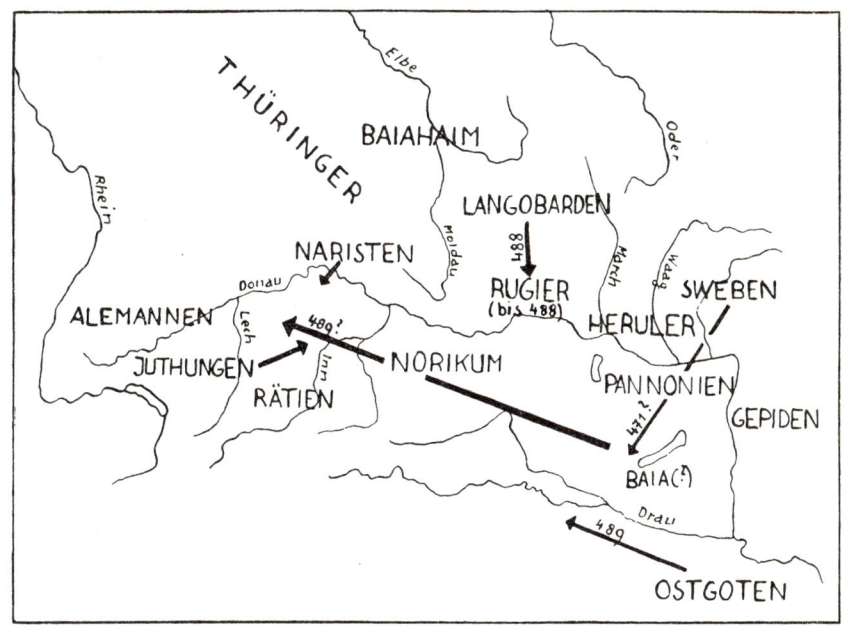

Abb. 20. Stammesverteilung 488 (vor der bairischen Landnahme)

534 ihre Beute geworden. Auch Byzanz zeigte seine Macht, 533 wurde das Wandalenreich in Nordafrika zerstört, bald darauf begann der Vernichtungskampf gegen die Ostgoten in Italien. Die Alemannen waren seit dem Ende des 5. Jahrhunderts in enge Grenzen verwiesen worden und sind damals als germanische Vormacht ausgeschieden. Liegt die Landnahme der Baiern vor 490, kann auch an Odoaker gedacht werden. Es muß also nicht nur nach der Zeit der Landnahme, sondern auch nach dem Ursprungsherde und den zur Zeit maßgebenden Mächten gefragt werden, im übrigen aber werden zur Ergänzung alle sprachlichen, geschichtlichen und frühgeschichtlichen Quellen heranzuziehen sein. Wir haben eine der vielen germanischen Landnahmen vor uns, auf die die Quellen nicht besonders eingehen. An Hypothesen besteht kein Mangel.

Zunächst sollen die historischen Angaben vorgeführt werden, die die festen Stützen für jede Hypothese sein müssen.

Um 565 hat Venantius Fortunatus, der in diesem Jahr durch Tirol und Rätien nach Tours reiste und über Augsburg kam, das Land der Baiern durchquert. An der betreffenden Stelle wird nicht gesagt, daß Augsburg in bairischem Besitz war. Aber wenn Reisen möglich waren, wird schon eine gewisse Stabilität erreicht gewesen sein. Die bairische Landnahme wird also einige Zeit vorher anzusetzen sein.

Bis 482 lebte der heilige Severin in Norikum. Schon 511 schrieb sein Schüler Eugippius als Abt eines Klosters bei Neapel die Vita Severini. Eugippius hat den Untergang der Römerherrschaft in Norikum miterlebt und 488 an dem Wegzug der Bevölkerung von Ufernorikum nach Italien teilgenommen. Er war also Zeitgenosse und Augenzeuge der Ereignisse. Er weiß noch nichts von Baiern. Heruler plünderten in Oberösterreich, die Alemannen des Gibuld (in denen wir o. S. 175 die früheren Juthungen vermuten) kamen bis Passau, Thüringer streiften über die Donau. Die Baiern sind offenbar zwischen 488 und 565 ins Land gekommen.

Jordanes spricht an einer Stelle, wo von den ungarischen Sweben die Rede ist, die aber deutlich die Alemannen betrifft, von den Baiern. Er hat offenbar die verschiedenen Teile der Sweben nicht auseinanderhalten können, weil er auf dem Balkan lebte. Stammt die Stelle wie ein großer Teil seines Buches aus Cassiodor, waren die Baiern nicht nur 551, zur Zeit des Jordanes, sondern schon 526 bereits hier. Aber es scheint sich um einen Einschub des Jordanes zu handeln; die Stelle hat nicht die Klangfarbe des Cassiodor.

Späte annalistische Salzburger Aufzeichnungen aus dem 12. Jahrhundert berichten über Kämpfe zwischen Baiern und den Römern in den Jahren 508, 512 und 520, die man als Niederschlag wirklicher Ereignisse anzusprechen versucht. Man hat sie als späte Zeugnisse abgelehnt, doch würden sie an Wert gewinnen, wenn die Einwanderung der Baiern vor 500 läge[1].

In einem Brief des Frankenkönigs Theudebert (534—548) aus dem Jahre 539 an Kaiser Justinian rühmt sich jener, daß sich sein Reich bis an die Grenze Pannoniens erstrecke. Das setzt Beherrschung Bayerns voraus, die ja für die Mitte des 6. Jahrhunderts tatsächlich gesichert ist. L. SCHMIDT meint, dieses Zeugnis falle weg, mit *ad limitem Pannoniae* sei nicht die Grenze von Norikum gegen Pannonien, sondern die vom Rhein nach Ungarn führende Heerstraße gemeint. Diese Auslegung[2] ist nicht überzeugend, der Brief behält seinen Wert. Agathias berichtet von Theudebert, daß er die „Alemannen und andere benachbarte Völker" unterworfen habe. Es besteht kein Anlaß, den Wert dieser Angabe zu bezweifeln; sie paßt durchaus in die Zeit und zum Briefe des Königs. Wahrscheinlich ist, daß damals die Baiern die fränkische Herrschaft angenommen haben. Die Baiern sind dann schon vor 539 im Lande gewesen. Nach der Niederlage der Alemannen gegen Chlodwig hatte sich ein Teil der Alemannen dem Gotenkönig Theoderich unterstellt. Der Gotenkönig Witichis wird den Franken 536, als er auf fränkische Hilfe im Kampfe gegen Byzanz hoffte, Rätien abgetreten haben. So erklärt sich zwanglos das Auftreten der Franken nicht nur im alemannischen, sondern auch im bairischen Rätien.

Der Sprachforschung ist der wichtige Hinweis zu verdanken, daß der Name der Baiern mit der germanischen Bezeichnung der Bojer bzw. ihres Landes zusammenhängen muß. ZEUSS[3] hat deshalb die Vermutung ausgesprochen, daß es sich um *Boihemum*, germanisch *Bai(a)haim*, um Böhmen handle und die Baiern die Nachkommen der Markomannen seien. Diese Hypothese hat sich lange einer allgemeinen Zustimmung erfreut und findet, da anscheinend gut unterbaut, noch heute Anhänger. Tatsächlich haben alle Hypothesen auszuscheiden, die diesen wichtigen Anhaltspunkt vernachlässigen. Nur ein Stamm östlich vom heutigen Bayern kann in Betracht kommen, der aus einem Lande *Bai(haim)* kommt, also nicht die Alemannen oder Juthungen[4].

Nun hat sich die Einschätzung der Markomannen seit einiger Zeit gewandelt. Man hat früher gemeint, sie seien ein mächtiger Stamm gewesen, weil sie es unter Marbod mit den Römern aufgenommen haben. Aber man darf nicht übersehen, daß sie seit dem zweiten Jahrhundert nicht mehr in Böhmen bezeugt sind. Man vermutet heute, daß sie schon um 80 n. Chr. den Quaden gefolgt sind und ihre Sitze nach Südmähren und dem nördlichen Niederösterreich verlegt haben (s. o. S. 166). Wir wissen heute, daß sie immer ein kleiner Stamm waren, der jahrhundertelang von den Quaden abhängig war. Nur unter Marbod haben sie es zu einer vorübergehenden Hegemonie gebracht[5]. Im Markomannenkrieg stehen sie in Südmähren und Niederösterreich nördlich der Donau, und hier sind sie noch am Ende des 4. Jahrhunderts nachgewiesen. Es sprechen alle Umstände dafür, daß hier die Hauptmasse des Stammes zu suchen ist, der aber damals nur noch zahlenmäßig schwach war und offenbar in der vorangegangenen Zeit schwer gelitten hat. Sie sind nach 395 nach Pannonien umgesiedelt worden (s. o. S. 166). Diese Markomannen, ob sie nun in der Gegend von Steinamanger oder im Wiener Becken oder in beiden Gegenden zu suchen sind, müssen mit der Abtretung Pannoniens an die Hunnen (433) unter die hunnische Herrschaft gekommen sein. Aber die Annahme von L. Schmidt[6], daß die Teilnahme vieler Aufgebote an der Hunnenschlacht von 451 so zu verstehen sei, daß Frauen und Kinder mitgeführt worden seien, weil an eine Landnahme gedacht worden sei, ist unbeweisbar und unwahrscheinlich. Es wird sich um einen der üblichen Eroberungszüge gehandelt haben, wobei allerdings die Schlacht für das Schicksal des Aetius und Galliens bei einem hunnischen Siege entscheidend gewesen wäre. Darum ist die Ansicht Schmidts, die Markomannen hätten sich beim Rückmarsch an der Grenze Rätiens selbständig gemacht und damit hänge das Zurückweichen der Alemannen von Passau nach Westen zusammen, abzulehnen. Es ist eine Verlegenheitshypothese. Eugippius weiß von solchen Dingen nichts und er kennt die Passauer Gegend.

Nicht überzeugend ist die Annahme Klebels, die Baiern seien als Reste älterer Stämme in Böhmen zu einer Einheit erwachsen. Er glaubt, die Heruler seien nach 488 die Herren des Landes zwischen Enns und Isar gewesen[7]. Dafür läßt sich keine Wahrscheinlichkeit erreichen. Es spricht alles dafür, die Sitze der Heruler in dieser Zeit im Preßburger Becken zu suchen (s. o. S. 105).

Abzulehnen ist auch, was Zibermayr zur Frage bemerkt[8]: sie hießen Baiern nach einer Bucht (Bai) am Schwarzen Meere und seien Ostgermanen. Das ist unmöglich, weil sie eben keine Ostgermanen sind. Die Baiern sind Elbgermanen, das Altbairische steht dem Alemannischen und Langobardischen ganz nahe, wie noch auszuführen sein wird. Nur einige Kirchenwörter zeugen für eine arianische Mission. Es ist nicht gestattet, aus einigen Lehnwörtern gegen alle Zeugnisse auf die sprachliche Grundlage eines Stammes zu schließen.

Angesichts der Schwierigkeiten, mit Anwesenheit von Markomannen in Böhmen über das erste Jahrhundert n. Chr. hinaus zu rechnen, hat sich der Blick der Forschung öfters auf die ungarischen Sweben gerichtet. Widemann meint, die Baiern seien die von den Langobarden nach 510 unterworfenen Sweben, ihre Einwanderung liege zwischen 510 und 534[9]. Die Langobarden haben aber swebische Untertanen mit nach Italien genommen, sie waren gering an Zahl. Andere werden in der Slowakei zurückgeblieben sein; auch hier kann es sich nur um schwache Volksreste handeln. Es ist unwahrscheinlich, daß die Langobarden, die sich dauernd mit Unterworfenen und freigelassenen Knechten auffüllten, die Baiern aus ihrem Machtbereich entlassen hätten. Es ist am ehesten anzunehmen, daß die Langobarden nur Swebenreste in der Slowakei unterworfen haben, die Hauptmasse des Volkes also vor 510—520 bereits abgewandert war.

Löwe hat Widemanns Ansicht wieder aufgenommen und sucht sie damit besser zu unterbauen, daß er das Land *Baias* des ravennatischen Geographen südlich der weißen und kleinen Karpathen ansetzt[10]. Wertvoll ist der Hinweis, daß der Name *Baia* unbedingt beachtet werden muß, aber auch außerhalb Böhmens gesucht werden kann. Doch ist mit Schnetz[11] an der Gleichsetzung dieses *Baia* mit Böhmen besser festzuhalten.

Mitscha-Märheim hat einen sehr einleuchtenden Versuch gemacht, die Einwanderung der Baiern schon in das Jahr 489 zu versetzen[12]. Er weist darauf hin, daß die Sweben, die um 470 eine so bedeutende Rolle unter den ungarischen Germanen spielen und die treibende Kraft im Kampfe gegen die Ostgoten gewesen sind, beim Eintreffen der Langobarden bis auf Reste aus Ungarn fort sind. Er denkt an ein Land *Baia* nördlich vom Donauknie bei Waitzen, sicher mit Unrecht, da die dafür vorgebrachten Gründe nicht stichhaltig sind.

Aber der Gedankengang ist an und für sich richtig. Es ging bei den Kämpfen der ungarischen Germanen gegen die Ostgoten um den Besitz Pannoniens. Als diese 471 trotz ihrer Siege das Land räumten, wird es neue Herren gefunden haben. Es ist sehr wahrscheinlich, daß sich nun der Hauptteil der Sweben dieses Landes bemächtigt hat. Wir wissen von den übrigen ungarischen Germanen, daß sie in ihren Landschaften geblieben sind, so die Heruler, Rugier und Gepiden. Nun waren Teile Pannoniens seit dem ersten Jahrhundert v. Chr. von Bojern bewohnt, die einen unglücklichen Krieg gegen die Daker geführt haben. Die Quellen sprechen noch Jahrhunderte danach von der „bojischen Einöde". Sie kann bei den Germanen *Baihaim* oder *Baia* genannt worden sein. Wie es verschiedene Rugiland gibt, ist das auch bei *Bai(haim)* möglich, da ja die die Namen verursachenden Bojer aus Böhmen vertrieben worden sind und verschiedene Wohnsitze gehabt haben. Die Annahme Mitscha-Märheims, daß Odoaker und sein Bruder Onulf bei der Umsiedlung der Germanen aus Pannonien nach Rätien-Norikum beteiligt gewesen sind, ist glaubhaft. Odoaker war nicht mit Zustimmung Ostroms König der Germanen in Italien geworden, und Pannonien war ein Teil Ostroms, dessen Besetzung ohne Einwilligung von Byzanz widerrechtlich war. Als Theoderich 489 mit einem Heere und im Auftrag von Byzanz herannahte, um Italien zu erobern, war die Stellung in Pannonien unhaltbar geworden. Darum ist 489 bei Würdigung der Ereignisse dieser Zeit tatsächlich passend für die Landnahme in Rätien und Norikum[13].

Dafür sprechen noch andere Gründe. An der Landnahme der Baiern haben sich auch Skirenreste beteiligt. Es gibt in Bayern einige Ortsnamen, die den Volksnamen der Skiren enthalten. Von einem Skirengau ist aber keine Rede. Nun sind 469 in der Schlacht an der Bolia die Skiren so entscheidend geschlagen worden, daß es mit ihrer Herrschaft zu Ende war. Nur Reste waren noch vorhanden. Sie werden ihrem Adel mit den Baiern nach Rätien gefolgt sein, nachdem sie vorher bei den Sweben in der Slowakei Zuflucht gefunden hatten[14]. Odoaker war ein Mitglied der skirischen Königsfamilie und seit dem Verlust der Herrschaft gezwungen, als Söldnerführer außer Landes zu gehen. Diese Umstände deuten auf eine Zeit, in der Skiren, Sweben und Odoaker samt seinem Bruder *Onulf* (*Hunulf*) eine Rolle spielen.

Weiter ist die Frage der N a r i s t e n zu bedenken. Sie haben nach den alten Quellen unterhalb der Markomannen in der Oberpfalz gewohnt. Sie haben auch *Varisten* geheißen, und beide Anlaute sind gut, auch inschriftlich bezeugt. Das Suffix *-ist* ist aus illyrischen Völkernamen bekannt. **Nar-* (vgl. *Narona, Narenta*) ist ein alter indogermanischer Flußname in der Bedeutung „Wasser", dasselbe trifft für **Var-* zu (vgl. *Wörnitz, Wern, Varenne*). Das Volk wird deshalb nach einem Fluß heißen, etwa dem Regen. Steinhauser denkt an ein illyrisches Volk, das bis zum zweiten Jahrhundert n. Chr. germanisiert worden ist[15]. Da sich in der Oberpfalz der Flußname *Vils* findet, dessen *f-* am ehesten für venetische Namengebung zeugt, kann es sich um ein ursprünglich venetisches Restvolk handeln, denn die Oberpfalz liegt auf dem Wege von Ostdeutschland, der mutmaßlichen Urheimat der Veneter (s. o. S. 33), nach Venetien[16]. Wie die Markomannen haben die Varisten gegen die Römer im Markomannenkriege gekämpft. Ein Teil des Volkes ist später nach Burgund umgesiedelt worden, wo im 7. Jahrhundert zu beiden Seiten des Doubs der Gau *Warasch* liegt. Nach ihrer von Missionaren bewahrten Erzählung[17] sind die Varisten vom Gau *Stadevanga* „Uferfelder" am Fluß *Regnus* gekommen. Es gibt nur einen in Betracht kommenden möglichen Wohngau am Regen, die Chamer Bucht. Wohl sind bisher prähistorische Funde, vor allem Reihengräberfriedhöfe, in der Oberpfalz erst seit dem 8. Jahrhundert bekannt; daraus darf aber kaum auf unbedingte Fundleere und Unbewohnbarkeit in alter Zeit geschlossen werden, wenn Tacitus in der Germania und die Vita Ermenfredi so bestimmt widersprechen. Das Volk kann primitiv gewesen sein, Funde können sich bei besserer prähistorischer Erforschung noch einstellen. Die Forschung ist sich allerdings noch nicht einig, wann es zu dieser Umsiedlung gekommen ist. Klebel denkt an das 5. Jahrhundert[18]. Aber die Bewahrung der Überlieferung von der Heimat zu Beginn des 7. Jahrhunderts einen relativ frischen Eindruck, man wird nicht in so alte Zeit zurückgehen dürfen. Nach eigenen Angaben haben die Naristen sich ihre Wohnsitze im Kampfe gegen die Burgunder erkämpfen müssen. Das deutet auf die Zeit, als das Burgunderreich von den Franken zerschlagen wurde, auf 534. Kurz vorher war das Thüringerreich vernichtet worden, zu dem die Oberpfalz gehört hat. Es mußte im fränkischen Interesse liegen, Thüringen durch die Abtretung der Oberpfalz an die Baiern zu schwächen, mit den Naristen die besiegten Burgunder niederzuhalten und Bayern, das sich vielleicht freiwillig gebeugt hatte, durch die Oberpfalz zu vergrößern. Darum darf die Hypothese ausgesprochen werden, daß die Umsiedlung der Naristen mit dem Siege der Franken über Thüringer und Burgunder und der Ausdehnung der Franken bis an die Grenze Pannoniens zusammenhängt, also um 534 erfolgt ist. Es mag dabei erinnert werden, daß die Franken im selben Jahrhundert auch die Nordschwaben ins Bodetal umgesiedelt haben. Sie haben als Erben der römischen Verwaltungspraxis auch diese Umsiedlungen durchgeführt.

Nun sind in Burgund auch Baiern nachweisbar. Sie werden hier genannt und missioniert[19]. In Ortsnamen wie *Beyvière* < **Bajuvariōs* leben sie fort[20]. Es sieht so aus, als ob bei der Umsiedlung von 534 auch ein kleiner Teil der Baiern beteiligt gewesen wäre. Um Markomannen kann es sich nicht handeln, denn diese werden in Gallien in Ortsnamen *Marmaigne, Marmeaux*, 747 *Marcomannia* erkennbar. Sind diese Erwägungen richtig, dann waren die Baiern 531 schon in ihren heutigen Sitzen seßhaft. Es ist möglich, daß der erste Agilolfingerherzog *Garibald* aus dieser burgundischen Linie der Baiern gewählt worden ist[21].

Die Umsiedlung der Naristen wird nicht das ganze Volk betroffen haben. Die zurückgebliebenen Volksteile werden sich schließlich erholt haben. Sie stellen das alte Bevölkerungselement der Oberpfalz vor, die trotz ihres Waldreichtums Wohngaue gehabt haben wird, da sonst die ausdrückliche Erwähnung der thüringischen Herrschaft durch den ravennatischen Geographen keinen Sinn hätte.

Gegen die Swebenhypothese wird von prähistorischer Seite der Einwand erhoben, daß in alten Reihengräbern der ersten bairischen Zeit vor 550 50% der Schmucksachen westlichen und nur 40% östlichen, 10% ostgotischen Ursprungs seien[22]. Das ist bei Gräbern der Mitte des 6. Jahrhunderts durchaus möglich. Als Herkunftsort wird auf Grabfelder aus Innerböhmen (Podbaba bei Prag, Čelakowitz, Neratowitz) verwiesen, die noch um 550 belegt seien. Das ist für die Zeit der bairischen Einwanderung zu spät. Die Grabfelder waren bisher der deutschen Forschung fast unzugänglich. Ihre wissenschaftliche Veröffentlichung ist notwendig. Die Zeitstellung spricht eher für langobardische Gräber. Freilich wissen wir von germanischen Stämmen in Böhmen vom 2.—6. Jahrhundert fast nichts, doch ist Beherrschung Böhmens durch die Langobarden um 550 sicher. Kaum berechtigt vorderhand das Dasein dieser Gräber in einer Zeit nach der bairischen Landnahme, damit die Markomannenthese aufrecht zu halten.

Weil der bairische Westergau um Erding liegt, scheint hier die alte Westgrenze des bairischen Stammes angesetzt werden zu müssen[23]. Die Baiern werden hier auf eine ältere germanische Bevölkerung gestoßen sein, auf den Ostflügel der Alemannen, die früheren Juthungen (s. o. S. 174). Als Ostgau wird dann das spätere *Ostarrichi* anzusehen sein, so daß der Wiener Wald als Grenze zwischen Pannonien und Norikum die Ostscheide des bairischen Landnahmeraumes gewesen ist. Sie ist deshalb in der Folgezeit nur schwach erkennbar, weil sich hier die Slawen in der Zeit nach Samo im 7. Jahrhundert ausgebreitet haben. Doch gibt es Anzeichen dafür, daß nach der Zurückdrängung der slawischen Macht die Baiern wieder nach Niederösterreich bis zum Wiener Wald ausgegriffen haben[24]. Daß auch die Oberpfalz mit ursprünglich naristischer Bevölkerung erst durch einen politischen Akt des Frankenkönigs an Bayern gefallen ist, ist schon vermutet worden. Es ist wahrscheinlich, daß die Thüringer als Herren der Oberpfalz zur Zeit Severins mit der Landnahme Rätiens begonnen und sich in Regensburg und Umgebung festgesetzt haben[25]. Dafür spricht der Umstand, daß es hier kein Herzogsgut gibt, das Land also offenbar schon in fester Hand beim Einzug der Baiern war. Die hier herrschende *genealogia* dürfte die der *Hahilinga* gewesen sein. In *Hāh*- steckt ein altes Wort für „Hengst", das wegen seines Anklangs an die Pferdeopfer der heidnischen Epoche in christlicher Zeit außer Gebrauch gekommen ist. Derselbe Stamm *Hāh*- ist auch in Weimarer Runen (*Hawar*) zum Vorschein gekommen. Auffallend ist weiter die Tatsache, daß das Gebiet von Regensburg, der alte Donaugau, nicht mittelbairische, sondern oberpfälzische (nordbairische) Mundart spricht, so daß der Gedanke erwogen werden kann, ob nicht bei der Ausbildung der nordbairischen Mundart nichtbairische Einflüsse mitgewirkt haben können[26].

Die arianischen Lehnwörter wie *Ertag* „Dienstag", *Pfinztag* „Donnerstag" u. a. können aus Ungarn mitgebracht sein. Ein Teil der Baiern scheint noch heidnisch gewesen zu sein, darauf deutet z. B. ein Ortsname wie Weillohe südlich Regensburg, alt *Wihinloh* „beim heiligen Hain"[27].

Seit der Landnahme herrschen auch in Bayern die Reihengräberfriedhöfe, aus denen auf die zugehörigen Orte und ihr Alter geschlossen werden kann. Sie liegen in altbesiedelten Gegenden mit fruchtbarem Boden. Haupttyp der ältesten Namen ist *-ing*, auch dadurch gesichert, daß sich noch unverschobene Formen nachweisen lassen, wie *Deorlikingas* Tyrlaching (Laufen), *Modrikingum* Mietraching (Aibling), *Mallakinga* Malching (Griesbach), die durch Walchen übernommen und in der alten Gestalt bewahrt worden sein können[28]. Das Land war zwar sehr verödet, aus Ufernorikum war die romanische Bevölkerung weggeführt worden, aber an verschiedenen Stellen hatten sich Walchen behauptet, die als *Barschalken* „Zinsknechte" belassen wurden[29]. An sie erinnern Ortsnamen wie *See-* und *Straßwalchen* oder *Wals* bei Salzburg, 8. Jh. *Walahowis, Vicus Romanicus* „Walchendorf". Im übrigen wurden Flußnamen übernommen wie *Pfatter, Laber, Lech, Isar, Inn, Abens* u. a., ferner noch bewohnte Römerorte wie *Passau, Künzing, Zirl* in Tirol, *Pfunzen, Lorch, Wels*, die alle Zeichen alter Einverleibung tragen, z. B. die zweite Lautverschiebung (*Batava, Quintanis, Teriolis, Pontēna, Laureacum, Ovilavis*). Am Alpenrand werden lautverschobene Formen selten (außer *Zirl* noch *Kuchel* südlich Salzburg, alt *Cucullis*), dafür häufen sich Walchennamen mit Anzeichen späterer Übernahme, so *Partanum* Partenkirchen oder besonders um Salzburg, vgl. *Gamp, Gois, Gnigl* < *Campu, Collis, *Glanicla* u. a. Bei Salzburg scheint sich eine Namengrenze niedergeschlagen zu haben, indem nördlich der Stadt nur romanische Flurnamen fortleben, südlich aber auch romanische Ortsnamen. Andere Namen anderwärts leben nicht fort, so *Sorviodurum* (bei Straubing), *Favianae* (bei Mautern in Niederösterreich). Eine alte Übersetzung ist *Regensburg* für *Castra Regina*. Um die Stadt häufen sich wieder romanische Namen, so *Winzer* < *ad Vinitores*. Hier dürften romanische Weinbauern in herzoglichen Besitz übergegangen sein, denn Herzog Theodo verschenkt zu Beginn des 8. Jh. die Weinberge an das Peterstift in Salzburg[30]. Im Innviertel und Südtirol häufen sich die romanischen Namen, während sie in Kärnten und Steiermark zurücktreten, weil die slawische Invasion am Ende des 6. Jh. viel romanische Kultur zerstört hat. Z. T. dürfte die romanische Bevölkerung Binnennorikums nach Friaul ausgewandert sein. In den Dolomiten und Friaul haben sich die Ladiner bis heute behauptet. Die einstigen romanischen Mundarten lassen sich nach den Ortsnamen z. T. erschließen[31].

Die Frage der *-ingen*-Orte kann nicht im Sinne RIEZLERS[32] so gelöst werden, daß sich die Sippen geschlossen in den Dörfern niedergelassen haben. Aber sie haben großen Grundbesitz besessen, und ihre Orte werden durch Sippennamen im Stabreim oder mit gleichen Namenteilen zusammengehalten, z. B. bei Erding, Dieng, Alternerding und Forstinning, 750 *Deoingas*, 806 *Ardeoingas*, 806 *Undeoingas*[33]. Der Landesausbau läßt sich an der Hand der Ortsnamen auf *-heim, -hausen, -hofen, -dorf, -ried* und *-reut* gut verfolgen. Er schritt gegen die Wälder, die Berge und Alpen, von den Tälern auf die Höhen, vom 8. Jahrhundert ab nach Kärnten und Niederösterreich vor, blühte nach den Avarenkriegen in den Ostalpenländern, wurde durch die ab etwa 890 beginnenden Madjareneinfälle und besonders durch die große Niederlage bei Preßburg 907 gehemmt und kam nach dem Siege auf dem Lechfelde 955 wieder in Schwung.

Ob Baiern mit den Langobarden nach Italien gezogen sind, steht dahin. *Bazavara* bei Modena, seit 1033 bezeugt, geht auf *Bajuvaria* „Baiernsiedlung" zurück. Eine Flur *Bazvera* östlich von Tierno ist seit 845 *Bavuarius* genannt. Als Herzog Tassilo 788 auf dem Tag zu Ingelheim abgesetzt wurde, ging wohl die Freiheit des bairischen Herzogtums zu Ende, das darin seinen politischen Freunden, dem langobardischen Königtum, folgte; aber das Volk, dessen Herkunft die Forschung vor so schwere Fragen stellt, hat sich als Südostpfeiler des Deutschtums kräftig behauptet.

¹ E. Mayer, Übersehene Quellen zur bayerischen Geschichte des 6.—8. Jahrhunderts (Zs. f. bayer. Landesgeschichte 4, 1931, S. 1ff.); dagegen H. Zeiss, ebda. 4, S. 351ff.; dafür Mitscha-Märheim, Die Herkunft der Baiern (Mitteil. der Anthropol. Ges. in Wien 80, 1950), S. 237ff.

² L. Schmidt, Geschichte der deutschen Stämme II², S. 201.

³ K. Zeuss, Die Herkunft der Bayern von den Markomannen (1839).

⁴ A. Helbok, Grundlagen der Volksgeschichte Deutschlands und Frankreichs (1937), S. 304ff. setzt sich für die Alemannen, Th. Steche, Deutsche Stammeskunde, S. 122ff. für die Juthungen ein.

⁵ M. Jahn, Die ersten Germanen in Südböhmen (Altböhmen u. Altmähren 1, S. 64ff.).

⁶ L. Schmidt, Zs. f. bayer. Landesgesch. 10 (1937), S. 16ff.

⁷ E. Klebel, Mitteil. der Anthropol. Ges. Wien 69 (1939), S. 97ff.

⁸ J. Zibermayr, Noricum, Baiern und Österreich (1944), S. 67ff.

⁹ J. Widemann, Die Herkunft der Baiern (Forschungen zur Geschichte Bayerns XVI, 1908, S. 30ff.).

¹⁰ H. Löwe, Die Herkunft der Bajuwaren (Zs. f. bayer. Landesgeschichte 15, 1949, S. 7ff.).

¹¹ J. Schnetz, „Baias" und der Baiernname (ebda. 16, 1950, S. 1ff.).

¹² H. Mitscha-Märheim, a. a. O., S. 213—244.

¹³ E. Schwarz, Herkunft und Einwanderungszeit der Baiern (Südost-Forschungen 12, 1953, S. 21—47).

¹⁴ E. Schwarz, Die bairische Landnahme um Regensburg im Spiegel der Völker- und Ortsnamen (Beitr. z. Namenforschung 1, 1949), S. 70ff.

¹⁵ W. Steinhauser, Das Illyrertum der Naristen (Wiener prähist. Zs. 19, 1933, S. 300 bis 308).

¹⁶ E. Schwarz, Beiträge zur Namenforschung 4 (1953), S. 291—322.

¹⁷ Vita s. Ermenfredi (Boll. Sept. 7, 117)

¹⁸ E. Klebel, Zs. f. bayer. Landesgeschichte 15 (1949), 2. Heft, S. 80.

¹⁹ Vita Columbani II 8.

²⁰ An Markomannen denkt bei den Baiernnamen in Burgund E. Gamillscheg, Romania Germanica III, S. 22. Zur Frage E. Schwarz, Baiern und Naristen in Burgund (Südostdeutsche Forschungen 2, 1937, S. 379ff.). Hier und in dem unter 14 genannten Aufsatz wurde noch versucht, die Naristenumsiedlung mit der bairischen Landnahme zeitlich zu verbinden.

²¹ Anders E. Zöllner, Die Herkunft der Agilolfinger (Mitteil. d. Inst. f. öst. Gesch. 59, 1951, S. 154—264), der von einem burgundischen Geschlecht spricht.

²² J. Werner in der Diskussion zu Vorträgen über „Deutsche Stämme" auf der Reichenau April 1955. Gegen die Theorie einer Abkunft von den böhmischen Markomannen G. Freund, Zur Markomannen-Bayern-Frage (Die Erlanger Universität, 7. Jg., 3. und 4. Beilage 1954).

²³ E. Klebel, Mitteil. d. Anthrop. Ges. in Wien 69 (1939), S. 83ff.

²⁴ Zur Frage jetzt mit weiterer Literatur E. Schwarz, Festschrift Th. Mayer I (1954), S. 22ff.

²⁵ M. Heuwieser, Verh. d. hist. Vereins f. Regensburg u. Oberpfalz 76 (1927), S. 75ff.

²⁶ E. Schwarz, Probleme der heimischen Mundart (Der Bayerwald 1950, S. 1ff.).

²⁷ E. Schwarz, Beitr. z. Namenforschung 2 (1950/51), S. 257ff.

²⁸ E. Schwarz, Die althochdeutsche Lautverschiebung im Altbair. (Beitr. z. Gesch. d. dt. Sprache u. Lit. 50, 1927, S. 242ff.). Anders W. Mitzka, Helm-Festschrift 1951, S. 63ff.

²⁹ E. Schwarz, Walchen- und Parschalkennamen im alten Norikum (Zs. f. Ortsnamenforschung 1, 1925/26, S. 91ff.).

³⁰ E. Schwarz, Die bair. Landnahme um Regensburg im Spiegel der Völker- und Ortsnamen (Beitr. z. Namenforschung 1, 1949, S. 61ff.).

³¹ E. Kranzmayer, Frühromanische Mundarten zwischen Donau und Adria in deutschen und slawischen Ortsnamen (Zs. f. Namenforschung 15, 1939, S. 193ff.).

³² S. Riezler, Die bayerischen und schwäbischen Ortsnamen auf -*ing* und -*ingen* als historische Zeugnisse (SB der Bayer. Akad. d. Wiss., phil.-hist. Kl. 1909, 2. Abh.).
³³ H. Dachs, Sippensiedlung oder Grundherrschaft (Verband bayer. Geschichts- und Urgeschichtsvereine 1929, S. 15ff.).

Kapitel 36

Die Langobarden

(Abbildung 21)

Im Jahre 5. n. Chr. sind die L a n g o b a r d e n vor Tiberius, der von den Chauken an die Elbe kam, auf das rechte Elbeufer ausgewichen, das offenbar zu ihrem Gebiete gehört hat. Die Gefahr, durch die Römer ihre Freiheit zu verlieren, trieb sie zum Völkerbund des Marbod, doch fielen sie nach der Schlacht im Teutoburger Wald zu Armin ab. Strabo kennt die Langobarden noch östlich der Elbe und bezeichnet sie wie die Hermunduren als Sweben. Auch Tacitus erwähnt die Langobarden in der Reihe der swebischen Stämme und betont ihre geringe Zahl, wobei sie sich in Kämpfen ihrer Nachbarn erwehren. Ihre Wohnsitze können in dieser Zeit an der unteren Elbe angesetzt werden. Eine Streitfrage ist es, wie sie hierher gelangt sind, denn sie besaßen eine heimische Tradition, daß sie aus *Scandinavia* stammten, was in alter Zeit auf Schonen zu beziehen ist, wenn auch der Codex Gothanus, ein zwischen 807 und 810 von einem langobardischen Geistlichen in Italien abgefaßtes Werk, *Skatenau* am Ufer der Elbe ansetzt. Im Widsith sind die *Headobeardan* „Kampfbarden" mit den *Ymbren* und *Hætwaren* (den Ambronen und Chattuariern) zusammengestellt. Die Angelsachsen, die sie in ihrer festländischen Heimat kennen mußten, lassen sie bis zur Ostsee reichen. Nur von hier aus sind ihre Kämpfe mit den Dänen verständlich. Tatsächlich hat sich in der nördlichen Lüneburger Heide der Name *Bardengau* lange gehalten. Er wurde bis 1205 für das Ilmenaugebiet gebraucht. Den Mittelpunkt bildete Bardowiek, das zuerst als *Bardenwich* „Wik der Barden" überliefert ist.

Die Stammessage ist am ausführlichsten von Paulus Diaconus in seiner Langobardengeschichte gestaltet. Ihm lag ein Königskatalog vor, der dem Edikt Rothari 643 nach Aussage alter Leute vorangestellt war und von einer *Origo gentis Langobardorum* (Über den Ursprung des Langobardenvolkes) erläutert wurde. Unabhängig von Paulus ist er in der Langobardengeschichte des *Codex Gothanus* im Anfang des 9. Jh. benutzt worden. Weiter findet sich eine Erzählung von der Wanderung des Volkes bei dem in Burgund in der ersten Hälfte des 7. Jh. schreibenden Fredegar.

Die Erinnerung an die Auswanderung ist offenbar im Volke erhalten geblieben. Ihr alter Name in *Skadinavia*, wie hier ihre Urheimat heißt (Schonen), war *Winiler*, das mit *winnan* „gewinnen, streiten" zusammengestellt wird, also „Kämpfer", was zu ihrem kriegerischen Charakter paßt. Der Name war in früher Zeit weit bekannt, vgl. den altnord. PN *Vinill*, ahd. *Winnilo*. In *Skoringa* „Uferland, Küste" (vgl. mittelniederld. *schore* „Uter", mittelniederdt. *schor* „Küste") kam es zu einem Zusammenstoße mit den Wandalen, also entweder in Nordjütland oder in der gegenüberliegenden Küstenlandschaft[1]. An diesen Kampf knüpft sich die Sage von der Entstehung des Langobardennamens, den der getäuschte Wodan gegeben haben soll. Er bedeutet „Langbärte", nicht „mit langen Barten", da die Hauptwaffe der Ger, nicht die Streitaxt war. Dadurch wird bei beiden Völkern Wodansglaube bezeugt. Bei den Langobarden, deren

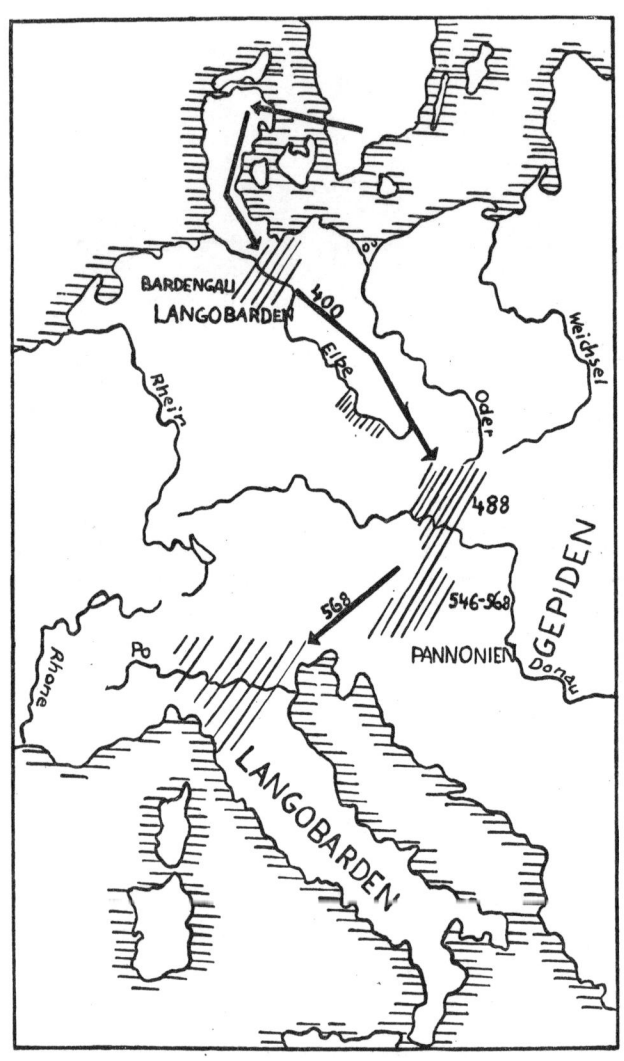

Abb. 21. Die Langobarden

Wanderung unter der Führung einer Frau (*Gambara*) erfolgt, schimmert, wie man schon lange geahnt hat, eine vor der Annahme des Wodansglaubens liegende Wanenreligion durch, wenn man die profane Historie in heilige Geschichte umsetzt[2]. Unklar bleibt die Wanderstation *Golanda,* bei der kaum an die baltischen Galinden gedacht werden darf. Die Auswanderung geschah nach der Sage aus Not und umfaßte den dritten Teil des Volkes, was auch anderswo belegt und glaubhaft ist. Im Widsith erscheint ein mythischer langobardischer König *Sceaf(a)*, der aus der übrigen langobardischen Tradition geschwunden ist, aber zeigt, daß zu den Gauten, zu den *Sceaf* im Beowulf gehört, Beziehungen bestanden haben und die skandinavische Urheimat in der Nähe der Gauten zu suchen sein wird. Auch von den langobardischen Königen *Agelmund* und *Leth* haben die Angelsachsen Kenntnis gehabt, der Widsith nennt sie *Aegelmund* und *Hlithe*. Die Namen der langobardischen Königsgeschlechter *Gausus* und *Arodus,* die auf die Gauten und Haruden hinweisen, deuten Nachbarvölker an. Der Wanderweg von Südschweden (Schonen) in das historische Langobardenland in der Lüneburger Heide läßt sich also rekonstruieren. Die auf langobardischem Gebiet heimischen Ortsnamen auf *-wedel* und *-büttel* aber haben als Zeugen skandinavischer Herkunft auszuscheiden[3], da sie vermutlich später entstanden.

Tacitus und seine Vorgänger kennen die Langobarden an der unteren Elbe unter dem neuen Namen. Die Zuwanderung aus Schonen wird also vorher liegen. Dafür, daß sie nur das winilische Königshaus betroffen haben und der Fortzug aus Schonen erst um 400 n. Chr. liegen soll[4], ist überhaupt nichts Ernsthaftes ins Treffen zu führen. Die Volkstradition kann sich, wie die gotische Sage von der Herkunft aus Skandinavien zeigt, sehr wohl, gestützt durch Sage und Lieder, jahrhundertelang gehalten haben und die historischen Tatsachen müssen das Rückgrat jeder Erklärung solange bieten, als sie nicht widerlegt sind. Die wahrscheinliche Entwicklung ist die, daß ein kleines aus Schonen stammendes Volk, das die Heimat verlassen mußte, beim Übertritt auf Jütland und im Kampf mit den den Durchzug hindernden Wandalen den Wodansglauben angenommen und sich nach Erkämpfung des Durchzuges in der Lüneburger Gegend und bis nach Mecklenburg reichend angesiedelt hat, immer im Kampf mit den Nachbarn und sich schließlich mit ihnen vermischend. Die alten Schriftsteller bezeichnen sie als Sweben und als solche weist sie auch ihre Sprache aus, die im Lautlichen und im Wortschatz enge Beziehungen zum Elbgermanischen zeigt. Die nordgermanische Herkunft ist nicht mehr zu erkennen, wohl aber scheinen einzelne Personennamen und Rechtseigenheiten auf sie zu deuten. Die andere Entwicklung ihrer Sprache im Vergleich etwa mit dem Gotischen ist in der Einordnung in das Elbgermanische begründet, da der Siedelraum keine Sprachinselstellung ermöglichte.

Die Siedlungsarchäologie ist dadurch, daß sie an die überlieferte Heimat anknüpfen kann, in der Lage, die sich ausbildende Kultur zu verfolgen. Die meisten Prähistoriker erklären sie als Elbgermanen[5]. Obwohl sie auf der weiteren Wanderschaft immer wieder Unfreie in die Stammesgenossenschaft aufgenommen haben, haben sie sich mit Erfolg immer wieder durchgesetzt. Auch wenn sie andere Stammesteile eingegliedert haben, haben sie zu verhindern verstanden, daß diese irgendwie einen selbständigen Gau bildeten und die langobardische Hegemonie störten, wie in Italien zu erkennen ist, wo alle anderen Stammesteile hinter ihnen zurücktreten.

Zu Beginn des Markomannenkrieges wird um 167 ein Einfall von sechstausend Langobarden in Pannonien erwähnt. Es wird sich um eine von der semnonischen Nachbarschaft mitgerissene Wanderschar handeln, keineswegs um das ganze Volk, denn die Funde im Bardengau dauern an. Immerhin bemerkt man, wohin die Abwanderungsabsichten zielen und daß das Volk schon damals in enger Verbindung mit den anderen Elbgermanen zu denken ist, ohne seine Unabhängigkeit aufzugeben.

Wann die Hauptmasse des Volkes aufgebrochen ist, ist schwer zu entscheiden.

Es hat sich offenbar als letzter Stamm dem elbgermanischen Zug nach Süden angeschlossen. An das 3. Jh. zu denken, ist nicht ratsam, weil die Burgunder bis um 400 den Weg versperrt haben. Da sie bald nach 488 das nördliche Niederösterreich, das Rugiland, besetzen, wohnten sie vorher in der Nähe. Die Angaben der Siedlungsarchäologie gehen auseinander[6]. Da die Langobarden nach ihrer Sage in *Burgundaib* und *Bainaib* Station machen und die noch vorhandenen Bewohner zu Unfreien herabdrücken, ist ihr Weg durch das menschenarm gewordene Ostdeutschland gegangen, durch die Niederlausitz (*Burgundaib*) und die noch unbestimmten Sitze der Bainen (s. o. S. 79). Der vom Codex Gothanus erwähnte Zug ins Sachsenland um Paderborn ist unwahrscheinlich, der genannte Ort ist erst durch den Reichstag von 777 bekannt geworden. Im Westen herrscht ein solcher Kampf um den Boden, daß hier kein Neuland zu gewinnen war[7]. Unklar bleibt noch die Station *Antaib*. Kämpfe mit den Bulgaren (= Hunnen) zeigen die Annäherung an das Hunnenland im 5. Jh., etwa in Schlesien. Aber das Volk fehlt 451 auf den katalaunischen Feldern und beim Freiheitskampf der Germanen nach Attilas Tod, steht also in der Mitte des 5. Jh. außerhalb des hunnischen Machtbereiches. Das nördliche Niederösterreich, das Rugiland, dürfte 488 den Herulern als Siegesbeute für ihre Hilfe von Odoaker überlassen worden sein. So erklärt es sich, daß die Langobarden ihren Einzug ins Rugiland mit ihrer Freiheit bezahlen. Aber das freiheitsgewohnte Volk hat bald den Kampf gegen die Unterdrücker aufgenommen. Um 507 gelingt ihnen der Sieg über die Heruler, deren Reich vernichtet wird. Damit ist die Grundlage zum Aufstieg des Volkes gegeben. Unter König Tato verlegte es seine Sitze auf das *Feld*, worunter man das Alföld zwischen Donau und Theiß sucht, sicher zu Unrecht, denn darauf erhoben damals ja die Gepiden Anspruch; auch sind hier die Langobarden archäologisch nicht nachzuweisen. Wohl aber tauchen ihre Funde in der kleinen Puszta bei Preßburg auf, wodurch es übrigens wahrscheinlich wird, daß hier das alte herulische Siedlungsgebiet zu suchen ist (s. o. S. 105). Wacho unterwarf die Swebenreste in der Slowakei. Auch Böhmen wurde besetzt, wo man noch in der Zeit Karls des Großen seinen Palast gesehen haben will. Wäre nicht diese Nachricht, so würde man geneigt sein, in dem Fürstengrab bzw. den Resten eines Fürstenpalastes, der auf dem Žuráň östlich Brünn zum Vorschein gekommen ist[8], an Wacho zu denken, doch hat es ja mehrere adelige Geschlechter bei den Langobarden gegeben und der große Herrschaftsbereich wird es notwendig gemacht haben, Statthalter einzusetzen, die man sich etwa als Herzöge vorstellen darf, wenn man spätere Verhältnisse in Italien auf ältere Zeit übertragen darf. Heiraten und Bundnisverträge sichern seit Wacho die Machtstellung, wobei Thüringer, Gepiden, Heruler und Silingen (Volksreste in Schlesien um den Zobtenberg) eine Rolle spielen. Das Volk steht also nun zwischen Thüringerbereich, Schlesien, Ostungarn. Auch zu den Franken werden Beziehungen aufgenommen, denn die neuen Siedlungen befinden sich im Grenzbereich zwischen dem Frankenreich und Byzanz. So kommt es, daß die Langobarden von Ostgoten, Franken und Byzanz umworben werden. Sie erhalten von Byzanz 546 Wohnsitze in Pannonien und Binnennorikum sowie Jahrgelder. Das war offenbar der Preis, den Byzanz für das Bündnis mit den Langobarden zahlen mußte. Bald nach 552 kommt es zum Ausbruch der Feindseligkeiten mit den Gepiden, die schließlich dazu führten, daß die Langobarden mit den neu aufgetauchten Avaren ein Bündnis schlossen. Alboin, der neue König, erkaufte den Sieg 567 sehr teuer und zog es vor, 568 nach Italien zu ziehen. Auf die volksgeschichtliche Bedeutung der Vernichtung des Gepidenreiches und des Abzuges der Langobarden aus dem

Donauraum sowie der Überlassung Ungarns an Avaren (und Slawen) ist bereits hingewiesen worden (o. S. 103).

Die Langobardenfunde des 6. Jh. reichen vom nördlichen Niederösterreich und dem anschließenden Südmähren und der benachbarten Slowakei über das Burgenland bis Krain. In Böhmen finden sich langobardische Bestattungen in Pilsen, Dux, Bilin, Tschelakowitz und Podbaba bei Prag. Die von Wien bis ins Burgenland zutage gekommenen Langobardenfunde gehören nach MITSCHA-MÄRHEIM[9] durchweg erst der zweiten Hälfte des 6. Jahrhunderts an. Man wird zwischen dem eigentlichen Hauptsiedlungsgebiet und dem Herrschaftsbereich unterscheiden müssen. Vor dem Zuge nach Italien zog das immer noch schwache Volk Hilfe heran. So stießen zu Alboin 20000 Sachsen aus dem Bodegebiet (s. o. S. 130), die sich dann in Italien nach Alboins Tod nicht einfügen konnten und wieder heimgezogen sind.

In Italien war das Ostgotenreich 555 untergegangen. 552 hatte Audoin, Alboins Vater, ein Hilfskorps von 25000 Kriegern und 3000 bewaffneten Knechten Narses zugeschickt, die dieser wegen Zügellosigkeit wieder heimschickte. Die Erzählungen dieser Leute werden den Wunsch geweckt haben, sich in Italien einzuschalten, wo man mit der byzantinischen Herrschaft unzufrieden war. Die Abberufung des Narses 568 erleichterte Alboin seinen Entschluß. Das Volk war damals z. T. noch heidnisch, z. T. katholisch und arianisch, im allgemeinen religiös gleichgültig. Seit der Mitte des 6. Jh. wurde eine arianische Missionierung betrieben.

Der Einmarsch erfolgte auf der alten Heerstraße über den Birnbaumer Wald. Oberitalien wurde schnell besetzt. Die in byzantinische Dienste übernommenen oder auf ihre Güter entlassenen Ostgoten werden zu den Langobarden übergegangen sein. Pavia fiel 572 und wurde Hauptstadt des Reiches. Gegen die Reichen und die Kirchen, die die Hüter des byzantinischen Staatsgedankens waren, trat man hart auf, die anderen Volksschichten wurden gewonnen. Einzelne Abteilungen gründeten im Süden des Landes die Herzogtümer Spoleto und Benevent. Die Grenzmarken wurden sofort durch *Arimannen* unter dem Befehl von Herzögen gesichert. Aber mehrere Küstengebiete und Rom mit Umgebung blieben byzantinisch. König Alboin wurde 572 im Einverständnis mit seiner Gattin Rosamunde, einer gepidischen Königstochter, ermordet. Wahrscheinlich war weniger Blutrache im Spiel als eine nationale langobardische, von den Gepiden unterstützte Reaktion, die schärferes Vorgehen gegen die Römer wünschte und eine Politik im Sinne Theoderichs zu ersticken suchte. Die Sage hat sich dieses Ereignisses sogleich bemächtigt. In zehn Jahren königsloser Zeit wurde die Ansiedlung des Volkes durchgeführt.

584 wurde *Authari* zum König gewählt, der die schwere Aufgabe hatte, die Gegensätze zwischen den Germanen und Römern auszugleichen, um den Staat kräftig zu erhalten. Am Ausgang des 7. Jh. siegte die katholische Kirche, womit Mischheiraten und Romanisierung möglich wurden. Die weitere Ausdehnung der Langobardenherrschaft wurde durch das Bündnis zwischen den Päpsten und den fränkischen Königen vereitelt. 774 hat Karl den langobardischen König Desiderius besiegt und dem langobardischen Reiche ein Ende bereitet. An der Erstarkung der oberitalienischen Städte und der Kunst haben die Langobarden, die längst zu Italienern geworden waren, im Mittelalter großen Anteil.

Aus dem 7. und 8. Jh. sind in Italien reich ausgestattete Reihengräber zutage gekommen[10]. Kennzeichnend ist die sogenannte Langobardenfibel. Das Flechtenornament wird zum Tierornament umstilisiert. Diese Keime des neuen Geschmackes sind während der italienischen Zeit zum romanischen Stil ausgewachsen, wobei die grundlegenden Bestandteile schon in ungarischer Zeit begegnen. Eine Neubildung sind die Goldkreuze, die eine Mischung des Antik-Christlichen und des Germanischen und so ein stilechter Ausdruck der frühromanischen Langobardenzeit sind.

Die Siedlungsgebiete (mitgezogene Volksreste der Gepiden, Sweben, Bulgaren, Sachsen siedelten geschlossen in Ortschaften zusammen) lassen sich an der Hand der Funde gut abgrenzen. Sie unterscheiden sich von den gotischen dadurch, daß von den Byzanthinern behauptete Gebiete (Ravenna, die Pentapolis, das Patrimonium Petri) frei geblieben sind. Sie häufen sich im Gebiet der alten Herzogtümer, besonders Friaul, Trient, Brescia und Bergamo, dann in Tuscien und Spoleto. Merkwürdigerweise fehlen sie bisher im Herzogtum Benevent. Zahlreich sind die Siedlungsspuren auf dem Boden der 585 abgeschlossenen ersten Niederlassung. An der Grenze spielte die Sippe, *fāra* genannt, insofern eine Rolle, als die adeligen Familien hier zusammenhängenden Landbesitz erhielten.

An die Langobarden erinnern ON wie 1000 *in loco qui vulgo Berga dicitur*; Bionda bei Bergamo (*biunda* „eingehegtes Grundstück"); 1126 *Stuthigarda* bei Cremona (*stōtigart* „Roßpferch") u. a. Ihre Hauptmasse liegt in der Lombardei, das den Volksnamen fortführt, und im westlichen Venetien. Langobardische Bevölkerung innerhalb der romanischen wurde als *Longobardi* bezeichnet, z. B. *Lombardore* bei Turin, 1019 *Castello Langobardorum*. Die Namen auf -*ingōs*, z. B. *Ghisalrengo* (Novara), 1121 *Gislarengo*; *Murisengo* (Alessandria), 940 *Munesingo*, häufig in der Po-Tiefebene, werden auch auf romanische Personennamen übertragen, z. B. *Marcellengo, Petringo* u. a. Häufig ist auch der Typus *Villa Theuberti*, mit jüngerer Weglassung *Theudberti, Theudberto*. Da in Italien die langobardischen Namen Mode geworden sind, sind sie keine Zeugen für germanisches Volkstum. Aber sie sind keineswegs überall gleichmäßig gelagert und lassen also doch eine gewisse Stärke langobardischen Kultureinflusses erkennen. Am stärksten sind die Provinzen Verona und Florenz vertreten. Die langobardischen Lehnwörter im Italienischen sind meist nur auf ein bestimmtes Gebiet beschränkt und von inneren italienischen Wortbewegungen abhängig. Ihre Verbreitung spiegelt weniger die langobardische Landnahme als die Zerrissenheit der politischen Geschichte Italiens wider[11].

Mit der Annahme des katholischen Glaubens beginnt die Romanisierung. Das Romanische war die Verkehrssprache, das Langobardische aufs Haus beschränkt. In der zweiten Hälfte des 8. Jh. mehren sich die Anzeichen, daß das romanische Lautsystem in das Langobardische eindringt und die Bevölkerung zweisprachig geworden ist. Um 1003 wird noch der Beiname *Scarnafol* „Schmierfink" gegeben. Um Trient ist langobardisches Recht noch im 11. Jh. in Gebrauch. In Kärnten mehren sich die Anzeichen, daß die Langobarden mit den Slowenen in sprachlichen Austausch getreten sind[12].

Die Frage, ob der Aufstieg der Langobarden zu einer germanischen Macht nach dem Siege über die Heruler und seit dem Regierungsantritt von Wacho auf die soziale Struktur des Volkes Einfluß hatte, beschäftigt die Forschung. Das Volk war, wie alle Quellen bezeugen, kriegerisch und konnte sich nur durch seine Kampfesfreude viele Jahrhunderte behaupten, da seine Volkszahl zunächst nicht bedeutend war. Im nördlichen Niederösterreich sind bis jetzt aus 11 Wohnorten etwa 80 Gräber bekannt geworden. Das spricht für eine sehr seßhafte Bauernbevölkerung[13]. PREIDEL meint, das Langobardenreich an der mittleren Donau sei von einem Reitervolk aufgebaut worden[14]. Das hängt mit seiner Auffassung zusammen, daß sie slawische Knechte gehabt haben sollen und Alboin, um die Zersetzung seines Volkes zu verhindern, den Fortzug nach Italien beschlossen habe. Aber die Lockungen Italiens und die unangenehme Nachbarschaft der Avaren genügen gewiß zum Entschluß, sich Italiens zu bemächtigen. Slawische Knechte lassen sich in Wirklichkeit nicht nachweisen, und um Italien haben sich auch Franken und Alemannen bemüht. Das lag in der Luft, seit West- und Ostgoten in Italien erschienen sind.

Das Verbreitungsgebiet der langobardischen Bodenfunde reicht vom nördlichen Niederösterreich bis Brünn, abgesehen von Mittelböhmen und Burgenland. Auf tschechischer Seite sucht man die Bedeutung der Langobarden zu verkleinern, weil man sie nur als eine dünne und vorübergehende Herrenschicht über schon lange ansässige slawische Bauernbevölkerung betrachtet. Demgegenüber macht MITSCHA-MÄRHEIM aufmerksam, daß sich langobardische Gräber noch nach der Abwanderung von 568 an verschiedenen Stellen finden[15]. Ein kleiner Teil ist offenbar zurückgeblieben. Es ist kaum anzunehmen, daß sie von den Avaren versklavt worden sind, weil Pannonien den Avaren durch Staatsvertrag mit den Langobarden zugefallen war und Alboin sich wenigstens theoretisch das Rückkehrrecht vorbehalten hatte. Die Langobardenreste werden sich freiwillig den Avaren unterstellt und Kriegsdienste geleistet haben. Man hat einige langobardische Gräber auch in Theben östlich Wien an der Marchmündung neben avarischen und slawischen feststellen können[16].

Gewiß werden die meisten dieser Reste in den Slawen aufgegangen sein. Andere scheinen sich aber bis zum Wiedererscheinen der Baiern um 790 behauptet zu haben, denn eine Anzahl von Flußnamen wie Raab, March, Zöbernbach, Schwarza und Thaya in Südmähren u. a., dazu der Ortsname Wien kommen den Baiern durch langobardische Vermittlung zu und scheinen verspätet die zweite Lautverschiebung mitzumachen[17]. Zusammenarbeit von Frühgeschichte und Sprachforschung kann auch dort weiterführen, wo geschichtliche Quellen fehlen.

[1] Der komplizierte Wanderweg von Gotland über die Weichsel an die Unterelbe, den L. SCHMIDT, Geschichte der deutschen Stämme I[2], S. 569, z. T. in Anlehnung an C. BLASEL, Die Wanderzüge der Langobarden (1909) ansetzt, ist unwahrscheinlich und widerspricht den sonstigen Erfahrungen; auch ist Gotland als Heimat nicht gesichert.

[2] Dazu sehr instruktiv und tief schürfend K. HAUCK, Saeculum 6 (1955), S. 206ff.

[3] E. SCHRÖDER, Germ.-Roman. Monatsschrift 10 (1922), S. 65ff. wollte daraus Zuwanderung aus dem Norden folgern. Dagegen E. SCHWARZ, Dt. Namenforschung II, S. 36ff., 163ff.

[4] So H. KUHN, Zs. f. dt. Alt. 86 (1955), S. 8.

[5] W. SCHULZ, Vor- und Frühgeschichte Mitteldeutschlands (1939); G. KÖRNER, Die südelbischen Langobarden zur Völkerwanderungszeit (1938); W. WEGEWITZ, Der langobardische Urnenfriedhof von Tostedt-Wüstenhofen im Kreis Harburg (Die Urnenfriedhöfe in Niedersachsen II, Heft 5 u. 6, 1944); ders., Langobardenfrage (Korr.-Bl. des Vereins f. niederdt. Sprachf. 56, 1, 1943—49, S. 26). Th. FRINGS, Germania Romana, S. 32 zählt die Langobarden zu den Ostgermanen, W. BRUCKNER, Die Sprache der Langobarden (Quellen und Forschungen 75, 1895), S. 32 zu den Anglofriesen, E. SCHWARZ, Zs. f. Mundartforschung 21 (1953), S. 129—148 zu den Elbgermanen. Dagegen H. KUHN Zs. f. dt. Alt. 86 (1955), S. 1—8.

[6] W. WEGEWITZ, Die Langobarden an der Niederelbe (bei REINERTH II, S. 814) spricht vom 3.—5. Jh., H. JANKUHN, Zs. der Ges. f. Schleswig-holstein. Geschichte 70/71 (1943), S. 24 von etwa 400.

⁷ Th. STECHE, Altgermanisches im Erdkundebuch des C. Ptolemaeus, S. 84ff. und andere denken an einen Wanderzug rheinischer Langobarden, die der alexandrinische Geograph irrtümlich ein zweitesmal zu sehr nach Westen verschoben hat.

⁸ Über die Nekropole Žuráň J. POULÍK, Jižní Morava země dávných Slovanů (Brünn 1948—50), S. 43ff.

⁹ H. PREIDEL, Langobarden in Böhmen (Mitteil. der Anthrop. Ges. in Wien 58, 1928, S. 265ff.); H. MITSCHA-MÄRHEIM, Neue Bodenfunde zur Geschichte der Langobarden und Slawen im österreichischen Donauraum (Festschrift R. EGGER II, 1953, S. 355—376); E. BENINGER, Die Germanen im Burgenland (Germanen-Erbe 1942, S. 112). Ein Verzeichnis der langobardischen Funde in Böhmen, Mähren und im niederösterreichischen Donauland bringt H. PREIDEL, Die Anfänge der slawischen Besiedlung Böhmens und Mährens (1954), S. 119—121.

¹⁰ N. ÅBERG, Die Goten und Langobarden in Italien (1923).

¹¹ Dazu E. GAMILLSCHEG, Romania Germanica II, S. 60ff.

¹² E. KRANZMAYER, Reste germanischen Lebens in Kärntner Ortsnamen (Festschrift E. EGGER, Carinthia I, 1942).

¹³ H. MITSCHA-MÄRHEIM, a. a. O., S. 368.

¹⁴ H. PREIDEL, a. a. O., S. 62.

¹⁵ MITSCHA-MÄRHEIM, a. a. O., S. 372ff.; ders., Die Langobarden des 6. Jh. im österreichischen Donauraum (Arte de primo Millennio. Atti de Convegno di Pavia 1950, S. 201—204).

¹⁶ J. EISNER, Devinská Nová Ves (Preßburg 1952), S. 55ff.

¹⁷ E. SCHWARZ, Slawen, Langobarden und Baiern in ihren ältesten Namenbeziehungen (Vortrag auf dem 5. Internationalen Kongreß für Namenforschung in Salamanca, April 1955).

Kapitel 37

Die Südgermanen (Westgermanen)

Zusammenfassende Bemerkungen über die elbgermanische Ausbreitung

(Abbildung 22)

Vergleicht man die Wanderbewegungen der Süd- oder Westgermanen mit denen der Ostgermanen, so fallen die Unterschiede in die Augen. Die Ostgermanen waren ursprünglich Nordgermanen, haben durchwegs die Bindungen mit der nordischen Heimat aufgegeben und sind schließlich in fremder Flut untergegangen. Ihnen eignet ein Zug in die Weite. Der Verlust der Bindung an das Volksganze hat zu großen Staatsgründungen geführt, die aber an dem Gegensatz zwischen der großen Zahl der unterworfenen Völker und der geringen der Herrschenden zerschellen und zum Volkstode führen mußten. Anders die Westgermanen. Sie sind fast durchaus im Zusammenhang mit dem geschlossenen Volkskörper geblieben. Gewiß sind Teile in die Bewegungen der Ostgermanen hineingerissen worden wie die Sweben, die den Wandalen und Alanen nach Spanien gefolgt sind, oder die Langobarden, die die Nachfolge der Ostgoten in Italien angetreten haben. Aber die Angelsachsen, die Britannien erobert haben, haben ihr Volkstum behauptet, d. h. sie haben die Germania auf die britische Insel übertragen. Bei den Franken, die das bedeutendste Reich der Völkerwanderungszeit aufgerichtet haben, ist zwar ein Teil romanisiert worden, der andere aber germanisch geblieben. Im übrigen zeigen nur die Elbgermanen ein großartiges

Verbreitungsbild, das etwas an die Ostgermanen erinnert; aber sie haben den Zusammenhang der Volksgruppe gewahrt und das Volkstum behauptet. Sowohl der unglückliche Ausgang des Kimbernzuges als auch des Unternehmens des Ariovist haben eine weise Beschränkung zur Folge gehabt, die schließlich zur Angliederung Süddeutschlands an Mittel- und Norddeutschland geführt hat.

Die Auseinandersetzung mit Venetern, Illyriern, Kelten und Romanen hat sich überall zugunsten der Westgermanen vollzogen. Nur die linksrheinischen Germanen der vorchristlichen Zeit sind im Keltentum aufgegangen; im übrigen

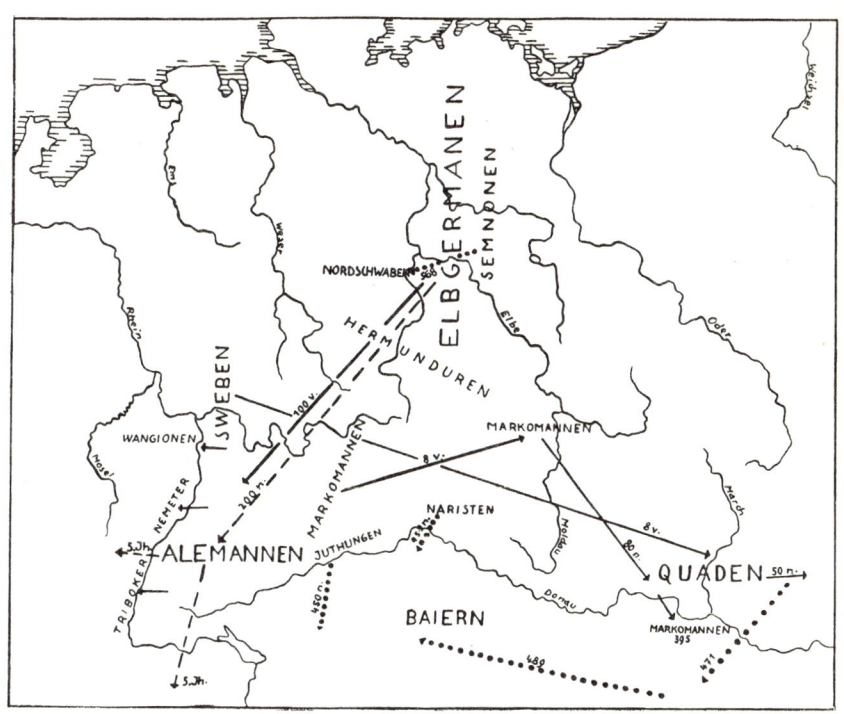

Abb. 22. Elbgermanische Ausbreitung

aber haben die Weser-Rheingermanen durch den Frankenbund ihre Kräfte gesammelt und in der Auseinandersetzung zwischen den freien Germanen und der römischen Provinz Germania gesiegt. Ähnliches gelang den Alemannen mit dem Durchbruch des Limes und den Baiern, die in Rätien und Norikum das Erbe des Römertums antraten.

Wie scharf der Kampf um den Lebensraum gewesen ist, zeigen die inneren Auseinandersetzungen auf deutschem Boden, wo schon im 1. Jh. n. Chr. Stämme umherirrten und bereits im 1. Jh. v. Chr. andere wie die Ubier es vorzogen, sich unter römischen Schutz zu stellen. Relativ gering bleibt die Ausbreitung der Stämme zwischen Rhein und Weser, und dieses zähe Festhalten am Boden bewahrt das Bauerntum vor dem Verlust des Volkstums. Aber innere Streitigkeiten haben auch hier zu Abwanderungen geführt wie bei den Batavern und Kanninefaten, von denen die ersteren zu schwach waren, um sich dauernd als germanisches Volk behaupten zu können.

Entscheidend haben kraftvolle Persönlichkeiten eingegriffen, man denke an Ariovist, Armin, Marbod, Civilis, Chlodwig. Ihnen ist es zuzuschreiben, daß die Kraft der Germanen der der Römer auf die Dauer überlegen war. Durch ihr Beispiel wurde im Kampfe um die Freiheit die Organisationsform der Kleinstämme überwunden und wurden die großen Stämme geformt, die sich zwar auch erst ihr Wirkungsfeld erkämpfen und abgrenzen mußten, die auch später den Franken unterlegen sind, die aber als Herzogtümer mit Stammesbindungen in die Zeit des Deutschen Reiches eintreten und noch heute oft ihr Stammesgefüge betonen. Franken, Alemannen, Baiern, Sachsen, Thüringer, Hessen sind trotz der Einwände und Bedenken, die man gegen die allzuhohe Einschätzung stammesmäßiger Bindungen vorbringen kann, Gegebenheiten, denen eine reale Kraft nicht abgesprochen werden kann. Sie haben gewiß nicht allein die Mundarten gestaltet. Es hat neben den Stämmen die einigende Kraft niemals gefehlt, der Verkehr hat sich zur Geltung gebracht, dynastische Interessen haben sich zeitweise als stärker erwiesen; aber auch die Stämme, die als letztes Ergebnis der Völkerwanderung entstanden, sind zu berücksichtigen. Die spätere deutsche Geschichte zeigt sich vom Merovingerreich angefangen über das Karolingerreich bis zum heiligen Römischen Reich deutscher Nation als ein Versuch, darüber hinaus nach neuen Formen einer höheren Volksgemeinschaft zu streben.

Es ist nicht so, daß das Römerreich an den Germanen zerbrochen ist. Es war innerlich morsch und überlebt. Im Vollbesitz seiner Kraft hätte es die Germanen sicher abwehren können. Aber was Kelten, Illyrier, Thraker nicht fertig gebracht hatten, war den Germanen gelungen. Sie sind neben den Römern ein freies Volk geblieben und waren als ihre Nachbarn bereit, ihre Nachfolge anzutreten. Das im einzelnen zu schildern, wie sie im Römerreich die wichtigen militärischen und Beamtenstellungen eingenommen, die römische Verwaltung durch die germanische ersetzt und als Läten sich auch im Bauerntum bemerkbar gemacht haben, ist hier nicht möglich. Die Ahnung des Tacitus und anderer Römer, daß dem Reiche durch die Germanen einmal eine Gefahr drohen werde, hat sich erfüllt. In größerem Blickfeld ist die Geschichte der germanischen Stämme die Vorbereitung für diese Aufgabe, die die Auseinandersetzung mit der antiken Kultur stellte.

Einige zusammenfassende Bemerkungen verdient noch die elbgermanische Ausbreitung. Es handelt sich bei den Elbgermanen um eine große Volksgruppe, die sich einst aus dem Norden abgezweigt und in Ostdeutschland und Thüringen eine neue Heimat gefunden hat. Das Erscheinen der nordgermanischen Stämme der Wandalen, Burgunder, Rugier und Goten hat ihr die Ausdehnung nach dem Osten unmöglich gemacht. So kommt es, daß zur selben Zeit, ab etwa 100 v. Chr., Süddeutschland in das Blickfeld der Elbgermanen rückt. Die Bewegung dauert vom Auftreten der Triboker, Nemeter, Wangionen, Sweben und Markomannen bis zur Landnahme der Baiern um 490 und greift mit den ebenfalls hieher gehörigen Langobarden 568 bis Italien aus, ohne daß es gelingt, dieses relativ dicht bevölkerte Land dauernd dem Germanentum zu gewinnen. Es sind also sechs bis sieben Jahrhunderte, die diese Tat vollbracht haben. Mehrere Etappen sind zu unterscheiden: erste Landnahme um 100 v. Chr. bis zur Donau mit dem Versuche des Ariovist, nach Gallien Raum zu gewinnen; um Christi Geburt Abzug der Markomannen und Sweben nach Osten; um 166 bis 180 Ansturm gegen die Donaulinie; um 200 neuerliche Sammlung der elbgermanischen Stämme am Limes; Gründung des Alemannenbundes, Durchbruch durch den Limes 261, Ausdehnung auf Elsaß und Schweiz im 5. Jahrhundert; seit

496 Rückzug vor den Franken; 489 (falls dieser Zeitpunkt richtig erschlossen ist) bairische Landnahme, damit Einbeziehung des Südostens. Damit ist der Umfang des heutigen deutschen Sprachgebietes im Süden erreicht, wenn der alemannische und bairische Landesausbau der folgenden Zeit einbezogen wird. Zeitweilig hat Italien zu diesem elbgermanischen Bereich gehört, der sich von Mittel- und Ostdeutschland nach Süddeutschland verlagert hat.

Daß neben elbgermanischen Stämmen auch nordgermanische Volksteile und Stämme beteiligt waren, ist gezeigt worden. Die Kimbern- und Teutonenreste waren nicht so isoliert, wie man bisher gemeint hat. Die Eudusen leben in den Juthungen fort. Auch die Haruden werden in Süddeutschland geblieben sein, ohne daß eine Quelle von ihnen spricht. Es ist selbstverständlich, daß diese nordgermanischen Sprachen sich nicht erhalten konnten, denn die Nordgermanenreste waren auf Zusammenleben mit Elbgermanen angewiesen, lebten im Gefüge dieser Sprache und nicht am Rande wie das Gotische, Wandalische und Burgundische. Man kann sich bemühen, solche Stämme mit ursprünglich etwas abweichender Sprache in den Mundarten zu fassen. Zwar waren die sprachlichen Unterschiede der germanischen Stämme im ersten vorchristlichen Jahrhundert noch nicht so bedeutend wie später, aber Besonderheiten wird es gegeben haben. Die Mundartgeographie glaubt zwar vielfach, die Mundarten erst seit dem späten Mittelalter übersehen zu können, aber es ist nicht zu leugnen, daß eine mundartliche Differenzierung schon früher vorhanden war. So gilt im Raume Miltenberg bis Nürnberg für unser *unner*, das wahrscheinlich schon spätestens im 4. Jh. n. Chr. aus **unzár* entstanden ist, einer Form, die in die Zeit freien Akzentes auch in der Flexion zurückgeht und Parallelen im Norden hat[1]. Dann darf es gewagt werden, bei einer Erscheinung, in der sich dieselbe Entwicklungsrichtung in einem bestimmten Teile Süddeutschlands wie im Norden geltend macht, an nordgermanische Elemente anzuknüpfen und hier an die gesuchten Haruden zu denken. Selbstverständlich ist das vorderhand eine Arbeitshypothese.

Auch sonst wird es der Sprachforschung vielleicht einmal möglich werden, die Landnahme in Süddeutschland zeitlich zu schichten. Bei der Übernahme vorgermanischer Flußnamen finden sich Unterschiede. Nördlich der Donau wird vorgermanisches *o* durch *a* ersetzt, z. B. **Rodantia* durch *Radantia* „Rednitz", südlich der Donau fehlt diese Erscheinung. Dort war kein gleichwertiges germanisches *o* vorhanden, die Senkung des *u* zu *o* noch nicht eingetreten, hier war *o* vorhanden. Die Ursache liegt in den zeitlichen Unterschieden der germanischen Landnahme, dort seit etwa 100 v. Chr., hier seit der alemannischen Landnahme im 3. Jh. und dem Erscheinen der Baiern im 5. Jh. n. Chr. Daß aus dem Aussehen der vorgermanischen Namen auf illyrische, keltische und venetische Namengeber geschlossen werden kann, ist mehrmals erwähnt worden.

Sonst bleibt die Berührung mit der früheren Bevölkerung noch sehr aufzuhellen. Wir kennen nördlich der Donau fast keine keltischen Stämme, abgesehen von den Helvetiern und den wohl unkeltischen Naristen in der Oberpfalz, die in wenig begehrten Wohngauen in den Wäldern relativ geschützt waren, aber doch germanisiert worden sind. Nur in den Inschriften um Heidelberg wird bei der Schreibung *Toutonos* Keltisierung von *Teutonos* und damit Anwesenheit von Kelten bemerkbar. Hier wird außer der Sprachforschung vielleicht einmal die Frühgeschichte weitere Einblicke gestatten. In Nordbayern sind nach REINECKE in der Spätlatènezeit alte Höhensiedlungen und Ringwälle zu Oppiden ausgebaut worden[2], z. B. die Houbirg und das Walberla (Ehrenbürg). Systematische Grabungen sind hier notwendig. Auf dem Staffelberg bei Staffelstein lassen sich keltische und später mehrmals germanische Siedlungsplätze nachweisen[3]. Auf die von Alemannen und Baiern angetroffenen Reste der älteren Bevölkerung und die mehr oder minder zahlreiche Übernahme alter Namen ist schon aufmerksam gemacht worden.

Die Sprachforschung kann auch darüber Auskunft geben, ob tatsächlich zwischen Alemannen, Baiern und Ostfranken sprachliche Gemeinsamkeiten bestehen, die eine Zusammenfassung unter dem Begriffe „Elbgermanen" rechtfertigen. Sie sind vorhanden. Für das Fürwort „er" gilt *ir, er* und nicht *he(r)* wie bei Weser-Rhein- und Nordseegermanen, *unseremo* „unserm" und nicht *unsemo*, altes *ai* und *au* und nicht *ei, ou*, das sich weiter nördlich eingestellt hat, so daß die mundartliche Entwicklung im Süden zu *ā*, im Norden zu *ē, ō* führt. Gemeinsamkeiten der Wortwahl schließen sich an, z. B. *trocken, trucken* gegenüber nördlichem *drūgi, drōgi* „trocken" u. a. Die Endung des Genitivs Sing. der männlichen *n*-Stämme und der schwach flektierenden Eigenschaftswörter ist im Süden *-in*, im Norden *-en*, was auf altem Ausgleich beruht. Durch *-in* ist aber Umlaut bei alten Namen bis ins 9. Jh. hervorgerufen worden, durch *-en* nicht. So stehen sich Ortsnamen wie *Lengenfeld* im Sünden und *Langenfeld* im Norden gegenüber, wobei aber von jüngeren Ortsgründungen nach dem 9. Jh. abgesehen werden muß, weil dann auch im Süden *-in* in *-en* überzugehen beginnt[4]. So erwächst die Gewißheit, daß Ostfranken nur ein politischer Begriff, die Grundlage des gesamten Südens aber, von nordgermanischen swebisierten Einsprengseln abgesehen, elbgermanisch ist.

[1] E. Schwarz, Jahrbuch f. fränk. Landesforschung 15 (1955), S. 53ff.

[2] P. Reinecke, Die kaiserzeitlichen germanischen Funde aus dem bayerischen Anteil der Germania Magna (23. Bericht der Römisch-Germanischen Komm. 1933), S. 148.

[3] P. Reinecke, Der Ringwall Staffelberg bei Staffelstein (Archiv f. Geschichte von Oberfranken 1952, S. 12—32).

[4] E. Schwarz, Beobachtungen zum Umlaut in süddeutschen Ortsnamen (Beiträge zur Namenforschung 5, 1954, S. 248—268).

SECHSTER TEIL

DIE NORDGERMANEN

Kapitel 38

Die nordgermanischen Stämme

(Abbildung 23)

Wie stark die nordgermanische Welt mit der gemeingermanischen zusammenhängt, zeigen die vielen Völkerwellen, die seit dem 2. Jh. v. Chr. nach Süden gezogen sind. Es wird Vorläufer geben, die vorderhand noch nicht deutlich faßbar sind. Sie werden zur Ausbildung der frühen Ostgermanen (Bastarnen) und Elbgermanen viel beigetragen haben.

Das Alter des Germanentums in Skandinavien wird bei fortschreitendem Ausbau der Vorgeschichte deutlicher herausgearbeitet werden können. Die ersten noch ungermanischen Bewohner werden den Renntieren nach der Eiszeit nordwärts gefolgt sein. Ihre rassische Zugehörigkeit ist noch unklar, zumal sehr wenig anthropologisch verwertbare Funde vorhanden sind. Es scheint, daß der Hirsch (Renntier) als heiliges Tier verehrt wurde und Relikte in den germanischen Religionen, besonders des Nordens (Alcesverehrung bei den Wandalen), auf Vermischung mit dieser Jägerbevölkerung zurückgeführt werden dürfen[1]. Alle skandinavischen Länder werden in die Auseinandersetzung zwischen den Großsteingräberleuten und den Streitaxtleuten im 2. Jahrtausend v. Chr. hineingezogen (s. o. S. 21). Über eine Zuwanderung von Germanen nach dem Norden erst in der Mitte des ersten vorchristlichen Jahrhunderts[2] kann man nicht disputieren, hat doch schon Pytheas im 4. Jh. v. Chr. Germanen in Thule (Mittelnorwegen) angetroffen.

An die älteste ungermanische nomadisierende Bevölkerung Skandinaviens, mit der die Ackerbauer zusammenstießen, heftete sich der Name F i n n e n, doch sind damit weder die heutigen Finnen noch die Lappen gemeint, die erst später aus östlicheren Gebieten eingewandert sein dürften. Die bis Südschweden reichenden Namen, die auf Finnen deuten, zeigen, daß die renntierzüchtende Bevölkerung vor den vom Süden vorstoßenden Germanen zurückgewichen ist. Daß der Name Finnen später auf die Lappen übertragen wurde, wird durch die Landschaft Finnmarken im nördlichen Norwegen gesichert, die in historischer Zeit von Lappen bewohnt war. Tacitus schreibt *Fenni*, Ptolemaeus Φίννοι. Sie werden als primitives Wandervolk, Jäger und Fischer, gute Bogenschützen mit leichten Sommerwohnungen beschrieben. Schon Pytheas hat von ihnen gehört (s. o. S. 42). Ptolemaeus kennt sie im Norden der Σκανδία, wo sie hingehören, dann aber auch südlich von den Goten bis an die Weichsel hin, wo für sie in dieser Zeit kaum Platz ist. Der Name ist L a p p e n und Finnen fremd und ihnen offenbar von den Germanen beigelegt worden. Man kann ihn zu germ. *finthan* „finden" als Bezeichnung für ein primitives Wandervolk auf Sammlerstufe stellen. Wann die lappisch-germanischen Beziehungen einsetzen, ist noch

unklar. Die Annahme, daß germanische Lehnwörter bereits vor der ersten Lautverschiebung eingedrungen sind, ist vorderhand nicht beweisbar. Das Lappische
ist eine finnisch-ugrische Sprache, doch gehören die Lappen einer anderen Rasse
an, weshalb man annimmt, daß sie eine frühere Sprache in der Nähe der Finnen
durch eine finnisch-ugrische ersetzt haben. Sie könnten den Samojeden nahe gestanden sein und ihre Urheimat am weißen Meer haben[3].

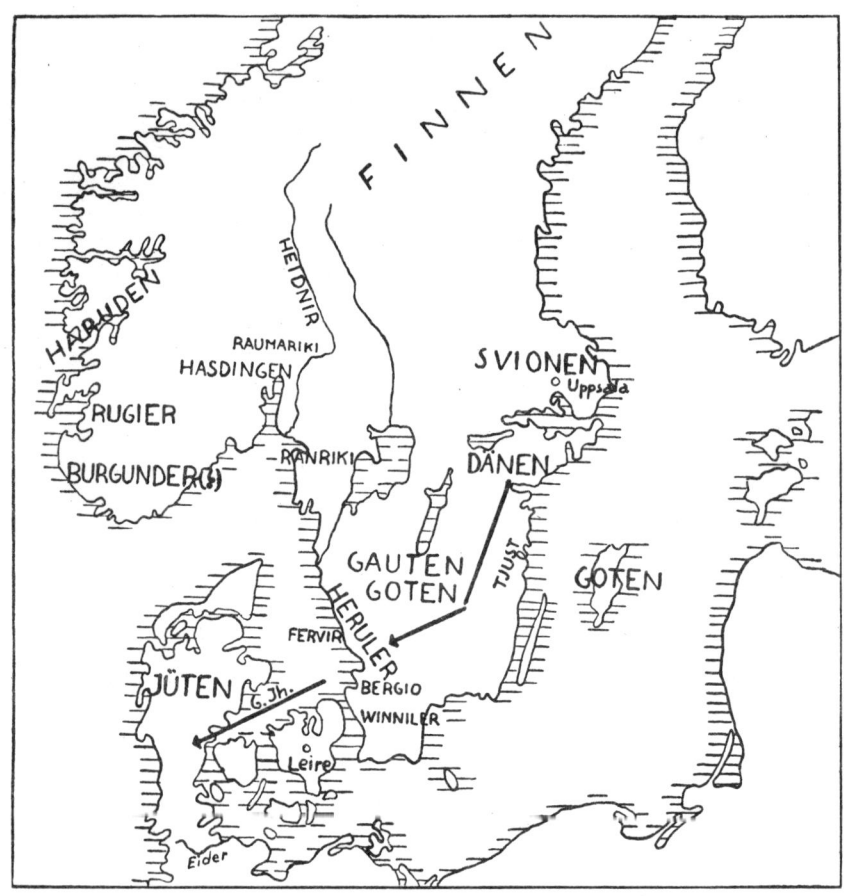

Abb. 23. Nordgermanische Stämme

Auch die Zeitangaben, wann die Finnen ihre heutigen Wohnsitze an der
Ostsee erreicht haben, schwanken beträchtlich. Die Frage nach der Urheimat
des finnisch-ugrischen Sprachstammes ist eng mit der nach der Urheimat und
frühen Verbreitung der Indogermanen verknüpft. Die ältesten Lehnwörter aus
dem Indogermanischen, die die Finnen mit anderen finnischen Stämmen an der
Wolga gemeinsam haben, sind arischen Ursprungs, offenbar im 2. und 1. Jahrtausend v. Chr. aufgenommen. Dann hat sich der ostseefinnische Zweig (Finnen
und Esten) abgespalten, ihm fehlen jüngere Lehnwörter aus dem Iranischen
Südrußlands. An der Ostsee gerieten die Ostseefinnen unter den Einfluß der an

der Küste wohnenden Germanen, wobei Thomsen an Goten dachte, doch sind die dafür geltend gemachten Merkmale nicht beweiskräftig. Es ist unwahrscheinlich, daß Goten und Finnen jemals direkte Nachbarn waren. Vielmehr wird es sich um nordgermanische Stämme aus Schweden handeln, die früh am Ostufer der Ostsee seßhaft geworden sind. Auch gegen die Vermutung, daß die Finnen germanische Lehnwörter schon vor der ersten Lautverschiebung empfangen haben, ist Widerspruch laut geworden[4]. Doch setzen die ältesten Lehnwörter eine sehr alte germanische Gestalt voraus, die fast als urgermanisch bezeichnet werden kann. Aber da der Norden sehr beharrsam war, ist eine Erklärung gut möglich, wenn man ab Christi Geburt mit dem Beginn der sprachlichen Beziehungen zwischen Finnen und Germanen rechnet, vgl. *rengas* Ring, *ruhtinas* Fürst (< *druhtīnaz*). Die Anfänge des baltischen Einflusses in den ostseefinnischen Sprachen werden in die letzten Jahrhunderte v. Chr. gesetzt[5]. Die Lehnwörter aus dem Slawischen sind jünger, so daß baltische Stämme einen Keil zwischen Ostseefinnen und den Slawen gebildet haben. Zuerst dürften sich die Finnen im heutigen Estland angesiedelt haben. wo sie an der Küste mit den von Tacitus erwähnten germanischen S i t h o n e n bekannt wurden, deren Name zu germ. *sīða* „niedrig" gehören könnte.

Wie die germanischen Stämme geheißen haben, die Pytheas in der Mitte des 4. Jh. v. Chr. an der Südwest- und Westküste Norwegens besucht hat, wird nicht überliefert. Da aber die Urheimat der ostgermanischen Stämme mit größerer oder geringerer Sicherheit in bestimmten Landschaften des Nordens gesucht werden darf (s. Abb. 11), können die (H o l m) r u g i e r und H a r u d e n in Südwestnorwegen angesetzt werden, südlich von ihnen vielleicht die B u r g u n d e r , in der Oslobucht die H a s d i n g e n , in Götaland die G o t e n und G a u t e n , hier auch die Vorfahren der G e p i d e n , in Halland die H e r u l e r . In Schonen werden die W i n i l e r , die Vorfahren eines Teiles der Langobarden, gesessen sein. Alle Völker haben wir uns, soweit sie nicht in den norwegischen Fjordlandschaften wohnten, durch Wälder und Seen getrennt zu denken.

Eine bemerkenswerte Mitteilung über die S u i o n e n in Mittelschweden verdanken wir Tacitus. Sie haben nach ihm außer der Landmacht auch eine starke Flotte mit Ruderschiffen und ein Königtum. Sonst kann vermutet werden, daß sie Wanenverehrer waren. Es ist auffallend, daß kein anderer Stammesname erwähnt wird. Anderseits sind die Angaben so bestimmt, daß sie auf die Nachricht eines Römers zurückgehen werden. Da die Suionen einen regen Pelzhandel betrieben haben, wird einer der römischen Kaufleute, die in Samland wegen des Bernsteinhandels geweilt haben, mit ihnen zusammengetroffen sein oder von ihnen gehört haben[6]. Der Kultmittelpunkt und die Residenz der Könige wird in Gamla Uppsala zu denken sein. Die große Machtentfaltung der Suionen hängt mit den Landhebungen um und nach Christus zusammen, wodurch Land gewonnen wurde und sich die Bevölkerung vermehrte[7]. Vom Wanenkult hatte sich noch im 11. Jh. die Verehrung Freys im berühmten Tempel von Altuppsala (neben der von Odin und Thor) gehalten. Da Tacitus von den „Stämmen" der Suionen spricht, waren sie schon ein größerer Stamm. Der Volksname heißt altnord. *Suīar*, angelsächs. *Swēon*, im 6. Jh. bei Jordanes *Suehans*, got. **Swaíans*, wobei am besten an eine Entsprechung des ahd. *geswio* „Schwager, Schwestermann" zu denken sein wird, also „die Angehörigen, Verwandten"[8]. Man darf davon den Namen *Schweden* ableiten (*Suedia* bei Adam von Bremen, altschwed. *Swethiuth* „Schwedenvolk"), muß sich aber bewußt bleiben, daß er nicht mit dem heutigen Volke der Schweden zusammenfällt, sondern ursprünglich für einen Stammesbund in Mittelschweden gilt, der sich erst später zum herrschenden Volk aufgeschwungen hat.

Als Gesamtnamen der Nordgermanen überliefert Plinius *Hilleviones*, die in 500 Gauen *Scadinavia* bewohnen sollen. Der Name, der noch nicht befriedigend aufgeklärt ist, begegnet nicht mehr. Die Lesung *Scandinavia* ist verderbt. Er galt ursprünglich für die Südspitze der Halbinsel und lebt fort in *Schonen*, altnord. *Skáney*, altengl. *Scedenīg*, bei Adam von Bremen um 1050 *Sconia*. Der zweite Teil enthält **awiō* „Insel", während der erste noch unklar ist, wobei die Verbindung mit der im Norden verehrten Göttin Skaði einleuchtet, aber lautliche Schwierigkeiten bereitet. Die langobardische Form *Scatanau* zeigt die hochdeutsche Gestalt.

Weitere Völkerschaften kennt Ptolemaeus, so die Χαιδεινοί, die den westlichen Teil bewohnen. Es sind die norwegischen *Heiðnir*, an die die Landschaft Hedemarken erinnert. Für die Φαυόναι und Φιραῖσοι ist noch keine Anknüpfung gefunden. Die Γοῦται sind die Goten = Gauten, die Δαυχίωνες werden gewöhnlich mit den Dänen gleichgestellt, sind aber ein ganz anderer Name (zu got. *gadauka* „Hausgenosse"). Die Λευῶνοι (= altnord. *ljōnar* „Menschen") machen der Deutung Schwierigkeiten.

Weitere Nachrichten über skandinavische Stämme liegen bei Jordanes, im Beowulf und im Widsith vor. Jordanes hat sie aus Cassiodor, der in Ravenna den Norwegerkönig Rodwulf gekannt haben wird, welcher Theoderich aufgesucht hat. Leider sind die Stammesnamen hier z. T. verderbt wiedergegeben. Über die *Greotingi* „Greutinger", die aus den *evagreotingi* herausgelesen werden können, s. o. S. 87. Die *Finnaithae* hängen mit Finnved in Småland zusammen, die *Gauthi* sind die Westgauten, die *Ostrogothae* die Ostgauten, die *Theustes* die Bewohner von Tjust südlich von Östergötland, die *Raumariciae* die von *Raumariki* (heute Romerike) bei Oslo (altwestnord. *Raumar*, angelsächs. *Rēamas*), die *Ragnaricii* die von *Ranrike* in Bohuslän, die *Granii* sind die *Grenir* in Grenland im Westen des Oslofjordes, die *Fervir* die späteren *Fjære* (< **Fervō*) in einem Teile von Söstrand, die *Bergio* begegnen im Gaunamen Bjäre im nordwestlichen Schonen[9]. Es handelt sich also z. T. um Untergaue. Die *Arochi* sind verlesen für *Harothi* = Haruden, die *Rugi* gehören in das norwegische Rogaland. Die *Scrithifinni* sind die „mit Schneeschuhen ausgestatteten Lappen". Bei einigen anderen ist die Ansetzung noch unsicher.

Jordanes nennt die D ä n e n aus dem Geschlechte der Schweden entsprossen, was zutreffen wird. Ihre Urheimat wird am Mälarsee gesucht, von wo sie sich südwärts ausgebreitet haben. Sie haben die Heruler nach 512 vertrieben bzw. unterjocht und besaßen damals schon die dänischen Inseln und Nordjütland, dessen Erwerbung dadurch erleichtert worden war, daß die nach dem Abzug der Kimbern, Wandalen, Teutonen, Haruden und Ambronen zurückgebliebenen Volksreste nur schwach und die Angeln im Begriff waren, ihre Heimat zu räumen. Im 6. Jh. wird ein Höhepunkt der dänischen Macht erreicht. Die ursprünglich mehr nach Norwegen neigenden und von dort z. T. gekommenen nordgermanischen Stämme Jütlands werden als J ü t e n eingegliedert. Ob man aus dem Aufkommen dieses Namens (altnord. *Jōtar*, altengl. *Ȳtan*, zu altnord. *ýtar* „Menschen") auf einen Stammesbund vor dem Erscheinen der Dänen schließen darf, bleibt unsicher. Das Alter des Stammes wird durch Teilnahme von Euten an der Besiedlung der Rheinmündungen und an der Landnahme in Britannien gesichert (s. o. S. 124). Auf alte Beziehungen zu den Goten in ihrer skandinavischen Urheimat deutet die Verwendung des Volksnamens der Dänen in westgotischen Personennamen[10]. Auf Berührungen mit den Angeln weist die Offa-sage und die Finnsburgepisode im Beowulf. Die nordgermanisch-südgermanische Grenze wurde durch die dänische Landnahme in Jütland an die Eider verlegt. Der Name der Dänen wird mit dem altengl. *denn* „Tal", niederdt. *dane* „sump-figes Tiefland" zusammenhängen. Das *-mark* des Landesnamens ist vielleicht ein späterer Zusatz, denn im 7. Jh. wird lateinisch *Dania* geschrieben. Alfred der Große verwendet *Denemarc* (*marc* „Grenzwald", hier wohl schon in der Bedeutung „Gebiet")[11]. Die Landschaften Halland, Schonen und Blekingen, die die Dänen erobert hatten, sind von ihnen bewohnt geblieben und haben bis 1660 zu Dänemark gehört.

Während sich so die Dänen südwärts geschoben und einen selbständigen Staat begründet haben, sind die G a u t e n schließlich in den Schweden aufgegan-gen. In das Jahr 516 fällt der Einfall der Gauten in das Rheinmündungsgebiet unter *Chochilaicus* (angelsächs. *Hygelāc*), wo es zu Kämpfen mit Chattuariern kam, die deshalb im Finnsburgliede erwähnt werden. Ob die Gautenfahrt und Kämpfen mit den Swionen zusammenhängt, die schon jetzt die Freiheit der Gauten bedrohten, oder mit dem Vorstoß der Dänen, den die Heruler in dieser Zeit zu spüren bekamen, oder ob erst eine spätere Zeit den Zusammenschluß mit den Schweden gebracht hat, ob das friedlich oder feindlich geschehen ist, ist noch ein Streitpunkt der Forschung[12].

Der Norden ist für die germanische Zeit eine Völkerwiege. Dieser bereits von Jordanes gebrauchte Ausdruck ist die treffende Charakteristik eines welthisto-rischen Geschehens. Dabei kennen wir gewiß nur einen Teil der vom Norden ausgehenden Völkerbewegungen. Immer scheinen Volksteile zurückgeblieben zu sein. Da niemals fremde Völker eingefallen sind, ist die Volksüberlieferung un-gewöhnlich treu und hält in Gaunamen die meisten Kleinstämme fest. Während sich von 120 v. Chr. bis Christi Geburt Südwestnorwegen bis Götaland an der Abwanderung beteiligt haben und noch um 250 Heruler und Krimgoten sich anschließen, beschränkt sich der Süddrang der Dänen auf Erwerbung der däni-schen Inseln und von Nordjütland. Die Schweden suchen in dieser Zeit ihr Land zu einigen.

Für den germanischen Raum insgesamt liegt Skandinavien, durch das Meer getrennt, am Rande des Geschehens, wenn man die Auseinandersetzung der Westgermanen mit der römischen Welt oder die großen Eroberungen der Ost-germanen daneben stellt. Tatsächlich weist der Norden manches Alte in Sitte, Sprache und sozialen Zuständen auf im Verhältnis zum Süden. Im Kult ist das Zusammenwachsen von Wanen- und Asenreligion zu beobachten, die Sprache ist altertümlich geblieben noch in Zeiten, da die abgewanderten Völker wie die Goten z. T. schon „moderner" sprachen. Da das Christentum später als in Deutschland oder Britannien Eingang gefunden hat, ist zusammen mit der kon-servativen Einstellung der Bevölkerung mehr vom Heidentum und von alten Gebräuchen erhalten geblieben als im Süden der Germania, so daß bei kritischer Betrachtung Rückschlüsse auf die gemeingermanische Zeit gestattet sind[13]. In sprachlicher Beziehung ist der Norden bis zur Wikingerzeit ein großes Relikt-gebiet, wenn er auch bis zum 6. Jh. von einer Anzahl südgermanischer Neuerun-gen erreicht wird. Für eine Einwirkung des Nordens auf den Süden um 500 in-folge besonderer Kulturentwicklung, die der fränkischen im Süden entspricht[14], ist nichts Entscheidendes beizubringen.

Auch in der staatlichen Organisation bleibt der Norden zunächst zurück. Die Bodengestaltung, das große unbewohnte Gebirge zwischen Schweden und der norwegischen Küste verhinderte das Zusammenwachsen zu einem Staate. Die Dänen machen sich auf den dänischen Inseln und in Jütland selbständig. Bei den Schweden schwanken die Historiker zwischen dem 6. Jh. und viel späterer Zeit, wann es zur Einigung des Landes gekommen ist. In Norwegen ist es im 9. Jh. so weit. Der Norden bildet drei getrennte Reiche nach Überwindung der Zeit der kleinen Stämme, aber später als der Süden, obwohl, wie die Gründung der ostgermanischen Reiche zeigt, die Nordgermanen von Anfang an eine große staatenbildende Kraft besessen haben, die sich in den Normannenfahrten wieder bewährt.

[1] H. ROSENFELD, Germanisch-romanische Monatsschrift 28 (1940), S. 245ff.

[2] So G. KLINGBERG, Den Germanska bebyggelsens alder i norden (Fornvännen 1950, S. 148ff.), der sich auf W. SCHMIDT, Rassen und Völker in Vorgeschichte und Geschichte des Abendlandes (1946) beruft.

[3] P. RAVILA, Die Lappen und Fennoskandien (HIRT-Festschrift II, 1936, S. 97ff.).

[4] V. THOMSEN, Den gotiske sprogklasses inflydelse på den finske (1869), übersetzt von E. SIEVERS, Über den Einfluß der germanischen Sprachen auf die finnisch-lappischen (1870), hat an Goten gedacht. B. COLLINDER, Die urgermanischen Lehnwörter im Finnischen (1933) wendet sich gegen finnische Lehnwörter aus 'dem Germanischen vor der ersten Lautverschiebung, ebenso E. OEHMANN, Die ältesten germanischen Lehnwörter im Finnischen (Nachrichten der Akad. d. Wiss. Göttingen, phil.-hist. Kl. 1954, Nr. 2, S. 13 bis 26).

[5] Dazu KALIMA, s. Anm. 1 zum 6. Kapitel.

[6] Dazu E. HJÄRNE, Bernstenriddaren och Tacitus. Uppsala 1938 (Dissertationsauszug).

[7] J. SAHLGREN, Wikingerfahrten im Osten (Zs. f. slav. Phil. 8, 1931, S. 313).

[8] So L. LAISTNER, Germanische Völkernamen (Württemb. Vierteljahrshefte 1892, S. 39ff.); anders A. NOREEN, Altisländ. Grammatik⁴, § 110, Anm. 4.

[9] Die Abhandlung von J. V. SVENSSON, De nordiska folknamnen hos Jordanes (Namn och Bygd 5, 1917, S. 109ff.) wird noch heute in Schweden als maßgeblich betrachtet.

[10] SCHÖNFELD, Wörterbuch der altgerm. Personennamen (1911), S. 71.

[11] S. GUTENBRUNNER, Namenkundliche Zeugnisse zur german. Urgeschichte (HIRT-Festschrift II, S. 453ff.); T. KARSTEN, Zu den ältesten Völker- und Ortsnamen der Ostseeländer (ebda. II, S. 471ff.). Die Probleme der dänischen Frühgeschichte werden jetzt von S. GUTENBRUNNER in GUTENBRUNNER-JANKUHN-LAUR, Völker und Stämme Südostschleswigs im frühen Mittelalter (1952), S. 87—130 ausführlich erörtert. Wenig überzeugend sucht GUTENBRUNNER S. 164ff. den Dänennamen mit dem Fahnennamen Danebrog zu verknüpfen.

[12] Vgl. zu dieser Frage C. VEIBULL, Om det svenska och det danska rikets uppkomst (Historisk tidskrift för Skåneland 7, 1921); B. NERMAN, Svenska rikets uppkomst (Föreningen för svensk kulturhistoria, Böcker, Nr. 6, 1925); O. MOBERG, Svenska rikets uppkomst (Fornvännen 1944, S. 158ff.).

[13] W. GRÖNBECH, Kultur und Religion der Germanen (1937) hält Nord- und Gemeingermanisches nicht immer scharf genug auseinander.

[14] So F. ASKEBERG, Norden och Kontinenten i gammal tid (1944), S. 95.

Kapitel 39

Die Normannen

(Abbildung 24)

Durch die Abwanderungen war die durch Klimaverschlechterung und Volks-
vermehrung nötige Erleichterung erzielt worden. Im 8. Jh. flackert eine große
Unruhe in den Völkern des Nordens auf, die man als W i k i n g e r z e i t zu-
sammenfaßt. Es handelt sich um eine Reihe von Einzelunternehmungen, die
auch zu normannischen Staatsgründungen führen[1].

Der Name Wikinger, der zuerst im Widsith für ein seefahrendes Volk auftaucht, wird verschieden erklärt[2]. Die einfachste Deutung ist die, von einer Vik,
einer Bucht, auszugehen, wobei besonders an die Bucht von Oslo gedacht werden
darf. Die Bedeutung ist später „Seekrieger, Pirat, der fremde Küsten plündert".

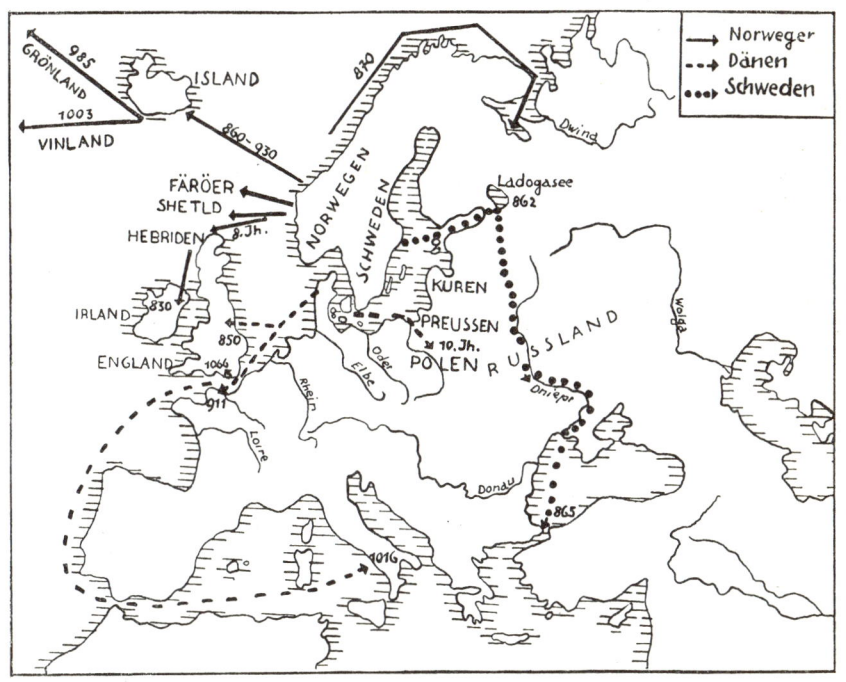

Abb. 24. Normannen

Es steckt im Ortsnamen Wicquinghem südlich Calais, 11. Jh. *Wichingehem,* der
älter als die Wikingerzeit sein dürfte und für die Verbreitung des Wortes im
Nordseegermanischen zeugt. Wesentlich ist, daß die Seefahrten der Normannen-
zeit eine alte Tradition fortsetzen. Bereits zur Römerzeit hat es germanische
Flotten in der Nord- und Ostsee gegeben. Der Norden bewahrt hier alte Sitte
und zeigt sich wie sonst als Rückzugsgebiet des germanischen Raumes.

Die Landnot im Norden im 8.—10. Jh. wird allerdings meist überschätzt. Man
hatte zu Hause noch urbar zu machendes Land. Mehr werden die Erfolge der

Fahrten, Hoffnung auf Gewinne und Tribute, Ruhmsucht und Machtdrang dazu beigetragen haben, daß die Leute zuströmten. Die für friedliche Handelszwecke bestimmten Schiffe konnten leicht zu Raubzügen dienen, denn wie bei den Phöniziern lagen Handel und Piraterie nahe beisammen. Den Anfang bildet die Plünderung des Klosters Lindisfarne in Nordhumberland durch Nordleute, N o r m a n n e n genannt. Schon im 8. Jh. sind Norweger auf den Shetlandsinseln und Orkaden seßhaft geworden, bald darauf auf den Hebriden[3]. Die Fahrten waren meist Sommerfahrten, im Winter zog man sich zurück; doch begannen die Normannen bald, sich auch im Winter im fremden Lande aufzuhalten. Die Wikingerheere waren eine Art von Berufsheeren und dem Bauernaufgebot in den angegriffenen Ländern weit überlegen. 820 wurde die Insel Man in der irischen See besetzt. Seit 830 setzten sich die Wikinger in Irland fest, wo die Könige uneinig waren. *Thorgisl*, ein Norweger aus der Oslobucht, wandelte irische Kirchen in Thorstempel um. Die Iren erhoben sich mehrmals, 901 wurde Dublin zurückerobert. Aber die nordatlantischen Inseln blieben Stützpunkte, die Färöer wurden besiedelt. Ab 916 wurde ganz Irland von den Norwegern beherrscht und erst 980—1004 wurden die normannischen Herrschaften gebrochen, von denen sich einige kleine bis 1170 behauptet haben. Die norwegische Sprache ist hier erst im 14. Jh. erloschen.

In England beginnen die Einfälle der Dänen seit 850. Anglien wurde erobert, aber die Westsachsen unter Alfred konnten sich halten. Die Dänen versuchten hier, die Plünderungszeit durch eine Landnahme abzulösen. Im Frieden von 878 mußten die Dänen die Taufe annehmen, nur Ostanglien blieb dänisch.

In Schleswig war das Dänenreich der Nachbar Karls des Großen geworden, als sich dieser die nordalbingischen Sachsen unterworfen hatte[4]. An Stelle von *Reric*, das noch nicht sicher aufgefunden und vielleicht in der Wismarer Bucht zu suchen ist, wurde an der Mündung der Schlei in S c h l e s w i g ein Platz errichtet, 804 *Sliesthorp* genannt, den die Nordgermanen *Hedeby* „Ort an der Heide" hießen. Die neuen Ausgrabungen[5] haben gezeigt, daß der Wikingerort am Südufer der Schlei lag, wo eine ganze Stadt aufgedeckt worden ist, deren Verkehrslage außerordentlich günstig gewesen ist. Sie brachte durch ihre Zölle gute Einnahmen. Aus Rücksicht auf den Handel duldete man hier das Christentum. Gegen Ende des 9. Jh. wurden schwedische Wikinger die Herren, um die Mitte des 11. Jh. wurde die Siedlung wahrscheinlich auf das Nordufer der Schlei verlegt, wo heute Schleswig steht. Ein großes Befestigungssystem, das *Danewerk*, sicherte den Weg nach *Haithabu*. Die Handelsbeziehungen reichten bis England, Island, Ostpreußen, Nowgorod und Konstantinopel. Diese Randsiedlung des nordgermanischen Kreises war Mittlerin zwischen dem fränkischen Westen und dem Norden.

Im 10. Jh. ist die J o m s b u r g entstanden, nach der Jomswikingersaga durch den Dänen Palnatoki angelegt. Für die Burginsassen bestand eine feste Regel. Saxo Grammaticus, Ibrahim ibn Jaqub, ein spanischer Jude, der (als Sklavenhändler?) bis an die Ostsee im 10. Jh. kam, Adam von Bremen, der von *Jumne* an der Odermündung spricht, und Helmold, der *Jumneta* nennt, erzählen von der Stadt, die ein wichtiger Handelsplatz war. In einer jüngeren Abschrift von Helmolds Chronik steht *Vineta*. Der vielgesuchte und zur Sage gewordene Platz scheint nach neueren Ausgrabungen bei Wollin gelegen zu haben, wo sich auf dem Galgenberg große Siedlungsreste gefunden haben. Der Silberberg nördlich der Stadt hat seinen Namen von mittelalterlichen Silberfunden[6]. Die Wohnhäuser waren hier nach nordischer Art gebaut. Die Blüte des Handels und Gewerbes scheint von 900—1180 gereicht zu haben. Bei den Kämpfen um den Platz, in die die Dänen eingriffen, drehte es sich um die Vorherrschaft in der südlichen Ostsee.

Auch im westlichen Pommern sind Wikingerfunde gemacht worden, die zeigen, daß dänische Wikinger die Küste zum Handel oder zu Plünderungen öfters aufgesucht haben. Eine wichtige Eingangspforte war die Weichsel, die damals die Grenze zwischen den slawischen Pomoranen und den baltischen Preußen war. Hier häufen sich bis zur Halbinsel Hela, wo Rixhöft, Hela und Heisternest (ursprünglich *Östernäs*) und wohl auch Elbing skandinavische Namen tragen[7], Funde aus der Wikingerzeit, besonders von Booten, die aus nordgermanischen Ländern stammen. Auch Wikingergräber neben slawischen, die auf ansässige Nordleute schließen lassen, sind gefunden worden. Der Reisebericht des *Wulfstān* bezeugt Fahrten von Haithabu nach *Truso*, das am Drausensee lag. Der Ort selbst ist noch nicht sicher aufgefunden worden[8]. Vielleicht lag er an der Stelle von Elbing, wo ein Wikingerfriedhof aufgedeckt worden ist.

Im Samland ist bei Wiskiauten eine Wikingersiedlung aufgefunden worden, die Handelsbeziehungen zu Birka, dem großen schwedischen Handelsplatz im Mälarsee, hatte. Die Dänen haben im 11. Jh. mehrmals versucht, Samland zu erobern. Wahrscheinlich haben auch an der Pregelmündung und an der Memel Wikingerkolonien bestanden. Doch haben die Kuren schon im 11. Jh. ihre Unabhängigkeit zurückgewonnen[9].

Der Wikingerhandel ging die Oder aufwärts, wo Oppeln eine Rolle spielte[10]. Nordleute scheinen bei der G r ü n d u n g d e s p o l n i s c h e n S t a a t e s im 10. Jh. maßgeblich beteiligt zu sein. Der erste Piastenfürst Mieszko I. trug auch den nordischen Namen *Dago*. Eine Gefolgschaft von dreitausend Kriegern stand ihm zur Seite, also ebenso wie die Druschina in Kiew. Seine Tochter Swietoslawa war mit Erik von Schweden und in zweiter Ehe mit Sven Gabelbart von Dänemark verheiratet und heißt in späteren Quellen *Sigrida Storrede*. Sie war die Mutter Knuds des Großen[11]. Bei Grobin im westlichen Kurland, 11 km nordöstlich von Libau, ist 1929 durch Ausgrabungen eine Wikingerkolonie festgestellt worden, die im 7. Jh. beginnt und vermutlich mit der von Rimbert in seiner Lebensbeschreibung Ansgars erwähnten *Seeburg* gleichzusetzen ist, welche bisher in der Gegend von Riga gesucht worden ist. Gotländische und schwedische Gräber haben sich gefunden. Es war ein schwedisches Machtzentrum in Kurland[12]. Eine weitere schwedische Herrschaftsburg stand nahe der lettischen Grenze bei dem libauischen Dorf Apuolie, dem *Apulia* Rimberts, ebenfalls aus dem 7. Jh. stammend. Aber es wurde nicht der Versuch gemacht, schwedische Bauern anzusiedeln. Um 800 wurden die Schweden durch einen Aufstand der Kuren vertrieben.

Wann s c h w e d i s c h e N i e d e r l a s s u n g e n i n F i n n l a n d entstanden sind, ist ein Streitpunkt der Forschung[13]. Aus Lehnwörtern und Ortsnamen wird eine seit mindestens Christi Geburt wahrscheinlich von Schweden kommende Besiedlung erschlossen. Die Ålandsinseln waren in der Wikingerzeit von Schweden besetzt.

Am Ladogasee haben sich nach den Angaben der russischen Chronik des Nestor und gesichert durch Ausgrabungen schwedische Einwanderer im 9. Jh. niedergelassen. Die Einwanderungssage und die in ihr genannten Personen, auch die Gestalt Ruriks, sind fragwürdig[14]. Da diese Plätze damals von finnischen Völkerschaften bewohnt waren und der Name R u s s e n über finnische Vermittlung (*Ruotsi* „Männer aus der schwedischen Landschaft *Roslagen*, der uppländischen Küstenlandschaft, nach Stender-Petersen zu einem Hauptwort *röther* „Meerenge, Wasserstraße", so zum Unterschied von den übrigen Schweden) den Slawen zugekommen ist, war der Ladogasee das Einzugsgebiet der W a r ä g e r, der „Eidgenossen", bewaffneter schwedischer Kaufleute, die über die Kauffahrten des 8. Jh. zur Herrschaft gelangten[15]. Andere Plätze entstanden in Isborsk und am Beloosero. Über die Wolga und den Dnjepr wurde der Anschluß an den Handel mit dem Orient und nach Konstantinopel erreicht. Wasserscheiden und Stromschnellen wurden auf Schleifstrecken überwunden, an die hie und da Ortsnamen erinnern[16]. Für einige Stromschnellen des Dnjpr kennen wir die warägischen Namen. Schon im 9. Jh. sind russische Kaufleute in Bagdad erschienen, wo sie Schwerter sowie Felle von Ottern und schwarzen Füchsen verkauften. 839 kamen Russen (*Rhos*) als Gesandte nach Konstantinopel, die sich einer Gesandschaft des Kaisers an Ludwig den Frommen anschlossen. Das Schwarze und Kaspische Meer wurden von ihnen befahren. Aber nicht an der Wolga, sondern am Dnjepr gelang die Bildung eines Reiches. Zunächst wurde in der Mitte des 9. Jh. die Herrschaft von Nowgorod am Ilmensee, das die Nordleute *Holmgard* nannten, errichtet. Der Raum zwischen Peipussee und Beloosero hieß *Gardariki* „Burgenreich". Auch in Isborsk, Rostow und Polozk gab es warägische Burgen, gleichzeitig Stapelplätze für die Waren. Aber über die Anfänge einer Landnahme sind die Waräger nicht hinausgekommen. Der Raum war zu groß, der Nachschub aus der Heimat für eine Besiedlung nicht ausreichend. Kaufleute und Krieger begründen keinen dauernden Lebensraum, wenn die Bauern fehlen.

Askold und *Dir* eroberten Kiew, der Blick war wohl auf *Miklagard* (Konstantinopel) gerichtet. Um sich den Verkehr mit Indien und Asien zu öffnen, wurde die byzantinische Mission in Kiew zugelassen. Unter *Oleg* (*Helgi*) wurden beide russischen Reiche vereinigt, die slawischen Völkerschaften in Abhängigkeit gebracht. 911 wurde ein Freundschaftsvertrag mit Konstantinopel abgeschlossen. Während des 10. Jh. wurde die Runenschrift und die nordische Sprache bewahrt, auch holte man sich noch Frauen aus Schweden. Aber die Slawisierung war nicht zu verhindern[17], auch faßte die byzantinische Kirche Fuß in Kiew. *Olga,* die nach *Igors* Tode die Herrschaft führte, ließ sich 957 taufen. Sie erbat sich auch von Kaiser Otto I. Bischöfe und Priester, ohne daß es dazu kam. Seit dem Ende des 10. Jh. standen „*Waranger*" im Solde des byzantinischen Kaisers. Es wiederholt sich die Erscheinung der germanischen Prätorianer im Dienste Roms.

In England wurde 1017 der Sohn Sveins, *Knut,* zum König gewählt, der auch über Norwegen, Witland und Samland herrschte. Er gebot über Nord- und Ostsee, aber es fehlte die Staatsidee. Knut strebte danach, beide Völker zu verschmelzen; das bedeutete die Anglisierung des schwächeren nordischen Elementes. 1042 wurde wieder ein Angelsachse König. Aber die neuen Herren kamen aus der Normandie.

Der blühende friesische Handel, der bis England, Norwegen und Birka reichte, war seit der Zerstörung *Dorestads* durch die Normannen lahm gelegt worden. In allen größeren Flüssen tauchten die Wikingerflotten auf. Karl dem Großen kam nicht der Gedanke, schon die Küste durch ein Befestigungssystem zu schützen, wie es einst die Römer getan hatten. Der Sieg von Saucourt 881, den das Ludwigslied feiert, wurde nicht ausgenützt. Ein Normannenheer unter *Rollo,* von dem nicht feststeht, ob er dänischer oder norwegischer Herkunft ist, brachte das Land an der unteren Seine, die spätere N o r m a n d i e, in seinen Besitz. 911 wurde er förmlich damit belehnt, 912 ließ er sich taufen. Den Normannen wurde Land zugewiesen. Sie kamen überwiegend aus Dänemark, dann auch aus Norwegen und Irland. Das beweisen viele nordische Ortsnamen, auch sind normannische Personennamen aufgenommen worden[18]. Trotzdem überwog die heimische romanische Bevölkerung, so daß bald Romanisierung eintrat. Aber der Abenteuerdrang der Normannen und ihr Organisationstalent war nicht erloschen. Normannische Ritter setzten sich nach 1016 in Unteritalien fest. Sie zeigten hier staatsbildende Kraft, aber von einem germanischen Empfinden kann man nicht mehr sprechen.

1066 eroberte Wilhelm von der Normandie aus England durch den Sieg bei Hastings. Die normannischen Barone, die nun über angelsächsische Untertanen herrschten, waren französiert, und es dauerte Jahrhunderte, bis es zu einem Ausgleich kam. Aber die Romanisierung Englands war unmöglich, wenn auch die Sprache sehr viele romanische Wörter aufgenommen hat.

Während alle diese Unternehmungen schließlich zum Verlust des nordischen Volkstums geführt haben, ist eine andere von Dauer gewesen. Gegen Ende des 8. Jh. haben irische Einsiedler I s l a n d entdeckt, als sie von den Inseln im Norden Schottlands weichen mußten. Das Isländerbuch des Are Froði erzählt die norwegische Besiedlung der Insel in den Tagen Harald Schönhaars. Die Norweger trafen hier christliche Männer, die sie *Papa* „Priester" nannten, welche irische Bücher und Glocken zurückließen. Seit 860 war die Insel den Norwegern bekannt geworden. Neun Zehntel der Insel waren zwar menschlicher Nutzung entzogen, aber es gab reiche Fischgründe, viele Vogeleier und weite Grasflächen, wenn man die Vulkane der Insel nicht fürchtete. In Norwegen führte damals Harald Schönhaar die gewaltsame Einigung herbei. Das Mißbehagen an den neuen Steuern und am Verluste der Freiheit verlockte zur Ansiedlung auf der fernen Insel, die sich von 870—930 vollzog. Es sind die Familien bekannt, die hinüberzogen, die Art, wie sie das Land in Besitz nahmen, schließlich eine politische Ordnung aufrichteten und im Jahre 1000 auf dem Allthing das Christentum einführten. Die Insel ist eine Hüterin der alten Sitten, von Götter- und Heldenliedern geworden, darauf beruht ihre Bedeutung für die Kunde vom Germanentum. Hier ist die Saga ausgebildet worden; noch im 13. Jh. kam es zur Aufzeichnung der Edda. Niemals ist hier ein Bruch mit der heidnischen Zeit erfolgt. Auch von den Inseln nördlich Schottland und aus Irland ist Zuzug erfolgt und damit und mit keltischen Sklaven irisches Blut auf die Insel gekommen. Ein sehr beträchtlicher Teil der Landnehmer stammte aus den norwegischen Landschaften zwischen Sogn und Stad. Obwohl die Herren des Festlandes hier Großbauern geworden sind und sich wie Adelige benahmen, hat sich Island als Bauernstaat behauptet, ohne Heer und Handelsmacht.

Die Abenteuerlust ist Norwegern und Isländern geblieben. Um 900 hat *Ottar* aus Halogaland das Nordkap umsegelt und die Küstenlandschaft des Weißen Meeres am Südufer der Halbinsel Kola erreicht. Schon vor ihm scheinen andere hingekommen zu sein, denn er hat eine Steuerordnung vorgefunden, die das Verhältnis der „Permier" zu den Nordleuten regelte. Der Handel mit Fellen und Pelzen wird vielleicht Norweger über Land hieher geführt haben. Er hat selbst dem angelsächsischen König Alfred darüber berichtet. 80 Jahre später hat *Erik der Rote* eine große Insel westlich Island entdeckt, der er den Namen G r ö n l a n d „grünes Land" gab, was immerhin auf die grasreichen Täler der Westküste zutrifft. 985 begann die Besiedlung durch Isländer; Grönland wurde also eine Tochterkolonie Islands. Man glaubt, daß zur Blütezeit 2000 Menschen in den inneren Tälern der Fjorde gewohnt haben. Ausgrabungen der jüngsten Zeit haben Licht auf die Daseinsbedingungen geworfen. Außer Viehzucht wurde viel

Fischfang getrieben, besonders Walrosse wurden gejagt. Die Kolonie war lebens-
fähig, brauchte aber dauernde Zufuhr. Sie hat jahrhundertelang als lockeres Ge-
meinwesen bestanden. 1261 beugten sich die Ansiedler der norwegischen Krone.
Diese aber trachtete den Handel zu monopolisieren. So wurde die Insel dem
Siechtum überantwortet. Die Ausgrabungen haben die Tragödie der letzten Geschlechter enthüllt[19]. Die Siedler verfielen, die Viehzucht ging zurück, der Körper-
wuchs nahm ab, die Rachitis ging um. Die entscheidende Ursache des Untergangs
der Kolonie war der Mangel an Vitaminen. Wäre sich die Krone ihrer Verant-
wortung bewußt gewesen, hätte sich die Kolonie halten können. Die letzte Nachricht stammt aus dem Jahre 1408.

Im Spätsommer des Jahres 1000 soll *Leif*, der Sohn Eriks des Roten, der das
Christentum in Grönland verbreiten sollte, vom Sturm verschlagen die Ostküste
Nordamerikas entdeckt haben, der er den Namen V i n l a n d „Weinland" gab.
Es findet sich eine Nachricht darüber bei Adam von Bremen, der eine Erzählung
des dänischen Königs Sven wiedergibt. Der über die Entdeckung Vinlands vor-
liegende Bericht ist freilich recht sagenhaft und in vielen Punkten unwahrscheinlich[20]. Doch werden die Ländernamen *Vinland, Halluland* „Steinland", *Markland, Kjalarnes* zutreffen und sich auf Labrador und Neufundland beziehen.
Spätestens um die Mitte des 11. Jh. war die Entdeckung im nordwestlichen
Europa bekannt. Die Verbindung zwischen Grönland und Markland bestand bis
zum 14. Jh., aber es fehlten die Voraussetzungen zu einem Aufblühen, weil
Grönland nichts bieten konnte und nur ganz dünn bewohnt war. An eine Landnahme konnte nicht gedacht werden. Man holte sich Holz und Walrosse. Vinland war eine Nebenkolonie Grönlands. Bemühungen, weiteres Vordringen in
das Innere wahrscheinlich zu machen, sind nicht ernst zu nehmen, zumal auf-
gefundene Runensteine der Fälschung verdächtig sind. Die Entdeckung der un-
wirtlichen Küste Nordamerikas gerade von Norden her, wo keine Volkskraft
dahinter stand, hat keine Auswertung zur Folge gehabt und ist daher für die
Folgezeit ergebnislos geblieben[21].

Überblickt man die den Wikingerfahrten innewohnende Kraft, so fällt die
politische Schwäche der Normannenstaaten auf, obwohl hinter ihnen eine große
Organisationskraft steht. Aber es fehlt die einheitliche Lenkung. Die Wikingerfahrten waren genossenschaftliche Unternehmungen ohne zentrale Lenkung, ohne
Einigkeit, ja es fehlte nicht an Kämpfen untereinander. Es waren Zweckbildun-
gen aus Beutelust und Abenteuerdrang. Die Abb. 24 täuscht zwar vor, daß sich
im Mittelmeer der Ring von Westen nach Osten hätte schließen lassen, aber es
gab in Wirklichkeit keine Verbindung zwischen den Fahrten ins Mittelmeer
durch die Straße von Gibraltar und den schwedischen nach Konstantinopel. Hinter der großen Tapferkeit stand nur eine geringe Volkszahl. Wie flüchtig die
politische Kraft der Normannenheere war, sieht man daraus, daß Verträge mit
den eingeborenen Staaten leicht gebrochen werden konnten, indem sie von anderen Heeren oder Dänemark nicht anerkannt wurden, also Privatabmachungen
waren. Es stand kein Nationalgefühl dahinter, sondern nur Eigennutz, Herrsch-
und Geldgier. Der nationale Gedanke fehlt, deshalb auch die Kämpfe gegen
Deutsche und Angelsachsen und untereinander. Es mangelte ferner an Bauernschaften, die allein eine Einwurzelung in den Boden herbeiführen können. Nur
in Ostengland haben sich dänische Bauern niedergelassen, sie sind anglisiert, die
Barone in der Normandie französiert worden. Nur auf den Färöern und auf
Island, wo man auf Neuland siedelte, wurde die Sprache bewahrt. In Irland
und Rußland war das normannische Element zu schwach. Die normannischen

Minderheiten waren auf persönlichen Vorteil bedacht, deshalb sehr empfänglich für die anderen Sprachen, für Slawisierung und Romanisierung; in England suchten sie ihre Privilegien und gehobene Stellung möglichst lange zu behaupten. Adelsschichten können keinen Volksboden schaffen, für den Einsatz von Bauernschaften aber fehlte die Kraft. So bleibt die Vergleichsmöglichkeit mit den Gründungen der ostgermanischen Völker zwar bestehen, da es Gemeinsamkeiten gibt, aber die Verhältnisse sind in diesen späten Jahrhunderten anders.

In die militärischen Anlagen der Wikingerzeit gewähren jetzt die Ausgrabungen des Trelleborglagers im westlichen Seeland und von Aggersborg am Limfjord Einblick[22].

Der Einfluß der Wikingerzeit auf den Norden selbst ist groß gewesen. Durch mehrere Jahrhunderte hindurch sind unternehmungslustige Leute in die Fremde gezogen und immer wieder zurückgekehrt, wie auch Runensteine verkünden. Der Gesichtskreis war geweitet. Die bisher so beharrsamen nordischen Sprachlandschaften, deren Rufnamen sich bis zu dieser Zeit im allgemeinen germanischen Rahmen gehalten haben, schreiten zu eigenen Namenbildungen vor, so daß sich die Namengebung der Sagazeit von der älteren unterscheidet. Die Sprachentwicklung schlägt ein stürmisches Tempo ein, viele Neuerungen greifen Platz. Jetzt bilden sich drei verschiedene nordische Sprachen aus, die sich stärker als bisher vom Süden entfernen. In der Dichtung steht neben den Götter- und Heldenliedern, die allerdings zum Großteil aus dem Süden stammen, die Ausbildung der Prosa in den Sagas und die Skaldenpoesie, in der eine sehr schwierige und verschnörkelte Sprache gepflegt wurde, die man als barock bezeichnen kann. Ihr entspricht die Kunstrichtung, die verschnörkelte Tierornamentik, wie sie in den Holzverzierungen des Osebergschiffes zum Vorschein gekommen ist. Die Wikingerzeit steht am Ende der altnordischen Zeit und leitet in die Eigenstaatlichkeit mit besonderen Sprachen über.

[1] Eine gute, manchmal freilich etwas eigenwillige Monographie bietet O. SCHEEL, Die Wikinger, Aufbruch des Nordens (1938).

[2] Eine Kritik der älteren Erklärungen des Namens gibt F. ASKEBERG, a. a. O., S. 114ff., 182 mit unbefriedigender eigener Deutung. Dazu T. AHLDÉN, Zs. f. Mundartf. 21 (1952/53), S. 59—64.

[3] A. W. BRÖGGER, Den norske Bosetningen på Shetland-Orknöyene (1930).

[4] Über den archäologischen Niederschlag der Wikingerzeit an der deutschen Ostseeküste W. LA BAUME bei REINERTH, a. a. O. III, S. 1277ff.

[5] H. JANKUHN, Haithabu, eine germanische Stadt der Frühzeit (1937); ders., Ergebnisse und Probleme der Haithabugrabungen (Zs. f. Schleswig-Holstein. Gesch. 73, 1949, S. 1—86). Zur Namengebung von Schleswig W. LAUR, Namn och Bygd 12 (1955), S. 67 bis 83.

[6] A. HOFMEISTER, Der Kampf um die Ostsee (Greifswalder Universitätsreden 29, 1931); K. A. WILDE, Die Bedeutung der Grabung in Wollin (1934), 2. Aufl. Hamburg 1953; O. KUNKEL, Die Ausgrabungen in Wollin (Nachrichtenblatt f. dt. Vorzeit 10—12, 1934—36); anders R. HENNIG, Wo lag Vineta? (Mannusbücherei, Nr. 53, 1935), der Vineta vor der Peenemündung sucht. Dagegen spricht die archäologische Untersuchung.

[7] M. VASMER, Wikingisches bei den Westslaven (Zs. f. slav. Phil. 7, S. 142ff.); R. EKBLOM, Der Name Elbing (Arkiv för nordisk filologi 58, 1944, S. 218ff.).

[8] Dazu M. EBERT, Truso (1936); R. EHRLICH, Truso, eine preußisch-wikingische Siedlung bei Elbing (Germanenerbe 1937, Heft 3, S. 80ff.); B. NEUGEBAUER, Ein wikingisches Gräberfeld in Elbing (Nachrichtenblatt f. dt. Vorzeit 1937, Heft 3, S. 54ff.).

[9] A. SPEKKE, Vichingi e Lettoni (secoli IX—XI). Stud. balt. 8 (1941/42), S. 18—45.

[10] H. JÄNICHEN, Die Wikinger im Weichsel- und Odergebiete (1938). Über Wikingerspuren bei den Westslawen M. VASMER, Berliner SB 24 (1931).

[11] A. Brackmann, Die Anfänge des Polnischen Staates (ebda. 29, 1934); über den Stand der Dago-Frage W. Koppe, Das Reich des Miseko und die Wikinger in Ostdeutschland (Deutsche Ostforschung I, 1942, S. 253—266).

[12] B. Nerman, Die Verbindungen zwischen Skandinavien und dem Ostbaltikum (Kgl. Vitterhets Historie och Antikvitets Akademiens Handlingar 1929, Bd. 40, Heft 1).

[13] Darüber zuletzt O. Ahlbäck, Den finlandsvenska bosättningens ålder och ursprung (Finsk Tidskrift 1954, S. 110—120).

[14] V. Thomsen, Der Ursprung des russischen Staates (1879); G. Laehr, Die Anfänge des russischen Reiches. Politische Geschichte im 9. und 10. Jahrhundert (Historische Studien, Heft 189, 1930); A. Stender-Petersen, Die Varägersage als Quelle der altrussischen Chronik (1934); ders., Varangica (1953); ders., Die vier Etappen der russischvarägischen Beziehungen (Jahrbücher f. d. Geschichte Osteuropas 2, 1954, S. 137—157).

[15] Im Langobardischen bedeutet *wārigang* „Fremdling", im Altenglischen *wǣrgenga* „Söldner".

[16] E. Ekblom, Rus- et Varęg- dans les noms de lieux de la région de Nowgorod (Archives d' Études orientales 11, 1915).

[17] An die Normannenherrschaft und alten Handelsverkehr erinnern nordische Lehnwörter im Russischen, vgl. C. Thörnqvist, Studien über die nordischen Lehnwörter im Russischen (Études de Philologie Slave 2, Stockholm 1948).

[18] J. Adigard des Gautries, Les noms de personnes scandinaves en Normandie de 911 a 1066 (Nomina Germanica 11) Lund 1954.

[19] P. Nörlund, Wikingersiedlungen in Grönland (1937).

[20] Dazu F. Genzmer, Die isländischen Erzählungen von Winland (Beitr. z. Gesch. d. dt. Sprache 67, 1945, S. 1—56).

[21] Dazu E. Zechlin, Das Problem der vorkolumbischen Entdeckung Amerikas und die Kolumbusforschung (Hist. Zs. 152, 1935, S. 1—48). Die Echtheit des Runensteins von Kensington verficht H. R. Holand, America 1355—1364 (1946). In dieser Zeit war tatsächlich eine norwegische Expedition auf der Suche nach den Kolonisten in Grönland unterwegs oder geplant. Vgl. als letzte Äußerungen zur Echtheitsfrage S. B. Jansson in Nordisk Tidskrift 25 (1949), S. 377—405 (dagegen) und S. N. Hagen, Speculum (Cambridge, Massachusetts) 25 (1950), S. 321—356 (dafür).

[22] P. Nørlund, Trelleborg (Nordiske Fortidsminder IV, 1, Kopenhagen 1948); C. G. Schultz, Fra Nationalmuseets Arbejdsmark (1949), S. 91—108.

Kapitel 40

Zusammenfassung · Probleme

Es empfiehlt sich, einige wesentliche Punkte zusammenzufassen und auf offen bleibende Probleme hinzuweisen, soweit sie nicht schon zur Sprache gekommen sind.

Die Quellen sind nicht nur karg und ungleich verteilt, sondern auch einseitig, wie bereits in der Einleitung betont worden ist. Darauf beruht es, daß bei Tacitus in seiner Germania und bei Ptolemaeus Stammesnamen erscheinen, von denen sonst nichts mehr gemeldet wird. Es ist deshalb nicht ausgeschlossen, daß uns kleine Stämme überhaupt unbekannt sind. Unter diesen Umständen müssen die schriftlichen Quellen immer wieder durchgeprüft werden, denn es können neue Gesichtspunkte in den Vordergrund treten. Man muß sich darüber klar sein, daß manche Ausdeutung von einem bestimmten Standpunkt aus erfolgt ist und manche alte Annahme durch das Gesetz der Trägheit fortgeschleppt wird. Die römischen und griechischen Quellen beurteilen und melden vom Standpunkte der Außenwelt, sehen die Ereignisse der Grenzen und werden oft nicht richtig urteilen, weil ihnen Geschehnisse im Innern der Germania unbekannt geblieben sind. Darum ist es erlaubt zu kombinieren, wobei aber niemals die Tatsachen übersehen werden dürfen. Haltlose und unbeweisbare Kombinationen haben deshalb nicht viel Zweck. Doch können die Heranziehung vorgeschichtlicher, beweisfähig gewordener Ergebnisse und stärkere Ausnutzung sprachlicher Erwägungen weiter führen, wobei die Vor- und Frühgeschichte deshalb Schwierigkeiten bereitet, weil die einzelnen Gelehrten oft sehr verschiedener Anschauung sind und sich verschiedene Richtungen bekämpfen. Das enthebt nicht der Pflicht, sich um die Zusammenarbeit von Stammeskunde, Geschichte, Frühgeschichte und Sprachforschung zu bemühen, aber auch vom Auseinandergehen der Ergebnisse Kenntnis zu nehmen, bis sich eine Einigung anbahnt.

Die kleinen Stämme stehen am Beginn der Stammeskunde. Auch hier ist mit vorangehenden größeren Gruppen zu rechnen, deren Zusammengehörigkeit aber wohl auf kultischer Grundlage beruht. Das wird nicht hindern, daß man die Kultbünde der Ingwäonen, Erminonen und Istwäonen auch unter dem Gesichtswinkel ansehen darf, daß sie einmal durch Siedlungsbewegungen entstanden sind. Am besten läßt sich ein Zusammenfall von Kultbund und Stammesbund noch bei den Elbgermanen beobachten, wo wir vermutet haben, daß die Kultfeier im Semnonenhain (Fesselhain) mit einem großen Ding verbunden war. Da die kleinen Stämme in ihrem Siedlungsumfang und ihrer Machtstellung geschwankt haben, wird auch ihre politische Bedeutung verschieden gewesen sein. Der kleine Stamm der Langobarden hat sich seit dem 1. Jahrhundert n. Chr. durch kriegerische Tüchtigkeit selbständig zu halten verstanden, während andere in Abhängigkeit gerieten. Wenn die Ostwarnen im 6. Jahrhundert das Gastrecht verletzen, muß ihre politische Lage gegenüber den Langobarden schwach gewesen sein. Die Not konnte kleine Stämme dazu bringen, sich größeren Verbänden anzuschließen. Das trifft für Eudusen und Haruden im Bunde des Ariovist zu, für erstere wieder nach dem Abzug der Markomannen, da nicht nur der Anschluß an den Hermundurenbund, sondern auch der Schutz der Römer gesucht wird, wenn die Darlegungen o. S. 178 richtig sind. Ist ein großer Bund zerfallen, so haben angeschlossene kleine Stämme ihre Freiheit wiedergewonnen. Das konnte zu einer Neukonstituierung führen, die auch von einer Neubenennung begleitet sein kann. So werden neue Stammesnamen am Niederrhein möglicherweise mit solchen neuen Zusammenschlüssen zusammenhängen. Dann läßt sich verstehen, weshalb die Juthungen auf einmal als neuer Stamm in Süddeutschland erscheinen, sich als Nachkommen der Eudusen bezeichnen und dem Zusammenschluß mit den Alemannen geneigt sind. Ähnliches gilt für die Neukonstituierung der Hermundurenreste und anderer Stämme wie der Warnen (und Angeln) als Thüringer.

Es ging sehr oft um neues Siedlungsland, um eine Erweiterung des Wohngaues. Seit dem Auftreten der Kimbern an der Grenze des römischen Machtbereiches hören wir von der Bitte um neuen Boden. Die Römer haben diese Ansuchen teils abgelehnt und die Stämme abgedrängt oder vernichtet, teils der Bitte entsprochen, wenn sie ihren Absichten diente. Seit dem ersten Jahrhundert v. Chr. bemerken wir, daß sich germanische Stämme aus diesem Grunde in Abhängigkeit begeben. Die ersten scheinen die Triboker, Nemeter und Wangionen gewesen zu sein, die Cäsar im Elsaß und der Rheinpfalz belassen hat (58 v. Chr.). Es ist kennzeichnend für die Neuheit dieses Brauches, daß Cäsar dies ohne förmliche Zustimmung des Senates getan hat. 38 v. Chr. folgten die Ubier, die auf die linke Rheinseite herübergelassen und um Köln angesiedelt wurden, 8 v. Chr. die Sugambrer. Wenn die Ansiedlung der Eudusen als Donauhermunduren um 3 v. Chr. in die Reihe dieser Maßnahmen gestellt wird, so liegt sie offensichtlich auf einer Linie mit römischen Grenzschutzmaßnahmen an Rhein und Donau. Die Landüberlassung war mit militärischer Hilfeleistung an die Römer und Stellung von Hilfskontingenten verbunden und hat bei Donauhermunduren nördlich der Lechmündung und Ubiern eine jahrhundertelange, den Römern freundlich gesinnte Haltung ausgelöst, die die Vorstufe zur Keltisierung sein konnte, wenn auch nicht mußte; die örtlichen Voraussetzungen spielen eine Rolle. Ähnliches wiederholt sich noch jahrhundertelang. 395 dürften die Markomannen im Wiener Becken angesiedelt worden sein. Ereignisse wie der Hunneneinbruch von 375 haben die Westgoten über die Donaugrenze getrieben. Die Ansiedlung der Ostgoten in Italien, der Westgoten in Südfrankreich und Spanien hat sich nach dem römischen Einquartierungsgesetze vollzogen.

Wenn angenommen wurde, daß die Eudusen bei den Markomannen, die Haruden bei den Sweben am Main Aufnahme gefunden haben, so fehlen wohl Nachrichten darüber, und wir sind auf Kombinationen angewiesen. Aber es gibt Beispiele für ein solches Verhalten. Die Reste der Usipier und Tenkterer wurden von den Sugambrern aufgenommen.

Der Kampf um den Siedlungsraum, den Wohngau, ist besonders bei den kleinen Stämmen in Nordwestdeutschland und am Niederrhein zu beobachten. Mit der Ausdehnung der Chauken hängt die Vertreibung der Amsivarier 58 n. Chr. und der Angrivarier 97 n. Chr. zusammen. Diese vertreiben wieder die Brukterer. Jede Verdrängung kann also einen weiteren Druck auslösen. Darum ist es glaubhaft, daß auch der Markomannen- und Quadenkrieg 166—180 n. Chr. durch den Durchzug der Goten zum Schwarzen Meer und die Vertreibung ihrer Nachbarn an der unteren und mittleren Weichsel ausgelöst worden ist.

Man versteht dann, warum der Wegzug eines Stammes in der Regel sofort zur Wiederbesetzung des Wohngaues führt. Es hat offenbar nicht genügend Siedelland gegeben, da Rodungen nur vereinzelt geblieben sein werden. Selbstverständlich trifft das nur für solche Gegenden zu, in denen Übervölkerung herrschte und ein Nachbarstamm schon auf das Freiwerden eines Gaues wartete. Der Niederlage der Rugier 488 folgt sofort die Besetzung ihres Landes durch die Langobarden, dem Abzug der Markomannen aus dem nördlichen Niederösterreich und von Quadenteilen aus der Slowakei um Preßburg scheint das Auftauchen von Herulern ab etwa 410 zu entsprechen. Darum ist angenommen worden, daß das von den Ostgoten 471 aufgegebene Pannonien von den Sweben besetzt worden ist. Wo direkte Nachrichten fehlen, darf man mit Analogieschlüssen arbeiten, wenn dadurch geschichtliche Ereignisse wahrscheinlich gemacht werden können, die Ergebnisse in der Linie der politischen Entwicklung liegen und sonst eine schwer verständliche Siedlungslücke entstünde. Aber es ist nichts davon bekannt, daß der Abzug der Hauptmasse der Wandalen aus Schlesien von Nachbarstämmen zur Besetzung Schlesiens benützt wird. Sie waren ebenfalls durch Abzug von Volksteilen geschwächt. Es wird noch dargelegt werden, daß in diese Lücken Ostdeutschlands die Slawen einrücken, aber erst, als die Voraussetzungen für ihre Westwanderung eingetreten sind.

Worauf gründet sich das Stammesbewußtsein? Das Vorhandensein wird bisweilen recht deutlich. Die Rugier, die mit den Goten nach Italien gezogen sind, haben sich zusammengehalten und nicht mit den Goten vermischt.

Die Sachsen, die mit den Langobarden Italien besetzt haben, sind heimgezogen und haben sich nicht den langobardischen Gesetzen unterstellt. Die Warnen bei den Sweben in Nordwestspanien haben einmal einen aus ihrer führenden Familie zum König erhoben, was voraussetzt, daß auch sie zusammengehalten haben. Worauf gründet sich diese Zähigkeit, die in merkwürdigem Gegensatz zum politischen Verhalten der genannten Stämme steht, welche sich doch vorher den Unternehmungen ihrer Nachbarn angeschlossen haben? Man darf an Rechtsbräuche denken, noch mehr an besondere Sitte und Tracht, an Kultgemeinschaften, am meisten aber wohl an die Erinnerung des Stammes an die Vergangenheit, an das Wissen um die gemeinsame Abkunft, wie es die Stammessage aufbewahrte. Sie ist nicht zu verwechseln mit der Heldendichtung, sie war weder dramatisch noch tragisch, sie war die Erzählung, die die Geschichte ersetzte. Wir wissen von solchen Stammessagen bei Goten, Langobarden, Burgundern, Angelsachsen u. a. Auch dynastische Gefühle werden eine Rolle spielen, weil sich das Stammesbewußtsein in der Wahl von Königen zeigt, die man sogar dem gastgebenden Volke aufdrängen will. Bisweilen mag hinter dem Verhalten zur Dynastie der Glaube an ihre göttliche Abstammung stecken, holen sich doch die Heruler königliche Sprossen aus der Urheimat. Die Geringschätzung, die aus fremden Berichten über Königstötung bei den Herulern durchklingt, mag auf falschen Auffassungen beruhen, weil mit dem König der Glaube an das Königsheil verbunden war und ein König, von dem sich die Götter offenbar abgewendet hatten, die Grundlage seiner Macht einbüßte. Das, was uns bei den Herulern des 6. Jahrhunderts so merkwürdig vorkommt, kann deshalb gerade Fortdauer der alten Anschauungen sein und damit zusammenhängen, daß dieses Volk am längsten in der nordischen Heimat verwurzelt gewesen ist. Die Bedeutung des Kultes ist bei den Südgermanen in alter Zeit größer gewesen als später. Chatten und Hermunduren haben die Gefangenen den Göttern geweiht. Kimbern und Teutonen stehen stark unter der Leitung ihrer Priesterschaft, die sich auch im Heere des Ariovist bemerkbar macht. Noch im 6. Jahrhundert n. Chr. hören wir von Opferungen gotischer Frauen und Kinder in Italien durch Franken und Alemannen. Vom Fesselhain war schon die Rede. Auch der Wandalenbund in Schlesien scheint in der Alcesverehrung auf dem Zobtenberg einen religiösen Mittelpunkt besessen zu haben, was verständlich macht, daß sich gerade hier Silingenreste erhalten haben. Da Germanen andere Völker abgelöst haben, muß erwogen werden, ob nicht bisweilen solche Kultheiligtümer vom früheren Volk übernommen worden sind, da sich die Verehrung des Zobtenberges auch in slawischer Zeit beweisen läßt, ein Heiligtum also die Ablösung der Völker überdauern kann.

Die kleinen Stämme haben verstanden, daß ihre Volkszahl zu größeren Unternehmungen nicht ausreichte. So erklärt sich das Z u s a m m e n t r e t e n   m e h - r e r e r   k l e i n e r   S t ä m m e schon vor Chr. Mit den Kimbern waren Teutonen und Ambronen verbündet, auch keltischen Stämmen wurde der Beitritt ermöglicht; beim Wandalenbunde wissen wir von Ambronen, Warnen, Wandalen, Hasdingen, zu denen weitere Stämme getreten sind. Im Heere des Ariovist waren fünf swebische und zwei jütische Stämme vorhanden. Man darf in diesen Genossenschaften den Beginn von größeren Zusammenschlüssen sehen, die sich freilich nur unter Schwierigkeiten und Rückschlägen durchgesetzt haben. Die Gegnerschaft scheint hauptsächlich beim Adel gelegen zu haben, der den Einfluß eines Geschlechtes bekämpfte, weil er um seine eigene Machtstellung fürchtete. So war es bei den Cheruskern unter Armin.

Dieser Zusammenschluß hat dann zu G r o ß s t ä m m e n geführt. Der Weg war aber durchaus nicht gleich. Es hat die verschiedensten Organisationsformen gegeben. Bei den Franken bleibt es fraglich, ob man überhaupt von einem Stammesbund sprechen darf, die Zusammenfassung mehr den Nachbarn auffiel, aber durch den Kampf gegen die Römer ausgelöst war. Erst durch Chlodwig kommt es zu einer strafferen Gestaltung. Auch bei den Alemannen scheint zunächst eine lose Vereinigung swebischer Stämme zum Kampf um den Limes den Zusammenschluß bewirkt zu haben. Bei den Baiern scheint es sich um die Räumung Pannoniens und damit um einen Zug nach Westen zu handeln. Bei den Thüringern entsteht durch Verbindung der Hermundurenreste mit Warnen und Angeln der neue Bund der Thüringer, der die Tradition seiner Vorgänger in der Namengebung und im Stammesgebiet fortsetzt. Bei den Sachsen spielt die Ausdehnung des Lebensraumes durch die Chauken und ihre Fortsetzung durch die Sachsen die Hauptrolle, die bis ins 6. und 8. Jahrhundert dauert; der Zusammenstoß mit den Franken deutet schon die Wende an. Die Langobarden sind ein Beispiel dafür, wie sich ein kleiner Stamm durch kriegerische Tüchtigkeit und Kampfesglück aufschwingt, sich durch Freigelassene und Knechte verstärkt, auch fremde Hilfe nicht verschmäht, aber offensichtlich Vorsorge trifft, daß fremde Elemente zu keiner politischen Bedeutung gelangen. Durch Gewalt ist die Einigung Schwedens durch die Svionen erfolgt, ebenso im 9. Jahrhundert die Norwegens, während die Entstehung des Dänenreiches mit der Festsetzung in Schonen, auf den dänischen Inseln und Jütland zusammenhängt, wobei die näheren Umstände unklar bleiben. Bei den Angeln, Sachsen und Jüten, die Britannien von 450—550 besetzen und die Kelten zurückdrängen, handelt es sich wohl um parallele Unternehmungen, ausgelöst durch den Abzug der römischen Legionen und Plünderungen. Diese stehen auch bei den Wikingerzügen am Beginn, bis sie durch staatliche Ordnungen abgelöst werden.

Das Zusammenbleiben nach der Erreichung des Zieles hängt von den Umständen ab. Der Wandalenbund ist zusammengeblieben, ein Ostwarnenreich besteht noch im 6. Jahrhundert. Auch die Alemannen haben nicht nur in der neuen Heimat südlich vom Limes ihren Zusammenhalt bewahrt, sondern auch die Juthungen noch aufgenommen, die ursprünglich selbständig vorgegangen sind. Die Sweben aber haben sich in Spanien von den Wandalen getrennt. Die ungermanischen Alanen haben es wieder vorgezogen, mit den Wandalen Nordafrika zu erobern und ihr Schicksal mit dem der Wandalen zu verbinden. Der Zusammenbruch von Bündnissen führt also wieder zur Selbständigkeit.

Eine Form dieser Großunternehmungen ist das Aufkommen des H e e r - k ö n i g t u m s. Die wandernden Stämme sind nicht nur Heere kampftüchtiger Männer; es zieht ja das gesamte Volk mit, auch Greise, Frauen, Kinder, wobei der Hausrat auf Wagen mitgeführt wird. Die Wahl eines Heerkönigs ist beim Unternehmen des Ariovist zu beobachten. Ihm unterstehen nicht nur die Aufgebote bzw. Hilfskontingente von fünf swebischen Stämmen, ihm sind auch zwei Stämme zugezogen, die auf Ansiedlung in Gallien hoffen, bei denen also das ganze Volk mitkämpft. Die Niederlage bringt den Zusammenfall, die Zusagen des Heerkönigs können nicht eingehalten werden. Es war also so, daß ein Risiko getragen werden mußte. Dabei ist es möglich, daß die eingegangenen Bindungen in einer möglichen Form beibehalten werden, zugezogenen Stämmen also Aufenthaltsmöglichkeit geboten wird, die aber gewissermaßen aufkündbar ist. Das bedeutet also nicht, daß sich z. B. die Eudusen und Haruden dem Ostzug der Markomannen und Sweben anschließen konnten oder mußten. Hier wird bei neuer Lage wieder die Entscheidung eines Dinges maßgebend gewesen sein. Dem Heerkönig unterstanden nur diejenigen Volksteile, auch fremden Stämme, die sich zum Unternehmen zusammengeschlossen haben. Darum ziehen mit den Langobarden 568 auch fremde Stammesteile mit, andererseits bleiben Angehörige des eigenen Stammes zurück, die sich nicht zum Fortzug entschließen können. Ähnlich war es, als Alarich bei den Westgoten und Theoderich bei den Ostgoten zum Heerkönig gewählt wurde. Wieder anders war es bei Odoaker, der sich zum König der Germanen in Italien aufgeschwungen hat. Marbod und Armin waren vielleicht nur Herzöge, d. h. nur für eine bestimmte Zeit gewählt, denn ihr Königtum wird entweder nicht erreicht (bei Armin) oder bald gestürzt (bei Marbod). Chlodwig wieder versteht es, durch Rücksichtslosigkeit und Energie eine Einigung zu erzwingen, Geiserich fällt die fast absolute Königswürde durch die glückliche Eroberung Nordafrikas zu. Wir sehen wohl überall dieselben Entwicklungsmöglichkeiten, aber doch die eigenen Züge, gibt es doch Stämme, die ohne König auskommen wie die Sachsen und später die Hessen.

Die W i r t s c h a f t s w e i s e der Germanen wird nicht gleich gewesen sein. Den Wechsel der Äcker bei den Sweben des Ariovist schätzt man als eine Kriegsmaßnahme ein. Aber die Seßhaftigkeit scheint zunächst nicht die Dauer der späteren Zeit gehabt zu haben, denn es lassen sich keine an Ort und Stelle verwurzelten Ortsnamen der ersten Jahrhunderte n. Chr. aufzeigen[1]. Wir finden sie bei den Alemannen erst anscheinend vom 5. Jh. ab, zur selben Zeit bei Franken, Goten, Langobarden, Baiern (6. Jh.). Nur Gewässer- und Bergnamen zeigen alte Tradition. Die Wirtschaftsweise scheint also zunächst recht extensiv gewesen zu sein, die Viehzucht war stark, die Dreifelderwirtschaft hat zur baldigen Erschöpfung des Bodens geführt und zum Aufsuchen neuer Plätze genötigt. Damit wird es zusammenhängen, daß auch im Osten keine Ortsnamen aus der germanischen Zeit bei den Slawen fortleben, wohl aber Fluß- und Bergnamen. Anders steht es bei den Gaunamen, die an die letzte Station, bisweilen aber auch an Zwischenstationen erinnern und darum zur Lokalisierung von Wanderungen sehr wichtig sind.

Die g e r m a n i s c h e n R e i c h e sind bisweilen recht kurzlebig und anfällig, sie verschwinden z. B. unter Umständen nach einer Niederlage. Der Sieg war hier eine Lebensfrage, die Niederlage ein nationales Unglück, das den Verlust der Eigenstaatlichkeit und der Freiheit brachte. Die Niederlage der Heruler 505 ist das Ende ihres Reiches, die der Gepiden 567 bedeutet ebenfalls Zusammenbruch ihres Reiches und avarische Knechtschaft, die der Rugier 488 bringt das Verschwinden ihres Staates. Dynastie und Reich hängen eng zusammen. Die Niederlage der Skiren 469 zerschlägt das Volk, und die Reste der Dynastie müssen sich ein anderes Betätigungsfeld suchen. Diese Reiche sind also nur lose gebaut, auf Dynastie und Adel angewiesen. Das Volk ist das Heer, es ist beritten, ohne daß damit gesagt sein soll, daß es sich um so lose Staaten wie bei den Mongolen oder Tartaren handelt. Aber die Reiche der Ostgermanen teilen mit diesen Ostvölkern die Schwäche des staatlichen Aufbaues. Der Zusammenbruch der Ostgotenherrschaft 375 in Südrußland hängt mit der Überausdehnung des Reiches und der Unterwerfung fremder Völker zusammen, die sich bei einer Niederlage als Feinde erweisen. So wird der schnelle Zusammenbruch vieler germanischer Reiche begreiflich, des Thüringerreiches 531, des Burgunderreiches 534, des Wandalenreiches 533. Nur die Ostgoten haben einen langen Kampf geführt. Ihr Reich war durch Theoderich offenbar gut organisiert, und sie haben den Kampf aus Gründen der Ehre bis zum Ende durchgeführt.

Unterwerfung unter fremde Stämme hat es seit dem Hunneneinfall von 375 gegeben. Die germanischen Stämme haben schließlich unter Attila
ihr Eigenleben wahren können, sich aber doch nach seinem Tode zur Abschüttel-
ung der Herrschaft entschlossen. Durch den Tod des Herrschers waren offenbar
die Treuebande gelöst. So versteht man das Bündnis der Langobarden mit den
Avaren, das Zusammengehen von Wandalen, Sweben und Alanen, das Verblei-
ben von Langobardenresten unter avarischer Herrschaft. Die Gepiden haben sich
von ihrer Niederlage 566 nicht mehr erholen können und bleiben versklavt. Die
Thüringer dagegen werden wohl den Sachsen zinsbar, aber ihre Rechtsstellung
nähert sich der der freien Sachsen. Auch hier gibt es also überall Unterschiede.

Das Zurückbleiben von Stammesresten ist in der Völkerwanderungszeit eine
häufig belegbare Tatsache und war der Zeit durchaus geläufig, ohne daß für sie
das Problem der R e s t g e r m a n e n eine kulturelle Rolle spielte. Das Gemein-
schaftsempfinden war noch nicht entwickelt, andere Fragen standen im Vordergrund. Restgermanen sind keine Ausnahme, sondern die Regel. Es fragt sich
nur, ob sie für uns faßbar werden. Das ist möglich, wenn sie sich bei der Weitergabe alter Namen an die neuen Herren bemerkbar machen, wenn sie Lehnwörter
übermitteln, bei der neuen Staatsgründung eine Rolle spielen, bei der Änderung
der politischen Lage den Anschluß an deutsche politische Gebilde gewinnen, wie
wir es bei Langobardenresten in Niederösterreich und Westungarn vermuten,
oder wenn besondere Umstände, wie Schutzlage in den Bergen der Krim, Bewahrung der gotischen Haussprache bis in die Neuzeit ermöglichen. Die Ablehnung von Restgermanen, die sich auf verschiedene Weise mit dem fremden
Volkstum abgefunden haben und meist in ihm aufgegangen sind, war ebensowenig berechtigt wie ihre Überschätzung, wie es z. B. nach dem ersten Weltkrieg
mit den Markomannen und Quaden der Fall war, von denen die Sudetendeut-
schen abstammen sollten. Die Frage nach diesen Resten, ihrer etwaigen Bedeutung, dem Untergang ihres Volkstums ist berechtigt und notwendig[2].

Kleinstämme stehen im Anfange der germanischen Stammeskunde, die Großstämme zeigen den politischen Fortschritt, bis die Franken die deutschen Stämme
unterwerfen und zusammenfassen. Damit verlieren auch die Großstämme zum
Teil ihr Eigenleben. Die Fortsetzung in den Stammesherzogtümern und im Deutschen Reich gehört der politischen und Kulturgeschichte des Mittelalters an[3].

---

[1] Zur Frage A. Bach, Dt. Namenkunde II, 2, S. 108ff.

[2] Dazu E. Schwarz, Das Ende der Völkerwanderungszeit in Niederösterreich (Forschungen u. Fortschritte 28, 1954, S. 369—372).

[3] Vgl. E. Schwarz, Probleme und Aufgaben der germanischen Stammeskunde (Germ.-
Roman. Monatsschrift NF 5, 1955, S. 97—115).

ANHANG

Kapitel 41

Ostvölker dringen nach Mitteleuropa vor

Neben dem Drang nach Osten, der zeitweise einige germanische Stämme der Völkerwanderungszeit beherrscht hat, gibt es einen Westdrang von Ostvölkern, der sich zeitweise bemerkbar gemacht und die Geschichte sehr entscheidend beeinflußt hat. Am bedeutendsten für die Zukunft ist das Vorschieben der Slawen nach Westen geworden.

Eine vorübergehende Erscheinung war das Vordringen der S k y t h e n in der Mitte des ersten vorchristlichen Jahrtausends nach Ungarn und Schlesien, wo sie vor den Befestigungen der vorgermanischen Bevölkerung lagerten. Sonst ist es im Allgemeinen die ungarische Puszta, die Nomadenvölker des Ostens immer wieder zum Einbruch verlockt hat. Seit dem 1. Jh. n. Chr. haben sich J a z y g e n, die sich von den nächstverwandten Roxolanen getrennt hatten, in der Theißebene festgesetzt. Im Westen reichten sie nach ausdrücklicher Bezeugung bis Carnuntum. Jazygische Reiter begegnen in Marbods Heer und kämpfen auf Seite der Germanen im Markomannenkriege. Von ihnen übernahmen die Quaden den Kampf mit der Reiterlanze.

Im 2. Jh. n. Chr. waren die A l a n e n von Osten aus daran gegangen, sich die Reste der sarmatischen Stämme zu unterwerfen. Im 4. Jh. wanderte ein Teil der Westalanen (die Ostalanen leben in den Osseten des Kaukasus fort) in die Puszta und ist mit den Wandalen nach Gallien gelangt, wo ein Teil zurückblieb, der 451 auf Seiten der Franken und Römer kämpfte. Andere sind nach Spanien gezogen und im Wandalenreiche Nordafrikas mit Annahme der germanischen Sprache aufgegangen, s. o. S. 69. Da es sich sowohl bei Jazygen als auch bei Alanen um Indogermanen, wenn auch iranische und Nomadenvölker handelte, sind die Beziehungen zu den Germanen im Allgemeinen freundlich[1].

Anders ist es bei den Nomadenvölkern türkischer Herkunft. Das Erscheinen der H u n n e n ist von entscheidender Bedeutung für das Schicksal des südrussischen Gotenreiches geworden. Die Westgoten sind dadurch über die untere Donau gedrängt worden. Letzten Endes ist dadurch sowohl die ostgotische Wanderung nach Italien als auch die westgotische nach Spanien und vielleicht auch die wandalische nach Nordafrika ausgelöst worden. Erst die Schlacht auf den Katalaunischen Feldern und der Tod Attilas haben die Hunnen wieder nach Osten vertrieben.

Das Auftreten der türkischen A v a r e n um 560 ist nicht nur für Langobarden und Gepiden schicksalhaft geworden, sondern auch wahrscheinlich für die Räumung Ostdeutschlands durch die Franken, s. o. S. 130 und S. 158. Die Avaren waren 552 aus den Steppen jenseits der Wolga nach vernichtenden Niederlagen durch die Türken vertrieben worden und flüchteten vor ihnen nach dem Westen, immer gefolgt von den Siegern. 558 wurden Avaren von Byzanz in Sold genommen. Die Anten, die am Dnjepr einen slawischen Staatenbund begründet hatten, wurden unterworfen. Der avarische Streifzug 562 bis Thüringen durch Schlesien ist vielleicht von Byzanz angestiftet worden, um die Franken zu beschäftigen. Der zweite Vorstoß 565 nach Mitteldeutschland führte zur Vermittlung Alboins. 566—568 folgt die Räumung Ostdeutschlands durch die Nordschwaben, das Bündnis der Langobarden mit den Avaren, der Gepiden mit den Kutriguren, die Vernichtung des Gepidenreiches, der Abzug der Langobarden nach Italien 568, die Übergabe Pannoniens an die Avaren. Neben unterjochten Gepiden hat es wohl anders gestellte Langobarden gegeben (s. o. S. 197), weiter slawische Völkerschaften. In Südmähren und Pannonien gab es eine enge Lebensgemeinschaft zwischen Avaren und Slawen. Jene waren Großviehzüchter, besaßen eine gewisse Kultur, sicherten die Grenze, hielten sich in Pannonien an die Grenzen der früheren römischen Provinz Pannonien und stapelten in ihren „Ringen" viel Beute auf. Ein Hauptring inmitten des Überschwemmungsgebietes der Theiß-Donau-Mündung wurde 791 von Pippin zerstört. Wohlleben und Krankheiten brachten ein schnelles Ende der Avarenherrschaft[2]. Der Name ihrer höchsten Würdenträger, der Khagane, ist auch den Baiern bekannt gewesen und kommt in Ortsnamen wie Kaging (Oberbayern), 896 *Chaganinga* vor. Unter ihm stand der *Tudun*, der in fränkischen Annalen auch als *Zotan* auftritt, also die 2. Lautverschiebung mitgemacht hat[3].

Was die S l a w e n angeht, so kann hier nicht die gesamte slawische Völkerwanderung aufgerollt werden. Nur der Einzug der Slawen im Westen kann hier gestreift werden, ihr Auftreten im mitteleuropäischen Raum, das von schicksalhafter, bis heute andauernder Bedeutung geworden ist. Diese Frage darf nicht mit nationaler Empfindlichkeit, sondern nur mit wissenschaftlichen und nüchternen Feststellungen zu lösen versucht werden.

Einige slawische Forscher haben sich bemüht, die Slawen in Mitteleuropa uransässig erscheinen zu lassen. Man hat versucht, die Urnenfelderkultur als urslawisch hinzustellen, als ob es zwischen dieser reichen und der ärmlichen slawischen Kultur sechzehn Jahrhunderte später Verbindungen gäbe. Ein bis zwei Jahrtausende wurden übersprungen. Mit derselben Methode könnte man alle prähistorischen Kulturen mit den heutigen Bewohnern zusammenbringen[4].

War diese These unhaltbar, so suchte man Ansässigkeit der Slawen wenigstens in den Staaten der Ostgermanen in Ostdeutschland zu behaupten. Die Germanen seien nur eine dünne Herrenschicht gewesen, die wieder fortgezogen sei, die Slawen seien das dauernde Element[5]. Doch finden sich bei den ostgermanischen Völkern keine slawische Namen. Nur von den Goten in Südrußland wissen wir, daß sie slawische Völkerschaften beherrscht haben, was sich in vielen gotischen Lehnwörtern des Altslawischen niedergeschlagen hat, dem allein *plinsjan* „tanzen" aus altslaw. **plenⁿsati* im Gotischen gegenübersteht (s. o. S. 89). Wären die Slawen die alte Bevölkerung Ostdeutschlands, Böhmens, Mährens und Ungarns, so müßte die Flußnamengebung slawisch sein, was nicht der Fall ist.

Zumindest sucht man die Anwesenheit der Slawen im Westen in möglichst alte Zeit vorzuschieben. NIEDERLE[6] bemüht sich, einige alte Stammesnamen als slawisch zu erklären, doch hält nichts davon der Kritik Stand. So sollen die *Mugilones,* die sich mit anderen dem Markomannenkönig Marbod unterstellt haben, das altslaw. *mogyla* „Grabhügel" (tschech. *mohyla*) enthalten. Aber im 1. Jh. n. Chr. hat das Wort **magūla* gelautet, das Volk wäre damals *Magulones* geschrieben worden. Der Ortsname Καλισία in Westpolen bei Ptolemaeus ist ein Hauptbeweis für slawische Namengebung, er soll auf **Kališčč* „Kotplatz" beruhen. Hier macht die Wiedergabe von *šč* durch *s* Schwierigkeiten. Der Stamm *kal-* ist auch in anderen indogermanischen Sprachen verbreitet, die *-s*-Suffixe kennen. Man wird den Namen eher für venetisch oder illyrisch halten müssen. Der Ausdruck *strava* für die Leichenfeier nach Attilas Tode soll mit tschech. oder polnischem *strava* „Nahrung" zusammenfallen. Aber dieses Wort geht auf **sŭtrava* zurück und wäre so auch transskribiert worden[7]. Die Bedeutung wird vielmehr „Gerüst, Scheiterhaufen" gewesen sein, und Herkunft von got. *strawa* „Gerüst" ist noch immer am wahrscheinlichsten[8]. Kein einziger der von NIE-DERLE vorgebrachten Punkte hält der Kritik stand[9].

TRAUTMANN behauptet, das Aufhören germanischer Altertümer an der Saale und mittleren Elbe gegen Mitte des 4. Jh. n. Chr. sei eine Folge des Vordringens slawischer Stämme, die zur selben Zeit in die Ostalpen und bis Venetien vor-gestoßen seien[10]. Aber die germanischen Funde hören an der Elbe nicht im 4. Jh. auf, sondern erst im 6. und 7. viel weiter östlich um Nimptsch und Kalisch, sie gehen auch in der Mark Brandenburg und in Mecklenburg bis ins 6. Jh.[11].

Heute spielen die Veneter eine Rolle in der slawischen Frühgeschichtsfor-schung. Weil die Germanen den Namen dieses indogermanischen Volkes auf ihre späteren Ostnachbarn übertragen haben (s. o. S. 33), sollen die Veneter be-reits Slawen gewesen sein. Dabei läßt man außer acht, daß die Veneter der Po-tiefebene keine Slawen sind und eine Kentumsprache gesprochen haben. KRAHES Feststellung[12], daß das Venetische eine besondere idg. Sprache gewesen ist, und die Herausarbeitung der Verwandtschaftsverhältnisse haben diesen Spekulatio-nen den Boden entzogen, wenngleich noch Meinungsverschiedenheiten über die Urheimat der Veneter bestehen. Weil Jordanes an einer Stelle davon spricht, daß die Slawen zu seiner Zeit (Mitte des 6. Jh.) aus Wenden, Sklavenen und Anten bestehen, worunter er West-, Süd- und Ostslawen versteht, steht DER-ŽAVIN[13] auf dem Standpunkte, daß sich aus der Fusion verschiedener vorslawi-scher Elemente (Kimmerier, Skythen, Sarmaten, Veneter u. a.) die Slawen ge-bildet hätten. Nach ihm sind so auch die Tschechen in Böhmen entstanden. Sie hätten schon zum Bojerreich gehört, da damit nur die bojische Führung gekenn-zeichnet worden sei. Er verweist auf die spätere Symbiose von Wandalen und Alanen. Hier wird jeder tieferen Betrachtung ausgewichen. Fremde Stämme können nicht zu Slawen werden, wenn nicht eine slawische Grundlage vorhanden ist, die bei der Sprachenmischung durchdringt. Slawen in Böhmen wären aller Wahrscheinlichkeit nach zu Bojern geworden und nicht die Bojer zu Slawen. Wären sie aber vor den Bojern im Land gewesen, so müßten die Flußnamen slawisch und nicht illyrisch, keltisch und germanisch sein, wie es in der Tat der Fall ist, wenn man sie nach ihrem Alter schichtet. Es fehlt die ethnologische Erfahrung, wie ja auch die sowjetische Archäologie erst in jüngster Zeit zur Frage nach den ärchäologischen Kulturgruppen vorgestoßen ist[14].

Daß die in Ostdeutschland um etwa 1000 v. Chr. z. T. abziehenden Veneter keine Slawen gewesen sind, ist schon betont worden. Die *Venedi* des Tacitus aber, die viel von den Sitten der Peukiner (Bastarnen) angenommen haben und die großen Wälder und Gebirge zwischen den Peukinern und Finnen durch-streifen, möchte er am liebsten zu den Germanen zählen, weil sie feste Woh-nungen haben, Schilde führen, Fußgänger und tüchtige Läufer sind. Er betont hierbei die Unterschiede gegenüber den nomadischen Sarmaten, die auf Pferden und in Wagen leben. Bei den Wenedern des Tacitus wird es sich um Slawen handeln, die sich von ihrer Urheimat im Dnjeprgebiet und in Wolhynien schon an die Weichsel vorgeschoben haben, denn Plinius erzählt, daß das Gebiet bis zur Weichsel von Sarmaten, Wenedern, Skiren und Hiren (diese sind unbe-

kannt) bewohnt werde. Wenn Ptolemaeus die Weneder nördlich von den Goten,
Galinden und Sudinern an die Ostsee ansetzt und die Wenedischen Berge als
ihre Süd-, den Wenedischen Meerbusen als ihre Nordwestgrenze anspricht, so
stimmt das nicht für die Slawen zu seiner Zeit. Ob es eine Erinnerung an die
indogermanischen Veneter ist, steht dahin[15]. Man kann nur sagen, daß es möglich ist, daß Reste der in der Heimat zurückgebliebenen Veneter in den sich über
ihr Gebiet ausbreitenden Westslawen aufgegangen sind.

Lange Zeit hat man die Slawen erst in Funden vom 8./9. Jh. ab in Ostdeutschland und Böhmen nachweisen können, obwohl die geschichtlichen Quellen sie
schon seit etwa 600 erwähnen. Es mußte also eine Forschungslücke vorliegen. Sie
ist geschlossen worden, als in den March-Thaya-Auen Brandgräber ärmlichster
Art zum Vorschein kamen[16]. BORKOVSKY hat sie für die Prager Umgebung,
POULIK für Südmähren nachweisen können[17]. Dieser ist bestrebt, sie in möglichst frühe Zeit zu rücken. Er spricht von einem Einzug der Slawen in Südmähren im 4. Jh.[18]. In Wirklichkeit ist noch kein Beweis dafür geführt worden.
MITSCHA-MÄRHEIM urteilt, daß die tschechischen Forscher über das Ziel schießen
und die langobardische Schicht bagatellisieren[19]. PREIDEL wiederum glaubt überhaupt nicht an eine slawische Völkerwanderung. Die Slawen seien Bauern gewesen; diese haften am Boden, beugen sich wohl fremden Gewalten, bleiben
aber im Lande[20]. Die Slawen der alten Zeit sind aber nicht mehr Bauern als die
Germanen; sie plündern auf dem Balkan, dienen in fremden Heeren, und es
ist klar, daß sie ebenso gewandert sind wie andere Völker. Auch dafür, daß sich
die Markomannen und Quaden nach den Markomannenkriegen slawische Knechte
geholt hätten, die schließlich ihre germanischen Herren umgevolkt hätten —
soweit sie nicht fortgezogen sind[21] —, ist kein Beweis zu erbringen. Weder die
Namenforschung noch die Lehnwortforschung kann dafür etwas ins Treffen führen, ihre Aussagen sprechen scharf dagegen. Nur die Vorgeschichte könnte zu
einer Änderung der bisherigen Meinung führen, wenn sie das Nebeneinander
beider Völker seit dem 3. Jh. wirklich eindeutig beweisen könnte.

Die geschichtlichen Tatsachen sind folgende: Baiern stoßen mit den Slawen,
den späteren Slowenen, 595 im Pustertale zusammen. Das setzt voraus, daß sich
die Slowenen offenbar unter avarischem Schutz als für Nomaden wichtige Bauern
und Krieger nach 568 in Ungarn und Pannonien wie in den Ostalpen niedergelassen haben. Westliche und östliche Chronisten melden die furchtbare Knech-
tung der unterworfenen Slawen durch die Awaren, die sie in den Kampf trieben und deren Frauen in den Winterlagern nach Willkür gebrauchten. Später
scheint das Verhältnis besser geworden zu sein. Der Westfranke Samo wurde
um 620 den Slawen ein Führer im Freiheitskampfe gegen die Avaren und ihr
König. Er hat die Franken bei *Wogastisburg* geschlagen. Es spricht alles dafür,
daß dieser Schlachtort nicht in Südmähren zu suchen ist, sondern mit Atschau
bei Kaaden in Westböhmen, tschech. *Úhošt' any* aus altslaw. **Uogašč* gleichzustellen ist[22]. Da auch die Sorben mit Samo in Verbindung standen, folgt daraus, daß ab etwa 600 die Saale die Grenze der Sorben ist und Böhmen und Mähren nun von Slawen besetzt sind. Immer wieder kommt man in das l e t z t e
D r i t t e l d e s 6. J h. als die e n t s c h e i d e n d e L a n d n a h m e z e i t in
O s t d e u t s c h l a n d. Dann liegt der Zusammenhang mit dem Erscheinen der
Avaren tatsächlich nahe. Es ist nicht so, daß die Slawen nicht ohne die Avaren
in Ausdehnung begriffen gewesen wären. Sie standen an der unteren Donau
schon um 550 und plünderten die Provinzen auf der Balkanhalbinsel, die bald
darauf ihre Heimat wurden. Aber den Impuls zur Besetzung Pannoniens, Ost-

ungarns, der Ostalpen- und Sudetenländer werden sie von den Avaren empfangen haben.

Wirklich sind in der vorangehenden Zeit keine Slawen hier zu finden. Zwischen den Ländern der Sklavenen, die die rückkehrenden Heruler 512 durch-
wandert haben, und den Warnen in Mecklenburg liegt eine Öde, das dünn bewohnte Ostgermanien (s. o. S. 106). Nicht einmal das Ödland in Ostdeutschland
war zu Beginn des 6. Jh. von Slawen besetzt. Wir hören noch von Ostwarnen
in Westgalizien in dieser Zeit und ihren slawischen Ostnachbarn (s. o. S. 72),
die aber schon bei Langobarden und Ostgoten als Hilfstruppen auftreten[23].

Von der Ostsee bis zur Adria gibt es vorslawische Flußnamen, die in slawischen Mund gelangt sind, man denke an Spree, Havel, Drage, Neiße, March,
Elbe, Iser, Eger, Moldau, Drau, Save, Gran, Waag, Donau, Raab, Theiß u. v. a.
Auch germanische Stammesnamen wurden übernommen, so der der Silingen
(s. o. S. 67), deren Mittelpunkt dort zu suchen ist, wo später die Stadt Nimptsch
< *Němči „deutscher Ort" lag. Die Slawen benehmen sich also wie ein spätes
Volk, das nach den Germanen erscheint. Die ostdeutsche Kolonisation ist von
diesem Gesichtspunkt aus eine Wiederbesiedlung.

Das letzte Nomadenvolk, das in Mitteleuropa ansässig geworden ist, sind die
M a g y a r e n, die von der Wolga gekommen sind und finnisch-ugrischen Stammes waren. Um 890 tauchen sie auf, getrieben von den Petschenegen und anderen
Nomadenstämmen[24]. 907 wurde bei Preßburg der bairische Heerbann vernichtend geschlagen; 955 aber nötigte die Niederlage auf dem Lechfeld die Magyaren
zur Seßhaftigkeit und Annahme des Christentums. Damit hat die Puszta Ungarns
ihre völkische Sonderstellung bis heute bewahrt. Die Slawen sind dadurch in
Nord- und Südslawen geteilt worden. Die im 13. Jh. erscheinenden Mongolen
sind nicht seßhaft geworden.

---

[1] R. Bleichsteiner, Das Volk der Alanen (Berichte des Forschungsinstitutes für
Osten und der Orient II, 1918, S. 4—16); G. Vernadsky, Der sarmatische Hintergrund
der germanischen Völkerwanderung (Saeculum 2, 1951, S. 340—392).

[2] A. Kollautz, Die Avaren (Saeculum 5, 1954, S. 129—178).

[3] E. Zöllner, Awarisches Namensgut in Bayern und Österreich (Mitt. d. Inst. f. öst.
Gesch. 58, 1950, S. 244—266).

[4] Mit der Widerlegung der Urslawentheorie hat sich besonders B. von Richthofen
beschäftigt: Gehört Ostdeutschland zur Urheimat der Polen? (Ostlandschriften, Heft 2,
1929); weiter dagegen K. Tackenberg, Germanen und Slawen zwischen 1000 vor und
1000 nach Beginn unserer Zeitrechnung (1940), S. 24ff.

[5] Hauptvertreter der Unterschichtstheorie ist J. Kostrzewski, der sich in seinem älteren Buche: Die ostgermanische Kultur der Spätlatènezeit (Mannusbibl., Bd. 50) anders
ausgesprochen hat.

[6] L. Niederle, Slovanské starožitnosti I (1902); kürzer im Manuel de l' Antiquité
slave (1923—25).

[7] Eingehende Widerlegung von Niederles Ansichten durch E. Schwarz, Die Frage
der slawischen Landnahmezeit in Ostgermanien (Mitt. d. öst. Inst. f. Gesch. 43, 1929,
S. 187—260).

[8] Darüber zuletzt E. Rooth, Got. *strawa* „Gerüst, Paradebett" (Annales Academiae
Scientiarum Fennicae 84, 2, Helsinki 1954, S. 37—52).

[9] E. Šimek, Velká Germanie Klaudia Ptolemaia IV (Brünn 1953) hat jüngst einige
Ansichten L. Niederles ohne sprachliches Verständnis wieder aufgenommen.

[10] R. Trautmann, Die slavischen Völker und Sprachen. Eine Einführung in die Slavistik (1947), S. 23.

[11] Dazu E. Petersen, Der ostelbische Raum als germanisches Kraftfeld im Lichte der
Bodenfunde des 6.—8. Jahrhunderts (1939); K. Tackenberg, Rhein. Vierteljahrsbl. 10

(1940), S. 343ff.; E. PETERSEN, Die germanische Kontinuität im Osten im Lichte der Bodenfunde aus der Völkerwanderungszeit (Deutsche Ostforschung I, 1942, S. 179—205).
    [12] H. KRAHE, Das Venetische. Seine Stellung im Kreise der verwandten Sprachen.
Heidelberg 1950.
    [13] N. S. DERŽAVIN, Die Slaven im Altertum. Eine kulturhistorische Abhandlung. Aus
dem Russischen übertragen von R. WINKLER (Arbeiten aus dem Gebiete der Slavistik in
Übersetzungen, hrsg. vom Slavist. Inst. der Univ. Leipzig, H. 1, 1948).
    [14] Dazu J. WERNER, Neue Wege vorgeschichtlicher Methodik? (Forschungen und
Fortschritte 28, 1954, S. 246—248).
    [15] Th. STECHE, Altgermanien im Erdkundebuch des Claudius Ptolemaeus, S. 118ff.
meint, daß die Veneter erst im 5. und 6. Jahrhundert n. Chr. die slawische Sprache angenommen hätten. Noch die Wenden zur Zeit des Tacitus seien ein kleines indogermanisches Volk gewesen. Dazu ist aber der von ihnen durchstreifte Raum zu groß.
    [16] R. PITTIONI, Frühgeschichtliche Brandgräber in den March-Thaya-Auen (Germania
18, 1934, S. 130—133).
    [17] J. BORKOVSKY, Staroslovanská keramika ve střední Evropě 1940. Dagegen L. ZOTZ
- B. VON RICHTHOFEN, Ist Böhmen-Mähren die Urheimat der Tschechen? (1940). Für
Südmähren: J. POULÍK, Staroslovanská Morava (Prag 1948); ders., Jižní Morava, země
dávných Slovanů (Brünn 1948—1950), S. 41ff.
    [18] POULÍK, Staroslovanská Morava, S. 107.
    [19] H. MITSCHA-MÄRHEIM, Neue Bodenfunde zur Geschichte der Langobarden und
Slawen im österreichischen Donauraum (Festschrift E. EGGER II, 1955, S. 374ff.).
    [20] H. PREIDEL, Die Anfänge der slawischen Besiedlung Böhmens und Mährens (1954).
    [21] PREIDEL, a. a. O., S. 40, 48.
    [22] J. J. MIKKOLA, Samo und sein Reich (Arch. f. slav. Phil. 42, S. 77ff.); E. SCHWARZ,
Wogastisburg (Sudeta 4, S. 154ff.).
    [23] Vgl. E. SCHWARZ, Das Vordringen der Slawen nach Westen (Südostforschungen
14, 1955). Im Druck.
    [24] Dazu B. HÓMAN, Geschichte des ungarischen Mittelalters I (1940).

Zeittafel

Um 2000 v. Chr. Nordische Kultur der Riesensteingräberleute.

Bis 1200 v. Chr. Eindringen der Einzelgrabkultur der Streitaxtleute. Verschmelzung mit den Riesensteingräberleuten. Entstehung des Germanentums.

Um 1000 v. Chr. Ausbreitung der Germanen von der Oder- zur Weichselmündung (Gesichtsurnenkultur).

Um 750 v. Chr. Ausbreitung der Germanen in Mittel- und Westhannover (Nienburger Kultur, Harpstedter Rundtöpfe).

Um 600 v. Chr. Jastorfer Kultur. Gründung von Massilia durch die Griechen.

Um 500 v. Chr. Auftreten der linksrheinischen Germanen.

4. Jahrhundert. Höhepunkt der keltischen Macht. Beginn der keltischen Wanderungen.

Um 350 v. Chr. Entdeckungsfahrt des Pytheas.

Um 200 v. Chr. Bastarnen und Skiren erscheinen am Schwarzen Meere.

Um 120 v. Chr. Aufbruch der Kattegatvölker und Fahrt über die Ostsee. Kimbern und Teutonen als Vortrupp.

113 v. Chr. Ein römisches Heer wird von den Kimbern bei Noreia geschlagen.

Um 110 v. Chr. Niederlassung der Wandalen in Schlesien, der Burgunder und Rugier an der deutschen Ostseeküste.

102 v. Chr. Die Teutonen und Ambronen werden bei Aquae Sextiae geschlagen.

101 v. Chr. Niederlage der Kimbern bei Vercellae.

Um 100 v. Chr. Beginn der elbgermanischen Landnahme in Süddeutschland.

58 v. Chr. Caesar besiegt Ariovist. Die Sweben vertreiben die Usipier und Tenkterer und machen die Ubier tributpflichtig.

55, 53 v. Chr. Caesar überschreitet den Rhein.

38 v. Chr. Umsiedlung der Ubier auf linksrheinisches Gebiet.

8 v. Chr. Umsiedlung der Sugambrer auf römisches Gebiet.

8 — 3 v. Chr. Gründung des Markomannenreiches durch Marbod. Die Quaden ziehen nach Mähren, die Markomannen nach Böhmen.

Um 3 v. Chr. Donauhermunduren erhalten Land nördlich der Donau angewiesen.

Um Christi Geburt. Die Goten landen an der Weichselmündung.

7 n. Chr. Die Römer erweitern die Provinz Germania bis zur Elbe.

9 n. Chr. Niederlage der Römer im Teutoburger Walde.

14 n. Chr. Die Römer zerstören das Heiligtum der Tanfana.

17 n. Chr. Kampf zwischen Armin und Marbod.

21 n. Chr. Armin wird ermordet.

58 n. Chr. Die Chauken vertreiben die Amsiwarier von der unteren Ems. Kampf zwischen Chatten und Hermunduren um Salzquellen.

69/70 n. Chr. Aufstand des Civilis.

97 n. Chr. Die Angriwarier werden durch die Chauken vertrieben.

98 n. Chr. Tacitus schreibt die Germania.

Um 150. Claudius Ptolemaeus verfaßt das „Erdkundebuch". Die Gepiden siedeln sich im Gotenlande an der unteren Weichsel an.

166 — 180. Markomannen- und Quadenkrieg.

171. Hasdingen erhalten Land in Nordungarn.

Ab 180. Die Goten übersiedeln nach Südrußland.

213. Erste Nennung der Alemannen.

Um 250. Niederlassung der Krimgoten auf der Krim, der Heruler am Asowschen Meere.

258. Erste Nennung der Franken.

Um 260. Durchbruch des Limes durch die Alemannen.

269. Die Gepiden werden das erstemal in Siebenbürgen genannt.

269/270. Auftreten der Juthungen an Stelle der Donauhermunduren.

Um 275. Die Römer räumen die Provinz Dakien.

Um 350. Wulfila übersetzt die Bibel.

375. Einbruch der Hunnen in Südrußland. Niederlage der Ostgoten. Tod des Ermanarich. Die Westgoten überschreiten die untere Donau.

378. Niederlage der Oströmer bei Adrianopel.

395. Einfall von Germanen unter Radagais in Italien.

Um 400. Die Langobarden brechen nach Süden auf. Erste Nennung der Thüringer.

406. Zug von Wandalen, Quaden und Alanen nach Spanien.

407.. Die Römer räumen Britannien.

410. Einnahme Roms durch Alarich. Tod des Alarich.

419. Gründung des Tolosanischen Reiches durch die Westgoten.

429. Überfahrt der Wandalen nach Nordafrika.

433. Aetius tritt Pannonien an die Hunnen ab.

436. Die Burgunder unter Gundahari werden von den Hunnen geschlagen.

443. Die Burgunder erhalten neue Sitze in der Sapaudia.

450 — 550. Landnahme der Angelsachsen in Britannien.

Um 450. Die Juthungen besetzen das westliche Rätien.

451. Schlacht auf den Katalaunischen Feldern.

453. Tod Attilas.

454. Befreiungsschlacht der Germanen in Ungarn am Flusse Nedao. Tod des Aetius. Die Alemannen besetzen das Elsaß und beginnen die Niederlassung in der Schweiz.

455. Plünderung Roms durch Geiserich.

460. Köln fällt in die Hände der Franken.

469. Sieg der Goten an der Bolia über die anderen Germanen in Ungarn. Vernichtung des Skirenreiches.

471. Die Ostgoten räumen Pannonien.

476. Ende des weströmischen Reiches. Odoaker wird zum König der Germanen in Italien ausgerufen.

486. Ende des Reiches des Syagrius in Nordgallien. Chlodwig errichtet das fränkische Königreich.

486, 488. Untergang des Rugierreiches in Niederösterreich.

Nach 488. Die Langobarden besetzen Rugiland.

489 (?). Bairische Landnahme.

489. Errichtung des Ostgotenreiches in Italien.

Um 493. Taufe Chlodwigs.

496. Die Alemannen werden von den Franken geschlagen und nach Süden zurückgeworfen.

Um 505. Untergang des Herulerreiches.

511. Eugippius schreibt die Vita Severini.

Vor 512. Die Dänen besetzen die dänischen Inseln und Jütland.

Um 512. Rückzug eines Teiles der Heruler nach Schweden.

516. Einfall der Gauten unter Hugilaik in das Rheinmündungsgebiet.

526 — 533. Geschichte der Goten des Cassiodorus (verloren gegangen).

531. Untergang des Thüringerreiches.
533. Untergang des Wandalenreiches in Nordafrika.
534. Untergang des Burgunderreiches in Südostfrankreich.
546. Die Langobarden erhalten Pannonien.
550, 554. Procopius beschreibt den „Wandalen-" und „Gotenkrieg".
551. Die Getica des Jordanes.
555. Untergang des Ostgotenreiches in Italien.
Um 560. Die Avaren erscheinen an der Donau und an der mittleren Elbe.
567. Untergang des Gepidenreiches.
568. Die Langobarden erobern Italien. Umsiedlung der Nordschwaben in den Schwabengau.
Ab 568. Niederlassung der Avaren in Pannonien. Vordringen der Slawen nach Ungarn, Ostalpen, Sudetenländern und Ostdeutschland.
Vor 594. Gregor von Tours schreibt die „Fränkische Geschichte".
595. Unterwerfung der thüringischen Warnen.
623. Der Franke Samo wird König im Slawenlande.
631. Niederlage der Franken bei Wogastisburg.
8. Jahrhundert. Shetlands- und Orkneyinseln sowie die Hebriden werden von Normannen besiedelt.
711. Schlacht bei Xeres de la Frontera. Untergang des Westgotenreiches in Spanien.
719 — 722. Beseitigung des thüringischen Herzogtums (Würzburg).
731. Beda schreibt die „Kirchengeschichte Englands".
768 — 814. Karl der Große.
772 — 785. Unterwerfung der Sachsen durch Karl den Großen.
774. Untergang des Langobardenreiches in Italien.
Um 790. Paulus Diaconus schreibt die „Geschichte der Langobarden".
Ab 791. Vernichtung des Avarenreiches.
800. Krönung Karls des Großen zum Kaiser.
830. Festsetzung der Normannen in Irland.
Um 850. Errichtung von Gardariki durch die Waräger.
870 — 930. Besiedlung von Island durch die Norweger.
872. Harald Harfagri einigt Norwegen.
Um 890. Auftauchen der Magyaren in Ungarn.
Um 900 Umseglung des Nordkaps durch Ottar.
10. Jahrhundert. Gründung der Jomsburg und des polnischen Staates.
907. Der bairische Heerbann wird von den Magyaren bei Preßburg geschlagen.
911. Abtretung der Normandie an die Normannen.
955. Niederlage der Magyaren auf dem Lechfelde.
957. Olga läßt sich in Kiew taufen.
980. Entdeckung von Grönland.
Um 1000. Die langobardische Sprache stirbt in Italien aus.
1000. Annahme des Christentums in Island. Entdeckung von Vinland. Das Christentum dringt in Ungarn ein.
Nach 1016. Normannen setzen sich in Unteritalien fest.
1017. Knut wird König in England.
1066. Schlacht von Hastings.
14. Jahrhundert. Die normannische Sprache erlischt in Irland.
1562. Busbeck zeichnet krimgotische Worte auf.
18. Jahrhundert. Die krimgotische Sprache erlischt.

Sachverzeichnis

Verfasserverzeichnis

Weitere Sonderausgaben

Ernst Uehli
Die drei großen Staufer
Friedrich I. Barbarossa – Heinrich VI. – Friedrich II.

Rechtzeitig zum „Stauferjahr 2010" wird dieses Standardwerk zur Geschichte des Staufergeschlechts dem Leser wieder zugänglich gemacht. Aus dem Inhalt: Die Staufersage / Die mythischen und kulturellen Grundlagen / Die Nibelungenströmung in der deutschmittelalterlichen Kaisergeschichte / Der Aufstieg der Staufer / Staufer und Welfen / Die Beziehung Friedrichs II. zur Gralsströmung u. v. a.
ISBN: 978-3-928127-46-2

Heinz Ritter-Schaumburg
Hermann der Cherusker
Die Schlacht im Teutoburger Wald und ihre Folgen für die Weltgeschichte

2009 jährte sich die weltgeschichtlich bedeutende Schlacht im Teutoburger Wald, in der 9 n. Chr. der Cheruskerfürst Arminius unter dem Namen Hermann zum deutschen Freiheits- und Nationalhelden wurde. Unter den zahlreichen Büchern über die Hintergründe, Ereignisse und die historischen Persönlichkeiten, ragt das vorliegende Werk des bekannten Sachbuchautors durch seine dramatischen Schilderungen und die genauen Untersuchungen der geografischen Rätsel und Identitätsfragen heraus. Aus dem Inhalt: Die Varusschlacht / Der Bericht des Tacitus / Germanen und Römer / Der germanische Blutbund / Die Züge des Drusus / Tiberius / Der Cherusker im römischen Lager /Caesar unterwirft Gallien / Varus / Nach der Schlacht / Der Tod des Augustus / Das Entscheidungsjahr 16 n. Chr. / Was Tacitus verschweigt / Der Triumphzug des Germanicus u. v. a.
ISBN: 978-3-928127-99-8

Gerhard Prause
Der goldene Tratschke
Die 125 schönsten Geschichtsrätsel

Tratschke, eigentlich Gerhard Prause, Dr. phil (Literaturwissenschaft und Geschichte) war ZEIT-Redakteur, Bestsellerautor und Verfasser der legendären, allwöchentlich in der ZEIT erschienenen Geschichtsrätsel „**Tratschke fragt: Wer war`s?**". Tratschke erzählt in seinen hintersinnigen Rätselgeschichten keine Anekdoten, sondern wirkliche Begebenheiten aus dem Leben von Genies der Wissenschaft, Dichtung, Kunst, Technik, Politik u.v.a., die zeigen, dass sie nicht nur Denkmäler, sondern Menschen mit alltäglichen Schwächen, Eitelkeiten und Problemen waren. Die Antworten werden am Schluss des amüsanten und zugleich lehrreichen Buches gegeben, das bis zum heutigen Tage seine Aktualität und Frische bewahrt hat.
ISBN: 978-3-938586-00-6

Konrad Hecht
Der St. Galler Klosterplan

Mit der Autorität eines großen Bauhistorikers untersucht der Autor den im 9. Jahrhundert gezeichneten Pergamentplan für das Kloster St. Gallen, der als eines der kostbarsten Dokumente des frühen Mittelalters gilt. Der Band führt dem Leser vor Augen, wie damals eine Klosterküche aussah, wie ein Obstgarten angelegt wurde, wie Gottesdienst gehalten wurde, wie man als Mönch mit Abt und Dienstleuten zusammenlebte u.v.a.
Breiten Raum nimmt die Darstellung von Leben und Wirken des Benediktinermönches **Benedikt von Aniane (750-821)** ein, der als Berater Ludwigs des Frommen und oberster Abt des fränkischen Reiches die Regeln des Benediktinerordens reformierte, auf deren Grundlage der „St. Galler Klosterplan" entstand. **Der Hl. Benedikt von Aniane wird als „erster großer Mönchsvater aus germanischem Stamm" bezeichnet.**
ISBN: 978-3-928127-48-6

Horst Geyer
Über die Dummheit
Ursachen und Wirkungen der intellektuellen Minderleistung des Menschen

Boshaft und amüsant beleuchtet der Mediziner und Anthropologe dummes Verhalten infolge zu niedriger oder zu hoher Intelligenz, dummes Verhalten trotz normaler Intelligenz sowie kluges Verhalten bei geringer Intelligenz. Das geistreiche Werk wird durch Aphorismen zur Lebenstorheit und durch einen wissenschaftlichen Anhang abgerundet.
ISBN: 978-3-928127-15-8

Gerd Treffer
Franz I. von Frankreich (1494-1547). Herrscher und Mäzen

Die fesselnd geschriebene Biografie zeichnet nicht nur ein lebendiges Bild eines der glanzvollsten Renaissancefürsten Europas, sondern darüber hinaus ergibt sich ein farbiges Gemälde der europäischen Fürstenhöfe des 16. Jahrhunderts. Am königlichen Hof von Franz I. traf sich alles was Rang und Namen hatte, darunter Leonardo da Vinci, Katharina von Medici, Diane de Poitiers, Suleiman der Prächtige u. v. a. Ihm verdankt die Nachwelt die prunkvollen Schlossbauten wie Chambord, Fontainebleau, den neuen Louvre, das Pariser Rathaus etc.
ISBN: 978-3-938586-03-7

Jules Grécy
Die Alhambra zu Granada
Farbiger Bild- und Textband

Mit Fotos, Grundrissen und detaillierten Zeichnungen, die die Schönheit der Fliesen, der Arabesken, der Filigranarbeiten und der Skulpturen zeigen, führt der Band durch die Paläste, Höfe, Gärten, Bäder, Tore und Türme dieses einzigartigen islamischen Bauwerks des Mittelalters, das kaum verändert die Jahrhunderte überdauert hat.
ISBN: 978-3-928127-68-4

Hans Fischer
Lehrbuch der genealogischen Methode

„Genealogie bezeichnet etwas mehrdeutig sowohl die Kenntnisse von Abstammung, Geschwisterschaft und Heirat (bei Untersuchten), ihre Darstellung (in ‚Stammbäumen') und die wissenschaftliche Beschäftigung damit (wörtlich ‚Geschlechterkunde')."
Dieses Grundlagenwerk führt in die Methode ein, die an der eigenen Person trainiert werden kann und widmet sich den Problemen, die bei der Arbeit mit Genealogien auftreten.
Es sind vor allem die Bereiche Verwandtschaft und Heirat, Besitz und Erbrecht, die Weitergabe von Ämtern und Titeln, Namensweitergabe und Namenssitten sowie Informationen zu Geschichte und räumlichen Veränderungen und demographische Daten, die mit dieser Methode erarbeitet werden können.
Das Werk ist so abgefasst, dass es auch vom interessierten Laien nutzbringend verwendet werden kann.
ISBN: 978-3-938586-04-4

Der Alexanderroman
Ein Ritterroman über Alexander den Großen
Handschrift 78.C.1
des Kupferstichkabinetts Preußischer Kulturbesitz Berlin
Vollständige Ausgabe
Texte von Angelica Rieger
Farbiger Bild- und Textband

Die vorliegende Bilderhandschrift, die in Frankreich im 13. Jahrhundert
entstand, erzählt in 100 prachtvollen Miniaturen das Leben
und die Heldentaten des Makedonierkönigs Alexander des Großen,
der wie keine andere geschichtliche Persönlichkeit die Literatur
von der Antike bis in die Neuzeit anregte.
Jede einzelne Abbildung
wird von einer renommierten Expertin für romanische Philologie
ausführlich geschichtlich und kulturhistorisch beschrieben.

ISBN: 978-3-928127-97-4